Anonymus

Präparationen zu Homers Ilias

Anonymus

Präparationen zu Homers Ilias

ISBN/EAN: 9783742808349

Hergestellt in Europa, USA, Kanada, Australien, Japan

Cover: Foto ©Andreas Hilbeck / pixelio.de

Manufactured and distributed by brebook publishing software
(www.brebook.com)

Anonymus

Präparationen zu Homers Ilias

Präparationen

zu

Homer's Ilias.

Von

einem Schulmann

Gesang IX—XII.

Köln und Neuß,

Verlag der L. Schwann'schen Verlagshandlung.

1867.

IX.

1 ὡς, so, so also, dient zum An-
schluß an die letzten Verse des vor-
hergehenden Buches. — φυλακάς
ἔχον in Bezug auf die Wachtfeuer
der Troer, θ, 562 u. f. — αὐτάρ,
ep. (aus αὖτε ἄρ, und αὖτε aus
αὖ, und τε) bezeichnet entweder einen
Gegensatz, aber, doch, indeß, je-
doch; oder (aber seltener) einen Ueber-
gang, Fortgang, dann, ferner. —
2 θεσπέσιος, 3. (unmittelbar von
θέσπις, von Gott eingegeben, von
θεός, εἰπεῖν) eigtl. göttlich redend;
überh. göttlich; sehr groß, erstaunlich,
gewaltig; schauervoll. — ἔχω, inne
haben; ergreifen, befallen. — φύζα,
ἡ, ep. st. φυγή, Flucht; was mit
der Flucht verbunden ist, Bestürzung,
Entmuthigung. — φόβος, ὁ, (φέ-
βομαι, nur praes. u. impf. gescheucht
werden, fliehen, λ, 232) die Flucht;
Schrecken, Furcht. — κρυόεις,
εσσα, εν, poët. (κρύος, τό, Eis-
kälte) eiskalt, schauerlich, grauenvoll.
— ἑταῖρος, ὁ, Gefährte, ἑταίρη, ἡ,
3 Gefährtin. — πένθος, τό, Trauer,
Betrübniß, Schmerz. — δέ gewöhn-
lich nach einem vorhergehenden μέν,
zur Bezeichnung eines Gegensatzes,
aber, dagegen; von einem Gegen-
satz zum andern übergehend, doch,
nämlich, dann; oft nur antreibend,
oder im Uebergang, und. — ἄτλη-
τος, 2. poët. (τλῆναι) unerträglich.
— βεβολήατο plqpf. pl. βεβό-
λημαι ep. perf. (nur in übertr.
Bdtg. vom Geiste) v. βάλλω, wer-
fen; treffen, πένθεϊ βεβολήατο, wa-
ren von Schmerz ergriffen, erfüllt.
4 — ἄνεμος, ὁ, (ἄημι, ep. wehen)
der Wind. — ὀρίνω (poët. Neben-
form ὄρνυμι, St. ὄρω) aor. ὤρινα,
ep. ὄρινα, aor. p. ὠρίνθην, erregen,
πόντον, das Meer aufwühlen; auf-
regen, θυμόν, 5, 29. — ἰχθυό-
εις, εσσα, εν, (ἰχθύς, ὁ) fischreich.
Βορέης, αο, ep. st. Βορέας, 5
hier zweisilbig zu lesen, der Nordwind;
als mythische Person Sohn des Asträos
und wohnte in Thrake. — Ζέφυ-
ρος, ὁ, der Westwind, also vom
westlichen Ocean her kommend. Nach
dieser Stelle kommt er gleich dem Bo-
reas aus Thrazien, wahrscheinlich als
Nordwestwind, da Homer nur die
vier Hauptwinde unterscheidet, Bo-
reas, ihm entgegen Notos, Zephyros
dem Euros entgegengesetzt. Nach Od.
δ, 295 ist er auch heftig (Stw. wahr-
scheinlich ζόφος, ὁ, Finsterniß). —
τώ, ep. ὁ, ἡ, τό, mit den ep. For-
men, τοί, ταί, ist bei Homer demonstr.
dieser, jener, oder persönliches Für-
wort wie αὐτός, er, sie, es, oder in
der Bdtg. des Relativum, wie ὅς;
oft in schwächerer Bdtg., wo es als
Artikel oder durch hier, da, ausge-
drückt werden kann. — τε encl. und,
auch; τε-τε so wohl — als auch;
ursprünglich beiden Gliedern, die zu
verbinden sind, nachgesetzt; τε-καί
wie τε-τε: in Relativsätzen und nach
anderen Conjunctionen wird es nicht
übersetzt. — Θρῄκηθεν: die an-
gehängte Partikel θεν bezeichnet den
Begriff einer Bewegung oder Rich-
tung auf die Frage woher? und
gleicht dem deutschen von — her,
aus — her. — ἄητον, ἄημι, ep.
inf. ἀῆναι, part. ἀέντες, 5, 526;
auch part. pass. ἀήμενος: wehen,
blasen, sausen. — ἐξαπίνης, adv. 6
wie ἐξαίφνης, plötzlich, unversehens.
— ἄμυδις, aeol. poët. (v. ἅμα) zu-
sammen, haufenweis; hier von einer
Welle, die sich als eine große Masse
emporthürmt. — κῦμα, τό, (κύω,
schwanger sein) die Welle, Woge. —

κελαινός, 3. poët. st. μέλας,
7 schwarz, dunkel. — κορθύω, ep.
(κόρθυς, υος, ἡ, ein Haufen, verw.
κόρυς) erheben, von der Woge, die
sich massenhaft emporthürmt, hoch
aufbäumt. — πολλόν ep. u. ion.
st. πολύ. — παρέξ, gew. vor Vo-
cal, παρέκ vor Conson., ion. u. ep.
(παρά, ἐκ) praep. 1) c. gen. außer-
halb, seitab; 2) c. acc. darüber
hinaus, jenseits, daneben hinaus,
παρὲξ ἅλα aus dem Meere heraus,
d. i. an das Ufer. — φῦκος, τό,
Tang, Seegras. — ἔχευαν, χέω,
ohne Zusammensetzung mit Präpos.
ist es meist nur poët., fut. χέω, ep.
χεύω, aor. ἔχεα, ep. ἔχευα, perf.
p. κέχυμαι; gießen, ergießen, schüt-
ten; πολλόν — ἔχευαν, trieben
viel Tang aus dem Meer ans
8 Ufer zusammen. — δαΐζω,
(δαίω, zertheilen) fut. δαΐξω, aor.
ἐδάϊξα, poët., theilen, zertheilen, zer-
hauen, zerreißen, ἐδαΐζετο θυμός
das Herz wurde zerrissen, wurde von
Kummer gequält. — ἐνί ep. und
poët.; das ι desselben ist gew. in
der Arsis, st. ἐν. — στῆθος, τό,
häufig in der ep. Dativform στή-
θεσσι und (gen. u. dat.) στήθε-
σφι, 5, 41, die Brust; plur. gew.
trop. Brust als Sitz der Gefühle. —
9 ἄχος, τό, poët. (ἄχω, verw. unser
ach!) Schmerz, Weh, Betrübniß,
Gram. — βεβολημένος, s. V. 3. —
ἦτορ, τό, ep. u. lyr., hier acc. der
Beziehung, das Herz; gew. übertr.
als Sitz des Lebens, der Gefühle.
10 φοιτάω, (φοῖτος, ὁ, das Um-
hergehen) hin und her gehen, eilig
gehen, schreiten. — κῆρυξ, κος, ὁ,
nach Einigen κῆρυξ, der Herold, ein
fürstlicher Bote, ein Botschafter; die
Herolde standen im besonderen Schutze
des Zeus und trugen als Zeichen
ihrer geheiligten und unverletzlichen
Person das Sceptron, wie die Für-
sten; ihre Obliegenheiten waren die
Berufung des Volkes zur Versamm-
lung, die Aufrechthaltung der Ord-
nung und überhaupt die Vollführung
der fürstlichen Aufträge. — λιγύ-
φθογγος, 2 poët. (λιγύς, εῖα, ύ,
poët. hell, von einem Laut; φθογγή,
ἡ, Stimme) helltönend, laut schallend.
— κελεύω, (κέλομαι, poët. an-
treiben), fut. κελεύσω, gew. mit dat.
der Person und acc. der Sache oder
inf.; aber acc. c. inf., antreiben, auf-
fordern, befehlen; mit dopp. acc. 7,
68. — κλήδην, adv. (καλέω, nen- 11
nen) namentlich, beim Namen. —
ἀγορή, ἡ, (ἀγείρω, versammeln)
Versammlung, gew. des Volkes; Rede,
Berathung in der Versammlung;
Versammlungsplatz, Markt. — κι-
κλήσκω, poët. iterat. st. καλέω,
nur praes. und impf. rufen, herbei-
rufen; nennen; med. zu sich rufen.
— μηδὲ βοᾶν im Gegensatz zu 12
κλήδην κικλήσκειν: beim Namen
zurufen, ohne zu schreien. — μετὰ
πρώτοισι, unter den Ersten. —
πονέομαι, fut. πονήσομαι, ep.
aor. πονησάμην, intr. Mühe haben,
sich abmühen, geschäftig sein, thätig
sein; trans. mit Mühe und Fleiß zu
Stande bringen, sorgfältig bearbei-
ten, eifrig betreiben: und er sel-
ber war unter den Ersten sehr
thätig. — ἵζω, poët. nur praes. 13
u. impf., intr. sich setzen, sich nieder-
setzen, sich lagern; trans. sich setzen
lassen; med. wie act. sich setzen. —
εἰν ep. st. ἐν. — τετιηότες,
τετίημαι (v. St. τιεω, verw. τίω)
ein ep. perf. pass. mit Präsensbdtg.;
hierzu auch ein partic. perf. act. τε-
τιηώς: bekümmert, mißmuthig,
traurig, trauernd. — ἄν ep. st.
ἀνά und in der Tmesis, gehört also
zu ἵστατο. — ἀνίστημι (ἵστημι) 14
fut. ἀναστήσω, trans. praes. fut. u.
aor. 1. act. aufstehen lassen, aufrich-
ten, von seinem Wohnsitz verweilen;
intr. aor. 2. perf. act. und das Pas-
sivum, aufstehen, sich erheben: ἂν δ'
Ἀγαμέμνων ἵστατο, Agamemnon
aber blieb stehen, stand, im Gegen-
satz zu den Anderen, welche saßen,
ἵζον. — δακρυχέων, ep. nur
partic. (δάκρυ, τό, Thräne, χέω,
gießen) thränenvergießend, weinend.
— ὥς, wie. — κρήνη, ἡ, Quelle.
— μελάνυδρος, 2. poët. (μέ-
λας, ὕδωρ, τό) mit dunklem Wasser;
dunkel, entweder wegen der Tiefe oder
wegen der äußeren Umschattung.
κατά c. gen. von oben herab, herab 15
von, hinab von. — αἰγίλιψ,
πος, ὁ, ἡ, (von αἴξ, γος, ἡ, Ziege,
und λείπω, demnach: von Ziegen
verlassen oder von ihnen nicht er-
reicht) jäh, steil; gew. Beiwort von

πέτρη, Felsen. — δνοφερός, 3.
poet. (δνόφος, verw. mit νέφος, τό,
Gewölk) düster, dunkel. — Ζεύς,
16 B. 7. — ὁ demonstr. — βαρύς,
εῖα, ύ, schwer, gewaltig; schwer drü-
ckend, lästig, heftig; βαρύ und plur.
βαρέα adv. stark; laut. — στε-
νάχω poet. Nebenf. v. στένω, nur
im praes. u. impf., seufzen, stöhnen.
— ἔπος, τό, Wort. — μεταυ-
δάω (αὐδάω, reden, von αὐδή, ἡ,
Stimme) unter Anderen sprechen, zu
ihnen sprechen, reden; gew. 3. impf.
17 μετηύδα. — ἡγήτωρ, ορος, ὁ,
ep. (ἡγέομαι, dep. med. vorange-
hen, führen) Führer, Anführer. —
ἠδέ, ep. und; öfter auch ἠδὲ καί
und auch. — μέδων, οντος, ὁ,
(μέδομαι, ep. dep. fut. μεδήσομαι,
18 sorgen) Fürsorger, Herrscher. — μέγα
als adv. sehr, stark; häufig bestimmt
sich die Bdtg. desselben durch das
dazugehörige Verbum. — ἄτη, ἡ,
(ἀάω, verletzen) der Schaden, Un-
heil, Verderben; Verblendung, Thor-
heit. — ἐνδέω, (δέω, fut. δήσω,
aor. ἔδησα, pf. δέδεκα, pf. p. δέ-
δεμαι; binden) an etw. binden; ver-
wickeln, verstricken: Ζεύς με μέγα —
ἐνέδησε βαρείῃ, Zeus verstrickt mich
sehr in schweres Unheil; verhängte
19 über mich ꝛc. — σχέτλιος, 3. (σχεῖν,
ἔχω) stark, gewaltig; hart, grau-
sam. — τότε adv. der Zeit, da-
mals; einst; früher. — ὑπέσχετο,
ὑπεσχόμην, aor. v. ὑπισχνέομαι,
versprechen, fut. ὑποσχήσομαι. —
κατανεύω, (νεύω, fut. νεύσω,
sich wiederholt neigen, winken) zu-
nicken, zusagen.
20 Ἴλιος, ἡ, (τὸ Ἴλιον, nur Il.
15, 71). Ilios, Troja, von Ilos ge-
gründet und nach ihm benannt; ihr
Berg, Pergamos, enthielt das Heilig-
thum der Athene, des Zeus und des
Apollo. — ἐκπέρθω, (πέρθω,
fut. πέρσω, aor. ἔπερσα, zerstö-
ren) völlig, von Grund aus zerstören.
— εὐτείχεος, 2. (τεῖχος, τό,
Mauer) wohl, fest ummauert, sehr
fest. — ἀπονέομαι (νέομαι, poet.
dep. nur im praes. u. impf., gehen,
weggehen, zurückkehren) weggehen, zu-
21 rückkehren. — ἀπάτη, ἡ, der Be-
trug, Täuschung. — βουλεύω,
Rath halten; ersinnen; med. sich be-
rathen, beschließen: jetzt aber hat er
eine verderbliche Täuschung beschlos-
sen (ersonnen). — δυσκλεής, ές, 22
(κλέος, τό, Ruhm) ruhmlos; δυσ-
κλέα poet. acc. st. δυσκλεέα; ἱκέ-
σθαι, inf. aor. 2. v. ἱκνέομαι: und
heißt mich ruhmlos nach Ar-
gos ziehen. — ὀλέσσα, ὄλλυμι,
part. fem. ὀλλῦσα, Θ, 449, fut. ὀλέσω,
Att. ὀλῶ, fut. med. ὀλοῦμαι, aor.
2. med. ὠλόμην: verderben, ver-
nichten; med. zu Grunde gehen, un-
tergehen. — λαός, ὁ, bei Hom. in
gleicher Bdtg., plur. λαοί, Leute,
Volk d. h. Kriegsvolk, nicht Volk als
Gemeinde: auch Volk im Gegensatz
zum Herrscher. — πού encl. adv. 23
irgendwo, irgendwie, vielleicht, oft
mit vorhergeh. οὕτω. — μέλλω
nur praes. u. impf., im Begriff sein;
wollen; mögen, scheinen. — ὑπερ-
μενής, ές, (μένος, τό, Macht) über-
mächtig, allgewaltig: οὕτω που —
φίλον εἶναι, so scheint es wohl dem
allgewaltigen Zeus zugefallen. —
δή verkürzt aus ἤδη, und ist ent- 24
weder temporell, jetzt, eben, schon,
nun; oder determinativ und bezeich-
net einen Grad oder Maß, gerade,
nur, gar, vollends; hier im
ersten Falle, schon, bereits: ὃς
δή der doch schon. — πολίων st.
πόλεων. — καταλύω (λύω, lö-
sen) losmachen; ganz auflösen, zer-
stören. — κάρηνον, τό, ep.
(κάρη, τό, Haupt) Haupt; Gipfel,
κάρηνα πολίων, Burgen der Städte,
die Vesten der Städte.
τοῦ, eius: τοῦ γὰρ κράτος etc. 25
denn seine Macht ꝛc. — ἄγε, ἄγετε 26
eigtl. imper. von ἄγω, aber nur als
Ausdruck der Aufforderung: wohl-
an, verstärkt ἀλλ' ἄγετε, wohlan
denn! nun denn! gewöhnlich mit
nachfolgendem Imperativ oder Con-
junctiv. — ὡς ἄν mit dem Con-
junctiv wie in allgemeinen Relativ-
und Zeitsätzen. — εἶπον, ein un-
regelmäßiger aor. 2. ohne Präsensit.
ep. ἔειπον, conj. εἴπω, bisweilen
εἴπωμι, imper. εἰπέ, sagen, reden;
heißen. — πείθω, fut. πείσω,
aor. 2. ep. πέπιθον, pf. 2. πέ-
ποιθα intr. ich vertraue; act. über-
reden, bereden, überzeugen; med. sich
bereden lassen, gehorchen, folgen.
* Man erwartet übrigens hier: πεί-
θησθε, was ich auch sage, folgt

27 wir. — φεύγωμεν, nicht wie 2,
140, in Verstellung gesprochen, son-
dern aufrichtig. — πατρίς, bei Ho-
mer häufig ein adj. femin. zu γαῖα,
oder ἄρουρα, Od. 1, 407. — γαῖα,
ἡ, poet. st. γῆ, Erde (von γάω, pf.
28 γέγαα) insofern sie erzeugt. — αἱ-
ρέω, fut. αἱρήσω, aor. 2. εἷλον,
aor. 2. med. εἱλόμην; nehmen, fassen;
erreichen; wegnehmen, rauben; er-
obern, einnehmen. — εὐρυάγυια,
ἡ, nur nom. und acc. (ἀγυιά, ἡ,
Straße, v. ἄγω) mit breiten Straßen.
29 — φημί ep. 2. sing. praes. φῆσθα,
ep. conj. φῇσι st. φῇ, fut. φήσω,
med. impf. ἐφάμην, das act. ἔφην
hat die Bdtg. eines Aorist; sagen,
sprechen. — ἄρα ep. verkürzt ἄρ und
encl. ῥα (St. ἄρω, anpassen) dient
zur Anreihung dessen, was mit dem
Vorhergehenden in kausativer oder
temporeller Beziehung steht, oder zur
Erläuterung des Vorh. dient. Häufig
in der Verbindung ὥς ἄρα, wo es
eine bloße Zurückweisung auf das
Letztgesagte bezeichnet: nun, also,
denn; oft ist es nicht auszudrücken.
— ἀκήν, ep. adv. ruhig, still; ἀκὴν
ἐγένοντο σιωπῇ, waren ruhig und
schwiegen; waren verstummt, indem
sie schwiegen. — σιωπῇ dat. als
adv. (v. σιωπή, ἡ, das Schweigen,
σιωπάω) im Schweigen, schweigend.
30 δήν, adv. ep. u. poet. adv. lange,
lange Zeit. — ἄνεω nach Einigen
ein adv. lautlos, stumm, still,
verbunden gew. mit einem plur. von
γενέσθαι, εἶναι, ἧσθαι. Darum
haben es Andere, und allgemein in
früherer Zeit, für ein adj. vom nom.
sing. ἄνεως als attische Form eines
ungebr. ἄναος (v. αὔω, schreien)
lautlos, und schrieben auch plur.
ἄνεῳ. — τετιηότες. V. 13. —
υἷες, υἱός. (ὕω, φύω, [filius])
regelm. nach der 2. decl., dann auch
nach der 3. decl. gen. υἱέος, d. υἱεῖ,
dual. υἱέε, υἱέοιν, pl. υἱεῖς, υἱέων,
υἱέσι, υἱεῖς, bei Homer auch acc.
sing. υἱέα, ferner die ep. Formen:
gen. s. υἷος, dat. υἷι, acc. υἷα, pl.
nom. υἷες, dat. υἱάσι, acc. υἷας. —
31 ὀψέ, adv. spät, lange nachher, end-
lich. — μετέειπον ep. μετεῖπον
(εἶπον) unter oder zu Mehreren re-
den, sprechen. — βοὴν acc. der Be-
ziehung, βοή, Schlachtgeschrei, Schlacht-
getümmel; βοὴν ἀγαθός tüchtig im
Rufen zum Kampf, tapfer im Schlacht-
getümmel. — πρῶτα, zuerst, für's 32
Erste. — μάχομαι, ion. und ep.
μαχέομαι, ein dep. med., fut. μα-
χήσομαι u. μαχέσσομαι, in Prosa
μαχέσομαι, aor. ἐμαχησάμην, käm-
pfen, streiten, τινί, mit oder gegen
Jemanden; streiten, hadern, wider-
sprechen. — ἀφραδέω ep. (ἀφρα-
δής, ές, unbesonnen) unbesonnen,
unüberlegt reden und handeln; σοὶ
πρῶτα μαχ. ἀφραδέοντι, für's erste
will ich deinen unbesonnenen Reden
widersprechen, deine — Reden an-
greifen. — θέμις, ep. gen. θέ- 33
μιστος, ἡ (v. θέω, τίθημι) was
durch herkömmlichen Gebrauch festge-
setzt worden ist, die Gebühr: Ord-
nung, Sitte, Recht; ἣ θέμις ἐστί
(früher allgemein ᾗ als adv. wie)
wie es sich ziemt. — ἀγορή,
ἡ, V. 11. ἀγορῇ in der Berathung,
im Rath. — τί hier verstärkend die
Negat. μή, ja nicht. — χολόω,
fut. -ώσω, fut. med. χολώσομαι
(χόλος, poet. st. χολή, die Galle;
Zorn); zornig machen, erbittern; pass.
u. med. in Zorn gerathen, zürnen.
— ἀλκή, ἡ, ep. dat. ἀλκί neben 34
ἀλκῇ, Stärke; Tapferkeit, Muth. —
ὀνειδίζω, aor. ὀνείδισα, schel-
ten, Vorwürfe machen: ἀλκὴν μέν
μοι — ὀνείδισας, die Tapferkeit
schmähtest du mir, d. h. du schmäh-
test mich in Betreff der Tapferkeit,
wegen meiner (geringen) Tapferkeit.
— Δαναοί, ursprüngl. die Unter-
thanen des Danaos, Königs von Ar-
gos; bei Homer wie Ἀργεῖοι, Be-
zeichnung der Hellenen.
φάς partic. v. φημί (St. φάω) 35
ep. 2. sing. φῆσθα. — ἔμεν, ἔμε-
ναι alte ep. Infinitivformen, auch
mit Verdoppelung des μ, v. εἰμί,
st. εἶναι. — ἀπτόλεμος, 2. poet.
(πτόλεμος ep. st. πόλεμος) unkrie-
gerisch, feig. — ἄναλκις, ιδος,
ὁ, ἡ, (ἀλκή) kraftlos, muthlos, feig.
— ταῦτα δὲ πάντα, alles die-
ses, nämlich, was meine Tapferkeit
angeht. — ἴσασι, οἶδα, (St. εἴδω) 36
perf. 2. mit Präsensbdtg., wissen:
doch das wissen ja alles die Achäer,
jung und alt. — διάνδιχα poet. 37
adv. (διά, ἀνά, δίχα, letztes adv.
in zwei Theile getheilt, zwiefach) zwie-

sach; σοὶ δὲ διάνδιχα δῶκε doch
dir gab er getheilt, von Zweien nur
Eines. Nach Faesi: „διάνδιχα ἐμ-
ἐμοῦ, dir hat es Zeus gesondert von
mir verliehen, zwar größere Ehre,
aber keine Tapferkeit". — ἀγκυλο-
μήτης, εω, ὁ, poet. (ἀγκύλος, 3.
gekrümmt, μῆτις, ἡ, Klugheit, Rath)
verschlagen, unerforschlich, ein Beiw.
des Kronos, der seinen Vater Ura-
39 nos überlistet hatte. — σκῆπτρον,
τό, (σκήπτω stützen) Stock, Stab als
Stütze, Scepter, als Zeichen des Herr-
schers, des Richters, des Priesters
und eines fürstlichen Beauftragten,
eines Herolds; übertr. die Herrscher-
würde: σκήπτρῳ μέν τοι δῶκε τε-
τιμῆσθαι, er verlieh dir, durch die
Herrscherwürde geehrt worden zu sein,
geachtet zu werden. — τοί dor. u.
ep. st. σοί. — περί c. gen. Bei
Angabe eines Vorzugs, über, vor,
prae, περὶ πάντων vor Allen. —
κράτος, τό, die Stärke, die Kraft:
ὅ τε κρ. ἐστὶ μέγιστον, was doch
die größte, die erhabenste Kraft ist.
40 δαιμόνιος, 3. (δαίμων, ὁ)
göttlich; von Allem, was menschliche
Erkenntniß überstieg, was als wun-
derbar erschien. Bei Homer nur in
der Anrede: Seltsamer, Wunderlicher;
und im Sinne des Vorwurfs, Thö-
richter; als Ausdruck des Unwillens,
Heilloser, Unglückseliger; bei Bezeich-
nung des Mitleids, Unglücklicher. —
πού, encl. adv. irgendwo; irgend-
wie, etwa, vielleicht, wohl. — ἔλπω
poet. u. med. ἔλπομαι, hoffen, er-
warten, meinen, vermuthen. —
ἔλπεαι V. 30: meinst du etwa, daß
die Söhne der Achäer so ganz un-
41 kriegerisch und feig seien. — ἀγο-
ρεύω (ἀγορή) in der Versammlung
reden, Rath halten; überh. reden,
sprechen; ὡς ἀγορεύεις, dem Sinne
42 nach: wie du gesagt hast. — ἐπι-
σεύω, nur ep. ἐπισσεύω (σεύω,
aor. ἔσσευα, in heftige Bewegung
setzen, treiben) perf. pass. ἐπέσσυ-
μαι mit Präsensbdtg., plqpf. ἐπεσ-
σύμην in Form gleich dem sync.
aor. 2. med.; act. hetzen, antreiben;
pass. perf. mit Präsensbdtg. ange-
trieben werden, herbeistürzen; σοὶ
θυμὸς ἐπέσσυται das Herz fühlt
sich dir angetrieben, treibt dich an:
wenn dein Herz dich selber
antreibt. — ὥς τε, „so daß,
mit dem inf. bei Hom. nur hier und
Od. ρ, 21." Faesi. — νέομαι,
poet. nur praes. u. impf. gehen, kom-
men, fortgehen, zurückkehren. — πάρ 43
ep. verkürzt st. πάρα = πάρεστι;
πάρ τοι ὁδός der Weg steht dir
frei, (geh) es hindert dich Niemand.
— ἄγχι (verw. ἄγχω, zuschnüren),
adv. eng dabei, nahe, c. gen., ἄγχι
θαλάσσης, am Meere (auf's Land
gezogen). — ἕπω ep. um oder mit 44
etw. beschäftigt sein; ἕπομαι, aor. 2.
ἑσπόμην: davon die anderen Mo-
dus bei Hom. auch mit ἑ anfangen,
z. B. ἑσπομένοιο, 10, 246; folgen;
begleiten; auch im feindlichen Sinne,
verfolgen.

μένω, fut. ion. μενέω st. μενῶ, 45
aor. ἔμεινα, intrans. bleiben, ver-
bleiben; stehen bleiben, Stand halten
(in der Schlacht); warten; intr. er-
warten; aushalten. — καρηκο-
μόωντες ep. zerdehnt und nur so
gebrauchtes Participium (κάρη, τό,
Haupt, κομάω, das Haar lang tra-
gen) mit langem Haupthaar, Voß:
hauptumlockt; Beiw. der Achäer. —
εἰς ὅ κε(ν) auch zusammenhängend 46
εἰσόκε, ep. so lange bis, bis daß,
mit Conjunctiv und Optativ, wenn
eine Absicht zu Grunde liegt; so lange
als, c. conj. — διαπέρσομεν,
Conjunctiv aor. mit verkürztem Mo-
dusvocal v. διαπέρθω (πέρθω, zer-
stören), fut. διαπέρσω, aor. 2. διέ-
πραθον, ganz oder von Grund aus
zerstören, verwüsten; med. in passiv.
Bdtg. zu Grunde gehen. — εἰ δὲ
καὶ αὐτοί, nämlich Ἀχαιοί, zu
ergänzen ἐθέλουσι, wollen sie es
aber auch selbst. — Σθένελος, ὁ, 48
Sohn des Kapaneus, eines der sieben
Helden vor Theben, und er selbst
einer der Epigonen im erneuerten
Herzuge gegen Theben. — τέκ-
μωρ, τό, ep. st. τέκμαρ, nur im
nom. und acc. Ziel, Grenze, Ende:
εἰς ὅ κε Ἰλίου τεκμ. εὕρωμεν bis
daß wir das Ende von Ilios gefunden,
das Ende von Ilios herbeigeführt
haben. — εὑρίσκω, fut. εὑρήσω,
aor. 2. εὗρον, finden, ausfindig ma-
chen, ausfinnen; zufällig antreffen. —
εἰλήλουθμεν ep. sync. perf. st. 49
εἰληλούθαμεν zum Präs. ἔρχομαι:

σὺν γὰρ θεῷ εἰλ. denn unter Gottes Beistand sind wir gekommen.
50 οἱ das später folgende Subst. vorher andeutend, öfter durch da zu übersetzen, vgl. 5, 502. — ἐ π ι ά χ ω (ἰάχω, laut schreien, verwdt. ἄχω) zu etw. laut aufjubeln, Beifall zu-
51 rufen, zujauchzen. — ἄγαμαι dep. med., fut. ἀγάσομαι, aor. 1. ep. ἠγασάμην und ἠγασσάμην, anstaunen, bewundern, verehren. — ἱ π π ό δ α μ ο ς, 2. poet. (ἵππος, δαμάω) rossebändigend, Bezeichnung des Helden auf dem Streitwagen, gew. Beiw. des Diomedes und des Atreus. —
52 τοῖσι — μετεφώνεεν unter oder zu diesen — sprach. — ἀ ν ί σ τ η μ ι, (ἵστημι) fut. ἀναστήσω, ep. ἀστήσω, aor. 2. ἀνέστην, aufstehen lassen; anreizen; intr. im aor. 2. perf. act. u. pass. aufstehen, V. 14. — ἱ π π ό τ α, aeol. u. ep. st. ἱππότης, der Wagenlenker, der Reisige,
53 Kämpfer zu Wagen. — π έ ρ ι adv., bezeichnet ein Uebermaß oder einen hohen Grad, außerordentlich, vorzüglich: πέρι καρτερός ἐσσι ein vorzüglicher Held bist du. — κ α ρ τ ε ρ ό ς, 3. (κάρτος, τό, ep. st. κράτος, Stärke) mächtig, gewaltig. — ἐσσί dor. u. ep. st. εἶ, v. εἰμί. —
54 μετά, c. gen. zwischen, unter; c. dat. nur poet. u n t e r, V. 12; c. acc. räumlich, u n t e r; wie c. dat. μετὰ πάντας ἄριστος der beste, tüchtigste von Allen. — ὁ μ ῆ λ ι ξ, ικος, ὁ, ἡ, (ὁμός, 3. gleich, ähnlich; gemeinsam; ἧλιξ, ὁ, ἡ, τό, im kräftigen Alter) von gleichem Alter, Altersgenosse. — ἔ π λ ε ο, ion. sing. st. ἔπλεο, πέλω u. med. πέλομαι; nur praes. und imperf. und dieses gew. sync. ἔπλεο st. ἐπέλεο, in der Bdtg. des aor. und oft als Präsens zu übersetzen: in Bewegung sein, sich regen, versari, s e i n.
55 ὄ ν ο μ α ι, ep. und ion. dep. fut. ὀνόσομαι, ep. mit dopp. σ, aor. ὠνοσάμην, schelten, schmähen, tadeln: οὔ τίς τοι — ὀνόσσεται, Niemand
56 soll dir die Rede tadeln. — εἴρω, fut. ion. ἐρέω st. ἐρῶ, perf. pass. εἴρημαι; aor. pass. ἐρρήθην (St. ῥέω); act. reden, πάλιν ἐρέειν widersprechen, bestreiten. — τ έ λ ο ς, τό, Ende. — ἱ κ ν έ ο μ α ι, in Prosa ἀφικνέομαι, fut. ἵξομαι, aor. 2. ἱκόμην, kommen, gelangen, mit ἐς, ἐπί und mit anderen Präpos., aber auch acc. ohne Präp. τινά zu Jem. kommen, τέλος μύθων an's Ende der Rede gelangen, die Rede beendigen: er hätte nur heraussagen sollen, daß es nöthig sei, den Achilleus
zu versöhnen. — ἦ wahrlich; gewiß; 57
sehr gewöhnlich mit folgendem μήν, gewiß und wahrhaftig, freilich. — κ α ὶ ν έ ο ς auch noch jung. Nestor entschuldigt ihn mit diesen Worten, daß er nicht Alles heraussagt, was er am Herzen hat. —
ὁ π λ ό τ ε ρ ο ς, ὁπλότατος, 3. (ὅπ- 58
λον) ohne Positiv, (eigtl. der waffenfähigere) der jüngere, der jüngste. — γ ε ν ε ῆ φ ι ν, (γενεῇ, an Geburt). φι(ν) eine eigenthümliche hom. Kasusendung, in der ersten decl. nur im sing. gen. u. dat. an η angehängt, in der zweiten an ο, in der dritten fast nur im plur. an die aus εος oder dat. plur. εσι gebildete Endung εσ, z. B. 5, 28 ὄχεσφι (aus ὄχεσσφι) v. ὄχος, τό. — ἀ τ ά ρ, Conjunct., abgeschwächtes αὐτάρ, dagegen, aber, doch, jedoch, und doch. — π ε π ν υ μ έ ν α, πνέω, perf. med. πέπνυμαι, fut. Att. πνεύσομαι, πνευσοῦμαι, hauchen, athmen; gew. bei Homer das partic. perf. med. beseelt, mit Verstand begabt, v e r s t ä n d i g, k l u g. — β ά ζ ω, f. βάξω, schwatzen, reden, sprechen, πεπνυμένα, verständig reden; hier mit dopp. acc. βασιλῆας, du redest verständig von den Königen, beurtheilst die Könige richtig.
— μ ο ῖ ρ α, ἡ, (μείρομαι) der Theil, 59
Antheil, das vom Schicksal Ertheilte, die Gebühr, κατὰ μοῖραν, nach Gebühr, geziemend. — ἔ ε ι π ε ς ep. zerdehnt st. εἶπες.
ἄ γ ε, s. V. 26. — σ ε ῖ ο ep. st. 60
σοῦ. — ε ὔ χ ο μ α ι, dep. med. fut. εὔξομαι, rühmend von sich reden, von sich aussagen, sich rühmen; prahlen; geloben. — ἐ ξ ε ί π ω, ἐξεῖ- 61
πον: ἀλλ' ἄγ' ἐγὼν ἐξείπω aber ich will nun heraussagen. — δ ι ι κ ν έ ο μ α ι (ἱκνέομαι, V. 56), durchgehen, vollständig erzählen, bis zu Ende sagen. — ο ὐ δ έ κ έ τ ι ς — ἀ τ ι μ ή σ ε ι. κε ep. aeol. (wie ἄν) mit dem indic. öfter zur Bezeichnung einer Aussage, in welche man eine gewisse Zuversicht, wenn

auch keine feste Ueberzeugung legen
will, wie unser, wohl, sicherlich,
am meisten mit dem indic. fut., der
in dem Falle beinahe dem opt. mit
ἄν gleicht: sicherlich wird mir
die Rede wohl Niemand ver-
62 ächtlich aufnehmen. — ἀτι-
μάω wie ἀτιμάζω, fut. ἀτιμήσω,
nicht ehren, verachten. — κρείων,
οντος, ὁ, ep. (viell. v. St. κρας)
63 Herrscher, Gebieter. — ἀφρήτωρ,
ορος, ὁ, ep. (φρήτρη, ἡ, eine
Volksabtheilung, Geschlecht, Zunft)
ohne Zunft, ungesellig; ohne Herz
für Genossenschaft (Stammesgenossen-
schaft). — ἀθέμιστος, 2. (θέ-
μις, ἡ, B. 33) gesetzlos, gesetzver-
achtend, dem Gesetz abhold. — ἀν-
έστιος, 2. (ἑστία, ἡ) ohne eignen
Heerd, dem eignen Heerde unfreund.
64 — ἔραμαι, impf. ἠράμην, aor.
ἠρασάμην, ep. mit dopp. σ, lieben,
c. gen. — ἐπιδήμιος, 2. (δῆμος)
einheimisch, ἐπιδ. πόλεμος, Bürger-
krieg, Krieg mit eigenem Volke. —
ὀκρυόεις, εσσα, εν (ὀ euphon.,
κρυόεις, eisig, v. κρύος) kalt; schauer-
lich, entsetzlich.
65 ἤτοι ep. (ἤ wahrlich, τοί), für-
wahr, wahrlich; ἀλλ' ἤτοι, aber
gleichwohl (im Gegensatz zum Vor-
hergehenden). — πειθώμεσθα,
66 V. 26. — δόρπον, τό, die Abend-
mahlzeit, die Nachtkost. — ἐφο-
πλίζω, (ὁπλίζω), aor. ἐφώπλισα,
zubereiten, zurüsten, überh. bereiten.
— φυλακτήρ, ῆρος, ὁ, wie φύ-
67 λαξ, nur nom. pl. Wächter. — λέγω
hinlegen; lesen, auslesen; med. sich
legen, sich lagern. — παρά, c.
gen. von — her, von; c. dat. be-
zeichnet das Verweilen bei oder in
der Nähe von etw. bei, neben;
c. acc. bei, neben, an (bei Ver-
bis der Beweg.) neben hin, längs.
— τάφρος, ἡ, (verw. τάφος) der
Graben. — ὀρυκτήν, ὀρύσσω,
graben, ausgraben. — τεῖχος, τό,
Mauer. — ἐκτός c. gen. außer-
68 halb. — κοῦρος, ὁ, ion. u. poet.
st. κόρος, der Jüngling, gew. junger
Mann im kräftigsten Alter, daher
auch häufig, Krieger. — ἐπιτέλλω
(τέλλω), aor. ἐπέτειλα, auftragen,
befehlen; med. wie act. befehlen τινί
τι: κούροισι — ἐπιτέλλομαι den
jüngeren Leuten trage ich dieses auf.

— σὺ μὲν ἄρχε mache du den 69
Anfang, gehe du voran. — βασι-
λεύς auch als adj. βασιλεὺς ἀνήρ,
daher compar. βασιλεύτερος und
superl. βασιλεύτατος, der größte,
der erste König, der anderen Königen
vorgeht.
δαίνυμι, ep. (δαίω, theilen, 70
vertheilen) fut. δαίσω, eigentl. ver-
theilen, vom Wirthe, der die Speisen
austheilt, also, bewirthen; δαῖτα
τινί, Jemandem ein Mahl geben;
med. sich bewirthen lassen, essen, spei-
sen. — δαίς, τός, ἡ, das Mahl,
Gastmahl. — ἔικω, ungebr. Präs.,
davon Perf. ἔοικα, mit Präsensbdtg.
ähnlich sein; geziemen, gebüh-
ren; ἔοικέ τοι dir ziemt es, also
als Subject das Vorherg. zu denken.
— ἀεικής, ές, (εἴκω) ion. und
poet. unziemlich, unwürdig: οὔ τοι
ἀεικές es kommt dir zu. — πλεῖος, 71
3. st. πλέος, c. gen. voll. — κλι-
σίη, ἡ, (κλίνω) Lagerhütte, Ba-
racke, Zelt: πλεῖαί τοι — κλισίαι
voll Wein sind deine Zelte. — τόν
Relat. — ἠμάτιος, 3. ep. (ἦμαρ, 72
τό) täglich, an jedem Tage. — ἐπί
c. acc. räumlich, auf, zu, nach; ἐπ'
εὐρέα πόντον über das weite Meer.
— ὑποδεξίη, ἡ, (ὑποδέχομαι, 73
aufnehmen) Aufnahme, Bewirthung:
πᾶσά τοι — ὑποδεξίη, jegliche Be-
wirthung ist für dich da. — πολέ-
εσσι, ion. u. ep. st. πολλοῖς: πο-
λέεσσι ἀνάσσεις über viele (Krie-
ger, Kriegsschaaren) herrschest du. —
ἀγείρω, aor. ἤγειρα, perf. pass. 74
ἀγήγερμαι, aor. p. ἠγέρθην, aor.
2. med. ἀγερόμην, dessen partic. sync.
ἀγρόμενος: Act. versammeln, pass.
u. aor. med. sich versammeln. —
τῷ πείσεαι, ὅς du wirst demjeni-
gen folgen, der.
βουλεύσῃ, aor. c., βουλεύω, 75
berathen, βουλήν, Rath ertheilen;
τινί, Jem. Rath ertheilen, rathen,
für Jem. sorgen; etwas beschließen,
τί τινι etwas gegen Jemanden. —
χρείω wegen synic. einsilbig zu lesen,
(χρή) gen. χρειοῦς, Bedürfniß, Noth;
χρειώ dazu zu denken ἱκάνει oder
γίγνεται, ἐστί mit dem acc. der
Person; hier zugleich mit dem gen.
ἐσθλῆς (βουλῆς): allen Achäern
thut sehr Noth ein trefflicher
Rath. — πυκινός, 3. ep. ge- 76

dehnt aus πυκνός, (πύκα ep. adv.
dicht) dicht, dick, stark, fest, zusammen-
gedrängt; vom Geiste, bedachtsam,
klug, weise, verständig. —
δήϊος, 3. (δαΐς, ΐδος, ἡ, Fackel,
Brand; Kampf) vernichtend, feind-
lich; als Subst. Feind. — ἐγγύθι
ep. adv. (ἐγγύς, adv.) nahe; von
77 der Zeit, nahe, bald. — καίω,
Att. fut. καύσω, aor. ἔκαυσα, ep.
aor. 1. ἔκηα, aor. 1. med. ἐκηά-
μην, aor. 2. pass. ἐκάην; anzünden,
brennen; med. nur im aor. 1. für
sich anzünden. — πῦρ, τό, das
Feuer; Opferfeuer, plur. πυρά, τά,
(nach der zweiten decl.) Wachtfeuer;
καίουσι πυρὰ πολλά, lassen Wacht-
feuer in Menge auflodern. — γη-
θέω, fut. γηθήσω, pf. γέγηθα
mit Präsensbdtg., ep. aor. γήθησα,
sich freuen; hier c. acc. τάδε, dar-
78 über sich freuen. — διαρραίω
(ῥαίω verw. mit ῥήγνυμι, reißen)
von Grund aus zerstören, vernich-
ten. — στρατός, ὁ, das Heer. —
σαόω (zsgz. σῶ, davon die Zerdeh-
nung σαόω u. σόω ep., sonst σώζω)
fut. σαώσω, aor. ἐσάωσα; am Le-
ben erhalten, retten, erretten. —
79 ἄρα, V. 29. — κλύω, poet. impf.
ἔκλυον in der Bdtg. des aor. imper.
ep. κλῦθι und mit ep. redupl. κέκ-
λυθι; gew. c. gen. der Person, auf
Jem. hören, zuhören; ἔκ τινος, von
Jemandes Munde vernehmen; hören,
gehorchen. — ἐπίθοντο, aor. 2.
med. v. πείθω. S. V. 26.
80 ἐκ in tmesi. — φυλακτῆρες,
V. 66. — τεῦχος, τό, Geräth;
Rüstung, Waffen. — ἐκσεύω (σεύω,
poet., ἔσσευα, pf. pass. ἔσσυμαι,
plqpf. ἐσσύμην, gleich dem ep. sync.
aor. 2. ἐσσύμην, treiben, jagen) nur
med. ἐκσεύομαι und aor. 1. pass.
ἐξεσύθην, heraustreiben; med. her-
81 ausstürzen, herauseilen. — ἀμφί τε
Νεστορίδην, um den Nestoriden, d. h.
„dem Nestoriden folgend". Faesi. —
82 λαός, ὁ, V. 22. — Ἀσκάλα-
φος, ὁ, Sohn des Ares, König der
Minyer in Orchomenos. S. 2, 512.
— Ἰάλμενος, ὁ, Bruder des Vor-
hergehenden und Anführer der Böoter
83 von Orchomenos, 2, 512. — Μη-
ριόνης, ου, Sohn des Molos
aus Kreta und Freund des Idome-
neus, 2, 651. — Ἀφαρεύς, Sohn
des Kaletor. — Δηΐπυρος, ein
sonst nicht bekannter Grieche, der von
Helenos getödtet wurde. — Κρείων, 84
Vater des Lykomedes, ein Böotier.
ἑκάστῳ, nämlich τῶν ἡγεμόνων. 85
— κοῦροι, V. 68. — στείχω, 86
poët. aor. 2. ἔστιχον, einherschreiten,
ἑκατὸν — ἑκάστῳ ἅμα στεῖχον
hundert junge Krieger zogen mit jedem
zusammen hinaus (auf Wache). —
δολιχός, 3. lang. — ἔγχος, τό,
Lanze. — κὰδ ep. st. κατά, wegen 87
des folgenden δ; c. acc. in, an,
längs, entlang; nach, zufolge,
V. 108: κατὰ μέσον τάφρου καὶ
τείχεος mitten zwischen dem Graben
und dem Walle (Mauer). — ἵζω,
poët., impf. ἷζον, sich setzen, sich la-
gern, V. 13. — ἰόντες. Es ist
der ep. Sprache eigen Partikip.
praes. der Verba der Bewegung einem
verbum finitum scheinbar pleonastisch
anzureihen, die als verb. finit. auf-
gelöst mit folgendem καί dem Haupt-
verbum vorauszusetzen sind: ἷζον
ἰόντες sie gingen und lagerten sich.
Vgl. Buttmann §. 144, A. 1 und
Matth. §. 557, A. 1. — πῦρ κή- 88
αντο sie zündeten sich Feuer an, s.
V. 77. — τίθημι, setzen, legen,
anordnen; bereiten; med. sich (sibi)
bereiten. — δόρπον, τό, V. 66.
— ἀριστεύς, ῆος, ὁ, (ἄριστος) 89
der Beste, gew. plur. οἱ ἀριστῆες,
die Vornehmsten, die Angesehen-
sten. ἀριστῆας für die ältere Lesart
ἀολλέας.
παρά in tmesi. — σφι(ν) st. 90
σφίσι(ν). — παρατίθημι (τί-
θημι), impf. παρετίθει und ep.
παρατίθει, dabeisetzen, vorsetzen. —
μενοεικής, ές, (μένος, τό, εἴκω)
dem Verlangen entsprechend, genü-
gend, reichlich; angenehm, erfreulich.
— δαῖτα, V. 77. — ὄνειαρ, 91
ατος, τό, poët. (ὀνίνημι, nützen,
helfen, erfreuen) Hülfe, Nutzen; Er-
quickung; plur. besonders Speisen, er-
quickendes Mahl. — πρόκειμαι,
vorliegen, bereit da sein, vorgesetzt
sein. — ἰάλλω, aor. ἴηλα, poët.
u. ep. senden, χεῖρας ἐπ' ὀνείατα
die Hände nach dem Mahle aus-
strecken. — πόσις, ἡ, (πίνω, trin- 93
ken) der Trank. — ἐδητύς, ύος,
ἡ, Speise. — ἐξ in tmesi. — ἔρος,
ὁ, poet. st. ἔρως, Liebe, Lust. Ver-

langen. — *ἐξίημι*, (*ἵημι*) her-
aussenden; med. aus sich heraus-
senden, mit acc. nur in der Verbindung
ἐπεὶ πόσιος etc.: nachdem sie ihr
Verlangen nach Speise und Trank
93 gestillt. — *ὁ* vor *γέρων*, kann durch
hier, da gegeben werden. — *παμ-
πρώτιστος*, 2. superl. (*πᾶς*, *πρῶτος*)
der erste von Allen, vor Allen zuerst,
zu allererst. — *ὑφαίνω*, aor. *ὕφηνα*,
(ep. Nebenform ist *ὑφάω*) weben;
anspinnen; ersinnen, aussinnen. —
μῆτις, *ιος*, *ἡ*, Klugheit, Verstand,
Einsicht; Rath, Rathschlag, Plan:
ὑφαίνειν ἤρχετο μῆτιν, begann
seinen Plan (seine erwogenen Ge-
94 danken) vorzutragen. — *πρόσθεν*,
poët. adv., auch *πρόσθε* nach Be-
dürfniß des Verses; vom Raume,
vorn; von der Zeit, vorher, früher,
sonst.
95 *ὁ* dieser. — *ἐϋφρονέων*, *ουσα*,
ον (*εὖ*, *φρονέω*, denken) nur partic.
gutgesinnt, wohlgesinnt; gew. in der
Verbindung *ὅ σφιν ἐϋφρ. ἀγορή-
σατο καὶ μετέειπεν*, dieser sprach
wohlmeinend zu ihnen und redete
also. — *ἀγοράομαι*, dep. med.
(*ἀγορή*) *ἠγορησάμην*, in der Ver-
sammlung sich berathen; öffentlich re-
den, überh. reden. — *μετεῖπον*,
(*εἶπον*) unter oder zu mehreren reden.
97 *λήγω*, fut. *λήξω*, aor. *ἔληξα*, intr.
aufhören, ablassen: *ἐν σοὶ μὲν λήξω*,
σέο δ' ἄρξομαι, an (mit) dir will
ich aufhören und anfangen, d. h. zu
dir habe ich eben gesprochen und zu
dir will ich nun wieder sprechen;
kurz: ich richte vorzüglich an
dich meine Worte. — *οὕνεκα*
st. *οὗ ἕνεκα*, weshalb: deswegen weil.
98 — *λαός*, V. 24. — *ἐγγυαλίζω*
(*γύαλον*, *τό*, die Höhlung), fut. *ἐγ-
γυαλίξω*, eigtl. in die hohle Hand
legen, einhändigen; geben, verleihen.
99 — *θέμις*, *ιστος*, *ἡ*, plur. *θέμι-
στες*, Gesetze; Gerechtsame, Vorrechte,
obrigkeitliche Macht; V. 33. — *βου-
λεύω*, V. 75, ep. conj. 2. sing. *βου-
λεύησθα*: damit du durch deinen
Rath sie lenkest, über sie herrschest.
100 *τῷ* dat. als adv. auf diese Weise;
darum, deshalb. — *πέρι* als adv.
außerordentlich; vor Allen: *τῷ σε
χρὴ πέρι μὲν φάσθαι ἔπος*, dar-
um mußt du vor Allen dein
Wort (deine Meinung) sagen.
— *ἐπακούω*, fut. *ἐπακούσομαι*,
anhören, vernehmen: *ἠδ' ἐπακοῦ-
σαι*, und das Wort (die Meinung
eines Anderen) anhören. — *κρη-* 101
ῆναι, inf. aor. von ep. praes. *κραι-
αίνω*, zerdehnt aus *κραίνω* (*κάρη-
νον*, *τό*, Haupt) endigen, vollenden,
erfüllen: und es auch einem An-
deren erfüllen, wenn Jeman-
den das Herz antreibt (Jemand
verlangt) zum Guten zu rathen,
d. h. und auch den Rath eines An-
dern befolgen, wenn er zum Guten
zu rathen sich gedrungen fühlt (zum
Guten räth). — *ἄνωγα* ep. altes
perf. mit Präsensbdtg., ich heiße, be-
fehle, treibe an; conj. 3. sing. *ἀνώγῃ*.
Zu beachten sind einzelne Präsens-
formen, z. B. *ἀνώγει*, und impf.
ἤνωγον, 9, 578. — *σέο* st. *σοῦ*. 102
— *ἔχω*, fut. *ἕξω*, haben, halten;
med. sich halten; abhängen von Jem.
τινός. *σέο ἕξεται* von dir wird es
abhängen; *ὅττι κεν ἄρχῃ* was die
Oberhand behalten soll; so die ge-
wöhnliche Erklärung; besser Faesi:
„an dir wird hangen, dir wird zu-
geschrieben werden, (*ὅττι κεν ἄρχῃ*)
worin er (jener Rathgeber) voran-
geht (zuerst vorschlägt), die letzte Ent-
scheidung steht bei dir." — *ἐρέω* 103
fut. v. praes. *εἴρω*, s. V. 56, „ich
will sagen." — *ὥς μοι δοκεῖ εἶναι
ἄριστα*, wie es mir am besten zu
sein scheint, was ich für's Beste halte.
— *νόος*, *ὁ*, zsgz. *νοῦς*, Verstand, 104
Klugheit; Gemüth, Herz; Gedanke,
Rathschluß (*νοεῖν*) aussinnen.
οἷον — *νοέω*, wie ich ihn im 105
Sinne habe. — *ἠμὲν πάλαι ἠδ'
ἔτι καὶ νῦν*, so wohl schon frü-
her (im Sinne, auf dem Herzen hatte)
als auch jetzt noch. — *ἐξ ἔτι τοῦ* 106
„genauere Bestimmung zu *πάλαι*."
Faesi, von da an, von dem Tage
an. — *διογενής*, *έος*, *ὁ*, (*Διός*,
γένος) von Zeus entstammt; erha-
ben. — *Βρισηΐς*, Tochter des Bri-
seus, die Achilleus nach Eroberung
von Lyrnessos in Mysien und Er-
mordung ihres Gemahls gefangen
weggeführt. Agamemnon entriß sie
ihm; s. 1, 184. — *κούρη*, *ἡ*, Mäd-
chen, Jungfrau, junge Frau; Tochter.
— *χώομαι*, ep. dep. med., aor. 107
ἐχωσάμην, zürnen, zornig, unwillig
sein, *τινί*, gegen Jem. — *Ἀχιλῆος*

κλισίηθεν, aus dem Zelte des
Achilleus. Ἀχιλεύς wegen des Ver-
ses mit einem λ. — ἀπούρας
partic. eines durch Umlaut formir-
ten aor. 1. zu ungebr. praes. ἀπ-
αυράω (St. αὔρω), impf. ἀπηύ-
ρων, u. aor. 1. med. ἀπηυράμην;
wegnehmen, entreißen, rauben; ἔβης
ἀπούρας, ein bei Homer oftmaliger
Gebrauch des Partic., du nahmst und
gingst, st. des modus finit. v. ἀπ-
αυράω. Vgl. 1, 322 χειρὸς ἑλόντ'
108 ἀγέμεν. — οὔ τι, letzteres verstärkt
109 die Negation. — ἀπομυθέομαι,
(μυθέομαι) depon. med. abrathen:
μάλα πολλὰ ἀπεμυθ. sehr Vieles
sagte ich dagegen, rieth dringend da-
gegen. — μεγαλήτωρ, ορος, ὁ,
ἡ, ep. (μέγας, ἦτορ, τό, Herz) groß-
herzig, muthig; Kolg. trotzig.
110 εἴκω, fut. εἴξω, aor. εἶξα, wei-
chen, nachgeben; σῷ μεγαλήτορι
θυμῷ deinem trotzigen Sinne fol-
gend. — φέριστος, poët. = φέρ-
τατος, der vorzüglichste, vortrefflichste,
beste. — πέρ, encl. verkürzt aus
περί, bezeichnet es als adv. ein Ue-
bermaß, oder hohen Grad, sehr, gar
sehr, oft nur durch Betonung des
vorhergehenden Wortes auszudrücken;
als Ausdruck des Gegensatzes, doch,
doch wenigstens. Dem Partic. gibt
es concessiven Sinn, wie sehr auch.
— τίω, poët., fut. τίσω, aor. ἔτισα,
schätzen, für werth halten; ehren, ver-
111 ehren. — ἀτιμάω, ἀτιμάζω, s.
V. 62. — ἑλών (aor. 2. zu praes.
αἱρέω) ἔχεις eine Constr. wie oben
ἔβης ἀπούρας, worin das Partic.
das Hauptverbum ist: denn du hast
sein Ehrengeschenk ihm entrissen. —
112 φράζω, aor. ἔφρασα, anzeigen,
angeben, andeuten; med. bei sich be-
denken, erwägen, überlegen, auf etw.
denken, gewöhnlich mit einem nach-
folgenden Absichtsatze, ὅπως, ὡς etc.
— ὥς κεν in der ep. Sprache wie
ein Relativsatz construirt, da ὡς als
relatives adv. angesehen wird: wie
wir ihn besänftigen; aber ebenso gut:
damit ꝛc. — ἀρέσκω (St. ἄρω),
fut. ἀρέσω, aor. ἤρεσα, ep. mit
σσ: ersetzen, ausgleichen; med. für
sich wieder ausgleichen; τινά, Jemdn.
besänftigen, versöhnen, δώροισι durch
Geschenke. — πείθω s. V 26; aor.
2. ep. redupl. πέπιθον, conj. πε-
πίθω; bereden, durch Worte gewin-
nen; besänftigen; ὥς μιν ἀρέσσ. πε-
πίθωμεν δώροισι damit wir ihn
durch Geschenke versöhnend besänftigen.
— ἀγανός, 3 (verw. ἄγαμαι oder 113
γάνυμαι, sich ergötzen, sich freuen,
mit α euphon.) freundlich, sanft, mild.
— μειλίχιος, 3. (μειλίσσω, er-
freuen, eigentl. süß machen, v. μέλι)
süß, mild, freundlich. — αὖτε (αὖ, 114
wieder, τε) wieder; hingegen, da-
gegen, autem.
ψεῦδος, τό, Lüge, Unwahrheit. 115
— ἄτη, ἡ, (ἀάω, ἄω, verletzen,
beschädigen) Schaden, Verderben, Un-
heil; Verblendung, Thorheit; Frevel,
Schuld. — καταλέγω, ep. (λέγω)
darlegen, erzählen: οὔ τι ψεῦδος
ἐμὰς ἄτ. κατέλεξας durchaus nicht
als Lüge (nicht unwahr) hast du meine
Vergehen dargelegt, ausgesprochen. —
ἀάω, beschädigen; med. sich bethö- 116
ren lassen, fehlen. — ἀναίνομαι,
aor. ἠνηνάμην, (αἰνέομαι?) verwei-
gern, versagen; verneinen, leugnen.
— ἀντί, c. gen. gegen, anstatt, für;
ἀντὶ πολλῶν λαῶν ἐστιν ἀνήρ
statt vieler Leute gilt ein Mann,
d. h. viele Leute, eine Menge ande-
rer Leute wiegt ein Mann auf. —
νύ encl. verkürztes und in der Bdtg.
abgeschwächtes νῦν und wird gewöhn-
lich durch nun, also, doch wohl,
denn, indem es eine Folgerung, Ver-
sicherung, Begründung bezeichnet.
— ὅν — φιλήσῃ, der Relativsatz 117
steht im Conjunctiv, weil er eine all-
gemeine und bedingte Geltung in der
Gegenwart hat, wo in Prosa Relativ
mit ἄν steht, also so viel als: jeder
Mann, den Zeus im Herzen lieb hat
(oder, wenn Zeus ꝛc.) — δαμάω, 118
fut. δαμάσω, ep. mit σσ und ohne
σ, δαμάω, aor. ἐδάμασα, ep. ἐδά-
μασσα, pf. pass. δέδμημαι, aor.
1. p. ἐδμήθην und ἐδαμάσθην,
aor. 2. p. ἐδάμην. Act. bändigen,
bewältigen, besiegen, bezwingen mit
Gewalt, oder durch Worte, Bitten:
νῦν τοῦτον ἔτισε, δάμασσε δὲ λαὸν
Ἀχ.: das zweite Glied bestimmt das
vorhergehende näher: nun diesen ehrte
er dadurch, daß er das Volk der Achäer
schlug. — λευγαλέος, 3. (λυγρός, 119
3. traurig, verwdt. lugeo) wie die
Adjectiva auf αλεος voll von etw.
ausdrücken, voll Elend, voll Jammer,

unheilvoll, φρένες ἀλεγαί unheil-
voller, unheilbringender Sinn. — πι-
θέω ungebr. im praes. fut. πιθήσω,
aor. ἐπίθησα, gehorchen, folgen; ver-
trauen.
120 ἄψ ep. adv. zurück, rückwärts;
wieder, wiederum. — ἀρέσσαι, V.
112. — δόμεναι, der alte ep. inf.
aor., woraus später durch Ausfall
des μ δοῦναι entstanden, v. δίδωμι.
— ἀπερείσιος und ἀπειρέσιος,
3. ep. st. ἄπειρος, 2. (πεῖρας, πέ-
ρας, τό, Grenze, Ende) grenzenlos,
unbegrenzt, unermeßlich viel. —
ἄποινα, τά, nur plur. poet. (ἀ-,
ποινή, Lösegeld, Bußgeld für eine
Blutschuld, von [φένω] φόνος, ὁ,
Mord) Lösegeld; Ersatz für eine Schuld.
121 — περικλυτός, 2. (περί adv.
V. 53, vorzüglich, sehr; κλυτός, 3.
[von κλύω] von dem man viel ge-
hört, berühmt) sehr berühmt, ruhm-
voll, herrlich. — ὀνομαίνω poet.
Nebenf. v. ὀνομάζω (ὄνομα), aor.
ὠνόμηνα, conj. ὀνομήνω: vor Euch
allen will ich (möge ich) die
herrlichen (auserlesenen) Ge-
122 schenke aufzählen. — ἄπυρος,
2. (ἀ-, πῦρ) noch nicht im Feuer ge-
braucht, ungebraucht, noch neu. —
τρίπους, οδος, ὁ, ἡ, dreifüßig,
ὁ τρίπους, Dreifuß, dreifüßiger Kes-
sel, bei den Alten das erste Küchen-
geschirr. — τάλαντον, τό, (τα-
λάω) die Wagschale, pl. die Wage;
das Gewogene, Gewicht; das Talent,
123 dabei χρυσοῦ. — αἴθων, ωνος,
ὁ, (αἴθω, brennen) feurig, funkelnd,
strahlend. — λέβης, ητος, ὁ, (λείβω,
tröpfeln, gießen) Becken von Erz zum
Kochen, häufig als Kampfpreis, Ehren-
124 geschenk. — πηγός, 3. poet. (πή-
γνυμι) wie εὐπηγής, gedrungen, feist,
wohlgenährt, kräftig. — ἀθλοφό-
ρος, ἀεθλοφόρος, ον, (ἆθλον,
φέρω) Kampfpreis davontragend,
siegbekränzt. — ἄεθλον, τό, ep.
statt ἆθλον, Kampfpreis. — ἀείρω,
ion. u. poet. st. des gew. αἴρω, aor.
ἤειρα, med. ἀειράμην u. ἠράμην,
aor. 2. ἀρόμην, aor. pass. ἀέρθην ep.
st. ἤρθην. Act. aufheben, erheben;
aufheben; wegnehmen; med. für sich
aufheben, davon tragen, ἄεθλα ποσ-
σίν Kampfpreise im Laufen gewinnen.
125 ἀλήιος, 2. (α priv., λήιον, τό,
die Saat; Saatfeld) unbegütert, arm.
Nach Faesi: „ἀλήιος (λεία) ohne
Beute (was gewöhnlich auf Heerden
bezogen wird) Achilleus würde also,
obgleich er seit einiger Zeit am Kampfe
nicht mehr Theil genommen hat, da-
durch reichlich für die Kriegsbeute
entschädigt". — ἀκτήμων, ονος, 126
ὁ, ἡ, (ἀ, κτῆμα, τό) ohne Besitz-
thum. — ἐρίτιμος, 2. ep. (ἐρι-
wie ἀρι-, verstärkende und untrenn-
bare Partikel, sehr; τιμή) sehr ge-
schätzt, kostbar; sehr gepriesen. —
ἠνείκαντο, ἠνεικάμην ion. statt 127
ἠνεγκάμην, v. φέρω, inf. ep. φε-
ρέμεν st. φέρειν, fut. οἴσω, aor.
(v. St. ἐνεγκω) ἤνεγκα; tragen, fah-
ren, führen, bringen; med. für sich
wegtragen; sich erwerben, sich
erringen. — μώνυξ, υχος, ὁ,
ἡ, (μόνος? ὄνυξ) einhufig; oder bes-
ser v. μάω u. ὄνυξ, mit den Hufen
vorwärts strebend, strebehufig, stam-
pfend. — ἀμύμων, ον, (ἀ, μῶ- 128
μος, ὁ, Tadel) untadelig, tadellos,
trefflich, herrlich. — εἰδυίας, οἶδα
(St. εἴδω), conj. εἰδῶ, ep. ἰδέω,
inf. ἴδμεναι u. ἴδμεν ep. st. εἰδέ-
ναι, partic. εἰδώς: wissen, verstehen;
sich auf etw. verstehen, kundig sein;
in dieser Bdtg. auch c. genit. —
Λεσβίς, ίδος, ἡ, aus Lesbos, als 129
Subst. die Lesbierin. — ἐϋκτίμε-
νος, 3. ep. (εὖ, κτίμενος, κτίζω)
wohlgebaut, wohl bewohnt, wohnlich.
— ἕλεν ep. st. εἷλεν, αἱρέω, nehmen.
ἐξελόμην, ἐξειλόμην, ἐξαι- 130
ρέω, herausnehmen, auswählen; med.
für sich herausnehmen, auswählen,
auslesen; erbeuten. — φῦλον, τό,
(φύω, erzeugen) das Geschlecht, Gat-
tung. — ἐνίκων impf. mit Rück-
sicht auf die Zeit, da sie auserlesen
wurden. — μετά, als adv., also 131
ohne Casus, noch dazu, außerdem,
mit ihnen (jenen sieben). — ἔσσε-
ται ep. st. ἔσται. — ἀπηύρων,
impf. V. 107. — ἐπί in tmesi. —
ὅρκος, ἡ, Eidschwur. — ἐπόμ-
νυμι (ὄμνυμι), fut. ἐπομοῦμαι, aor.
ἐπώμοσα, dabei, darauf schwören.
— εὐνή, ἡ, das Lager, das Bett. 132
— ἐπιβήμεναι ep. inf. zu aor.
2. ἐπέβην, v. ἐπιβαίνω, fut. ἐπι-
βήσομαι, betreten; auf etw. steigen,
besteigen, gew. c. gen.; trans. bestei-
gen lassen. — μιγῆναι, ἐμίγην,
aor. 2. v. μίγνυμι und μίσγω, fut.

μίξω, pf. p. μέμιγμαι: mischen,
vermischen; pass. sich vermischen, be-
rühren; bei Homer häufig aor. 2.
von sinnlicher Liebe, sich in Liebe
134 vereinigen. — θέμις, ἡ, Ordnung,
Sitte, Gebrauch, B. 33. — πέλω,
und als dep. sich regen, versari, gew.
sein; werden, ἣ θέμις ἀνθρ.
πέλει, wie es unter Menschen zu
geschehen pflegt.
135 αὐτίκα, adv. sogleich. — παρ-
έσσεται, wird da sein, bereit sein,
wird dargeboten werden, werde ich
136 darbieten. — ἀλαπάζω (ἀ euphon.,
λαπάζω, ausleeren) ausleeren, plün-
dern; erobern, aor. ep. ἀλάπαξα.
137 — νῆα, Att. ναῦν. — ἅλις, adv.
(ἁλής = ἀθρόος) angehäuft, hau-
fenweis, in Menge; hinlänglich, genug.
— νηησάσθω, imper. aor. med.
νηήσασθαι, inf. v. νηέω ion. u. ep.
st. νέω, aor. νήησα, häufen, auf-
häufen; beladen; med. für sich be-
laden, νῆα χρυσοῦ sein Schiff mit
Gold beladen; νηησάσθω regiert den
138 gen. χρυσοῦ. — εἰσελθών, „ein-
gedrungen in die eroberte Stadt".
Facti, oder wie häufig Participia
beigefügt sind, vgl. 1, 324: einstei-
gend soll sich sein Schiff beladen. —
δατέομαι, (δαίω, theilen) ep.
Nebenf. v. δαίομαι, theilen, verthei-
len, unter einander vertheilen. —
ληΐς, ΐδος, ἡ, ion. u. ep. st. λεία,
139 Beute. — Τρωϊάς, άδος, ἡ, die
Troerin, als adj. Troisch. — ἑλέ-
σθω, αἱρέομαι im med. für sich
nehmen; auswählen.
140 μετά c. acc. nach. — Ἴωσι,
141 ion. st. ὦσι, εἰμί. — ἱκνέομαι,
in Prosa gew. ἀφικνέομαι, fut. ἵξο-
μαι, aor. 2. ἱκόμην, perf. ἶγμαι,
kommen. εἰ δέ κεν — ἱκοίμεθα:
Bei Angabe einer Vermuthung hat
εἰ den opt. ohne ἄν, bei Hom. aber
findet sich dieses bisweilen: wenn
wir nach Argos zurückkehren
sollten. — οὖθαρ, ατος, τό,
das Euter; übertr. οὖθαρ ἀρούρης,
die Fruchtbarkeit des Landes, (der
Segen des Landes) das gesegnete
Land. — ἄρουρα, ἡ, (ἀρόω,
ackern) Ackerland, Saatland; überhaupt
142 Land. — γαμβρός, ὁ, (γάμος,
ὁ, Heirath) Schwiegersohn, Eidam. —
εἴοι, ep. opt. v. εἰμί. — τίω, poët.
fut. τίσω, aor. ἔτισα, schätzen, ehren,
verehren, auszeichnen, B. 110. —
ἶσος, 3. Att. ἴσος, gleich. — τη- 143
λύγετος, 3. (τῆλε, oder τηλοῦ,
γεω, pf. γέγαα) eigtl. spät geboren,
d. i. im späten Alter der Eltern ge-
boren und deshalb sehr geliebt.
— τρέφω, nähren, aufziehen; pass.
wachsen, aufwachsen: ὅς μοι τηλ.
τρέφεται der mir im späten Al-
ter (spät)geboren heranwächst.
— θαλίη, ἡ, (θάλλω, blühen)
eigtl. die Blüthe, blühendes Glück:
θαλίῃ ἐνὶ πολλῇ in vollem Glück,
in sehr blühendem Glück. — μέγα- 144
ρον, τό, (μέγας) großer Saal, der
Versammlungssaal der Männer, häu-
fig: Wohnung, Palast. — εὔπηκ-
τος, 2. (πήγνυμι, festschlagen) wohl
zusammengefügt, wohlgebaut.
τρεῖς θυγατρες. Bei den Tra- 145
gikern nur die zwei, Elektra und Iphi-
genia. — τάων, st. τῶν, demonstr. 146
— ἀνάεδνος, 2. (ἕδνον, τό, poët.
und nur plur. ἕδνα, Geschenke an
die Braut vom Bräutigam oder an
die Eltern der Braut; Mitgift) unbe-
schenkt, dah. nach Einigen: ohne daß
der Bräutigam Geschenke gibt; nach
Anderen: ohne Mitgift, unausgestat-
tet. — ἄγω, aor. ἤγαγον, führen;
mit sich führen; entführen; leiten,
lenken; med. das Seinige bringen,
führen; zu dem Seinigen führen, γυ-
ναῖκα πρὸς οἶκον, eine Frau heim-
führen, heirathen: φίλην ἀνάεδνον
ἀγέσθω, mag heimführen die ihm
lieb ist, auch ohne Mitgift, oder ohne
Geschenke, die ihm lieb ist. — Πη- 147
ληος, ion. st. Πηλέως, v. Πηλεύς,
Sohn des Aiakos. Wegen Ermor-
dung seines Bruders Phokos floh er
aus Aegina nach Phthia, wo er durch
Heirath der Antigone, Tochter des
Eurytion, König der Myrmidonen
wurde. Nach dem Tode der Anti-
gone heirathete er die Nereide Thetis,
die ihm den Achilles gebar. — μεί-
λια, τά, ep. (μέλι, τό) erfreuliche
Gaben, eine herrliche Mitgift. —
ἐπιδώσω ich werde dazu geben.
— εὖναιόμενος, 3. (εὖ, ναίω, 149
wohnen) gut bewohnt, wohlbevölkert.
— πτολίεθρον, τό, ep. (πόλις)
die Stadt.
Καρδαμύλη, ἡ, Stadt in La- 150
konien am messenischen Busen, wo
auch die anderen folgenden Städte

zu suchen sind. — ποιήεις, εσσα,
εν, poet. (ποιή, ἡ, Gras) grasreich,
151 kräuterreich. — Φηραί in Messenien,
wie die andern (wegen achäischer Be-
völkerung) zu Lakonien gehörend. —
ζάθεος, 3. poet. (ζα- eine untrenn-
bare Verstärkungssilbe, sehr; θεῖος)
sehr göttlich, sehr heilig, hochheilig,
sonst gew. von Städten, die irgend
einer Gottheit heilig sind. — βαθύ-
λειμος, 2. ep. (βαθύς, λειμών,
ῶνος, ὁ, Wiese) mit tiefliegenden
Auen, daher mit grasreichen Auen
oder (da βαθύς auch weithin sich
erstreckend heißt, s. Il. 20, 489)
weit ausgedehnten Wiesen. Nach An-
dern, mit hoch begrasten Auen. —
152 ἀμπελόεις, εσσα, εν, (ἄμπε-
λος, ἡ, Weinstock) weinreich, reben-
153 reich. — νέατος, 3. poet. (superl.
von νέος?) sonst ep. νείατος, der
äußerste; νέαται Πύλου (nämlich:
πόλεις), zunächst Pylos gelegen. —
ἠμαθόεις, εσσα, εν, (ἄμαθος,
Sand) sandig wegen der sandigen
Küste. Bei Hom. stets zweier End.
154 — ἐν als adv. darin. — ναίω
poet. mit dem poet. aor. ἔνασσα,
aor. pass. ἐνάσθην, wohnen, lie-
gen; trans. bewohnen. — πολύρ-
ρην, ηνος, ὁ, ἡ, (πολύς, ἀρήν)
herdenreich. — πολυβούτης, ου,
ὁ, ep. (πολύς, βοῦς) rinderreich.
155 ἕ = αὐτόν. — δωτίνη, ἡ, =
δῶρον, Geschenk, Gabe. — θεὸν
ὥς = ὡς θεόν. — οἵ κε τιμή-
σουσι; κε mit dem ind. am ge-
wöhnlichsten mit dem fut. um eine
zuversichtliche Meinung auszudrücken:
die ihn wohl sicherlich ehren
156 werden. — ὑπό c. dat. unter,
1) örtlich, ὑπὸ Ἰλίῳ unter den Mau-
ern von Ilios; 2) wie c. gen. von,
durch, unter; ὑπὸ σκήπτρῳ, un-
ter seinem Scepter, d. i. ihm gehor-
chend. — λιπαρός, 3. (λίπα, τό,
Oel) von Salböl glänzend; überhaupt
glänzend, prächtig; λιπαραὶ θέμι-
στες, die reichlichen Gebühren,
Gaben, die der Landesherr zu for-
dern das Recht hat. — τελέω, ep.
τελείω, (τέλος, τό, B. 56; Erfül-
lung) vollenden, ausführen; gewäh-
ren, darbringen, entrichten. —
157 μεταλλήγω, ep. (λήγω, ablassen,
B. 97), aor. part. μεταλλήξας, auf-
hören, ablassen, χόλοιο von seinem
Zorn. — δαμάω, fut. δαμάσω, 158
ep. mit σσ, aor. 1. ἐδάμασσα, pf.
pass. δέδμημαι, aor. p. ἐδμήθην
u. ἐδαμάσθην, aor. 2. pass. ἐδάμην;
bändigen, δμηθήτω, er lasse sich be-
wegen, erbitten, er möge nachgeben.
— τοί encl. Partikel. Nach einigen
Erklärern ist es der zur Partikel ge-
wordene dat. σοί, dir, ich sage dir;
nach anderen entstanden aus τῇ;
ja, ja doch, sicherlich, gewiß. —
ἀμείλιχος, 2. = ἀμείλικτος,
2. (ἀ-, μειλίσσω) unerbittlich, hart.
— ἀδάμαστος, 2. (δαμάω) un-
bezwungen: Ἀΐδης τοι ἀμ. ἠδ' ἀδά-
μαστος, Hades ist ja nur uner-
bittlich und unbezwinglich,
kennt keine Bitten noch Zwang.
— ἔχθιστος nämlich Ἀΐδης: des- 159
wegen ist er auch den Sterblichen am
meisten verhaßt.
ὑφίστημι, aor. 2. ὑπέστην, 160
darunter stellen; im intr. Temp. sich
darunter stellen, unterordnen; sich un-
terziehen; versprechen, geloben; nach-
geben: μοι ὑποστήτω er stehe mir
nach, er gebe mir nach. — ὅσσον
βασιλεύτερός εἰμι wie sehr
ich mächtiger, größerer Herrscher bin.
— γενεή, ἡ, ion. st. γενεά, Ge- 161
schlecht, Abstammung, Abkunft, Ge-
burt. — προγενέστερος, προ-
γενής, ές, früher geboren, γενεῇ
προγενέστ. an Geburt älter. — εὔ-
χομαι, dep. med. fut. εὔξομαι,
laut aussagen, rühmend von sich aus-
sagen, sich rühmen, B. 60. — ἀμείβω, 162
fut. ἀμείψω, wechseln; vertauschen;
med. für sich wechseln, unter sich ab-
wechseln; erwiedern, antworten. —
Γερήνιος, ὁ, der Gerenische, Beiw.
des Nestor. Nach der gew. Erklä-
rung von Γερηνία, einem Bezirk in
Lakonien am messenischen Meerbusen,
wo Nestor herstammen soll. — ἱπ-
πότα, ὁ, aeol. u. ep. st. ἱππότης
(ἵππος) Wagenlenker, Wagenkämpfer,
Reisiger. — κυδρός, 3. berühmt. 163
— ὀνοστός, 3. adj. verb. v. ὄνο- 164
μαι (fut. ὀνόσομαι, schelten, schmä-
hen, B. 55) zu verschmähen, δῶρα
οὐκέτ' ὀνοστά, Gaben, „an denen
nichts mehr auszusetzen ist (wenn
man auch früher dein Benehmen ta-
deln mochte)" Faesi; nunmehr nicht
zu verachtende Gaben.
ἄγετε, B. 26. — κλητός, 3. 165

(καλέω) gerufen, eingeladen; aus-
erlesen. — ὀτρύνομεν ep. conj.
mit verkürztem Modusvokal von
ὀτρύνω, aor. ὤτρυνα, antreiben,
anregen, ermuntern, auffordern,
166 beauftragen, senden. — κλι-
σίη, ἡ, (κλίνω) Lagerhütte, Baracke,
Zelt. — οἵ κε — ἔλθωσι wie V. 112.
167 — εἰ δέ dazu zu denken, ὀτρύνω-
μεν, wenn wir aber senden,
wohlan (ἄγε) so senden wir ꝛc.
— τούς ist relat. — ἐπιόψο-
μαι st. ἐπόψομαι als fut. zu ἐφο-
ράω, genau besehen, betrachten; aus-
ersehen, auswählen: wenn dem
aber so ist, wohlan so senden wir,
die ich auswählen werde. — πιθέ-
σθων, ἐπιθόμην aor. 2. med. v.
πείθω, V. 26: sie aber sollen mir
168 (dann) folgen. — Φοῖνιξ, ικος, ὁ.
Er war Erzieher und Begleiter des
Achilleus auf dem Zuge nach Troja.
Im V. 448 u. f. wird über seine
früheren Schicksale gesprochen. Gegen-
wärtig befand er sich bei den ande-
ren Anführern und wird dazu ge-
braucht, um die Gesandtschaft bei
Achilleus einzuführen. — πρώτι-
στος, 3. poet. Superlativ von dem
Superl. πρῶτος. — Διίφιλος =
Διῒ φίλος, der Freund, Liebling des
Zeus. — ἡγέομαι, (ἄγω) fut.
ἡγήσομαι, aor. ἡγησάμην, voran-
gehen, führen; beginnen; leiten.
170 κῆρυξ, υκος, ὁ, der Herold.
Die Herolde genossen die Würde eines
Beamten der Fürsten. Sie standen
unter besonderem Schutze des Zeus,
indem sie Botschaften übernahmen;
hier geben sie das Geleit und ge-
währen der Gesandtschaft Sicherheit.
V. 10. — Εὐρυβάτης, αο, ὁ,
Herold des Odysseus, nicht der des
Agamemnon, der die Briseis von
Achilleus weggeführt hatte; Faesi. —
171 χερσὶν ὕδωρ, Wasser für die
Hände, um die Hände vor dem Ge-
bet oder Opfer zu waschen. — εὐ-
φημέω, (εὔφημος, andächtig) glück-
bedeutende Worte gebrauchen, Worte
von unglücklicher Vorbedeutung ver-
meiden, (beim Opfer) schweigend die
Andacht verrichten, in Andacht schwei-
gen. — κέλομαι, poet., ermah-
172 nen, auffordern, heißen. — ἀράο-
μαι, dep. med. (ἀρά, ἡ, das Ge-
bet) fut. ἀρήσομαι, aor. ἠρησάμην,
beten, flehen, Διΐ zum Zeus. — αἴ
dor. st. εἰ und stets mit κε (ἄν)
häufig in indirecten Fragen, ob etwa,
ob vielleicht, und in dem Sinne
eines Absichtsatzes, damit. — ἐλεέω
(ἔλεος, ὁ, Mitleid), fut. ἐλεήσω,
aor. ἠλέησα, Mitleid haben, sich er-
barmen, τινά, Jemandes. — ἐα- 173
δότα, ἁνδάνω, impf. auch mit
doppeltem augm. ἑήνδανον, aor. 2. ep.
εὗδον st. ἕαδον, pf. 2. ἕαδα, vom pf.
gew. nur partic. ἑαδώς: gefallen,
angenehm sein, τινί: ἑαδὼς μῦθος
eine angenehme Rede: τοῖσι δὲ πᾶσι
ἑαδότα μῦθ. ἔειπεν, seine Rede
fand bei ihnen allen Beifall.
— χέω, fut. χεω, ep. χεύσω, aor. 174
ἔχεα, ep. ἔχευα u. aor. med. ἐχευ-
άμην, pf. κέχυκα, pass. κέχυμαι,
aor. p. ἐχύθην: gießen, ausgießen,
V. 7.

ἐπιστέφω, (στέφω, bekränzen) 175
bei Hom. nur med. mit einem Kranze
umgeben, ποτοῖο (ποτόν, τό, Trank,
Wein) sie füllten die Mischkrüge mit
Wein voll bis an den Rand, daß
der Wein am Rande des Gefäßes
gleichsam einen Kranz bildete; also
überh. bis zum Rande füllen. —
νωμάω (ion. und poet. st. νέμω), 176
fut. νωμήσω, austheilen, vertheilen,
τινί. — ἐπάρχομαι, (ἄρχω),
aor. ἐπηρξάμην, eigentl. dazu, da-
bei anfangen, stets mit δεπάεσσι
(δέπας, αος, τό, Becher) mit den
Bechern beginnen, d. h. zuerst zum
Gußopfer die Becher füllen, oder mit
dem Gußopfer beginnen: der Mund-
schenk füllte die Becher und reichte
sie rechtshin nach der Reihe: Jüng-
linge füllten die Krüge zum
Rande mit Trank und theil-
ten an Alle aus, nachdem sie
zuerst den Opfertrank (zuerst
zum Opfer den Trank) in die
Becher gefüllt. — σπένδω, fut. 177
σπείσω, aor. ἔσπεισα, spenden, aus-
gießen, ein Trankopfer darbringen,
libare. — πίνω, fut. πίομαι, aor.
2. ἔπιον, pf. πέπωκα, trinken. —
ὁρμάω, aor. ὥρμησα trans. in 178
Bewegung setzen, anreizen; intr. sich
in schnelle Bewegung setzen, losfah-
ren; med. mit aor. med. und pass.
sich in schnelle Bewegung setzen, eilen.
— ἐπιτέλλω (τέλλω) auftragen, 179
befehlen, gebieten; med. wie im act.

πολλ' ἐπέτελλε trug noch vielerlei auf, oder πολλά als adv., gebot ihnen sehr dringend. S. 4, 229.

180 δενδίλλω ep. sich umsehen, einen Seitenblick werfen, durch einen Seitenblick zu winken; nur hier und zwar
181 im partic. — πειράω, (πεῖρα) fut. ep. πειρήσω, versuchen, sich bemühen; med. mit aor. med. u. pass. sich bemühen, versuchen, gern c. gen., c. inf. oder ὡς hier c. opt. — πεπίθοιμεν, πέπιθον aor. 2. mit redupl. von πείθω, V. 112. — ἀμύμων, ον, (α, μῶμος) tadel-
182 los, trefflich, V. 128. — παρά c. acc. neben, bei, an, neben hin, entlang: παρὰ θῖνα längs dem Gestade. — θίς, νός, ὁ, (τίθημι), Haufe, Sandhaufe, Strand, Gestade. — πολύφλοισβος, 2. ep. (πολύς, φλοῖσβος, ὁ, poet. das Brausen, Getöse) sehr, laut brausend. —
183 εὔχομαι, laut von sich reden, V. 60; geloben; flehen, beten. — γαιήοχος, 2. poët. (γαῖα, ἔχω) die Erde umfassend, die Erde haltend, Beiw. des Poseidon, Gott des Ocean, dem auch die Erdbeben zugeschrieben werden. — ἐννοσίγαιος, ὁ, (ἔνοσις, ἡ, Erschütterung, γαῖα) ep., der
184 Erderschütterer. — ῥηϊδίως, adv. v. att. ῥᾴδιος, 3. ion. st. ῥᾴδιος, leicht. — πεπιθεῖν, um zu bewegen, zu rühren.

185 Μυρμιδών, Μυρμιδόνες, die Myrmidonen, ein Volk achäischen Stammes, im südlichen Thessalien, in der Landschaft Phthiotis mit der Hauptst. Phthia. Waren nach Strabo aus Aegina nach Thessalien eingewandert. — ἱκέσθην der dual., wie vorher ἴτην, indem nur die beiden Gesandten als Hauptpersonen ge-
186 meint sind. — τέρπω, aor. ἔτερψα, aor. pass. ἐτέρφθην u. ἐτάρφθην, und aor. 2. pass. ἐτάρπην. Act. laben, erquicken, erfreuen, ergötzen; med. sich sättigen, sich laben, sich ergötzen. — φόρμιγξ, γγος, ἡ, ein Saiteninstrument, Zither, deren beide Arme durch das ζυγόν, Joch, ein Querholz, Steg, verbunden sind. — λιγύς, λίγεια, λιγύ, poët. hell-
187 tönend, hellklingend. — δαιδάλεος, 3. poët. (δαίδαλος, ὁ, Künstler) kunstvoll, kunstreich, zierlich. — ἐπί als adv. daran, darauf, oder in tmesi zu ἦεν. — ἔπειμι, darauf, daran sein. — ἄρετο, ἀρόμην, ep. aor. 188
2. med. v. ἀείρω ion. und poët. st. αἴρω, V. 124. — ἔναρα, τά, ep., nur plur. die dem getödteten Feinde abgenommene Rüstung, Kriegsbeute, spolia. — Ἠετίων, ωνος, ὁ, König von Thebe in Cilicien, den nebst seinen sieben Söhnen Achilleus nach Einnahme der Stadt ermordete. — ὄλλυμι, fut. ὀλέσω, Att. ὀλῶ, aor. ὤλεσα, med. aor. 2. ὠλόμην, verderben, zerstören, tödten; med. zu Grunde gehen, V. 22. — ἀείδω, 189
Att. ᾄδω, singen. — κλέος, τό, nur nom. und acc., Ruf, Kunde; Ruhm.

οἶος — ἧστο er saß allein ihm 190
gegenüber, „weil Automedon als Wagenlenker nicht saß". Faesi. — σιωπῇ, adv. schweigend, still. — δέγμενος, δέγμαι st. δέδεγμαι 191
von δέχομαι, fut. δέξομαι, nehmen, annehmen; aufnehmen; erwarten, abwarten, hier mit dem doppelten Object, dem acc. Αἰακίδην und dem Satz ὁπότε etc. st. ὁπότε Αἰακίδης etc. — Αἰακίδης, Sohn des Aeakos ist Peleus, hier der Enkel des Aeakos, Achilleus. — λήγω, fut. λήξω, aufhören, hier c. partic. V. 97. — προτέρω, ep. adv. wei- 192
ter vorwärts; βάτην προτέρω traten vor, traten heran. — στάν wie 193
ἔσταν st. ἔστησαν v. sing. ἔστην, traten, stellten sich. — πρόσθεν, πρόσθε als praep. c. gen. vor: V. 94. — ταφών, partic. v. ἔταφον, aor. 2. τέθηπα, perf. 2. ep. mit Präsensbdtg. v. Stm. θάπω oder ταφω, staunen, erstaunen, sich verwundern. — ἀνορούω (ὀρούω, St. ὀρω, orior) intr. mit Ungestüm, schnell sich erheben, aufspringen, auffahren. — λείπω, fut. λείψω, 194
aor. ἔλιπον, pf. 2. λέλοιπα, aor. 2. med. mit passiv. Bdtg. ἐλιπόμην, lassen, verlassen; hinterlassen; zurücklassen. — ἕδος, τό, (ἕζομαι, ἵζω) das Sitzen; der Sitz; Wohnsitz. — θαάσσω ep. gedehnt st. θάσσω, sitzen, nur praes. u. impf. (St. θαω, oder θεω, τίθημι).

αὔτως oder αὕτως, poët. gerade 195
so, ebenso, auf gleiche Weise; ὣς δ' αὔτως gerade so, so auch. —

ἴδε ep. st. εἶδε. — φώς, φωτός, ὁ,
196 Mann. — τώ demonstr. — δείκ-
νυμι, (St. δεικω, δεκω) f. δείξω,
perf. med. δέδειγμαι, ep. st. δέ-
δεγμαι, plqpf. δείδεκτο, V. 224;
zeigen, vorzeigen; 2) med. auch gleich
δειδίσκομαι, begrüßen, willkommen
heißen. — πόδας acc. der Bezie-
197 hung (woran?) — χαίρω, fut.
χαιρήσω, aor. sync. nach den Verb.
auf μι, ἐχάρην, pf. κεχάρηκα, da-
von ep. nur partic. κεχαρηώς, pf.
med. κεχάρημαι, ep. fut. κεχαρή-
σομαι; sich freuen; imper. χαῖρε,
sei gegrüßt: als Bewillkommnung;
beim Abschiede, lebe wohl. —
ἦ wahrlich. — ἱκάνω ep. verlän-
gerte Form von ἵκω, gew. c. acc.,
kommen zu Jem., seltener ἐπί τι
oder ἔς τι; 2) von leblosen Gegen-
ständen und Zuständen, kommen, tref-
fen, befallen rc.: wahrlich ihr
kommt mir lieb. — χρεώ ein-
silbig zu lesen (χρή), gen. χρεοῦς,
Noth: ἦ τι μάλα χρεώ, gewiß
drängt die Noth sehr (sonst kä-
198 met ihr zu mir nicht). — σκύζο-
μαι, poet. dep. nur praes. u. impf.,
murren, zürnen. — περ, V. 110:
οἵ μοι σκυζ. περ Ἀχ. φίλτατοι
ἐστόν, die ihr mir, wenn ich auch er-
zürnt bin, die liebsten unter den
Achäern seid, die ihr, auch wenn ich
den Achäern zürne, dennoch mir sehr
199 lieb seid. — φωνέω (φωνή, φάω),
aor. ἐφώνησα, eigentl. einen Laut
von sich geben, reden, sprechen.
200 εἷσεν, εἷσα, aor. (St. ἕω, ἕδω)
ein ep. defect. aor. imper. εἷσον,
partic. ἕσας, setzen, sich zu setzen
bitten. — κλισμός, ὁ, (κλίνω,
neigen, anlehnen) Lehnstuhl, Sessel,
gew. von kunstreicher und schmuck-
voller Arbeit und mit Teppichen über-
breitet, wozu auch eine Fußbank
(θρῆνυς) gehörte. — τάπης, ητος,
ὁ, Teppich. — πορφύρεος, 3.
(πορφύρα, ἡ, Purpur) purpurn,
201 purpurroth. — αἶψα adv. schnell;
202 sogleich. — μείζονα κρητῆρα,
den größeren Mischkrug; man hatte
sie von verschiedener Größe nach Be-
dürfniß. — καθίστα imper. ep.
st. καθίστη, καθίστημι, niedersetzen,
203 hinstellen. — ζωρός, 3. kräftig; v.
Weine, unvermischt, rein. ζωρότερον,
neutr. compar. — κεραίω und
κεράω, ep. Nebenform von κεράν-
νυμι, aor. ἐκέρασα, med. ἐκερασά-
μην; mischen, vermischen; med. für
sich mischen: ζωρότερον κέραιε,
mische reiner an, d. h. versetze
den Wein mit weniger Wasser, mische
stärker. — δέπας, τό, V. 176. —
ἔντυνον, imper., ἔντυνε, ἐντύνω
(ἔντεα, Rüstung) zurüsten, zubereiten,
δέπας, den Becher (von dem gemisch-
ten Wein) füllen, oder den vollen
Becher reichen. — οἱ ist Subjekt, 204
φίλτατοι ἄνδρες gehört zum Prä-
dicat; Tarzl. — ὑπέασι ion. 3.
plur. v. ὕπειμι, darunter sein. —
μέλαθρον, τό, poet. der Trag-
balken an der Decke; Dachgebälk,
Dach, Obdach: sind unter mei-
nem Dache.
ἐπεπείθετο, ἐπιπείθομαι, 205
(πείθω) fut. ἐπιπείσομαι, sich be-
reden, sich bewegen lassen, gehor-
chen, folgen. — ἑταῖρος, ὁ, der
Gefährte, Genosse. — κρεῖον, τό, 206
(κρέας, τό) Fleischtisch, Fleischbank,
wo Fleisch zerlegt wird (Hackbrett).
— κάββαλεν st. κατέβαλεν, κατα-
βάλλω, niederwerfen; niederlegen. —
αὐγή, ἡ, Licht, Strahl, Glanz:
ὅ γε (Achilleus) κρεῖον — ἐν πυ-
ρὸς αὐγῇ, er legte die gewaltige
Fleischbank an das (Licht des Feuers)
leuchtende Feuer, oder im Licht (Be-
leuchtung) des Feuers. — ἐν in 207
tmesi. — νῶτον, τό, plur. τὰ
νῶτα, der Rücken, von Menschen und
Thieren; das Rückenstück von ge-
schlachteten Thieren (als das beste
Stück). — ἐντίθημι, hinein, dar-
auf setzen, darauf legen. — ὄϊος,
gen. von ὄϊς, ὁ, ἡ, ion. st. οἶς, g.
οἰός, das Schaf, Lamm. — πίων,
ον, mit dem besonderen fem. πίειρα,
compar. πιότερος, sup. πιότατος,
fett, feist. — αἴξ, γός, ἡ, Ziege.
— ἐν, dazu ἔθηκε zu denken. — 208
σῦς, ός, ὁ, ἡ, das Schwein, Sau.
— σίαλος, ὁ, ep. fett. σῦς σιαλ.
ein fettes Schwein, Mastschwein. —
ῥάχις, ιος, ἡ, (ῥάσσω, zerreißen,
zertheilen) Rückgrat, Rückenstück. —
τεθαλυῖα, θάλλω, aor. 2. ἔθα-
λον, pf. 2. τέθηλα, partic. τεθη-
λώς, fem. τεθαλυῖα; blühen; strotzen,
ἀλοιφῇ mit Fett umwachsen, strotzend
von Fett. — τῷ (dem Achilles), τῷ 209
δ' ἔχεν ihm hielt an, hielt fest. —

τάμνω ep. u. dor. st. τέμνω, aor. 2. ἔταμον, schneiden, spalten, zerlegen.
210 τὰ μέν nämlich τὰ κρέα, das Fleisch. — μιστύλλω, in kleine Stücke zerlegen, zerstückeln, vom Zerhacken des Fleisches. — ἀμφί c. dat. vom Raume, um, an; ἀμφ' ὀβελοῖσι (ὁ ὀβελός, der Bratspieß) κρέα πείρειν Fleisch an Bratspieße stecken (so daß es darum steckt). — πείρω ep. (πέρας, τό, Grenze) durchbohren, durchstechen, häufig κρέα
211 ὀβελ. — δαίω (δάω in Flammen setzen), poet. im act. nur praes. und impf. u. pf. 2. δέδηα (intr. brennen); anzünden, anstecken, πῦρ, Feuer anzünden. — ἰσόθεος, 2. (ἴσος, θεός) gottgleich, göttlich, edel. —
212 κατά in tmesi. — κατακαίω (καίω, fut. καύσω, aor. 1. κατέκηα, aor. 2. pass. κατεκάην: verbrennen; pass. πῦρ κατεκάη das Feuer brannte nieder. — φλόξ, γός, ἡ, Flamme. — μαραίνω, aor. 1. ἐμάρανα, aor. pass. ἐμαράνθην: auslöschen, allmählich ver-
213 löschen. — ἀνθρακιή (ἄνθραξ, Kohle). Att. ἀνθρακιά, ἡ, Kohlenhaufen, glühende Kohlen. — στορέννυμι, στορέννυμι und στρώννυμι, fut. στορέσω, στρώσω, aor. ἐστόρεσα, perf. pass. ἔστρωμαι: hinstrecken, hinbreiten, λέχος, das Lager bereiten, Ι. 621; ἀνθρακιὴν den glühenden Kohlenhaufen ausbreiten. — ἐφύπερθε(ν), oben darüber, darüber hin. — τανύω, ep. und ion. st. τείνω, fut. τανύσω, ep. τανύσσω, spannen, ausspannen, ausbreiten, ὀβελοὺς ἐφυπ. ἐτάνυσσεν breitete er die Bratspieße darüber
214 hin. — πάσσω, fut. πάσω, streuen, hier mit gen. ἁλός, der gen. als Theil vom Ganzen, etwas Salz, mit Salz bestreuen, Salz streuen. — θεῖος, 3. göttlich; heilig; von vorzüglicher Güte, schön. — κρατευταί, αἱ, die Gabeln, auf denen die Bratspieße ruhen. — ἐπαείρω ep. st. ἐπαίρω (ἀείρω, Ι. 124), aor. ἐπάειρα, emporheben; hinauflegen, κρατευτάων, auf die Gabeln (Gabelstützen) legen; hier κρέα ἀμφ' ὀβελοῖσι hinzu zu denken.
215 ὀπτάω, aor. ὤπτησα, braten. — εἶν, ἐν in tmesi. — ἐλεός, ὁ, der Tisch, worauf das Fleisch zerlegt wird. — ἐγχέω, (χέω) aor. ep. ἐνέχευα, eingießen; einschütten, auf etwas schütten. — σῖτος, ὁ, Brod. 216
— ἑλών, εἷλον, aor. 2. v. αἱρέω, nehmen. — ἐπινέμω (νέμω) zutheilen, σῖτον τραπέζῃ, Brod auf dem Tische vertheilen. — κάνεον, 217
τό, (κάνη, Rohr) Rohrkorb, überh. Korb. — ἀντίον, adv. gegenüber. 218
— ἵζω, Att. καθίζω, fut. καθιῶ, aor. ἐκάθισα, setzen; sich setzen. — τοῖχος, ου, ὁ, τοίχου τοῦ (als 219
Artikel) ἑτέροιο gegenüber der anderen Wand, d. i. an der anderen Wand (neben welcher der Heerd war). — θύω, fut. θύσω, aor. ἔθυσα, opfern. — ἄνωγα ein ep. perf. mit Präsensbdtg., heißen, auffordern, befehlen; imper. ἄνωχθι; plqpf. mit Imperf.-Bdtg. ἠνώγεα, 3. sing. ἠνώγει. Zu merken ist, daß dieselbe Form ἀνώγει auch als praes. und ἤνωγον als impf. in Bdtg. des aor. vorkommt.
ἐν in tmesi mit βάλλε zu verb. 220
— θυηλή, ἡ, (θύω) ein Theil des Opfers, die Erstlingsspende, eigtl. das Opfer. — ὄνειαρ, τό, V. 91, 221
woselbst dieser und der folgende V. ist. — νεύω, fut. νεύσω, aor. ep. 223
νεῦσα, nicken, zunicken, zuwinken. — νοέω, (νόος, νοῦς) wahrnehmen, bemerken, sehen; auch im Geiste sehen, einsehen; überlegen, denken; erdenken, V. 104. — πίμπλημι, 3. plur. 224
πιμπλᾶσι, fut. πλήσω, aor. ἔπλησα, aor. p. ἐπλήσθην: füllen, anfüllen; med. sich (sibi) füllen, δέπας οἴνοιο den Becher mit Wein. — δείδεκτο ep. plqpf. dazu pf. med. δείδεγμαι ep. st. δέδεγμαι v. Stw. δείκω zu δείκνυμι: med. auch = δειδίσκομαι, begrüßen, V. 196; zutrinken.
χαῖρε, Heil dir (auf dein Wohl!) 225
V. 197. — δαίς, τός, ἡ, V. 70. — ἐΐσος, ἐΐση ep. verlängert aus ἴσος, gleich; gemeinsam, mit Präsensbdtg.; schön, trefflich, herrlich. — ἐπιδευόμαι dep. med. st. ἐπιδέομαι, ermangeln, entbehren: du entbehrst nie eines herrlichen Mahles. — πάρα ep. st. πάρεστι, es 227
ist da, ist vorhanden. — μενοεικής, ές, ep. (μένος, Verlangen, εἴκω) genügend, reichlich, in Fülle, V. 90. — δαίνυσθαι, δαίνυμι, 228

(δαίω, theilen). fut. δαίσω, verthei-
len, gew. Speisen austheilen, bewir-
then; med. sich bewirthen lassen, spei-
sen, essen. — ἐπήρατος, 2. (ἐράω,
lieben) geliebt, lieblich, reizend. —
μέλω, fut. μελήσω, gew. nur 3.
sing. und bisweilen plur., perf. μέ-
μηλε, poet. mit Präsensbdtg., am
Herzen liegen, viel daran gelegen
sein. — δαιτὸς ἔργα eine bloße
Umschreibung st. δαίς: es kümmert
uns nicht das liebliche Mahl,
229 der Reiz des Mahles. — λίην
ep. st. λίαν, adv. allzusehr. — πῆμα,
τό, (πάσχω) Leid; Unglück, Noth.
λίην μέγα πῆμα ein allzugroßes,
entsetzliches Leid. — εἰσορόων-
τες ep. st. εἰσορῶντες, πῆμα ein
Leid (kommen) sehend.
230 δείδω, im praes. nur 1. sing.,
fut. δείσομαι, aor. ἔδεισα, pf. 2.
δέδια mit Präsensbdtg. im plur.
ohne Bindevokal, δείδιμεν; sich fürch-
ten, besorgen, in Furcht sein. —
δοιή, ἡ, ep. Zweifel, Ungewißheit,
ἐν δοιῇ dazu ἐστὶν zu denken, wir
sind in Ungewißheit; das Folgende
als abhängige Frage zu nehmen,
ob ꝛc. — σαωσέμεν ep. inf. aor.
st. σαῶσαι; σαωσέμεν ἢ ἀπολέ-
σθαι; zum ersteren gehört νῆας als
Object, zum letzteren als Subject:
ob wir die Schiffe retten oder ob sie
231 zu Grunde gehen. — ἐΰσσελμος,
ep. st. εὔσελμος, (εὖ, σέλμα, τό,
die Ruderbank) wohl mit Ruderbän-
ken versehen, wohlberudert. — δύω,
fut. δύσω, med. δύσομαι, aor. ἐδυ-
σάμην, aor. 2. ἔδυν, intr. sich hin-
einbegeben, eindringen; anziehen, an-
legen, c. acc. — ἀλκή, ἡ, Stärke;
Abwehr, Schutz; Tapferkeit: εἰ μὴ
σύ γε δύσεαι ἀλκήν, wenn du
nicht die Abwehr auf dich
nimmst, zur Abwehr schreitest
oder wenn du nicht deine Ge-
232 walt brauchst. — αὖλις, ιδος,
ἡ, poet. der Aufenthaltsort, Lager,
Nachtlager. — τίθημι, aor. 2.
med. ἐθέμην; αὖλιν sein Lager auf-
233 schlagen. — ὑπέρθυμος, 2. (θυ-
μός) überaus muthig, hochherzig,
mit trotzigem Muthe. — τηλε-
κλειτός, 3. ep. (τῆλε adv. fern,
κλείω) weit berühmt; weither ge-
rühmt; weither kommend. — ἐπί-
κουρος, 2. (κοῦρος) helfend; als
Subst. Helfer, Bundesgenosse; pl.
von Hülfsvölkern der Troer. — κηά- 234
μενοι, ἐκηάμην, act. aor. ἔκηα
v. καίω, V. 77 und 88.
ἔχω, fut. ἕξω und σχήσω, fut. 235
med. ἕξομαι, σχήσομαι, aor. 2.
ἔσχον, med. ἐσχόμην; halten, ha-
ben; festhalten; zusammenhalten; nach
etw. hin halten, richten; med. sich
halten, Stand halten; abhängen, V.
102, sich enthalten, abstehen: οὐδ'
ἔτι φασὶν σχήσεσθαι, ἀλλ' ἐν
νηυσὶ μελ. πεσέεσθαι, sie meinen,
daß sie sich nicht mehr abhalten lassen
werden, sich in die dunklen Schiffe zu
stürzen. — πίπτω, fut. ion. πε-
σέομαι, aor. 2. ἔπεσον; herabfallen,
stürzen, niederstürzen; sich stürzen, los-
stürzen, ἐν νηυσί die Schiffe mit
Sturm angreifen. — ἐνδέξιος, 236
(δεξιός, 3.) zur rechten Hand, σή-
ματα ἐνδέξια, Zeichen zur Rechten,
glückbedeutende, günstige Zeichen. —
φαίνω, fut. φανῶ, aor. ἔφηνα, zei-
gen, sichtbar machen. — ἀστράπτω 237
(στράπτω, blitzen), blitzen, Blitz
schleudern. — σθένος, τό, Kraft,
Stärke; Muth; Kriegsmacht. — βλε-
μεαίνω, ep. seine Stärke fühlen,
stolz sein, gew. in der Verbindung
σθένεϊ βλεμεαίνων in strotzender
Kraftfülle, in gewaltiger Kampflust;
trotzend, pochend auf seine Kraft. —
μαίνομαι, fut. μανοῦμαι, rasen, 238
aor. ἔμηνα, machte rasend. — ἐκ-
πάγλως, adv. v. ἔκπαγλος, 2.
(ἐκπλήσσω) Schrecken erregend, ent-
setzlich. — πίσυνος, 3. (πείθω)
trauend, vertrauend, τινί. — τίω,
fut. τίσω, aor. ἔτισα, V. 110. —
κρατερός, 3. gewaltig. — ἕ = 239
αὐτόν. — λύσσα, ἡ, Wuth, Rase-
rei, Kriegswuth. — δύω, V. 231,
perf. δέδυκα ebenfalls intr. κρα-
τερὴ ἕ — δέδυκεν ihn hat ge-
waltiger Wahnsinn ergriffen.
ἀράομαι (ἀρά, ἡ), fut. ἀρήσο- 240
μαι, V. 172. — φανήμεναι, ep.
inf. aor. st. φανῆναι, ἐφάνην, von
φαίνομαι, erscheinen: er fleht, daß
recht bald die göttliche Eos erscheinen
möge. — ἠώς (Att. ἕως), gen. ἠοῦς,
ἡ, ion., dat. ἠοῖ, acc. ἠοι, Morgen-
röthe. — στεῦμαι poet. (verwdt. 241
mit ἵσταμαι) bei Hom. nur 3. sing.
praes. u. impf. dastehen, verheißen,
drohen, versichern. — ἀποκόπτω

(κόπτω, aor. 2. p. ἐκόπην) abhauen.
— ἄκρος, 3. (ἀκή, ἡ) spitz, in
eine Spitze endigend; äußerst, oberst.
— κόρυμβος, ὁ, plur. τὰ κό-
ρυμβα (κόρυς, ἡ) Spitze, Gipfel.
ἄκρα κόρυμβα νηῶν die äußersten
Spitzen der Schiffshintertheile und die
Verzierungen derselben, aplustria;
was später von den Schiffsschnäbeln
242 galt. — ἐνιπρήθω (πρήθω) ep.
st. ἐμπρήθω, fut. ἐμπρήσω, an-
zünden, verbrennen, sonst mit πυρί,
dafür hier der gen. — μαλερός
(μάλα) 3. poet. heftig, gewaltig, stür-
243 misch, Beiw. des Feuers. — δηόω
zsgz. aus δηϊόω (δήϊος) fut. δηώσω,
aor. ἐδήωσα, aor. p. ἐδηώθην, ver-
wüsten, vernichten, niederhauen, mor-
den. — τῇσιν = ταύταις. — ὀρίνω,
(Nebenform v. ὄρνυμι, ὄρω) poet.
aor. ὤρινα, A. 4; erregen; aufre-
gen; ὀρινομένους ὑπὸ καπνοῦ durch
Rauch (Qualm) in Verwirrung
244 gebracht. — αἰνός, 3. ep. und
ion. wie sonst δεινός, schrecklich, fürch-
terlich, gewaltig; adv. αἰνῶς, arg,
sehr, gewaltig. — δείδω, pf. mit
Präsensbdtg. δέδοικα, fürchten. —
οἱ = αὐτῷ. — ἀπειλή, ἡ, im-
mer plur. Drohung (ἀπειλέω, drohen).
254 ἐκτελέω (τελέω, vollenden) fut.
ἐκτελῶ, ἐκ verstärkt den Begriff,
vollenden: wirklich erfüllen, ausfüh-
ren. — δή (verkürzt aus ἤδη) in
temporeller Bdtg., schon, erst; von
der Zukunft, dann, nunmehr. —
αἴσιμος, 2. (αἶσα, ἡ, Beschluß,
Verhängniß der Götter) vom Schick-
sal bestimmt: uns aber wäre als-
dann vom Schicksal bestimmt.
240 — φθίνω, ep. φθίω, fut. φθίσω,
aor. ἔφθισα, bei Hom. nur die bei-
den letzten trans., med. u. pass. fut.
φθίσομαι, perf. ἔφθιμαι, plqpf.
ἐφθίμην gleichlautend mit dem sync.
aor. 2. ἐφθίμην, davon inf. φθί-
σθαι, aor. pass. ἐφθίθην; intr.
hinschwinden, abnehmen, vergehen,
umkommen, im Kampfe fallen, ster-
ben. ἐνὶ Τροίῃ vor Troja. —
ἑκάς adv. fern. — ἱππόβοτος,
2. poet. (ἵππος, βόσκω, fut. βο-
σκήσω, weiden) von Rossen bewei-
247 det, rossenährend, rossereich. — ἄνα
ep. st. ἀνάστηθι, erhebe dich, auf
denn. — μέμονα perf. zu ungebr.
μάω (gew. pf. μέμαα mit Präsens-
bedeutung) streben, trachten, wollen,
wünschen, mit Präsensbdtg. — ὀψέ
adv. spät. ὀψέ περ wie sehr es auch
spät ist, obschon sehr spät. — τείρω 248
nur praes. u. impf. eigtl. reiben (tero);
aufreiben, erschöpfen, entkräften. —
ἐρύω, fut. ἐρύσω und ep. auch
ἐρύω, aor. ἔρυσα; med. ἐρύομαι,
aor. ἐρυσάμην. Act. ziehen, heraus-
ziehen, reißen; med. zu sich heran-
ziehen, an sich ziehen; retten, be-
freien; schirmen, schützen. — ὑπό
c. gen. hier: aus. — ὀρυμαγ-
δός, οῦ, ὁ, poet. Getöse, Lärm,
Getümmel. — μετόπισθε(ν), 249
örtlich: hinten, rückwärts; v. d. Zeit:
nachher, hinterdrein. — ἄχος, τό,
(ἄχω) poet. Leid, Kummer, Schmerz,
Betrübniß. ἄχος σοὶ ἔσσεται es
wird dir leid sein. — μῆχος, τό,
poet. Mittel, Hülfsmittel. οὐδέ τι
μῆχός ἐστι, und es ist kein Mittel,
d. i. es ist vergeblich, κακοῦ gegen
ein Uebel.

ῥέζω (St. ἔργω), poet. fut. ῥέξω, 250
aor. ἔρρεξα und ἔρεξα, vom Paſ-
sivum nur aor. inf. ῥεχθῆναι und
partic. ῥεχθείς; thun, machen, ῥεχ-
θὲν κακόν ein gethanes, geschehenes
Uebel. — ἄκος, εος, τό, (ἀκέο-
μαι, heilen) Heilmittel, Abhülfe:
οὐδέ τι — εὑρεῖν und es gibt kein
Mittel, gegen das Uebel, wenn es
geschehen, noch Heilung zu finden. —
φράζω, aor. 1. ἔφρασα, anzeigen, 251
sagen; med. erwägen, bedenken, über-
legen, gew. mit folg. ὅπως, B. 112:
φράζευ = φράζεο. — ἀλέξω,
fut. ἀλεξήσω, aor. med. ἠλεξάμην;
abwehren, Abwehr anwenden, helfen,
beistehen; schützen. κακὸν ἦμαρ den
Unglückstag abwehren. — πέπων, 252
ονος, ὁ, (πέσσω, kochen) [illegible] bei
Homer immer als Anrede, Lieber,
Freund. — ἐπιτέλλομαι das
med. wie das act. ἐπιτέλλω, B. 68:
wahrlich dein Vater Pel. empfahl [illegible]
es dir an's Herz. — [illegible], 254
Worte des Peleus. — κάρτος, τό,
ep. st. κράτος, Stärke, Kraft, Ge-
walt.

αἰ dor. st. εἰ; αἴ κε = ἐάν, wenn 255
etwa, im Fall daß. — μεγαλή-
τωρ, ορος, (ἦτορ, τό, Herz) groß-
herzig, hochherzig, edel. — ἴσχω 256
Nebenform v. ἔχω, zurückhalten, θυ-
μόν, den Muth bändigen: du aber

bändige deinen stolzen Sinn in dei-
nem Herzen. Man beachte hier den
inf., der bei Dichtern öfter st. des
imperat. steht. S. Gramm. — φι-
λοφροσύνη, ἡ, (φιλόφρων),
Freundlichkeit, Wohlwollen. — λη-
γέμεναι ep. inf. v. λήγω, auf-
hören, ablassen, B. 97. — κακο-
μήχανος, 2. (κακός, μηχανή)
Unheil ersinnend, verderblich, unheil-
259 voll. — λήθεαι, λήθομαι seltе-
nere Nebenf. v. λανθάνομαι, ver-
gessen, von λήθω, λανθάνω, ver-
borgen sein.
260 παύεο, παύω, fut. παύσω, aor.
ἔπαυσα, aufhören machen, ruhen
lassen; hemmen, beruhigen; abhalten,
τινός, und statt des gen. c. inf. oder
partic.; med. aufhören, nachlassen,
ablassen: aber so höre auch jetzt
noch auf. — ἐάω, fut. ἐάσω,
lassen, gestatten; fahren lassen, χό-
λον, den Zorn aufgeben. — θυμαλ-
γής, ές, ep. (θυμός, ἄλγος, τό,
Schmerz) herzkränkend, herzverzehrend,
261 peinlich, schmerzlich. — μεταλήγω,
ablassen: B. 157: wenn du von
262 dem Zorn abläßt. — εἰ δέ =
εἰ δ' ἄγε als Ausdruck des Wun-
sches, wofür häufiger εἴθε, wenn
doch nur, möge doch nur! auf denn!
— καταλέγω (λέγω, darlegen),
fut. καταλέξω, darlegen, erzählen,
263 mittheilen, B. 115. — ὑπισχνοῦ-
μαι und ion. ὑπισχνέομαι und ep.
ὑπίσχομαι, aor. ὑπεσχόμην, ver-
264 sprechen, zusagen, geloben. — Die
folgenden Verse bis 299 siehe von
122 bis 157.
300 ἀπεχθάνομαι, (ἐχθάνομαι)
aor. 2. ἀπηχθόμην, sich verhaßt ma-
chen, verhaßt werden, aor. verhaßt
geworden sein, verhaßt sein. —
κῆρόθι ep. durch θι (untrennbare
Silbe, die den Begriff von ἐν ent-
hält) zum adv. gewordenes κῆρ, im
301 Herzen. — σὺ δ' ἄλλους etc. als
Nachsatz, so erbarme du dich doch
wenigstens (πέρ) der anderen u. —
Παναχαιοί, οἱ, die Gesammt-
302 achaer. — τείρω, B. 248. — ἐλε-
αίρω, ep. Nebenf. v. ἐλεέω, Mit-
leiden haben, bemitleiden, sich erbar-
men. — στρατός, ὁ, (στορέννυμι)
eigtl. das Heer im Lager, das Heer
303 überh. — σφι — κῦδος ἄροιο
wie 4, 93; σφί st. παρ' αὐτῶν, du

würdest dir von ihnen eine ruhm-
volle Anerkennung erwerben, bei ihnen
Ruhm erlangen. — χ' = κέ. — 304
ἐπεὶ ἄν c. opt. 1) bei oft wieder-
holten Handlungen; 2) wenn der Fall
nur als ein möglicher, vermutheter
gedacht wird, wie hier: da er dir
doch sehr nahe gekommen sein dürfte.
λύσσα, ἡ, B. 239. — ὀλοός, 305
3. (ὄλλυμι) verderblich, furchtbar. —
ἐπεὶ οὔ τινά φησιν ὁμ. οἷ ἐμ.
da er meint (wähnt), daß Niemand
ihm gleich komme, gewachsen sei. —
ἐνθάδε, hierher. — φέρω, fut. 306
οἴσω und med. οἴσομαι, vom ep.
aor. imper. οἶσε, die anderen Tem-
pora vom St. ἐνεκ und ἐνεγκ,
aor. ἤνεικα, Att. ἤνεγκα u. aor. 2.
ἤνεγκον; tragen; bringen, führen;
ertragen, erdulden. — πολυμή- 308
χανος, 2. poet. (μηχανή) reich an
Hülfsmitteln, erfindungsreich, sehr
klug. — ἀπηλεγέως adv. (ἀπη- 309
λεγέω, vernachlässigen) rücksichtslos,
μῦθον ἀπηλ. ἀπειπεῖν, mein Wort
gerade heraussagen, unverholen aus-
sprechen: „ich muß euch offen er-
klären".
ᾗπερ, wie nämlich. — φρονέω 310
(φρήν) von verschiedener geistigen Thä-
tigkeit: denken, nachdenken, klug sein;
denken, meinen, gesonnen sein,
im Sinne haben. — τελέω, fut.
τελέσω, pf. p. τετέλεσμαι; zu Ende
bringen, vollenden; verleihen, B. 157.
— τρύζω, v. Menschen, murren, 311
brummen, vom geschwätzigen Gemur-
mel Nieler: ὡς μή μοι τρύζητε
παρήμενοι ἄλλοθεν ἄλλος daß ihr
mir nicht dasitzend von hier und von
dort etwas vorjammert (d. i. auf
meine Rede murmelnd Allerlei vor-
bringt). — ἐχθρός, 3. verhaßt. — 312
κεῖνος, ep. st. ἐκεῖνος. — ὁμῶς
poet. adv. (ὁμός) zugleich, zusammt;
gleich, gleich wie c. dat., ebenso wie.
— Ἀΐδαο πύλῃσι wie die Thore des
Hades, der Eingang zum Hades,
poet. Umschr. st. wie der Tod. —
κεύθω, poet. fut. κεύσω, perf. 313
κέκευθα, aor. 2. ἔκυθον, conj. auch
mit ep. reduplic. κεκύθω, verbergen,
verstecken, verhehlen: ὅς χ' ἕτερον
μὲν κεύθῃ etc. der im Herzen
anders denkt, anders aber
spricht, d. i. anders spricht, als er
denkt. — ἐρέω, fut. v. ungebr. εἴρω, 314

ep. st. ἐρῶ, perf. p. εἴρημαι, aor.
pass. v. ῥέω, ἐρρέθην u. ἐρρήθην;
reden, sprechen; das fut. ἐρέω, ich
will sagen, nicht zu verwechseln mit
ἐρέω ich frage.
315 Ἀτρείδην Ἀγαμ. ist Subjectsaccu-
sativ, so wie nachher ἄλλους Δανα-
ούς. — πεισέμεν ep. inf. statt
πείσειν; πείθω, bereden. — ὀΐω,
ep. häufig st. οἴομαι, wozu auch ein
ep. aor. pass. ὀΐσθην, Att. ᾠήθην;
meinen, glauben; v. zukünftigen Hand-
lungen, ahnen, erwarten, hoffen. —
316 ἐπεὶ οὐκ ἄρα χάρις ἦεν μάρνα-
σθαι (ἄρα, V. 29) eigentl. da kein
Dank das Kämpfen mir war, d. h.
da man mir keinen Dank da-
für wußte, daß ich kämpfte. —
317 μάρναμαι poët. dep. med. käm-
pfen, fechten. — δήϊος, 3. ion. st.
δάϊος (δαΐς, ἡ, Kampf) vernichtend,
feindlich; V. 76. — νωλεμές,
ep. adv. unablässig, immerfort, gew.
verbunden mit αἰεί. — ἶσος, Att.
ἴσος, 3. gleich, ähnlich, ἴση μοῖρα
μένοντι καὶ εἰ μάλα τις πολεμί-
ζοι gleicher Antheil ist dem Zurück-
bleibenden und (dem) der auch sehr
kämpft, d. h. gleich ist das Loos,
ob man zurückbleibt oder auch
319 tapfer im Kampf ist. — ἴος,
ἴη, ἴον ep. st. εἷς, μία, ἕν; mit ver-
ändertem Accent ist ἰῇ: ἐν δὲ ἰῇ
ἠμὲν κακός etc. und in derselben
Ehre ist der Feige und der Tapfere,
d. h. gleiche Ehre genießt der Feige ꝛc.
320 κάτθανε ep. st. κατέθανε, κατα-
θνήσκω (θνήσκω) hinsterben, ster-
ben, hier vom natürlichen Tode. —
ὁμῶς τε-τε zugleich der Eine wie
der Andere. — ἀεργός, 2. zsgz.
ἀργός (ἀ, ἔργον) unthätig, träge.
— ἔρδω, poët. (die Tempora v.
St. ἔργω) fut. ἔρξω, aor. ἔρξα, pf.
ἔοργα, thun; ὁ πολλὰ ἐοργώς, der
vieles gethan, viele Thaten vollbracht
hat: der Tod ereilt den Thatenlosen
wie den, der Vieles gethan hat, beide
sind einander im Tode gleich. —
321 περίκειμαι (κεῖμαι) dep. med. um
etwas liegen, etwas umgeben, οὐδέ
τι μοι περίκειται, es liegt nichts
um mich herum, d. h. ich habe keinen
Vortheil davon, habe nichts voraus
(vor jenem, der nichts gethan).
ἐπεί in causaler oder concessiver
Bdtg. — ἔπαθον, πάσχω, fut.
πείσομαι, pf. πέπονθα, leiden, er-
dulden. — αἰέν ion. u. poët. st. ἀεί. 322
— παραβάλλω (βάλλω), aor. 2.
παρέβαλον, Jem. etwas zuwerfen,
vorwerfen; med. etwas daran setzen,
wagen, ψυχήν sein Leben; hierzu der
inf. des Zwecks, πολεμίζειν, blos
um zu kämpfen, um des Kampfes
Willen. — ὄρνις, ιθος, ὁ, ἡ, Vo- 323
gel, plur. auch Att. ὄρνεις. —
ἀπτήν, ῆνος, ὁ, ἡ, (ἀ, πτηνός, 3.
befiedert) unbefiedert, noch nicht flügge.
— νεοσσός, ὁ, (νέος) das Junge,
besonders von der Brut der Vögel.
— ὡς (προφέρῃσι) mit conj. ohne
ἄν, weil der Satz ein allgemeiner ist
und als solcher eine oft dagewesene
oder oft wiederkehrende Hdlg. aus-
drückt. — μάσταξ, ακος, ἡ, (μα- 324
στάζω, kauen, verw. mit μάσσω,
kneten) der Mund; die Nahrung,
Speise, gew. die der Vogel im Schna-
bel den Jungen zuträgt, Atzung. —
λάβῃσι dazu μάστακα zu denken.
— κακῶς δ' ἄρα οἱ πέλει αὐτῇ
als Parenthese: schlimm ergeht
es ihm dabei selber, d. h. wäh-
rend er selber dabei hungert.
ἄϋπνος, 2. (ἀ, ὕπνος, ὁ, Schlaf) 325
schlaflos. — ἰαύω, (ἄω), aor. 1.
ἴαυσα, ruhen, schlafen, ἀΰπνους
νύκτας, schlaflose Nächte zubringen.
— αἱματόεις, εσσα, εν, blutig 326
(αἷμα, τό). — διαπρήσσω,
(πρήσσω, ion. st. πράσσω) vollbrin-
gen, ἤματα διεπρ. πολεμίζων Tage
brachte ich im Kampfe zu. — μάρ- 327
ναμαι s. V. 317. — ὄαρ, αρος,
ἡ, zsgz. ὦρ, Genossin, Gattin, Frau;
„der plur. ὀάρων bezeichnet die Gat-
tung:“ Faesi. — σφετεράων auf
die Atriden zu beziehen. — δώδεκα 328
gehört zu πόλεις. — ἀλαπάζω
(ἀ euphon. u. λαπάζω), fut. ἀλα-
πάξω, aor. ep. ἀλάπαξα, ausleе-
ren: ausplündern, zerstören, über-
wältigen, vernichten; ἀνθρώπων,
wohl besser unmittelbar mit ἀλάπαξα
als mit πόλεις zu verbinden. —
πεζός im Gegensatz zu σὺν νηυσί, 329
da ἕνδεκα (πόλεις) im Innern des
Landes zu denken sind. — ἐρί-
βωλος, 2. (ἐρι- untrennbare Par-
tikel mit verstärkender Bdtg., sehr;
βῶλαξ, ἡ, Erdscholle) großschollig,
breitschollig, von fettem, fruchtbarem
Boden, fruchtbar.

330 τάων ep. st. τῶν, demonstr. —
κειμήλιον, τό, (κεῖμαι, liegen)
eigtl. das aufbewahrt Liegende, die
331 Kostbarkeit, Kleinod, Schatz. — ἐξ-
αιρέω (αἱρέω, aor. 1. p. ᾑρέθην,
aor. 2. act. εἷλον, nehmen) heraus-
nehmen; med. für sich wegnehmen,
erbeuten, V. 129. δόσκον ep.
332 aor. 2. iterat. v. δίδωμι. — ὄπι-
σθε(ν) adv. örtlich: von hinten,
ὄπισθε μένων, zurückbleibend, still
da sitzend, unthätig zurückbleibend. —
θοός, 3. (θέω, laufen, eilen) schnell.
333 — δέχομαι, fut. δέξομαι, aor.
ἐδεξάμην, pf. δέδεγμαι, ep. auch
δέγμαι, nehmen, empfangen; gast-
lich aufnehmen; feindlich empfangen;
abwarten, V. 107. — παῦρος, 2.
klein, gering. — διαδασάσκετο ep.
iterat. im imperf. (Statt der Endung
des aor. med. άμην hat die ion. ep.
Sprache auch ασκόμην) von δια-
δαίομαι (δαίω, med. δαίομαι, fut.
δάσομαι, aor. ἐδασάμην, theilen)
theilen, vertheilen, wie διαδατέομαι.
334 — ἀριστεύς gew. plur. ἀριστῆες,
die Angesehensten. γέρας, τό,
Ehrengeschenk, nur in der sing. Form.
335 ἔμπεδος, 2. (ἐν, πέδον) eigtl.
im Boden stehend, d. i. feststehend,
nicht wankend, unverändert, τοῖσι
γέρα ἔμπεδα κεῖται, die Ehrenge-
schenke liegen diesen noch unberührt,
sie besitzen die Ehrengeschenke noch in
Ruhe. — μοῦνος st. μόνος. —
336 ἄλοχος, ἡ, (α copulat. u. λέχος,
τό, das Lager) Bettgenossin, Gattin.
— θυμαρής, ές, und θυμηρής
(θυμός u. ἀρω, anpassen, nach And.
v. ἀρέσκω, gefallen) herzerfreuend,
werth, lieb, theuer. — παριαύω,
(ἰαύω, V. 325) τινι bei Jem. schlafen.
337 — τέρπομαι, V. 186. — πολε-
μιζέμεναι die alte ep. Infinitiv-
form, woraus verkürzt πολεμιζέμεν
und daraus πολεμίζειν entstanden.
338 — λαός, ὁ, V. 22. — ἀγείρω,
aor. ἤγειρα, versammeln, λαὸν ἀγ.
Kriegsvolk aufbieten (cogere); ver-
einigen, die Völker der verschiedenen
339 griechischen Fürsten. — ἦ hier als
Fragew. ἦ οὐχ nicht etwa? wobei
die Bejahung sich von selbst versteht.
— ἠΰκομος, 2. (εὖ, κόμη, ἡ, das
Haar) ep. st. εὔκομος, schöngelockt.
340 μέροψ, οπος, ὁ, poet. (μείρο-
μαι, sich seinen Theil geben lassen,

ὄψ, ἡ, Stimme) mit Sprache begabt,
redend. — ἐπεί — φιλέει als 341
Causalsatz zu fassen. — ἐχέφρων
(sc. ἐστί), ον, (v. ἔχω, φρήν) Ver-
stand habend, verständig, klug. —
τὴν αὐτοῦ die ihm angehörige, die 342
seinige. — κήδω, poet. fut. κη-
δήσω, im act. nur ep. besorgt ma-
chen, betrüben, kränken; med. besorgt,
betrübt sein; sorgen, τινός für Jem.
— δουρικτητός, 3. ep. st. δορί- 343
κτητος, (δόρυ, τό, u. κτάομαι) mit
dem Speere erworben, muthig er-
kämpft. περ mit concessiver Bdtg.,
besonders mit Partic., darüber s. zu
V. 110. — ἀπατάω, fut. ἀπα- 344
τήσω, betrügen, täuschen, hintergehen,
τινά, aor. gew. ep. ohne augm.
πειράω V. 181; mit dem gen. 345
dessen, den man auf die Probe stellt,
den man versucht. — εὖ εἰδότος,
da ich ihn wohl kenne (den ich ein-
mal wohl kennen gelernt habe). —
φράζω, V. 112; med. sich über- 347
legen, erwägen, V. 251. — ἀλέξω,
(St. ἀλεκ) mit ep. inf. ἀλεξέμε-
ναι, fut. ἀλεξήσω, V. 251; τινί τι
etw. von Jem. abwehren. — δήϊος,
3. (δαΐς) vernichtend; feindlich. V. 76.
— πονέομαι, fut. πονήσομαι, 348
aor. ep. πονησάμην, sich abmühen;
trans. mit Anstrengung etwas aus-
führen, überh. etw. zu Stande brin-
gen: ἦ μὲν δὴ μάλα πολλὰ πον.
hat er doch wirklich schon sehr
Vieles vollführt (ironisch). —
νόσφι(ν) adv. abgesondert, fern von
etw.; als praep. c. gen. fern von;
ohne, allein ohne. — δέμω, aor. 349
ἔδειμα, perf. p. δέδμημαι; bauen,
erbauen. — ἐλαύνω, fut. ἐλάσω,
Att. ἐλῶ, inf. ἐλᾶν, aor. ἤλασα,
ep. auch mit σσ, perf. pass. ἐλή-
λαμαι; treiben; wegtreiben, wegfüh-
ren; jagen, bedrängen; schlagen, sto-
ßen, verwunden; einer Sache eine
Richtung geben, τάφρον einen Gra-
ben ziehen. — ἐπ' αὐτῷ auf τεῖ-
χος zu beziehen.
ἐν adv. darin, darauf, darein, V. 350
134. — σκόλοψ, οπος, ὁ, (σκό-
λος, 2. abgestumpft) ein Pfahl; Pfahl
als Palisade. — καταπήγνυμι
(πήγνυμι, fut. πήξω, aor. 2. ἐπά-
γην. pf. 2. πέπηγα), in die Erde
schlagen, befestigen. — σθένος, τό, 351
die Stärke, Gewalt. — ἀνδρο-

φόνος, 2. (ἀνήρ, φονεύω, φόνος,
ὁ, Mord) männermordend, überhaupt
352 mordend. — ἴσχω Nebenform v.
ἔχω, nur im praes. u. impf., halten,
festhalten: aufhalten, zurückhalten;
med. sich einhalten, stehen bleiben;
c. gen. sich einer Sache enthalten.
353 — ἐθέλεσκε iterativ. v. ἐθέλω,
θέλω. — ὄρνυμι ep. wie ὀρνύω,
ep. inf. ὀρνύμεν (St. ὀρω, orior),
fut. ὄρσω, aor. ὦρσα, in der ep.
Spr. daneben auch ὤρορε in der-
selben Bdtg., erregen, in Bewegung
setzen; sich erheben lassen; veranlassen;
μάχην ἀπὸ τείχεος fern von der
Stadtmauer sich in Kampf einlassen
(Hektor wagte nicht fern von der
Stadt zum Kampf vorzugehen). —
354 ὅσον adv. so weit als, ungefähr nur:
ὅσον ἐς Σκαιάς πύλας ἵκανεν er
kam nur etwa bis zum Skäischen
Thore. Das Sk. Thor oder West-
thor (σκαιός, westlich) das Haupt-
thor der Stadt Troja, dem griechischen
Lager gegenüber. — φηγός, ἡ,
(φαγεῖν) die Speiseeiche (wegen eß-
barer Früchte, den Eicheln ähnlicher
Früchte), am Skäischen Thore, dem
Jupiter geweiht. — ἱκάνω, ep.
verlängerte Form von ἵκω, St. zu
ἱκνέομαι, kommen, V. 197; auch das
med. in derselben Bdtg.
355 οἶον adv. einmal; nach And.
mit zu ergänzendem με, mich allein.
— μίμνω, poet. st. μένω, blei-
ben; trans. erwarten: ἔνθα ποτ'
οἶον (με) ἔμιμνε, hier hielt er mir
einmal Stand. — μόγις adv. mit
Mühe, kaum. — ὁρμή, ἡ, (ὄρνυμι)
356 heftiger Andrang, Angriff. — νῦν
mit Hinweis auf die Zukunft, jetzt,
357 nunmehr. — αὔριον adv. (αὔρη,
ἡ, die Morgenluft) morgen. — ἱρά
st. ἱερά. — ῥέζω, V. 250: ἱερά
ῥ. Opfer verrichten, vollbringen,
358 opfern. — νηέω, ion. und ep. st.
νέω, aor. ep. νήησα, häufen, zusam-
menbringen; beladen, v. Schiff, be-
frachten, V. 137. — ἐπήν (ἐπεί,
ἄν) poet. mit dem conj. gewöhnlich
bei oft wiederkehrenden Handlungen,
also im Allgemeinen, nicht ein ein-
zelnes Factum bezeichnenden Zeit-
sätze; bisweilen auch von einzelnen
als wahrscheinl. bevorstehenden Hand-
lungen, wie hier: nachdem. —
προερύω poet. (ἐρύω, ziehen),
aor. προέρυσα (ep. auch mit σσ),
vorwärts ziehen; immer von Schif-
fen, die vom Ufer auf's Wasser
(ἅλαδε) heruntergezogen werden. —
ὄψεαι, ὄψομαι ein fut. zu ὁράω 359
(v. St. ὀπτω). — μεμήλῃ conj. ep.
perf. s. V. 228 von μέλω, meist nur
in 3. Pers. sing. μέλει, fut. μελή-
σει, seltener plur., am Herzen liegen,
daran gelegen sein.
ἦρι ep. adv. früh, am Morgen. 360
— πλέω, ep. πλείω, fut. πλεύ-
σομαι, schiffen, segeln. — ἐν V. 154. 361
— ἐρέσσω, rudern, mit dem ep.
inf. ἐρεσσέμεναι. — μάω ungebr.
Präsens, wovon das perf. mit Prä-
sensbdtg. μέμαα und von diesem häu-
fig das partic. μεμαώς: auf etwas
anstürmen, eilen; nach etw. trachten,
etw. heftig verlangen, c. gen. Das
partic. auch als adj. eilig; begierig,
eifrig. — εὐπλοΐη, ἡ, (εὖ, πλέω) 362
glückliche Schifffahrt, glückliche Fahrt.
— κλυτός, 3. poet. (κλύω) viel
gehört, ruhmvoll, glorreich. — ἐν-
νοσίγαιος, ὁ, ep. V. 183. —
τρίτατος, 3. poet. verläng. aus 363
τρίτος. — Φθίη, ἡ, eine alte Stadt
Thessaliens am Fl. Spercheios, Haupt-
stadt der Myrmidonen. — ἐρίβω-
λος, 2. wie ἐριβῶλαξ, V. 329. —
τά relat. — κάλλιπον ep. st. 364
κατέλιπον. — ἔρρω, fut. ἐρρήσω,
schwerfällig gehen; rathlos umher-
gehen, umherirren; dahingehen, fort-
gehen, dahin fahren (in's Verder-
ben rennen) V. 377.
ἐνθένδε, von hier aus. — ἐρυ- 365
θρός, 3. roth, röthlich, hier vom
Erz. — εὔζωνος, 2. ep. (εὖ, 366
ζώνη) schön gegürtet, Beiw. schöner,
edler Frauen. — πολιός, 3. und
2. Ed. grau, Beiw. der Haare, des
Eisens und des Meeres. — λαγ- 367
χάνω, fut. (Att.) λήξομαι, aor. 2.
ἔλαχον, mit dem ep. conj. λελάχω,
pf. λέλογχα, ion. u. poët. st. εἴληχα,
durchs Loos erhalten; überh. erhal-
ten; intr. durchs Loos zufallen. —
αὖτις adv. ion. u. dor. st. αὖθις 368
(αὖ) wieder, wiederum. — ἐφ-
υβρίζω, (ὑβρίζω, übermüthig sein)
dazu übermüthig behandeln. — κρεί-
ων, V. 62. — ἀγορευέμεν ep. 369
inf. in der Bedeutung des imperat.;
ἀγορεύω (ἀγορή, ἡ) in einer Ver-
sammlung reden, sprechen, überhaupt

reden, V. 41. — ἐπιτέλλω (τέλλω) V. 69.
370 ἀμφαδόν und ἀμφαδά (aus ἀναφαδόν statt. v. ἀναφαίνω) offenbar, öffentlich (vor Jedermann). — ὄφρα als Absichtspartikel damit. — ἐπισκύζομαι, dep. med. (σκύζομαι nur praes. u. impf., murren), aor. ἐπισκυσσάμην, unwillig, zornig werden über etw., dabei αὐτῷ zu
371 denken. — πού encl. adv. irgendwo; irgendwie; vielleicht, etwa, εἴ που wenn etwa, V. 40. — ἔλπομαι, med. gewöhnlicher als ἔλπω, hoffen, V. 40. — ἐξαπατάω (ἀπατάω), fut. -ήσω, gänzlich be-
372 trügen, förmlich täuschen. — ἀναιδείη, ἡ, (ἀναιδής, ές, unverschämt) Unverschämtheit, Frechheit. — ἐπιέννυμι ion. st. ἐφέννυμι (ἕννυμι) aor. ep. ἐπίεσσα, part. pf. ἐπιειμένος; act. darüber anziehen; pf. pass., angethan, mit acc. hier ἀν-
373 αιδείην. — τλῆναι, aor. inf. ἔτλην, fut. τλήσομαι, pf. mit Präsensbdtg. τέτληκα, opt. τετλαίην; erdulden; sich unterstehen, sich erkühnen. — κύνεος, 3. (κύων) hündisch, unverschämt, frech. — κὲρ ἐών, V. 110. — ὤψ, ὠπός, ἡ, (ὄπτω) nur acc. plur. und stets εἰς ὦπα, Auge, Angesicht. — ἰδόμην, wie act. εἶ-
374 δον, aor. zu ὁράω. — συμφράζομαι (φράζομαι) sich mit Jemd. berathen, βουλάς τινι Jemdm. seine Rathschläge mittheilen. οὐδέ τι (τι verstärkt die Negation) οἱ (αὐτῷ) βουλὰς συμφράζομαι οὐδὲ ἔργον niemals werde ich mich mit ihm einigen, weder im Rath noch in der That (weder im Berathen noch im Handeln). ἔργον ist durch ein Zeugma mit συμφρ. verbunden.
375 ἐκ in tmesi und gehört zu ἀπάτησε und zu ἤλιτεν. — δή = ἤδη. — ἀλιταίνω, poet., aor. ἤλιτον, häufiger med. ἠλιτόμην mit gleicher Bdtg., fehlen, sich vergehen gegen
376 Jem., τινά, freveln. — ἐξαπαφίσκω, ep. (ἀπαφίσκω täuschen, verw. mit ἀπάτη), ep. aor. ἐξήπαφον, aor. 2. med. nur opt., betrügen, täuschen, c. acc. — ἅλις, V. 137. ἅλις δέ οἱ es mag ihm genug sein, möge er sich damit begnügen. — ἕκηλος, ruhig (von mir unbehindert, ich lege
377 ihm nichts in den Weg). — ἐρρέτω V. 364. — ἐκ gehört zu εἵλετο, V. 331. φρένας ἐξείλετο nahm ihm den Verstand. — μητίετα ep. st. μητιέτης (μητιάω, Rathschluß fassen), der sinnende Pläne entwerfende, Rathwaltende; stets μητίετα Ζεύς. — τίω, V. 110. — κάρ, von zweifelhafter Bdtg. Einige nehmen es in der Bdtg. von θρίξ, (von κείρω), also ἐν καρὸς αἴσῃ τίειν wie flocci pendere, für nichts achten. Die Alten nehmen es gleichbedeutend mit κηρός gleich dem Tode, also, verhaßt wie der Tod. — αἶσα, ἡ, ep. der schicksalsverhängende Beschluß (eines Gottes); das Zugetheilte, Antheil; das Schicksal; das Gebührende, das Recht: τίω μιν ἐν καρὸς αἴσῃ ich achte ihn gleich nichts, für gar nichts; oder = ἐν κηρὸς μοίρῃ (3, 454) ich hasse ihn wie den Tod.
ὅσσα τέ οἱ νῦν ἐστι καί 380
sowohl wie Vieles er jetzt hat, als auch ꝛc. — ἄλλα γένοιτο, nämlich αὐτῷ ihm noch Anderes zu Theil würde, er noch Anderes gewänne. —
Ὀρχομενός, ὁ, eine alte Stadt 381
der Minier (daher Μινύειος) in Böotien, durch die Schätze des Minyas berühmt. — ποτινίσσομαι ep. u. dor. st. προσνίσσομαι (νίσσομαι poet. = νέομαι, weggehen, gehen) hinzugehen; einkommen, hier von den Weihgeschenken, die in das Heiligthum der Chariten gesendet wurden. — Θήβας Αἰγυπτίας, dazu das vorhergehende ἐς — ποτινίσσεται zu
denken. — ὅθι gew. poet. adv. wo, 382
da wo. — ἐν entweder mit dem vorhergehenden δόμοις oder mit κεῖται zu verbinden. — κτῆμα, τό, Besitzthum. — κεῖμαι, κεῖσθαι, auf-
bewahrt liegen. — ἀνά c. acc. durch 383
— hin, hindurch. — ἑκάστας plur.
auch von einem Thore. — ἐξ- 384
οιχνέω poet. (οἰχνέω = οἴχομαι) herausgehen. — ὄχεσφιν; ὄχος, τό, ep. (ἔχω) immer plur. der Wagen, häufig in dem ep. dat. ὄχεσφιν. Ueber φι(ν) V. 58.
φάμαθος, ἡ, poet. (ψάω, scha- 385
ben) wie ἄμαθος, der Sand, besonders am Meere als Ausdruck einer zahllosen Menge. — κόνις, ιος, ἡ, dat. κόνι st. κόνιϊ, wie κονίη, Staub: κόνις τε hierzu ἐστί zu ergänzen. —
ἀπό in tmesi. — ἀποδίδωμι, 387

ἀποδόμεναι ep. st. ἀποδοῦναι, wie-
dergeben; wiedererstatten, πᾶσαν λώ-
βην (wie τῖσαι) die ganze Schmä-
hung abbüßen. — θυμαλγής, ές,
V. 260. — λώβη, ἡ, schimpfliche
Beleidigung, Schmähung, Beschim-
388 pfung. — γαμέω, fut. ion. γα-
μέω und γαμέσω, Att. γαμῶ, aor.
med. ἐγημάμην: act. heirathen, zum
Weibe nehmen; med. vom Weibe sich
389 verheirathen, τινί. — χρύσειος,
3. ep. st. χρύσεος, Att. χρυσοῦς,
golden, mit Gold geschmückt. — Ἀφρο-
δίτη, ἡ, (ἀφρός, Schaum; δύω)
eigtl. die aus dem Schaum Aufge-
tauchte. Nach Homer Tochter des
Zeus und der Dione, nach einer an-
deren Sage aus dem Schaum des
Meeres, des Zeus (der Regen) be-
fruchtet. Vielleicht liegt der Mythe
die sogenannte Wasserhose zu Grunde.
— κάλλος, τό, acc. der Beziehung,
die Schönheit. — ἐρίζω, (ἔρις, ἡ,
Streit) streiten, hadern; wetteifern,
τινί mit Jem.
390 γλαυκῶπις, ιδος, ἡ, (γλαυ-
κός, ὤψ) mit funkelnden, feurigen
Augen, feurig blickend. — ἰσο-
φαρίζω, poët. (ἴσος, φέρω) sich
gleichstellen, sich mit Jem. messen,
τινί, ἔργα an künstlicher Arbeit. —
392 ἐπέοικε (ἔοικα) unpers. es ziemt,
es gebührt sich; pers. gefallen. ὅς-
τις οἱ τ' ἐπ. der ihm gefällt, ge-
nehm ist. — βασιλεύτερος, V.
393 160. — σαόω, zsgz. σώω u. σῶ.
Die Form σώω gew. ep. Dehnung
v. σῶ angesehen, wie σόω ep., Ne-
benform von σώζω. Von σαόω fut.
σαώσω, aor. ἐσάωσα; von σόω
hier der conj. σόωσι; am Leben er-
394 halten, retten, V. 78. — θήν ep.
encl. (Nebenf. v. δή) sicherlich, doch
wohl. — μαίομαι, fut. μάσομαι
und ep. μάσσομαι (St. μάω, μάσσω
betasten) trachten, suchen, γυναῖκά
τινι Jemandem eine Frau aussuchen,
sonst nur praes. und impf.
395 ἀν' Ἑλλάδα durch Hellas, d. h.
396 im Hellas, wie κατ' Ἑλλ. — ἀρι-
στεύς, V. 334. — πτολίεθρον,
τό, ep. der Form nach ein dimin. v.
πτόλις (= πόλις), die Stadt, V.
149. — ῥύομαι (verkürztes med.
v. ῥύω) retten; beschützen, beschir-
397 men. — ἐθέλωμι ep. conj. von
ἐθέλω, wollen, wünschen, fut. ἐθε-
λήσω. — ἄκοιτις, ιος, ἡ, (ἀ
copul. u. κοίτη Lager) fem. zu ἀκοί-
της, Lagergenossin, Gattin. — ἔνθα 398
adv. dort (nämlich, in Hellas und
Phthia): verbinde damit (V. 400)
κτήμασι τέρπεσθαι, dort mich an
den Gütern zu freuen. — μάλα
πολλόν gar sehr. — ἐπέσσυ-
ται plqpf. wie aor. wurde angetrie-
ben, von ἐπισεύω, V. 42; hier c.
inf. τέρπεσθαι: ἔνθα δέ μοι μάλα
π. ἐπέσσυτο θυμὸς κτήμ. τέρπ.
dort an den Gütern mich zu
freuen verlangte gar sehr
mein Herz, nämlich, immer. Wenn
man aber ἔνθα in der selteneren
Bdtg. dahin ausdrückt, so läßt es
sich mit ἐπέσσυτο besser verbinden:
dahin sehnt sich mein Herz &c.
— ἀγήνωρ, ορος, ὁ, ἡ, (ἄγαν
sehr, ἀνήρ) sehr männlich, muthig;
im bösen Sinne, übermüthig, trotzig,
stolz. — γήμαντι, ἔγημα, γαμέω. 399
— μνηστός, 3. ep. (μνάομαι,
freien) ep., nur femin. gefreit; ver-
mählt, ehelich. — ἄλοχος, ἡ, V.
336. — ἔοικα, V. 70. εἰκυῖα als
adj. geziemend, passend, den Wün-
schen entsprechend, mir genehm.
τά Relativ. — κτάομαι, aor. 400
ἐκτησάμην, pf. ep. ἔκτημαι, inf.
ἐκτῆσθαι; sich erwerben, verschaffen,
pf. sich erworben haben, besitzen. —
ἀντάξιος, 2. (ἄξιος) gleich an 401
Werth, gleich viel werth, οὐ γὰρ
ἐμοὶ ψυχῆς ἀντάξ. οὐδ' ὅσα denn
nicht ist so viel werth als mein
Leben, nicht einmal Alles, was,
d. i. denn mein Leben ist mehr werth
als Alles, was &c. — εὐναιόμε- 402
νος, 3. (εὖ, ναίω) gut bewohnt,
wohlbevölkert. — πρίν u. τὸ πρίν
adv. ehemals, früher. — ἐπ' εἰρή-
νης im Frieden. — πρὶν ἐλ-
θεῖν υἷας acc. c. inf. da mit dem
inf. ein neues Subjekt eintritt.
λάϊνος, 2. u. λαΐνεος, 3. (λᾶας) 404
poët. steinern. — οὐδός, ὁ, ion.
u. poët. st. ὁδός, die untere Thür-
schwelle, die Schwelle. — ἀφή-
τωρ, ορος, ὁ, ep. (ἀφίημι) der
Entsender, der Schleuderer, der Schütze,
Beiw. des Apollo. — ἐντός, adv.
(ἐν) drinnen. — ἐέργω u. ἔργω,
ion. u. ep. st. εἴργω, aor. ἔρξα, pf.
ἔεργμαι. (Bei den Attikern heißt
εἴργω ausschließen, und εἵργω ein-

schließen) einschließen: οὐδ' ὅσα λάϊ-
νος οὐδὸς ἀφ. ἐντὸς ἐέργει Φ.
Ἀπ. noch Alles was im In-
nern (in dem Tempel) des pfeil-
sendenden Phöbus Apollo die
steinerne Schwelle verschließt.
405 Πυθώ, οῦς, ἡ, dat. Πυθοῖ,
Pytho, der alte Name der Gegend,
wo später der delphische Tempel des
Apollo erbaut wurde. Nach der gew.
Meinung ist Πυθώ von πύθεσθαι
(verfaulen) abzuleiten, weil die Ge-
gend ein Sumpf und Aufenthaltsort
des vom Apollo erlegten Drachen
war, der daselbst verfaulte; aber die
Begriffe Sumpf und Fäulniß sind an
sich verwandt und darum an das
Verfaulen des Drachen nicht nöthig
zu denken, um so mehr, da in dem
Bilde des Tödtens des Drachen nur
das Austrocknen des Sumpfes durch
Sonnenstrahlen zu suchen ist. — πε-
406 τρήεις, εσσα, εν, felsig. — ληϊ-
στός, 3. ep. (ληΐζομαι erbeuten)
erbeutet, geraubt; was zu erbeuten
ist, zu erbeuten möglich ist. — ἴφιος,
3. (ἶφι ep. adv. mit Gewalt, ge-
waltig) stark, kräftig, fett, gemästet.
— μῆλον, τό, poet. ein Stück klei-
nes Vieh, das Schaf, die Ziege, τὰ
μῆλα Schafe und Ziegen, Schaf-
407 heerden. — κτητός, 3. (κτάομαι),
erwerben; ist zu erwerben, zu ge-
winnen. — τρίπους, οδος, ὁ,
Dreifuß, gew. ein dreifüßiger Kessel,
B. 122. — ξανθός, 3. blond,
bräunlich. — κάρηνον, τό, ep.
Haupt, Kopf, ἵππων κάρηνα ist eine
408 Umschreibung für ἵπποι. — πά-
λιν ἐλθεῖν als Folge von λει-
στή (verkürzt st. ληιστή) zu denken:
die Seele des Menschen aber
ist nicht zu erjagen, daß sie
zurückkommt, wenn sie einmal
den Lippen entflohen ist. —
409 ἑλετός, 3. ep. (ἑλεῖν) was man
ergreifen kann, zu ergreifen ist. —
ἀμείβω, B. 162; med. unter sich
wechseln, abwechseln; v. Orte, weg-
gehen, c. acc. ψυχὴ ἀμείψεται ἕρ-
κος ὀδόντων, die Seele überschreitet,
entflieht dem Einschluß der Zähne.
— ἕρκος, τό, (εἴργω) der Ein-
schluß, Zaun; der Hof; Schutz; ἕρ-
κος ὀδόντων ist eine Umschreibung.
Die alten Ausleger so wie manche
der neueren verstehen darunter die
Lippen, Andere dagegen die Zähne
selbst.
με ist Object von φέρεμεν, dessen 410
Subject διχθ. κῆρας ist: denn
die unsterbliche Mutter sagt,
daß ein zwiefaches Geschick
mich führe zum Ende des To-
des. — θανάτοιο τέλοςδε als 411
Umschreibung zum Tode. — αὖθι 412
poet. adv. entstanden aus αὐτόθι,
daselbst, dort; 2) auf der Stelle, so-
gleich. — ἀμφιμάχομαι dep.
med. (ἀμφί, μάχομαι) um einen
Ort kämpfen, einen Ort bestürmen,
belagern. — ὤλετο — νόστος 413
„d. i. πεπρωμένον ἐστίν, ὀλέσθαι
μοι νόστον." Faesi: so geht mir
die Heimkehr verloren, so seh ich den
Tag der Heimkehr nicht. — ἀτάρ,
verkürzt aus αὐτάρ, hingegen, da-
gegen, indeß, aber, und steht immer
zu Anfange eines Satzes. — ἄφθι-
τος, 2. poet. (φθίω intr. hinschwin-
den) nicht vergänglich, unvergänglich,
ewig dauernd. — πατρίδα als 414
adj. zu γαῖαν.
ἐπὶ δηρόν adv. auf lange Zeit 415
(δηρός v. δήν, lang dauernd). —
αἰών, ῶνος, ὁ, das Zeitalter; die
Lebenszeit. Hierzu ist ἔσται zu er-
gänzen, wenn der folgende Vers als
unächt angesehen werden soll. —
κιχείη, κιχάνω und κιχάνομαι, 416
dazu vom ungebr. κίχημι, praes.
conj. κιχῶ, ep. κιχείω, opt. κιχείην;
erreichen, erlangen, einholen, treffen.
— παραμυθέομαι depon. med. 417
(παρά, μῦθος), aor. παρεμυθησά-
μην, zureden, um zu ermuntern. —
ἀποπλείω poet. statt ἀποπλέω 418
(πλέω, fut. πλεύσομαι) absegeln,
wegschiffen. — δήω ein ep. fut. oder
ein praes. mit Futurbdtg., ich werde
finden. Uebrigens kommen davon nur
die Formen δήεις, δήομεν u. δήετε
vor. οὐκέτι δήετε τέκμωρ Ἰλ. ihr
werdet nicht, doch nicht das Ende
(den Fall) von Ilios erreichen. —
τέκμωρ, ep. st. τέκμαρ, nur nom.
und acc. das Ziel, Grenze, Ende,
Ἰλίου die Zerstörung von Ilium,
B. 48. — αἰπεινός, 3. (aus 419
αἰπός = αἰπύς) jäh, schroff, hoch-
ragend. — ἕθεν poet. st. οὗ. —
εὐρύοπα, ὁ, ep. st. εὐρυόπης,
mit dem acc. der 3. decl. εὐρύοπα
(εὐρύς, ὄψ, Stimme) der weit tö-

nende, weit donnernde; oder (v. ὄπτω) weit schauende.
421 ὑπερίσχω, ep. auch ὑπειρέχω, darüber halten, χεῖρα die Hand über Jem. halten, ihn beschirmen, aor. 2. ὑπερέσχον; ὑπέρεσχεν, „er hat erhoben und hält noch". Faesi. — θαρσέω (θάρσος, ὁ, Muth), aor. ἐθάρσησα, pf. τεθάρσηκα, muthig sein, guten Muth haben; sich ermuthigen, daher pf. sich ermuthigt ha-
422 ben. — ἀπόφημι (φημί) heraussagen, melden; ebenso med. ἀγγελίην, die Botschaft melden. — γέρας, τό, Ehrengeschenk, V. 334; Ehrenamt: dies ist das Ehrenamt der
423 Greise (der Gesandten). — ὄφρα Conjunction der Absicht, damit, c. conj. nach einem Haupttemp. — φράζω, V. 112. 251. — μῆτις, ιος, ἡ, die Klugheit, Einsicht; Rath,
424 Rathschluß. — σόῳ zerdehnt aus σῷ (contr. aus σαόῃ) conj. eines allgemeinen Relativsatzes mit κέ (ἄν) V. 393.
425 ἐπί c. dat. bei (in unmittelbarer Nähe). — γλαφυρός, 3. (γλάφω aushöhlen) ausgehöhlt, hohl, gewölbt; Beiw. von Schiffen, öfters auch von Felsgrotten. — ἥδε nämlich μῆτις. — ἑτοῖμος, 3. Att. ἕτοιμος, bereit, fertig, V. 91; wirklich, verwirklicht; ausführbar: ἐπεὶ οὔ σφισιν ἥδε γ' ἑτοίμη (ἐστί) da dieser sich ihnen als nichtig erweist.
426 — ἀπομηνίω, (μηνίω, im Zorn beharren), fut. -ίσω, aor. ἀπεμήνισα, im Groll verharren, im Zorn verbleiben. Die praep. ἀπό verstärkt den Begriff des Verbum: vom Zorn ganz eingenommen und von anderen Dingen abgezogen sein; ἐμεῦ ἀπομηνίσαντος ist als Causalsatz und
427 Zeitsatz zu fassen. — Φοῖνιξ, V. 167. — αὖθι, hier. V. 412.
ἄμμι st. ἡμῖν. — κατακοιμάω (κοιμάω, zur Ruhe oder in Schlaf bringen), davon nur aor. pass. κατεκοιμήθην; act. einschläfern; pass. sich schlafen legen, einschlafen, ruhen.
428 — ἕπομαι (ἕπω), impf. εἱπόμην, fut. ἕψομαι, aor. 2. ἑσπόμην, inf.
429 σπέσθαι, folgen. — αὔριον, V. 357. — ἐθέλῃσι ep. conj. S. V. 397.
430 ἀκήν ep. adv. V. 29; gew. mit
431 folg. σιωπῇ. — μῦθον ἀγασσάμενοι, V. 51. — κρατερῶς, adv. stark, gewaltig; kraftvoll, nachdrücklich. — ἀπέειπεν ep. zerdehnt aus ἀπεῖπεν, inf. ἀπειπεῖν, heraussagen, sich aussprechen; absagen, verweigern. — ὀψέ adv. spät, 432
lange nachher, V. 31; ebendas. μετέειπε. — ἱππηλάτα ep. st. ἱππηλάτης, (ἵππος, ἐλαύνω) nur nom. sing. der Rosselenker, der Reisige, ritterlicher Held. — ἀναπρήσω 433
(πρήθω poet. Nebenf. v. πίμπρημι blasen, anblasen, anschwellen; aussprühen; verbrennen) herausblasen, δάκρυα (δάκρυ, τό) Thränen vergießen. Nach And. ist ἀναπρήσω auflodern, δάκρυα heiße Thränen vergießen. — περί in tmesi. — περίδιω (δίω Stm. zu δείδω, impf. ἔδιον, ep. δίον, fürchten) sehr fürchten: περὶ γὰρ δίε νηυσίν, denn er fürchtete sehr für die Schiffe. —
νόστος, ὁ, die Rückkehr, Heimkehr. 434
— μετὰ φρεσί wie ἐνὶ φρεσί βάλλεσθαι, sich etwas in's Herz legen, erwägen, im Herzen haben, sich zu Herzen nehmen. — φαίδιμος, 2. poet. (φαίνω) leuchtend, glänzend; herrlich; berühmt.
πάμπαν adv. ganz und gar, 435
gänzlich. — ἀμύνω, fut. ἀμυνῶ, aor. ἤμυνα, abwehren, abhalten, νηυσὶ πῦρ das Feuer von den Schiffen; τινί Jem. beistehen, helfen; med. von sich abwehren, sich wehren, kämpfen. — θοός, 3. (θέω) schnell.
— ἀΐδηλος, 2. (ἀ, ἰδηλος von 436
ἰδεῖν) eigtl. unsichtbar machend, zerstörend, vertilgend, vernichtend, verheerend. — χόλος, ὁ, poet. statt χολή, Galle; Zorn, Groll. — ἐμπίπτω (πίπτω, fut. πεσοῦμαι, fallen) hineinfallen; hineinstürzen, eindringen, ἔμπεσε θυμῷ drang in's
Herz, erfüllte das Herz. — λείπω, 437
fut. λείψω, aor. 2. ἔλιπον, pf. λέλοιπα, aor. 2. med. mit passiver Bdtg. ἐλιπόμην, pf. pass. λέλειμμαι, aor. p. ἐλείφθην; act. lassen, verlassen; zurücklassen; im Stich lassen; pass. zurückgelassen werden, zurückbleiben, ἀπὸ σεῖο fern von dir, getrennt von dir, zurückbleiben.
— οἶος so allein. — πέμπω 438
senden, V. 253. σοὶ δέ μ' ἔπεμπε er gab mich dir zum Geleit. —
ἤματι τῷ an jenem Tage. 439

440 νήπιος, 3. (νη-, ἔπος, εἰπεῖν)
infans, noch Kind, unmündig, jung.
— εἰδότα, εἰδώς, οἶδα, wissen,
verstehen; sich auf etwas verstehen,
kundig sein, öfter auch c. genit. —
ὁμοιΐος ep. Nebenf., ὁμοῖος ion.
st. des Att. ὅμοιος (ὁμός) gleich,
ähnlich, B. 305; gemeinsam, all-
gemein; ὁμοῖος πόλεμος, ein glei-
cher, gemeinsamer Kampf, in welchem
beide Gegner einander angreifen, ge-
genseitig kämpfen, also s. v. a. furcht-
441 barer Kampf. — ἀγοράων lies
dreisilbig. ἀγορή, ἡ, Versammlung;
Berathung, ἀγοράων εἰδώς der Be-
rathschlagung kundig, im Reden er-
fahren, geübt. — ἵνα adv. relat.
wo, in welchem. — ἀριπρεπής,
ές, (ἀρι- sehr, πρέπω) sehr glänzend,
sehr ausgezeichnet. — τελέθω (poet.
verlängert aus τέλλω) werden, ent-
stehen, vollendet sein, mit dem Neben-
begriff der erreichten Vollkommenheit,
442 sein. — τοὔνεκα = τοῦ ἕνεκα,
deswegen. — προΐημι (ἵημι), aor.
προῆκα u. ep. προέηκα, fortsenden,
entsenden. — διδασκέμεναι ep.
inf. st. διδάσκειν, διδάσκω, lehren,
fut. διδάξω, pf. δεδίδαχα, lehren:
um dich Alles dieses zu lehren. —
443 ῥητήρ, ῆρος, ὁ, poet. (ῥέω, aor. ἐρ-
ρήθην) Redner, Sprecher. μύθων ῥη-
τῆρ' ἔμεναι um der Rede mächtiger
Sprecher zu sein. — πρηκτήρ,
ῆρος, ὁ, (πρήσσω, πράσσω) ion.
st. πρακτήρ, Vollbringer. ἔργων
Vollbringer von Thaten, rüstig zu
444 Thaten. — ὥς oder ὧς, adv. auf
diese Weise; von der Art wie: des-
halb, darum: ὡς ἂν ἔπειτ' ἀπὸ
σεῖο οὐκ ἐθέλοιμι λείπεσθαι, des-
halb möchte ich denn von dir
mich nicht trennen wollen.
445 ὑφίστημι, (ἵστημι) aor. 2.
ὑπέστην: bei Hom. nur der aor. 2.
intr. über sich nehmen, sich unterzie-
hen; versprechen, verheißen,
446 geloben. — γῆρας, τό, das (hohe)
Alter, Greisenalter. — ἀποξύω,
(ξύω = ξέω) wie ἀποξέω, aor.
ἀπέξυσα, abschaben, γῆρας das Al-
ter abstreifen, vom Alter lösen, also
verjüngen. — ἡβώοντα ep. zer-
dehnt aus ἡβῶντα v. ἡβάω, aor.
ἥβησα, mannbar sein, in der vol-
len Kraft des Mannes, θήσειν
νέον ἡβ. zum blühenden Jüng-
ling zu machen, in blühende
Jugendkraft versetzen. — οἷον 447
adv. wie. — καλλιγύναιξ im
nom. ungebr., κος, (κάλλος, γυνή)
reich an schönen Frauen. — νεῖ- 448
κος, τό, Zank, Streit, Zwietracht;
Tadel, Schelten. — Ἀμύντωρ,
ορος, ὁ, Vater des Phönix und
Sohn des Ormenos. — παλλα- 449
κίς, ίδος, ἡ, Kebsweib, Nebenge-
liebte. — περιχώομαι (χώομαι)
aor. 1. ep. περιχωσάμην, heftig zür-
nen, τινί τινος Jemdem. wegen Jem.
— καλλίκομος, 2. poet. (κόμη,
ἡ, das Haar) schön gelockt.
τήν relat. — φιλέεσκε iterat. 450
imperf. v. φιλέω, lieben, B. 342. —
ἀτιμάζω nur praes. und impf.,
hier iterat. impf.; fut. (von ἀτιμάω)
ἀτιμήσω, nicht ehren, verachten, ver-
ächtlich behandeln, B. 62. — ἄκοι-
τις, B. 397. — λίσσομαι und 451
λίτομαι, poet. dep. med. mit iterat.
impf. B. 50, aor. ἐλισάμην u. ep.
ἐλλισάμην; bitten, flehen, beschwö-
ren, mit dem Zusatz γούνων (näm-
lich λαβών, λαβοῦσα) zur Bezeich-
nung dringender Bitte, bei den Knieen
(die Kniee umfassend) bitten. — προ- 452
μίγνυμι (μίγνυμι, fut. μίξω, aor.
2. p. ἐμίγην) aor. 2. p. inf. προ-
μιγῆναι: vorher vermischen. παλ-
λακίδι mit dem Kebsweib vorher in
Liebe sich einlassen. Nach Faesi hat die
praep. πρό nicht den Begriff der
Zeit, sondern mehr localen Begriff.
— ἵνα damit. — ἐχθαίρω gew.
poet. (ἔχθος) aor. ἤχθηρα, hassen,
abgeneigt sein. — πιθόμην, ἐπι- 453
θόμην, aor. 2. med. v. praes. πεί-
θομαι, sich überreden lassen, gehor-
chen, B. 112. — ῥέζω, B. 250. —
αὐτίκα adv. sogleich. — οἴομαι,
ep. ὀΐομαι u. act. οἴω, ὀΐω, aor.
ὠϊσάμην, bisweilen aor. pass. ὠΐ-
σθην, partic. ὀϊσθείς; meinen; mer-
ken; von zukünftigen, bevorstehenden
Dingn., vermuthen, argwöhnen. —
καταράομαι dep. med. (ἀράομαι) 454
Jemdm. etwas anwünschen, gew. Bö-
ses: πολλὰ κατηρᾶτο, stieß viele
(oder) arge Verwünschungen
aus, stieß einen argen Fluch
aus. — στυγερός, 3. poet. (στυ-
γέω, hassen) entsetzlich, schrecklich; ver-
haßt. — ἐπεκέκλετο, ἐκεκλό-
μην ep. redupl. aor. 2. v. ἐπικέλο-

μαι (κέλομαι) dazurufen, anrufen.
— Ἐρινύς, ύος, ἡ, gew. plur.
αἱ Ἐρινύες sgl. Ἐρινῦς, die Erinys,
Rachegöttinnen, eine Personification
des beunruhigten bösen Gewissens,
des auf Jem. lastenden Fluches.
455 μή ποτε — ἐφέσσεσθαι ist
abhängig von κατηρᾶτο. — γόνυ,
ατος, ion. gen. γούνατος u. poet.
γουνός, τό, das Knie. — ἐφεῖσα
poet. aor. (εἶσα, setzte) aor. med.
ἐφεισάμην, partic. ἐφεσσάμενος,
inf. fut. ἐφέσσεσθαι: act. darauf
setzen; med. sich (sibi) etwas auf
etw. setzen; γούνασιν οἷσιν φίλον
υἱόν sich seinen Sohn (sein Kind)
auf die Kniee (auf seinen Schoß)
setzen; der inf. ἐφέσσεσθαι ist mit
der Bdtg. des Imperat.: nie solle
in Zukunft ein Sohn auf dem
Schoße mir sitzen, von mir er-
zeugt. Der Vater wünschte ihm
456 Kinderlosigkeit an. — ἐμέθεν =
ἐμοῦ. — γίγνομαι, (γένω) dep.
med. fut. γενήσομαι, aor. 2 ἐγενό-
μην, pf. γέγονα, ep. (γέγαα) partic.
γεγαώς, ῶτος; geboren werden, ἐξ
ἐμέθεν γεγαῶτα, von mir erzeugt.
— τελείω ep. st. τελέω, fut. τε-
λέσω, Att. τελῶ, aor. ἐτέλεσα, voll-
enden; vollbringen, vollführen, er-
füllen, B. 156. — ἐπαρή, ἡ, (ἀρά)
457 Verwünschung, Fluch. — καταχθό-
νιος, 2. (κατά, χθών, ἡ) unter-
irdisch, Ζεὺς κατ. der Hades. —
ἐπαινός, 3. (αἰνός) sehr furchtbar.
— Περσεφόνεια poet. st. Περ-
σεφόνη, Tochter des Zeus und der
Demeter, Gemahlin des Hades; bei
Hom. immer als die furchtbare, grause
Beherrscherin des Schattenreiches. —
458 — βουλεύω, B. 99; auf etwas
denken, beschließen, darauf ausgehen.
— κατακτάμεν inf. v. ep. aor. 2.
κατέκτανον von κατακτείνω (κατα-
κτείνω) tödten. — ὀξύς, εῖα, ύ,
459 scharf. — παύω, fut. παύσω, aor.
ἔπαυσα, aufhören machen, abhalten;
beruhigen, besänftigen. — ἐνὶ
θυμῷ θῆκε, legte mir an's Herz,
ließ mich bedenken.
460 φάτις, ιος, ἡ, (φημί) ion. u.
poet. st. φήμη, Rede, Gerede, Ge-
rücht; Nachrede, Ruf. — ὄνειδος,
461 τό, Vorwurf, Tadel. — πατρο-
φόνος, ὁ, wie πατροφονεύς,
(φονεύω), Vatermörder. — μετά,
B. 12, unter, wie ἐν bei Bezeich-
nungen von Personen. — ἔνθα, 462
B. 398, da; auch v. d. Zeit: da,
nunmehr, dann. — πάμπαν adv.
ganz und gar, B. 435. — ἐρητύω
(ἐρύω, B. 248), aor. ἐρήτυσα, ab-
halten, zurückhalten; bezähmen, be-
schwichtigen; pass. zurückgehalten wer-
den, bleiben; mit inf. es nicht aus-
halten können: ἔνθ' ἐμοὶ οὐ-
κέτι etc. da hielt es durchaus
nicht länger aus mein Herz
im Busen im Hause des zür-
nenden Vaters zu bleiben. —
χώομαι ep. dep. med. B. 106, 463
zornig sein; auch c. dat. der Person.
— μέγαρον, τό, (μέγας) eigtl.
großes Zimmer, Saal; Haus, Woh-
nung, B. 141. — στρωφάω poet.
u. ion. Nebenf. v. στρέφω, drehen;
med. sich wenden, sich hin und her
wenden, sich aufhalten, ver-
weilen. — ἔτης, ου, ὁ, ep., nur 464
plur. die Angehörigen, Freunde, Ver-
wandte. — ἀνεψιός, ὁ, Geschwister-
sohn, Blutsverwandte, Vetter. —
ἀμφίς, (ἀμφί) poet. adv. umher,
auf allen Seiten, ἀμφὶς εἶναι rund
herum sein, rings herum wohnen.
αὐτοῦ, adv. daselbst, dort, αὐτοῦ 465
mit der näheren Bestimmung, ἐν με-
γάροισιν. — λίσσομαι, B. 59
u. 451. — κατερητύω, anhal-
ten, zurückhalten. — ἴφια μῆλα, 466
B. 406 — εἰλίπους, οδος, ὁ,
ἡ, ep. die Füße schleppend, schlepp-
füßig, die Füße schwerfällig nach-
schleppend. Beachte die Länge von
ας in der Arsis. (εἰλέω, seltener
εἴλω, volvo; πούς). — ἕλιξ, ικος,
ὁ, ἡ, (ἑλίσσω, winden) gewunden,
gekrümmt; gew. von den gekrümmten
Hörnern der Rinder, krummge-
hörnt. — σφάζω, fut. σφάξω, 467
aor. ἔσφαξα, pf. p. ἔσφαγμαι, schlach-
ten. — σῦς, ός, ὁ, ἡ, B. 208. —
θαλέθω ep. verlängert v. θάλλω,
nur partic., blühen; strotzen, wovon
dat. gew. ἀλοιφῇ vom Fett (ἀλοιφή,
ἡ, v. ἀλείφω, besonders Schweine-
fett; B. 208). — εὕω ep. absengen, 468
abbrennen, gew. vom Absengen der
Borsten geschlachteter Schweine. —
τανύω, ep. st. τείνω, fut. τανύσω,
aor. ἐτάνυσα ep. auch mit dopp. σ,
spannen, ausspannen, ausstrecken, B.
213; pass. gezogen werden, aus-

gestreckt werden. — φλόξ, γός, ἡ,
469 Flamme, Gluth. — κέραμος, ὁ,
Töpferthon, Topf, Gefäß, Krug. —
μέθυ, υος, τό, poet. jedes berauschende Getränk, besonders Wein.
— τοῖο γέροντος w. V. 93. Der
Vater bot Alles auf, um den durch
den Fluch bis zur Raserei aufgeregten Sohn, der das väterliche Haus
fliehen wollte, zu beruhigen und zum
Bleiben zu bewegen.
470 ἐννάνυχες ein ep. adv. (ἐννέα,
νύξ, ἡ) wie von einem (ungebr.)
adj. ἐννάνυξ, analog dem παννύχιος,
neun Nächte lang. — ἀμφί, c.
V. 210, um, neben, μοι ἀμφ' αὐτῷ
unmittelbar um mich, um mich herum.
— ἰαύω, poët. (ἄω) aor. ἴαυσα,
471 ruhen, schlafen, V. 325. — ἀμειβόμενοι abwechselnd, V. 409. —
σβέννυμι, aor. ἔσβεσα, löschen,
auslöschen; stillen, dämpfen; intr. aor.
472 2. ἔσβην, erlöschen. — αἴθουσα,
ἡ, (eigtl. partic. v. αἴθω, brennen)
eine der Sonne ausgesetzte Säulenhalle am inneren Hofe, aus der man
in das Haus und zwar in das Vorhaus (πρόδομος), Hausflur trat.
Sie diente dazu, um sich zu sonnen,
aber auch als Remise zur Aufstellung
mancherlei Geräthschaften. — εὐερκής, ές, (εὖ, ἕρκος, V. 409) wohl
umzäunt, wohl verwahrt, wohl ummauert. — αὐλή, ἡ, der Hof, der
ein doppelter war; der vordere oder
äußere gehörte zur Wirthschaft und
Stallungen und war unmittelbar am
Einfahrtsthor; der andere, oder der
innere, war am Hause unmittelbar
473 an der Säulenhalle. — πρόσθεν,
adv., des Verses wegen auch πρόσθε und πρόσθ', vorn, V. 94 u.
370; als praep. vor, c. gen. —
θάλαμος, ὁ, ein im Innern des
Hauses gelegenes Gemach, gewöhnl.
Schlafgemach; Wohnzimmer der Frau;
Vorrathskammer; hier überh. Wohnzimmer. — θυράων ist von πρόσθεν abhängig.
475 πυκινῶς, adv. v. πυκινός, 3.
ep. gedehnt st. πυκνός (πύκα ep.
adv. dicht, fest; übertr. verständig)
dicht, stark, fest; θύραι πυκινῶς
ἀραρυῖαι, dicht gefügte, fest eingefügte Thür; zusammengedrängt; v.
Geist: klug, verständig. — ἀραρίσκω, poët. (St. ἄρω), aor. ἦρσα,
inf. ἄρσαι, aor. 2. mit red. ἤραρον,
pf. ἄρηρα, partic. ἀρηρώς, femin.
ἀρηρυῖα: trans. zusammenfügen, befestigen; aufbauen; ausrüsten; anpassen; intr. im pf. u. plqpf. bisweilen auch aor. 2. zusammengefügt,
fest mit einander verbunden sein, fest
anliegen, passen. — ῥήγνυμι, fut. 476
ῥήξω, aor. ἔρρηξα, reißen, zerreißen,
zerbrechen; sprengen, zersprengen,
aufbrechen. — ὑπερθρώσκω,
(θρώσκω, aor. 2 ἔθορον, springen) überspringen, über etw. hinwegspringen. — ἑρκίον, τό, (ἕρκος,
V. 409) Umfriedigung, Zaun. —
ῥεῖα, ῥέα, ep. adv. zu ῥηΐδιος, leicht. 477
— λανθάνω, und ep. und ion.
λήθω, fut. λήσω, aor. 2. ἔλαθον,
ep. λάθον mit redupl. conj. λελάθω,
verborgen sein, c. acc.; sehr häufig
ist das partic. mit einem verb. finit.
und durch ein adv. zu übersetzen,
heimlich, unbemerkt, ungesehen. — φύλακας ἄνδρας, wachende, Wache haltende Männer, die
also an den gewöhnlichen Ausgängen
stehend zu denken sind. — δμωή, ἡ,
poët. (δαμάω, bezwingen), das fem.
zu δμώς, ωός, ὁ: eigentl. die Bezwungene, die Sklavin, zunächst die
im Kriege gemachte Sklavin; gew.
δμωαὶ γυναῖκες, Mägde, Leibeigene,
die mit der Hausarbeit bis tief in
die Nacht sich zu beschäftigen hatten.
— ἀπάνευθε(ν) adv. (v. ἄνευ, 478
ohne, sonder) entfernt, fern. — εὐρύχορος, 2. (εὐρύς, χῶρος, ὁ,
Raum) weiträumig; vom Lande, mit
weiten Fluren. — Φθίη. V. 363. 479
— ἐξικνέομαι, (ἱκνέομαι) aor.
2. ἐξικόμην, c. acc. wohin kommen,
gelangen, erreichen. — ἐριβῶλαξ,
V. 329. — μῆλον, τό, V. 406.
ἐς Π. ἄνακτα, ἐς auch mit Na- 480
men der Personen verbunden. —
πρόφρων, ονος, ὁ, ἡ, poet.
(φρονέω), mit geneigtem Herzen, gütig, freundlich, bereitwillig, gern.
— ὑποδέχομαι, dep. med. (δέχομαι) fut. ὑποδέξομαι, aor. ὑπεδεξάμην; von einem ep. aor. ὑπεδέγμην die 2. P. ὑπέδεξο, u. 3. P.
ὑπέδεκτο, partic. ὑποδέγμενος: aufnehmen, bei sich gastlich aufnehmen:
auf sich nehmen. — ὡς εἰ und ὡσεί 481
auch mit τε, c. conj. wie wenn, als
ob. — ὃν παῖδα μοῦνον sein ein-

482 ziges Kind. — τηλύγετος, 3.
B. 143. — κτέαρ, ατος, τό, nur
dat. plur., poët. das Erworbene, Eigen-
thum, Besitzthum; πολλοῖσιν ἐπὶ
κτεάτεσσι bei vieler Habe, im Be-
483 sitze vieler Güter. — ἀφνειός, 2.
ep. (ἄφενος, τό, ep. reichlicher Vor-
rath) reich, vermögend, τινός an
etw. — ὀπάζω, poët. (ἕπω) fut.
ὀπάσω, ep. mit σσ, aor. ὤπασα,
fut. med. ὀπάσομαι, aor. ὠπασά-
μην: zum Begleiter geben, mitgehen
lassen; hinzufügen, geben, verleihen.
484 — ναίω, B. 154, trans. bewohnen
c. acc. — ἐσχατιή, ἡ, der äußerste
Theil, die Grenze, die Grenzgegend.
— Δόλοψ, πος, ὁ, der Doloper.
Die Doloper wohnten am Fl. Eni-
peus in einem Theile von Phthia,
später am Pindus in Thessalien.
485 σε τοσοῦτον ἔθηκα, ich
machte, bildete dich zu einem
solchen Manne aus, oder ich
zog dich so auf. — ἐπιείκε-
λος, 2. ep. (εἴκελος, ἔοικα) ähn-
486 lich, vergleichbar. — ἐθέλεσκες,
487 iterat. v. ἐθέλω, B. 397. — δαίς,
τός, ἡ, (δαίω, vertheilen) Mahl,
Gastmahl, B. 70. — πατέομαι,
ion. u. poët. dep. med., aor. ἐπα-
σάμην ep. ohne Augm., kosten, ge-
488 nießen, speisen. — πρίν γ' ὅτε
bevor. — γούνεσσι u. γούνασι
ep. dat. pl. v. γόνυ, τό, B. 455. —
καθίζω, fut. καθίσω, Att. κα-
θιῶ, aor. ἐκάθισα, setzen, auch:
489 sich setzen. — ὄψον, τό, (ἕψω,
kochen) also eigtl. das Gekochte, be-
sonders Fleisch. — ἄω, ep., inf.
ἄμεναι, (ἀέμεναι), fut. ἄσω, aor.
ἆσα, opt. ἄσαιμι, inf. ἆσαι; sätti-
gen, τινά τινος Jemdn. mit etwas.
— προτάμνω, (τάμνω ep. und
dor. st. τέμνω), aor. 2. partic. προ-
ταμών, vorher zerschneiden, vor-
schneiden. — οἶνον ἐπισχών den
Wein (den Weinbecher) hinhaltend,
darreichend.
490 πολλάκι wegen des Verses ohne ς.
— καταδεύω (δεύω nur praes.
u. impf. benetzen), aor. κατέδευσα,
benetzen, befeuchten. — χιτών,
491 ῶνος, ὁ, Rock, Kleid. — ἀποβλύζω
(βλύζω wie βλύω, hervorquellen)
aussprizen, hinwegspeien; An-
dere: von sich stoßen. — νη-
πιέη, ἡ, ep. nur dat. sing. u. pl.
und acc. pl. (νήπιος) Unmündigkeit;
Kindesart, Unart. — ἀλεγεινός,
3. ep. st. ἀλγεινός (ἄλγος, τό) trau-
rig, leidig: νηπιέη ἀλεγεινή „Un-
dische Unart". — ἐπὶ σοί, um 492
dich, deinetwegen, d. h. um dich zu
gewinnen. — μογέω (μόγος, ὁ,
Mühe), aor. ἐμόγησα, poët. sich ab-
mühen, leiden, Last, Beschwerde er-
tragen; trans. erdulden, ertragen. —
τὰ φρονέων dies erwägend, 493
bedenkend, (φρονέω, B. 310). —
ὅ acc. neutr., bisweilen wie ὅτι,
daß. — γόνος, ὁ, (γίνω) Geburt;
Kind, Nachkommenschaft. — ἐκτε-
λείω ep. st. ἐκτελέω, fut. ἐκτελῶ,
ion. u. ep. ἐκτελέσω, aor. ἐξετέλεσα,
vollenden; erfüllen, γόνον τινί Jem.
einen Sprößling geben.
ποιεύμην dor. u. ep. st. ἐποι- 495
ούμην: σὲ παῖδα ποιεύμην, ich
machte dich mir zum Sohne. —
ἀεικής, ές, (εἰκός) ion. u. poët.,
unziemlich, schmählich, schmachvoll. —
λοιγός, ὁ, (verw. mit λυγρός,
traurig) Verderben, Unheil, Tod. —
ἀμύνω, B 435. — δάμασον 496
θυμὸν μέγαν bezwinge dei-
nen heftigen Zorn. — οὐδέ
τί σε χρή, du mußt nicht, darfst
nicht, es ziemt dir nicht. —
νηλεής, ές, (νη-, ἔλεος, ὁ, Mit- 497
leid), auch syncop. νηλής, ohne Mit-
leid, ohne Erbarmen, grausam: νη-
λεὲς ἦτορ gefühlloses Herz. — στρε-
πτός, 3. (στρέφω, drehen, biegen)
gewunden; langsam: στρεπτοὶ δέ
τε καὶ θεοὶ αὐτοί zu bewegen,
zu erbitten sind auch selbst die
Götter. — τῶν Relat. τῶν περ 498
καὶ μείζων ἀρετή deren Tu-
gend doch sogar größer ist. —
βίη, ἡ, Gewalt, Macht. — καὶ 499
μὲν τούς „wahrlich auch diese".
Faesi. — θύος, εος, τό, nur plur.
(θύω opfern) Opfer, Opfergabe. —
εὐχωλή, ἡ, ep. (εὔχομαι) das
laute Rühmen; Jubelruf; Gelübde;
Gebet, Flehen. — ἀγανός, 3.
poët. B. 112, freundlich; angenehm,
B. 113.
λοιβή, ἡ, (λείβω tröpfeln) das 500
Ausgießen, Gußopfer. — κνίση, ἡ,
Dampf, Duft vom fetten gebratenen
Fleische: λοιβῇ τε κνίσῃ Trank- und
Brandopfer. — παρατρωπάω
poët., st. παρατρωπέω, umwenden,

θεούς die Götter rühren, versöhnen.
501 — λίσσομαι, und λίτομαι, V.
59, 451. — ὅτε κεν c. conj. so
oft, wenn, als allgemeiner Zeit-
satz. — ὑπερβήῃ ep. zerdehnt aus
ὑπερβῇ, v. ὑπερβαίνω, aor. ὑπερ-
έβην, überschreiten, übertreten, sich
vergehen, hier nämlich gegen die
Götter. — ἁμαρτάνω, fut. ἁμαρ-
τήσομαι, aor. 2 ἤμαρτον, fehlen,
502 irren; sich verfehlen. — λιτή, ἡ,
(λίτομαι) das Flehen, die Bitte.
Auch personificirt αἱ Λιταί, die Bit-
ten, als mythische Wesen, Töchter des
Zeus und Schwestern der Ἄτη, hin-
ter welcher sie einhergehen und deren
Verschulden wieder gut machen. —
503 χωλός, 3. lahm, hinkend. — ῥυ-
σός, 3. (ῥύω, ἐρύω, ziehen) zu-
sammengezogen, verschrumpft, runz-
lich. — παραβλώψ, ῶπος, ὁ, ἡ,
(παραβλέπω) seitwärts blickend, schie-
lend. — ὀφθαλμώ acc. der Be-
504 ziehung. — μετόπισθε(ν) V. 249,
c. gen. — ἀλέγω ep. nur praes.
(ἀ copul., λέγω) auf etwas achten,
achtsam sein. „Als Object von ἀλέ-
γουσι ist auch ἄτης zu denken, dem
Sinne nach τῶν ὑπὸ τῆς ἄτης πε-
πραγμένων, welche auch hinter der
Verschuldung einhergehend dafür be-
sorgt sind (das von der Ate Ver-
dorbene gut zu machen suchen).“
Faesi.
505 σθεναρός, 3. (σθένος, τό,
Stärke) poet. stark, mächtig. — ἀρ-
τίπος, poet. st. ἀρτίπους, οδος,
ὁ, ἡ, (ἄρτι adv. v. ἄρω, gerade;
in Zusammensetz. vollkommen) mit
starken, raschen Füßen. — πάσας,
506 nämlich λιτάς. — πολλόν ion.
poet. adv. — ὑπεκπροθέω (θέω,
fut. θεύσομαι, laufen) hervor, vor-
wärts laufen; c. acc. Jemdm. vor-
auslaufen, überholen: die Schuld (mit
dem von ihr angerichteten Schaden)
läuft allen Reuebitten um Vieles vor-
aus. — φθάνω, fut. φθάσω,
φθήσομαι, aor. 2. ἔφθην, ep. 3.
pl. φθάν st. ἔφθασαν, conj. φθῶ,
opt. φθαίην, inf. φθῆναι, part.
φθάς; auch ep. ein partic. med.
φθάμενος; zuvorkommen; gew. c.
part. als adv. zu übers. eher, früher,
zuvor. — αἶα, nur sing. verkürzt
aus γαῖα: πᾶσαν ἐπ' αἶαν über die
507 ganze Erde hin. — βλάπτω, fut.
βλάψω, aor. 2. ἐβλάβην: φθάνει
— βλάπτουσ' ἀνθρώπους, sie eilt
über die ganze Erde, zu jeg-
lichem Lande voraus und rich-
tet Schaden unter den Men-
schen an; verblenden, verwirren, mit
und ohne den acc. φρένας. — ἐξ-
ακέομαι, dep. med. (ἀκέομαι,
heilen) ganz heilen, wieder gut ma-
chen, überh. heilen. — ὀπίσσω
ep. st. ὀπίσω (ὄπις, ιδος, ἡ, die
(auf die Vergehen) nachfolgende Strafe)
v. d. Zeit: hinterdrein, hernach;
v. Ort: rückwärts, zurück. — αἰδέο- 508
μαι, poet. αἴδομαι, fut. αἰδέσο-
μαι, aor. med. ep. ᾐδεσάμην, und
aor. pass. ᾐδέσθην; sich schämen, c.
acc. vor Jem., verehren, ehren. —
ἆσσον adv. comp. zu ἄγχι, näher,
ἰέναι näher herantreten, sich nä-
hern. — ὀνίνημι, inf. ὀνινά- 509
ναι, fut. ὀνήσω, aor. ὤνησα;
nützen, helfen, erfreuen; med. mit
aor. 2. ὠνήμην, Vortheil, Nutzen,
Genuß von etw. haben: dem hel-
fen sie mächtig und erhören
sein Flehen.
ἀναίνομαι, aor. ἠνηνάμην, ep. 510
ἀνηνάμην, conj. ἀνήνωμαι: verwei-
gern, V. 116; zurückweisen, c. acc.
Jemdn., nicht achten, nicht hö-
ren auf Jem. — στερεῶς, adv.
hart; fest, hartnäckig. — ἀποείπῃ
st. ἀπείπῃ, ἀπειπεῖν, V. 432, her-
aussagen; absagen, verweigern: wer
sie aber nicht anhört und sie
halsstarrig abweist. — κίω 511
poet. Nebenf. von εἶμι, gehen, auch
c. acc. der Person. — τῷ auf ὅς — 512
ἀποείπῃ zu beziehen: τῷ ἄτην ἅμ'
ἕπεσθαι daß ihm die Schuld
gleich nachfolge, d. h. daß er
bethört eine Schuld auf sich
lade und dafür büße. — βλα-
φθείς, V. 507. Dazu der acc. der
Beziehung φρένας zu denken, be-
thört, sinnverwirrt. — ἀπο-
τίνω (τίνω büßen), fut. ἀποτίσω,
aor. 1. ἀπέτισα, bezahlen, die Schuld
abzahlen; abbüßen; med. sich die
Schuld bezahlen lassen, strafen. Hier-
durch soll Achilleus gewarnt werden.
Er achtet aber auf die Reuebitten des
Agamemnon nicht und die Schuld
kommt über ihn und läßt ihn durch
den Tod seines Freundes Patroklos
büßen. — (πορω) ungebr. praes., 513

πόρον aor. 2. ἔπορον, ep. πόρον,
geben, gewähren, verleihen: πόρε
καὶ σὺ Διὸς κούρῃσιν ἕπεσθ. τι-
μήν gewähre, gestatte auch du,
daß den Töchtern des Zeus
Ehre folge, zu Theil werde:
zeige auch du gegen sie Ehr-
514 furcht. — ἐπιγνάμπτω, (γνάμ-
πτω, biegen) nach einer Richtung
biegen, umbiegen, νόον ἐσθλῶν den
Sinn der Edlen beugen, erweichen,
ändern.
515 δῶρα φέροι, Geschenke dir dar-
brächte. — ὄπισθε(ν), B. 332. —
ὀνομάζω, aor. ὠνόμασα, mit
Namen nennen, benennen; hernen-
nen, aufzählen: τὰ δ' ὄπισθ' ὀνο-
μάζοι noch andere in Zukunft
(zu geben) aufzählt; (aufzählt,
die er in Zukunft geben wird). —
516 ἐπιζάφελος, 2. ep. heftig; das
adv. heftig, unablässig. — χαλε-
παίνω, aor. 1. ἐχαλέπηνα, zornig
517 sein, grollen. — ἀπορρίπτω
(ῥίπτω), aor. ἀπέρριψα, von sich
werfen, μῆνιν, den Zorn ablegen,
vom Zorn ablassen. — κέλομαι,
518 B. 171. — ἀμύνω, B. 435, 486.
— χατέω ep. (χάω, gähnen, sich
öffnen) nach etw. verlangen, bedür-
fen. — πέρ. Ueber die concessive
Bdtg. dieser Partikel bei Partic. ist
schon öfters bemerkt. — ἔμπης ep.
u. ion. st. ἔμπας (ἐν πᾶσι) auf alle
Fälle, gleichwohl, dennoch: nach dem
concess. πέρ, noch so sehr. —
519 δίδωμι, bei Hom. auch διδόω,
διδοῖς, διδοῖ, impf. δίδου st. ἐδί-
δου, fut. δώσω und διδώσω, ge-
ben, B. 331. — ὑφίστημι (ἵστημι)
aor. 2. ὑπέστην; intr. darunter tre-
ten, d. i. auf sich nehmen, B. 445;
versprechen, geloben.
520 ἐπιπροΐημι (προΐημι), aor. 1.
ἐπιπροέηκα, hinsenden, hinschicken.
521 — κρίνω, aor. ἔκρινα, sondern,
absondern, auslesen; med. für sich
auslesen, auswählen. —
522 ἐλέγχω, aor. 1. ἤλεγξα, Schande
machen; verschmähen: τῶν μὴ σύ
γε μῦθον ἐλέγξῃς μηδὲ πόδας,
verschmähe ihre Worte nicht,
noch ihren Gang, d. h. mache nicht,
daß ihre Worte (ihr Auftrag)
und ihr Hierherkommen ihnen
zur Schande gereiche; mache
ihren Worten und ihrer Sendung
keine Schande (insofern beides ver-
geblich geworden). — νεμεσση- 523
τός ep. st. νεμεσητός, 3. (νεμεσάω)
tadelnswerth, unrecht: πρὶν οὔ τι
νεμ. (sc. ἦν) κεχολῶσθαι nämlich
σέ, vorher war es nicht ta-
delnswerth, war es dir nicht
zu verargen, daß du zürntest
(χολόω, erzürnen; pass. und med.
zornig werden, in Zorn gerathen;
zürnen) B. 33. — πεύθομαι poet. 524
st. πυνθάνομαι, fut. πεύσομαι,
aor. 2. ἐπυθόμην, pf. πέπυσμαι,
erkunden, erfragen; erfahren, ver-
nehmen, hören. — κλέος, τό,
Ruf, Kunde; Ruhm; ruhmvolle Tha-
ten, B. 189: οὕτω καὶ τῶν πρό-
σθεν ἐπευθόμεθα κλέα ἀνδρ. ἡρ.
so vernehmen wir die Kunde
von ruhmvollen Thaten auch
ehemals lebender Helden.
ἐπιζάφελος, B. 516. — ὅτε 525
κεν — ἵκοι. Bei wiederholten Hand-
lungen aus der Vergangenheit steht
ὅτε mit dem opt., beachte hier κέν:
wenn einen ein heftiger Zorn be-
fiel. — δωρητός, 3. (δωρέομαι, 526
schenken) der Geschenke (zur Ver-
söhnung) annimmt, durch Geschenke
versöhnbar. — παράρρητος, 3.
(παρά, ῥητός von aor. p. ἐρρή-
θην) der sich zureden läßt: δωρη-
τοί τε πέλ. παραρρ. ἐπέεσσιν
wurden durch Geschenke und
Zureden versöhnt, ließen sich
durch Geschenke und Worte
besänftigen. — μιμνήσκω, fut. 527
μνήσω, erinnern; μιμνήσκομαι,
fut. μνησθήσομαι, sich erinnern, pf.
μέμνημαι, eingedenk sein, sich er-
innern: μέμν. τόδε ἔργ. ἐγὼ πάλαι
ich erinnere mich (einer solchen That)
eines solchen Falles aus alter Zeit.
— ὡς ἦν wie er sich ereignete, sich 528
zutrug. — ἐν bei Person, unter,
vor (im Kreise von Zuhörern). —
ἐρέω. B. 103. — Κουρῆτες, die 529
Kureten, ein Volk in Aetolien, später
von den Aetoliern bedrängt, griffen
die Aetoler in deren Hauptstadt Ka-
lydon am Euenusfluß an. — μενε-
χάρμης, ου, ὁ, ἡ, ep. (μένος, Ver-
langen; χάρμη [von χαίρω] Streit-
lust) kampflustig, muthig, tapfer.
ἐναρίζω poet. (ἔναρα, τά, ep. 530
spolia), fut. ἐναρίξω, aor. ἐνάριξα,
den Getödteten der Rüstung berauben;

531 tödten, morden. — ἀμύνω, B. 518;
med. von sich abwehren, sich ver-
theidigen, τινός für Jem. kämpfen.
— ἐραννός, 3. poët. (ἐράω) lieb-
lich, reizend, gew. von Städten.
532 — διαπέρθω, (πέρθω) fut. δια-
πέρσω, aor. 2. διέπραθον, inf. δια-
πραθέειν, ganz zerstören. — με-
μαῶς, B. 361. — Ἄρηϊ durch
Kampf; zu διαπραθέειν ist Object
533 Καλυδῶνα. — καὶ γὰρ τοῖσι.
In dem Folgenden wird die Ver-
anlassung und der Verlauf des Kam-
pfes beschrieben. — χρυσόθρο-
νος, 2. poët. (χρυσός, θρόνος)
auf goldenem Throne, ein Beiw.
der Here und der Artemis, wie in
der Od. der Eos. — ὄρνυμι, B.
534 353. — χώομαι, B. 106. —
ὃ = ὅτι. — θαλύσια, τά, näm-
lich ἱερά (θάλλω, sprossen, blühen),
Ernteopfer, Erstlingsopfer der Feld-
früchte. — γουνός, ὁ, (γόνος) der
fruchttragende Boden, Fruchtboden,
Fruchtfeld. — ἀλωή, ἡ, (ἀλοάω,
dreschen) die Tenne, ein zum Dre-
schen ebengestampfter Platz; jedes
ebene fruchtbare Feld: γουνὸς ἀλωῆς
fruchtbares Saatfeld; γουνῷ ἀλ. wie
Od. 1, 193 ἀνὰ γουνὸν ἀλ.
535 ῥέζω, B. 337. — δαίνυμι,
B. 70; med. c. acc. verzehren. —
537 λανθάνομαι, aor. 2. ἐλαθόμην,
B. 477. — ἢ οὐκ bilden eine Sy-
nizese. — νοέω, B. 223; an etw.
denken: sei es, daß er es ver-
gaß, oder überhaupt nicht da-
ran dachte. — ἀάω, aor. med.
ἀασάμην, B. 116: ἀάσατο μέγα θ.
er war ganz bethört, verblendet im
538 Geiste. — δῖον γένος wie vorher
Διὸς κούρη. — ἰοχέαιρα, ἡ,
ep. (ἰός, Pfeil, χαίρω) des Pfei-
les froh, Beiw. der Artemis. —
539 ἐπόρνυμι, anregen; heran, herzu-
treiben, zusenden; anreizen, anhetzen.
— χλούνης, ου, ὁ, poët. aus
χλοεύνης (χλόη, Gras; εὐνή, La-
ger) im Grase lagernd, vom Eber,
σῦς, der im grünen Dickicht sich auf-
hält, wild oder wohlgenährt,
feist, gewaltig. — ἀργιόδους,
οντος, ὁ, ἡ, ep. (ἀργός, ὀδούς)
mit glänzenden, weißen Zähnen.
540 ἔρδεσκον iterat. impf. v. ἔρδω
poët., wozu die Temp. v. St. ἔργω
gebildet werden; fut. ἔρξω, aor.
ἔρξα, pf. ἔοργα; thun, machen, mit
dopp. acc. κακὰ ἀλωήν, Unheil an
den Saatfeldern verüben. — ἔθω,
ep. das partic. ἔθων, gewohnt,
pflegend, immer. — προθέ- 541
λυμνος, 2. poët. (θέλυμνον wie
θέμεθλον, der gelegte Grund, von
τίθημι) von Grund aus: προθέ-
λυμνα (gehört zum Prädicat) χαμαὶ
βάλε δένδρεα μακρὰ von Grund
aus warf er große Bäume
zur Erde. — χαμαί adv. am
Boden; zur Erde hin. — αὐτῇσι 542
ῥίζῃσι selbst, sogar mit den Wur-
zeln. — ἄνθος, τό, die Blume,
Blüthe. — μῆλον, τό, der Apfel,
das Obst. — θηρήτωρ, ορος, ὁ, 544
poët. st. θηρητήρ, ῆρος, der Jäger.
— ἀγείρω, aor. ἤγειρα, perf.
pass. ἀγήγερμαι: versammeln, B. 74.
δαμάω, fut. δαμάσω, pf. pass. 545
δέδμημαι, aor. 1. p. ἐδμήθην u.
ἐδαμάσθην, aor. 2. pass. ἐδάμην:
bändigen, zähmen; überwinden, über-
wältigen; tödten. — παῦρος, 2.
B. 333. παύροισι βροτοῖσι dat.
wie oft st. ὑπό c. gen. — πυρή, ἡ, 546
(πῦρ) die Feuerstätte, der Scheiter-
haufen. — ἐπιβαίνω, B. 132,
im fut. ἐπιβήσω und aor. 1. ἐπέ-
βησα hat es die trans. Bdtg., be-
steigen lassen, πολλοὺς πυρῆς ἐπέ-
βησε brachte viele auf den
Scheiterhaufen, d. h. tödtete
Viele, deren Leichen ver-
brannt wurden. — ἀλεγει-
νός, B. 491. — ἡ δ' d. i. die 547
Artemis. — ἀμφί c. dat. B. 210;
auch zur Bezeichnung des Grundes,
wegen willen, ἀμφ' αὐτῷ des-
sentwegen (um den erlegten Eber).
— κέλαδος, ὁ, poët. das Ge-
räusch, Lärm, besonders der Men-
schenmenge. — ἀϋτή, ἡ, poët. (αὔω)
Geschrei: sie erregte deshalb
vielen Lärm und Geschrei. —
δέρμα, τό, (δέρω, abhäuten) die 548
Haut. — λαχνήεις, εσσα, εν,
(λάχνη, ἡ, Wolle, wolliges Haar)
wollig, haarig, zottig: ἀμφὶ συός
— λαχν. ist nähere Erklärung zu
ἀμφ' αὐτῷ. — μεσσηγύ adv. mit- 549
ten zwischen, unter. — μεγάθυ-
μος, 2. (θυμός) großherzig, hoch-
herzig, muthig.
ὄφρα temp. Conjunct. so lange 550
als. — ἀρηΐφιλος, ὁ, ep. von

Ares geliebt, kriegerisch, tapfer. —
551 Κουρῆτ. κακῶς ἦν stand es um
die Kureten schlecht, sie waren im
552 Gedränge. — τεῖχος, τό, Mauer,
Wall. — ἔκτοσθεν adv. außer-
halb. — μίμνω, V. 355, Stand
553 halten, sich halten. — δύω, aor. 2.
ἔδυν, perf. δέδυκα, intr. eindringen,
V. 239; Μελ. ἔδυ χόλος den Me-
leager befiel Zorn, er gerieth in Zorn.
— ὅς τε, der doch; wie er. —
554 οἰδάνω, wie οἰδαίνω (οἶδος,
Geschwulst) schwellen machen, νόον
ἐν στήθ. das Herz in der Brust
anschwellen, d. h. in Aufregung ver-
setzen. — πύκα adv. dicht, fest;
πύκα φρονεῖν, sehr verständig, sehr
weise sein.
555 ἦτοι, V. 65, allerdings, in der
That. — Ἀλθαία, ἡ, Tochter des
Thestios, Gemahlin des Oeneus und
556 Mutter des Meleagros. — μνη-
στός, 3. (μνάομαι) ep. V. 399.
— Ἀλκεπάτρη, ἡ, Tochter des
557 Idas und der Marpessa. — καλλί-
σφυρος, 2. (σφυρόν, τό, der Knö-
chel) mit schönen Knöcheln, mit schö-
nen Füßen, schlankfüßig. — Εὐη-
νίη, ἡ, Tochter des Euenos. —
558 Ἴδης, εω, ὁ, ein Messenier, Vater
der Kleopatra. Er hatte die Mar-
pessa, Tochter des ätolischen Königs
Euenos entführt, und da Apollo sie
ihm rauben wollte, selbst gegen die-
sen sie vertheidigt, indem er den
gespannten Bogen gegen ihn richtete.
559 — τῶν τότε, der damals leben-
den. — ἄνακτος von ἐναντίον ab-
hängig.
560 νύμφη, ἡ, (νύζω, nubo) die
Braut; junge Frau; Jungfrau, Mäd-
561 chen. — τὴν δέ „die Kleopatra,
τότε nach dem in den zwei vorher-
gehenden Versen erwähnten Vorfall
und durch denselben veranlaßt". Faesi.
— πότνια, ἡ, nur nom., acc. u.
voc., poet. ehrwürdig, hehr; Subst.
562 Herrin. — Ἀλκυόνη, ἡ, Zuname
der Kleopatra, Gemahlin des Me-
leagros, so genannt wegen der trau-
rigen Erinnerung an die Klagen der
Mutter über ihr Schicksal. — κα-
λέεσκον iterat. impf. v. καλέω.
— ἐπώνυμος, 2. (ὄνυμα, ὄνομα)
zubenannt; ἐπώνυμον (ὄνομα) sie
nannten sie Alkyone mit Zunamen.
563 — ἀλκυών, ονος, ἡ, (ἅλς, κύω?
brüten), der Meeresvogel, weil man
glaubte, daß er im Meere brüte;
oder wahrscheinlicher von ἅλς und
dem Klagelaut, den der Meeresvogel
ausstößt, und daher die Meinung,
daß das Weibchen über den Tod
des Männchen die Klagetöne erhebt.
— πολυπενθής, ές, (πένθος,
τό, Leid) poet. trauervoll. — οἶτος,
ὁ, das Loos, Schicksal; Mißge-
schick; Tod. — κλαίω, fut. κλαύ- 564
σομαι, aor. 1. ἔκλαυσα, weinen,
klagen, jammern; trans. beklagen. —
ἑκάεργος, ὁ, (ἕκας adv. fern;
ἔργον) weithin wirkend, fern er-
reichend, treffend. Beiwort des
Apollo: ὅτε μιν ἑκ. ἀνήρπασε,
„während dieser Zeit hatte Mar-
pessa wenigstens vorübergehend das
Loos des Eisvogels". Faesi.
τῇ ὅ γε (Μελέαγρος) etc. 565
knüpft an V. 556 wieder an. —
παρακαταλέγομαι med. (λέγω
legen), nur ep. sync. aor. παρκα-
τέλεκτο, sich neben Jem. hinlegen.
— θυμαλγής, V. 260. —
πέσσω, fut. πέψω, von Früchten,
die die Sonne erwärmt und zur
Reife bringt; verdauen, χόλον
den Zorn „in sich fressen", von Zorn
erfüllt sein. — ἀρή, ἡ, ion. st. 566
ἀρά, Gebet; Verwünschung, Fluch;
ἐξ ἀράων μητρὸς κ. in Folge,
durch den Fluch der Mutter
erzürnt. — ἀχέω ep. wie ἀχεύω 567
(ἄχος, τό), aber nur das partic.
ἀχέων τινός: ächzen, von Schmerz
ergriffen sein, voll Schmerz.
— ἀράομαι, V. 172; flehete
zu den Göttern, rief an die
Götter voll Schmerz wegen
der Ermordung ihres Bru-
ders. — κασίγνητος, ὁ, (κά-
σις, Bruder; γεννάω) leiblicher Bru-
der, überhaupt Bruder; naher Ver-
wandte: Meleager tödtete mehrere
Brüder seiner Mutter, hier aber der
sing. κασιγνήτοιο, weil der Dichter
den Iphiklos allein im Sinne hat,
der dem Meleager den Sieg streitig
zu machen suchte. — πουλυφόρ- 568
βος, 2. hier das femin. πουλυ-
φόρβη (φορβή, Futter) viele Nah-
rung spendend, nahrungsreich. —
ἀλοιάω ep. st. ἀλοάω (ἀλωή)
dreschen, schlagen: sie schlug wieder-
holt (vielmal, πολλά) mit Händen

die Nahrung spendende Erde. —
569 κικλήσκω poët. Nebenf. v. καλέω, rufen, anrufen; nennen. —
ἐπαινός, 3. (αἰνός) V. 457. —
Περσεφόνεια, ἡ, poët. st. Περσεφόνη, Tochter des Zeus und der
Demeter, bei Hom. gew. als grause, furchtbare (ἐπαινή) Herrscherin in
der Unterwelt, in der Od. 11, 213 auch ἀγαυή. (Darum nimmt Faesi
ἐπαινῆς in der Bdtg. v. ἐπαινητῆς gepriesene.) Nach Eust. ist Περσεφ.
von φέρειν u. φόνος (Φερσεφόνη die Todbringende) abzuleiten. Nach
der spätern Mythe erscheint sie, indem sie die eine Jahreshälfte über,
die andere unter der Erde weilt, als Bild der im Winterschlafe ruhenden
und im Frühjahre aufsprossenden Vegetation.
570 πρόχνυ ep. adv. (γόνυ, τό) auf den Knieen, oder auf die Kniee, knielings: καθεζομένη auf die Kniee
gesunken. — δεύω nur im praes. u. impf., benetzen: δάκρυσι κόλπος
und benetzte mit Thränen die Brust.
571 — δόμεν ep. inf. st. δοῦναι. —
παιδὶ θάνατον, ihrem Sohne den Tod zu senden. — ἠεροφοῖτις,
ιος, ἡ, ep. (ἀήρ, φοιτάω) im Dunkel, in der Nacht wandelnd (d. h. unsichtbar wandelnd, unbemerkt, unvorbereitet überfallend, als Bild des
ungeahnten Unglücks). — ἐρινύς, υος, ἡ, sonst als Personification Ἐρινύς, V. 454. Die Erinyen sind das
Symbol der Gewissenspein. Nach Hesiod sind sie die Töchter der Gäa
und drei an der Zahl: Tisiphone, Megära und Alekto. Als Appellat.
572 der Fluch, Racheschwur. — Ἐρέβεσφιν; Ἔρεβος, τό, finsterer Erdengrund, Todesthal; über φι(ν) zu
V. 58. — ἀμείλιχος, 2. wie ἀμείλικτος, (μειλίσσω) V. 158.
573 — τῶν δέ, nämlich der feindlichen Kureten. Ihre Erscheinung ist als
Werk der Erinys, des Fluches anzusehen. — ὅμαδος, ὁ, meist poët.
(ὁμός) Lärm, Getöse, besonders einer schreienden Menschenmenge; Getümmel. — δοῦπος, ὁ, poët. Getöse, dumpfer Schall, Dröhnen. —
ὀρώρει, plqpf. v. ὄρωρα intr. perf. sich regen, sich erheben, entstehen, mit Präsensbdtg. vom
praes. ὄρνυμι, fut. ὄρσω, aor.
ὦρσα, V. 353. — πύργων βαλ- 574
λομένων, der von den Geschossen getroffenen Thürme: und bald erscholl von Jenen der Lärm
und Getöse um die Thore rc.
— λίσσομαι, V. 50, 451, 511.
ἱερεύς, ion. ῆος, ὁ, der Prie- 575
ster, Opferpriester: ἱερῆας ἀρίστους die ehrwürdigsten, heiligsten
Priester. — ἐξελθεῖν καὶ ἀμύνειν 576
um zu kommen und beizustehen. —
ὑπισχνέομαι, fut. ὑποσχήσομαι, aor. ὑπεσχόμην, versprechen,
V. 263. — ὁππόθι ep. st. ὁπόθι 577
poët. adv. st. ὅπου, wo. — πίων, V. 207. — πεδίον, τό, (πέδον,
τό, Erdboden) Ebene, ebenes Feld.
— ἐραννής, V. 531. — ἤνωγον 578
ein impf. mit der Bdtg. des aor. zu dem ep. perf. ἄνωγα, befehlen, auffordern, V. 101, 219. — τέμενος, τό, (τέμνω, schneiden) ein für
den Herrscher vom Gemeindegut abgetrenntes Stück Land, Königsflur,
überh. ein besonderes Stück Land.
— περικαλλής, ές, überaus,
sehr schön. — πεντηκοντογύιος, 579
2. poët. (γύα) von fünfzig Morgen, Hufen. — οἰνόπεδος, 2. (πέδον)
Wein tragen, τὸ οἰν. Weinland; τὸ μὲν ἥμισυ οἰνοπ. das zur Hälfte
Weingarten ist.
ψιλός, 3. kahl, nackt, leer; ψιλὴ 580
ἄροσις (ἀρόω, ackern) unbebautes Land, Brachland. — πεδίοιο
von ἥμισυ abhängig, die Hälfte der Feldflur. — τάμνω, V.
209; aor. 2. med. ἐταμόμην, inf. ταμέσθαι, sich (sibi) abschneiden;
mit dem Pflug zu durchschneiden: die Hälfte der Flur ist zu
durchfurchen (bepflügen) als Brachland. Anders Faesi, der
ἄροσιν ταμέσθαι für Umschreibung v. ἀρόω hält. — λιτανεύω, fut. 581
-εύσω, bitten, flehen. — ἱππηλάτα, ὁ, ep. st. ἱππηλάτης, V.
432. — οὐδός, ὁ, ion. st. ὀδός, 582
V. 404. — ἐπεμβαίνω (βαίνω) ep. partic. perf. auf etw. treten, pf.
auf etw. stehen, c. gen. οὐδοῦ auf der Schwelle. — ὑψηρεφής ep.
st. ὑψερεφής, ές, (ὕψος, τό, ἐρέφω, bedachen) mit hohem Dach, hohem
Giebel, d. h. hoch aufgebaut, mit hohen Räumen. — θάλαμος, V.
473, Wohnzimmer. — σείω (verw. 583

σσείω, jagen, in Bewegung setzen)
schütteln, θύρας hier σανίδας, an
die Thür pochen. — κολλητός,
(κολλάω, zusammenleimen) zusam-
mengefügt, gut schließend. — σα-
νίς, ίδος, ἡ, das Brett; die Thür,
stets plur. σανίδες die Thürflügel:
κολλ. σανίδες die festschließende
Thür. — γουνόομαι (γόνυ, pl.
γοῦνα) poët. st. γουνάζομαι, zu
Füßen Jemandes flehen; fußfällig
anflehen; hier überh. flehen.
585 ἐλλίσσοντο ep. des Verses we-
gen st. ἐλίσσ. sehr auch flehten
ihn an die leiblichen Schwe-
stern und die würdige Mutter.
— ἀναίνομαι, aor. 1. ἠνηνά-
μην, ep. ohne augm. verweigern,
versagen, V. 510: μᾶλλον ἀναιν.
er weigerte sich um so mehr.
586 — κεδνός, 3. poët. (κῆδος) superl.
κεδνότατος; sorgsam, sorgfältig;
treu, treugesinnt; pass. werth,
588 theuer. — πύκα, V. 554. dicht:
entweder θάλαμος πύκα die Woh-
nung, die dicht daran (an der Stadt
und damit verbunden) war; oder
πύκα βάλλετο zusammenzufassen:
das Zimmer des Meleag. dicht nach
einander, häufig von Geschossen ge-
troffen wurde. — πύργος, V. 574.
589 — ἐμπρήθω u. ep. ἐνιπρήθω,
fut. ἐμπρήσω, V. 242; anzünden,
durch Feuer verheeren.
590 εὔζωνος, 2. ep. st. εὔζωνος,
wohl, schön gegürtet, V. 366. —
παράκοιτις, (κοίτη) Bettgenos-
591 sin, Gattin. — ὀδύρομαι, weh-
klagen, laut jammern. — κατα-
592 λέγω, darlegen, erzählen. — κῆ-
δος, τό, Sorge, Betrübniß, Kum-
mer; Leid, Noth. — πέλω, V.
134, sein; werden, zu Theil werden.
— τῶν Relat. — ἁλώῃ ep. conj.
gedehnt st. ἁλῷ, 1. P. ep. ἁλώω
st. ἁλῶ v. ἁλίσκομαι, aor. ἥλων u.
ἑάλων, gefangen werden; erobert
werden. Der Conj. steht, weil der
Relativsatz ein allgemeiner ist, sonst
593 mit ἄν. — ἀμαθύνω, (ἄμαθος,
594 ἡ, Sand) vertilgen. — ἄγουσι,
führen hinweg, entführen.
595 ὀρίνω, V. 4, 243. ὀρίνετο
θυμ. sein Gemüth, sein Herz ward
596 aufgeregt, erschüttert. — βῆ δ'
ἰέναι er beeilte sich. — ἔντεα,
τά, nur plur., poët. Waffen, Waffen-

rüstung. — χρώς, gen. χρωτός
gew. ep. u. ion. χροός u. dat. χροΐ,
die Oberfläche des Körpers, die
Haut; der Leib, Körper. —
ἐδύσετο ep. ἐδύσατο, ἐδυσάμην,
aor. 1. med. δύω, aor. 2. ἔδυν intr.
hineingehen, eindringen, V. 239, 553.
ἔντεα χροΐ die Rüstung um den
Leib legen, überh. die Rüstung an-
legen. — παμφανόων, g. ωντος,
ep. partic. (eigtl. v. παμφανάω) zu
παμφαίνω, strahlend, blinkend. —
ἀπαμύνω (ἀμύνω) abwehren, ab- 597
wenden: κακὸν ἦμαρ den Tag des
Unheils, des Untergangs abwehren.
— εἴκω, fut. εἴξω, aor. εἶξα, wei- 598
chen, V. 110. εἴξας ᾧ θυμῷ sei-
ner Herzensregung folgend:
Meleag. gab nach, weil ihm die
Sache, die große Gefahr, bedenklich
wurde, und handelte nun gegen seine
sonstige Neigung, und dies entspricht
dem vorhergehenden ὠρίνετο θυ-
μός. — οὐκέτι δῶρ' ἐτέλεσσαν,
die Geschenke aber erfüllten, gaben
sie ihm nicht mehr. — καὶ αὔ- 599
τως, V. 195, auch so, (auch ohne
Geschenke).
νοέω, V. 223, bedenken, V. 537; 600
denken: μή μοι ταῦτα νόει φρ.
denke du mir nicht so (wie Me-
leagros) im Herzen, (handle nicht
wie Mel.) — τρέπω, fut. τρέψω, 601
aor. 2. ἔτραπον: wenden, lenken. —
ἐνταῦθα, hierher, hierhin, d. h.
in die Handlungsweise des Meleag.
möge dich nicht ein Gott
ebenso einnehmen, beherr-
schen. — φίλος poët. voc. —
καίω, anzünden, V. 77: νηυσὶν 602
καιομένῃσιν ἀμύνειν, die Schiffe
vertheidigen, wenn sie schon
in Brand gesteckt sind, schon
brennen. — ἐπί c. gen. bezeich-
net gew. das Ruhen auf etw. oder
eine Richtung; aber auch die Zeit,
in welcher etw. geschieht, während,
ἐπ' εἰρήνης, V. 403; ἐπὶ δώρων
ἔρχεο zur Zeit der Geschenke gehe
hin, d. h. gehe (zu Hülfe) während
man dir noch Geschenke anbietet. —
τίω, fut. τίσω, V. 110. — 603
ἄτερ, poët. praep. c. gen. ohne. 604
— φθισήνωρ, ορος, ὁ, ἡ, ep.
(φθίω, vernichten; ἀνήρ) Männer
mordend. — δύω, V. 596, aor. 2.
ἔδυν, conj. δύω, δύῃ, opt. δύην:

πόλεμον δῦναι in den Krieg
gehen.
605 ὁμῶς, V. 320; auf gleiche Weise,
ebenso. — τιμῆς aus τιμήεις, ge-
schätzt, geehrt (oder dat. pl. τιμῆς
ἔσεαι, du wirst in Ehren sein). —
ἀλέξω, V. 251, 347, fut. ἀλε-
ξήσω, aor. 2. redupl. ἤλαλκον. —
607 ἄττα freundliche Anrede, an einen
älteren, den man ehren will, Vater,
608 Väterchen. — χρεώ und χρειώ,
ep. (χρή) V. 197: οὔτι με ταύτ.
χρ. τιμῆς ich bedarf dieser Ehre
(der Ehre von dorther) nicht. —
τετιμῆσθαι, V. 38, geehrt sein:
φρονέω τετιμ. Διὸς αἴσῃ ich denke
durch des Zeus Beschluß ge-
609 ehrt zu sein. — ἥ (αἶσα) μ'
ἕξει, welcher (der Beschluß geehrt
zu sein) mir verbleiben wird. —
εἰς ὅ κε, V. 46, bis daß, gew.
c. conj.; so lange als. — ἀϋτμή,
ἡ, ep. (ἄω) Hauch, Athem.
610 ὀρώρῃ, V. 573: so lange sich
mir noch die Glieder regen (das
perf. mit Präsensbdtg., sich regen;
eigtl. sich in Beweg. gesetzt haben).
611 — ἐνὶ φρεσὶ βάλλεο σῇσιν
lege es dir in dein Herz, d. h.
nimm es dir zu Herzen, be-
612 denke es wohl, V. 434. — συγ-
χέω (χέω), aor. ep συνέχευα;
zusammenschütten, vermengen, ver-
wirren: μή μοι σύγχει θυμ. ὀδυρ.
verwirre meinen Geist nicht durch dein
Wehklagen. — χάριν φέρειν
τινί Jem. eine Gefälligkeit, einen
614 Liebesdienst erweisen. — ἀπεχθά-
νομαι, aor. ἀπηχθόμην, sich ver-
haßt machen, verhaßt werden, τινί
bei Jem., V. 300.
615 κήδω, fut. κηδήσω, act. ep. be-
sorgt machen, betrüben, kränken:
καλόν τοι — κήδειν es ziemt dir,
616 mit mir den zu kränken. — ἶσον
ἐμοὶ βασίλευε gleich mir sei
König. — μείρομαι, pf. εἵμαρ-
ται: sich zutheilen lassen, einen An-
theil erhalten: ἥμισυ μείρεο τιμῆς,
hier c. acc. nimm die Hälfte der
617 Ehre (König zu sein). — οὗτοι: die
übrigen Gesandten sollen dem Aga-
memnon den Bescheid von Achilleus
bringen. — λέγω, fut. λέξω, aor.
ἔλεξα, aor. 1. med. ἐλεξάμην, da-
von ein sync. ep. aor. ἐλέγμην,
imper. λέξο u. λέξεο: hinlegen, dar-
legen, sammeln; med. sich legen,
sich schlafen legen; V. 67. —
μίμνω, V. 355. — μαλακός, 618
3. (μαλλός, Flocke, Wolle) weich,
sanft, v. Lager εὐνή. — φρασσό- 619
μεθα ep. st. φρασόμ. v. φράζο-
μαι, med. erwägen, V. 112. —
νέομαι, V. 42. ἐφ' ἡμέτερα, wie
εἰς πατρίδα.

ἦ (ἠμί) 3. sing. impf. zu φημί. 620
— ἐπί in tmesi. — ἐπινεύω
(νεύω), aor. ἐπένευσα, dazu nicken,
zuwinken, hier, um zu befehlen. —
ὀφρύς, υος, ἡ, gew. im plur. die
Augenbrauen. — σιωπῇ, V. 29.
— στορέννυμι, στόρνυμι, fut. 621
στορέσω, aor. ἐστόρεσα; ebenso
στρώννυμι, fut. στρώσω, pf. p.
ἔστρωμαι, aor. p. ἐστρώθην, hin-
breiten, gew. vom Bereiten eines
Lagers (λέχος, τό). — πυκινός,
πυκνός, V. 475. πυκινὸν λέχος,
dichtes Lager, d. h. tüchtiges La-
ger aus mehreren Decken. — ὄφρα
als Absichtspartikel. — μέδομαι 622
ep. dep., fut. μεδήσομαι, für etw.
sorgen, an etw. denken, etw. beden-
ken, in Erwägung ziehen, c. gen.
νόστοιο, die Heimkehr. — ἀντί- 623
θεος, 3. (ἀντί mit dem Begriff
des Vergleichens) göttergleich, aus-
gezeichnet. — μετά in tmesi. μετ-
ειπεῖν μῦθον, V. 95.

ἴομεν conj. der Aufforderung, ep. 625
mit verkürztem Modusvocal, von
εἶμι. — μύθοιο τελευτή „das
Ziel unserer Rede, der Zweck unserer
Sendung". Faesi. — κραίνω, ep. 626
gedehnt κραιαίνω, V. 101, voll-
führen; fut. med. mit pass. Bdtg.
— μῦθον, sein Wort, seine Ant- 627
wort. — οὐκ ἀγαθόν περ ἐόντα
wie sehr unangenehm sie auch
sein mag. — ἕαται u. εἵαται 628
ep. st. ἧνται, von ἧμαι, sitzen. —
ποτιδέχομαι ep. und dor. st.
προσδ. (δέχομαι), erwarten: οἵ
που νῦν etc. welche vermuth-
lich dasitzen und uns erwar-
ten, welche versammelt auf
uns warten. — ἄγριος, 3. 629
(ἀγρός) in der Wildniß lebend, wild;
von Menschen, roh; ἄγριος θυμός
trotziges Gemüth: ἄγρ. ἐν στή-
θεσσι θέτο μεγαλ. θυμόν: er
hat seinen hochherzigen Sinn

im Busen mit Trotz erfüllt,
sein edles Herz — verhärtet.
630 *σχέτλιος*, 3. (*σχεῖν*, *ἔχω*) stark;
ungestüm; grausam, V. 19. — *με-
τατρέπω* (*τρέπω*), bei Hom. nur
med., aor. 2. *μετετραπόμην*, sich
umwenden; sich an etw. kehren, auf
etw. Rücksicht nehmen, achten, c. gen.:
er kümmert sich nicht um die Liebe
seiner Genossen; er denkt nicht an x.
631 — *τῆς* (*φιλότητος*) an jene. —
ᾗ μιν — ἐτίομεν mit der wir ihn
ehrten, wie wir ihn ehrten. — *ἔξ-
οχος*, 2. poet. (*ἐξέχω*) hervorra-
gend, vorzüglich; *ἔξοχον* (adv.) *ἄλ-
632 λων* vor den Andern. — *νηλής*,
ές, sync. aus *νηλεής* (*νη-*, *ἔλεος*),
V. 497, der Grausame, mit Nach-
druck gesprochen. — *φονεύς*, ep.
und ion. gen. *ῆος*, *ὁ*, der Mörder:
*καὶ μέν τίς τε κασιγν. φονῆος
ποινὴν ἐδέξατο*, auch vom Mör-
der seines leiblichen Bru-
ders nahm wohl Mancher das
Sühngeld. — *ἢ οὗ παιδὸς τε-
θνηῶτος* oder für sein gemor-
detes Kind (nahm er vom Mör-
634 der das Sühngeld). — *ὁ μέν* d. i.
φονεύς (der Mörder ging für ge-
wisse Zeit in die Verbannung). —
ἀποτίνω, (*τίνω*), fut. *ἀποτίσω*,
V. 512: *μένει αὐτοῦ πόλλ' ἀπο-
τίσας*, er bleibt da, nachdem
er reichlich gebüßt.
635 *τοῦ δέ* im Gegensatz des vorher-
gehenden *ὁ μέν*, also auf *τίς τε*,
V. 632, zu beziehen. — *ἐρητύω*
(*ἐρύω*), abhalten, hemmen; bezäh-
men, beschwichtigen. — *κραδίη* ep.
st. *καρδία*, das Herz. — *ἀγή-
636 νωρ*, V. 398. — *ποινὴν δεξα-
μένου* wenn er das Sühngeld em-
pfängt, mit Annahme des Sühn-
geldes. — *ἄλληκτος*, 2. ep. st.
ἄληκτος (*λήγω*, aufhören) unauf-
hörlich; unversöhnlich: *ἄλλ.
τε κακόν τε θυμὸν — θέσαν* un-
ablässigen und bösen Zorn
schufen die Götter in deiner
Brust; oder, unversöhnlich und
böse machten die Götter dein
638 Herz in der Brust. — *παρ-
ίσχω* (*ἴσχω*) Nebenform v. *παρ-
έχω*, daneben halten; anbieten.
— *ἔξοχα* adv. wie V. 631 *ἔξ-
οχον*; *ἔξοχ' ἀρίστας*, bei Weitem
die besten, die auserlesensten. —
ἄλλα τ. πόλλ' ἐπὶ τῇσι u. vieles An- 639
dere dazu. — *ἵλαος*, (*ἱλάομαι*, ep.
= *ἱλάσκομαι*) versöhnt; gütig, mild.
— *ἐντίθημι*, V. 207; med. sich
hinein legen, *ἵλαον θυμόν* nimm
sanften Sinn an, laß dich er-
weichen.
αἴδεσσαι ep. *αἴδεσαι*, imper. 640
v. ind. *ᾐδεσάμην*, *αἰδέομαι*, V.
508. — *μέλαθρον*, *τό*, der Quer-
balken, auf dem die Decke ruht;
Dachgebälk; Dach, Obdach, V. 204:
ehre das Obdach, d. h. zeige dich
gegen uns, welche du gastlich auf-
genommen, milde, nachgiebig. —
ὑπωρόφιος, 2. (*ὀροφή*, Dach,
von *ἐρέφω*), unter einem Dache
befindlich: *ὑπωρ. δέ τοί εἰμεν*, wir
sind bei dir im Hause, wir sind deine
Gastfreunde. — *πληθύς*, *ύος*, *ἡ*, 641
ion. st. *πλῆθος*, die Menge; Men-
schenmenge; Volk: *πληθ. ἐκ Δα-
ναῶν* aus der großen Zahl der Da-
naer (als deren Vertreter vor dir).
— (*μάω*), pf. *μέμαα* mit Präsens-
Bdtg.; 1. plur. *μέμαμεν*, V. 361,
nach etw. trachten, bemüht sein. —
κήδιστος, 3. ep. Superlat. von 642
κῆδος, aber der Bdtg. nach von *κή-
δειος*, theuerste, sehr ergeben. —
ὅσσοι Ἀχαιοί st. *πάντων Ἀχαιῶν*,
dagegen *ἔξοχον ἄλλων* mit *μέμα-
μεν* zu verbinden. — *κοίρανος*, 644
ὁ, (verwdt. *κῦρος*, *κύριος*) Herr-
scher, Fürst.
τὶ als adv. zu *πάντα*, Alles etwa 645
(gewissermaßen). — *ἐείσαο*, *εἴσαο*
v. *εἴδομαι*, ep. pass. u. med. (von
εἴδω), aor. med. *εἰσάμην*, gesehen
werden, erscheinen, scheinen:
Alles, möcht ich wohl sagen, schienst
du nach meinem Herzen (wie mir
sonst um's Herz war) auszusprechen.
— *οἰδάνω*, V. 554; pass. schwel- 646
len: aber es schwillt mir das
Herz vor Galle. — *ὁπότε*,
wann (wenn) c. conj. nur ep. und
lyr., wo bei den Attikern *ὁπόταν*,
besonders bei allgemeinen oder eine
öfter wiederholte Handlung aus-
drückenden Sätzen, wenn, so oft
als. — *μιμνήσκω*, V. 527; fut. 647
μνήσομαι, aor. *ἐμνησάμην*, sich er-
innern, an etw. denken. — *ἀσύφη-
λος*, 2. (v. *αἴσυλος*, 2. ep. frevel-
haft) nichtswürdig, schnöde. — *ῥέζω*,
aor. *ἔρρεξα* und *ἔρεξα*, V. 250:

ὥς μ' ἀσύφ. ἐν Ἀργ. ἔρεξεν Ἀτρ.
wie der Atride mich unter den
Argeiern (vor den Augen der
Arg.) schnöde behandelt, mich
648 gekränkt. — ὡς εἰ, B. 481; auch
gleich ὥςπερ, wie. — ἀτίμητος,
2. (τιμή) gering geschätzt, verachtet.
— μετανάστης, ου, (μετανί-
στημι, Jemdn. seinen Wohnsitz ver-
ändern lassen: in den intr. tempp.
seinen Wohnsitz verändern, sich an-
derswo niederlassen; oder v. μετά
und ναίω, wohnen). der sich in der
Fremde ansiedelt; heimathloser Fremd-
ling, ein Fremder im Lande ohne
649 Bürgerrecht, Fremdling. — ἀπό-
φημι; ἀγγ. ἀπόφασθε, B. 422.
650 μέδομαι, fut. μεδήσομαι, B.
651 622, auf etw. bedacht sein. — δαΐ-
φρων, ονος, ὁ, (δαΐς, ΐδος, ἡ,
Krieg, v. δαίω, brennen, entbren-
nen; und φρήν) des Krieges kundig,
kriegerisch (od. v. δαῆναι [πολέμοιο]
ἐδάην, aor. 2. v. δάω, St. zu δι-
δάσκω, des Krieges kundig sein) im
Kriege bewährt, erprobt; von einem
Friedlichen: erfahren, verständig.
653 — κατασμύχω (σμύχω), -ξω,
niederbrennen, πυρὶ νῆας die Schiffe
654 in Brand stecken. — ἀμφί c. dat.
B. 210, 547. — τοί ep. adv. für-
wahr. — ἀμφὶ τῇ ἐμῇ κλ. an mei-
nem Zelte.
655 μεμαώς, B. 361. καὶ μεμαώς,
concess. so sehr begierig er auch sein
mag. — σχέω Nebenform v. ἔχω;
med. B. 235, sich enthalten, abstehen,
μάχης sich des Kampfes ent-
halten, vom Kampfe abstehen.
— οἴω u. ὀΐω, ep. st. οἴομαι, fut.
οἰήσομαι, meinen, glauben, B. 453,
vermuthen, hoffen, gew. mit inf. fut.
656 — δέπας, αος, τό, Becher. —
ἀμφικύπελλος, 2. (κύπελλον,
τό, poët., Becher, v. κύπτω, sich
bücken, neigen, verwdt. das Teutsche,
kippen) nur Beiw. von δέπας, ein
Doppelbecher, nach oben und nach
unten, ähnlich unserem Römer. —
657 σπένδω, fut. σπείσω, aor. ἔσπεισα,
B. 177. — παρά c. acc. nebenbei,
bei; auch beim Ausdr. einer Be-
wegung nach einer Richtung: παρὰ
νῆας ἰέναι zu den Schiffen ge-
hen. — ἰδέ ep. aus ἠδέ, und. —
658 ὀμωή, B. 477. — στορέννυμι,
659 στόρνυμι, fut. στορέσω; στρών-
νυμι, fut. στρώσω; 621 der ganze
Vers. — ὅττι ep. st. ὅτι, beim
superl. so sehr als möglich.
ἐπιπείθομαι, B. 205. — λέ- 660
χος, τό, (λέγω, legen) Lager, Bett;
gew. poët. — κῶας, τό, pl. κῶεα, 661
dat. κώεσιν, ion. u. poët. weiches,
zottiges Fell, Vließ als Decke über
einen Sitz oder Lager gebreitet. —
ῥῆγος, τό, ep. (ῥήγνυμι, reißen)
eigtl. ein Stück Zeug; Decke, Tep-
pich, als Gegensatz von λίνον, Lin-
nen, wahrscheinl. wollene Decke. —
λεπτός, 3. (λέπω, abschälen) eigtl.
geschält; dünn, fein. — ἄωτος, ὁ,
oder ἄωτον, τό, (ἄημι) die Flocke
Wolle; λίνοιο λεπτὸν ἄωτον, zarte
Flocke des Linnen, d. i. feines
Linnengewebe. — κατέλεκτο 662
ep. sync. aor. 2. von κατελέξατο;
inf. καταλέχθαι st. καταλέξασθαι,
von καταλέγω, B. 115; med. sich
schlafen legen. — μίμνω poët. st.
μένω, B. 355, erwartete die
göttliche Eos. — μυχός, ὁ, 663
der innerste Ort, der Winkel; εὗδε
μυχῷ κλισίης er schlief im Hin-
tergrunde des Zeltes. — εὔ-
πηκτος, 2. (πήγνυμι, festschlagen,
fest machen) wohl, schön gefügt, fest
gebaut.
Φόρβας, αντος, ὁ, König von 665
Lesbos. — καλλιπάρῃος, 2. (πα-
ρειά, ἡ, die Wange) schönwangig,
mit blühenden Wangen, reizend. —
ἑτέρωθεν auf der anderen Seite 666
(des Zeltes), gegenüber. — ἐΰζω- 667
νος, B. 366. — (πορω), aor. ἔπο-
ρον, B. 513. — αἰπύς, εῖα, ύ, 668
jäh, schroff, hoch emporragend. —
Ἐνυεύς, ῆος, ὁ, König von 669
Skyros.
δειδέχατο ion. und ep. 3. pl. 671
plqpf. δείκνυμι, fut. δείξω, aor.
ἔδειξα, pf. med. δείδεγμαι, vor-
zeigen; zeigen; 2) wie δειδίσκομαι,
bewillkommnen, begrüßen, B. 196,
224. ἄλλοθεν ἄλλος, von allen
Seiten. — ἐξερέω ep. wie ἐρε-
είνω, ausfragen; med. ebenso,
nur praes. u. impf. — εἴπ' ἄγε 673
μοι wohlan sage mir. — πολύαι-
νος, 2. ep. (αἰνέω, loben, prei-
sen) vielgepriesen, ruhmreich. — ἦ—ἦ 674
Fragepartikeln, ob — oder. — δήϊος,
3. ion. st. δάϊος, B. 76. πῦρ, feind-
liches, vernichtendes Feuer.

678 σβέννυμι, fut. σβέσω, bei Hom. nur aor. 1. ἔσβεσα und aor. 2. ἔσβην; trans. löschen, χόλον den Zorn dämpfen, vom Zorne ablassen;
679 intr. aor. 2. B. 471. — πιμπλάω ep. Nebenform von πίμπλημι, fut. πλήσω, aor. ἔπλησα; μᾶλλον πιμπλ. μένεος, wird noch mehr von Zorn erfüllt. — ἀναίνομαι, B. 116, 510. σὲ δ' ἀναίνεται etc. er verschmäht dich und deine Geschenke.
680 φράζω, B. 112; med. überlegen, bedenken. — ἄνωγεν, B.
681 110, 219. — ὅππως κε wie, auf welche Weise; c. ind. B. 251; c. conj. nach einem Haupttemp., wenn etw. in der Vorstellung Gedachtes ausgesprochen wird; c. opt. nach einem historischen Tempus in gleicher Bdtg. wie conj. — σόῳς, 2. opt. von σόω, Nebenf. von σαόω, zsgz. σῶ, woraus durch Dehnung σώω und σόω, B. 78, 424. —
682 ἀπειλέω, fut. ἀπειλήσω, drohen,
683 androhen; geloben. — ἐΰσσελμος, B. 231 (σέλμα, τό, Ruderbank). — ἀμφιέλισσα, nur als femin. ep. Beiw. des Schiffes, gew. plur. (ἀμφί, ἑλίσσω, winden) von beiden Seiten (durch kreisende Bewegung der Ruder) getrieben; nach der Meinung Anderer: nach beiden Seiten schwankend; zwiefach gerudert; nach Andern wiederum: auf
684 beiden Seiten geschweift. — καὶ δ' ἂν τοῖς ἄλλ. ἔφη παραμ. auch sprach er, möchte er den Anderen rathen. Vgl. B. 416. Die folgenden 3 B. s. 417 bis 420.
688 εἰσὶ καὶ οἵδε τάδ' εἰπέμεν etc. diese hier bezeugen dieses, die mir gefolgt sind.
689 — πνέω, perf. med. πέπνυμαι, B. 58.
690 Φοῖνιξ δ' αὖθ' ὁ γέρων κατεл. der greise Phönix schläft
691 daselbst. — ὄφρα damit. — οἱ
692 = αὐτῷ. — αὔριον adv. morgen.
693 — Der ganze Vers s. B. 29. —
694 ἀγαίομαι, fut. ἀγάσομαι, B. 51. — κρατερῶς, adv. stark, κρ. ἀγορεύειν, nachdrücklich reden.
695 δὴν δ' ἄνεῳ ἦσαν etc. Dieser und der zweitfolgende B. schon 30 bis 31. — ὀφείλω u. ep. auch 698
ὀφέλλω, schuldig sein; sollen, verpflichtet sein, müssen, bei Hom. nur aor. 2. ὤφελον, ὄφελον, ich sollte, hätte sollen, und zwar gew. c. inf. — ἀμύμων, B. 128. — ἀγήνωρ, B. 398, im bösen Sinne: 699
hochmüthig, trotzig. — καὶ ἄλλως auch sonst schon, überdies schon.

ἀγηνορίη, ἡ, Mannhaftigkeit, 700
Muth; Trotz. — ἐνίημι, fut. ἐνήσω, aor. ἐνῆκα, ep. ἐνέηκα, in etw. hinein treiben, μᾶλλον ἀγηνορίῃσι noch mehr zum Trotz verleiten, noch hochmüthiger machen. — ἤτοι, B. 9, 65, hier wie μέν im 701
Gegensatz zum folgenden τότε δέ, nun. — ὄρνυμι, B. 353, fut. 703
ὄρσω, aor. ὦρσα, antreiben, ermuntern.

κοιμάω (κεῖμαι, liegen), aor. 705
ἐκοίμησα, zur Ruhe, zu Bett bringen; pass. mit aor. pass. und med. sich schlafen legen, zu Bette gehen. — τέρπω, fut. τέρψω, aor. ἔτερψα, aor. med. ἐτερψάμην, und bei Hom. auch aor. 2. med. ἐταρπόμην, und mit redupl. τεταρπόμην; B. 186; med. sich erquicken, sich laben, sich erfreuen; c. gen. σίτου καὶ οἴνου an Speise und Wein. —
τὸ γὰρ μένος ἐστὶ καὶ ἀλκή 706
denn dies gibt Muth und Kraft. — φαίνομαι, aor. 2. 707
ἐφάνην, sichtbar werden, erscheinen. — καρπαλίμως, adv. v. καρ- 708
πάλιμος, 2. ep. (st. ἁρπάλιμος v. ἁρπάζω) reißend schnell, eilig. — ἐχέμεν ep. inf. in der Bdtg. eines imper. πρὸ νεῶν ἔχ. λαόν καὶ ἵππους vor den Schiffen stelle auf das Fußvolk und Reisige. — ὀτρύνω, B. 165. — μά- 709
χεσθαι, in derselben Bdtg. wie ἐχέμεν.

ἐπαινέω, fut. ἐπαινέσω und 710
ἐπαινέσομαι, aber ep. ἐπαινήσω und aor. ἐπῄνησα. — ἀγάομαι 711
Nebenf. v. ἄγαμαι, fut. ἀγάσομαι, B. 694, anstaunen, erstaunen. — σπείσαντες, B. 657. — ἴβαν, 712
ep. sync. st. ἔβησαν.

X.

1 παρά, c. dat. vom Raume, gew.
bei Verbis des Seins und Verwei-
lens, bei. — ἀριστεύς, ῆος, ὁ,
(ἄριστος) der Beste. Oberste; ἀριστῆες
die Fürsten. — Παναχαιοί, οἱ,
die Gesammtachäer, alle Achäer, das
2 gesammte Achaia. — εὕδω, fut.
εὑδήσω, impf. sonst καθεῦδον, κα-
θηῦδον und ἐκάθευδον, schlafen,
ruhen. — παννύχιος, 3. poet.
(πᾶς, νύξ) die ganze Nacht hin-
durch. — μαλακός, 3. (μαλός,
Flocke Wolle) weich, sanft, gelind. —
δαμάω, fut. δαμάσω, ep. auch
mit σσ, und ganz ohne σ; pf. pass.
δέδμημαι, aor. pass. ἐδμήθην und
ἐδαμάσθην, aor. 2. pass. ἐδάμην;
bändigen, zähmen; überwältigen;
ὕπνῳ δεδμημένοι v. Schlafe gefes-
3 selt, umfangen, ruhen. — ποι-
μήν, ένος, ὁ, Hirt; Lenker, Ge-
bieter. — λαός, ὁ, Volk, Leute,
gew. Kriegsvolk nicht als Gemeinde.
4 — ὁρμαίνω, poet. u. ep. Neben-
form v. ὁρμάω, aor. ὥρμηνα, von
einer geistigen Thätigkeit: überle-
gen, erwägen, sehr gew. κατὰ φρένα
oder ἐν φρεσίν oder φρεσίν: Vie-
les im Geiste erwägend, d. h.
sehr im Herzen bekümmert.
5 ὡς wie. — ὅτ᾽ ἄν c. coni. in
allgemeinen und öfter wiederkehrende
Handlung bezeichneten Sätzen, im
ersten Falle namentlich bei Gleich-
nissen; ὅτε ohne ἄν, ep. κέ mit
dem ind., aber mit dem coni. nur
in der ep. Sprache bei Ereignissen
der Zukunft, deren Eintreten man
erwartet. — ἀστράπτω (στράπτω
blitzen) blitzen, den Blitzstrahl schleu-
dern, entsenden. — πόσις, ιος, ὁ,
Gemahl. — ἠΰκομος, 2. ep. st.
εὔκομος (εὖ, κόμη, ἡ, Haar). —
6 τεύχω, fut. τεύξω, pf. τέτευχα.
bei Hom. nur partic., pf. pass. τέ-
τυγμαι, aor. p. ἐτύχθην; der ep.
inf. aor. 2. act. redupl. τετυκεῖν,
aor. 2. med. τετυκόμην; bereiten,
veranlassen: τεύχων bereitend, an-
kündigend (durch Donner und Blitz
den herannahenden Gewitterregen).
— ὄμβρος, ὁ, imber, Regen,
Platzregen. — ἀθέσφατος, 2.
(α neg., θέσφατος, v. θεός, φημί)
eigtl. von Gott nicht ausgesprochen,
unaussprechlich groß, sehr groß, un-
endlich. — χάλαζα, ἡ, (χαλάω,
fut. χαλάσω, nachlassen, schießen
lassen), Schlossen, Hagel. — νιφε- 7
τός, ὁ, (νίφω schneien) das Schneien,
Schneegestöber. — πέρ encl. (ver-
kürzt aus περί im Uebermaß) hebt
den Begriff des vorhergehenden W.
hervor, sehr, ganz; doch, wenig-
stens doch; bei einem Particip gibt
es diesem concessiven Sinn, wie
sehr auch. Bei Conjunctionen kann
es bisweilen durch nämlich, öfter
gar nicht besonders ausgedrückt wer-
den. — χιών, όνος, ἡ, der Schnee,
poet. (verwandt πάλλω, schütteln)
streuen, ausstreuen, bestreuen: χιὼν
ἐπάλ. ἀρούρας, der Schnee die Fel-
der bestreut. — ποθί encl. adv. 8
st. πού, irgendwo. — πτολέ-
μοιο aeol. st. πολ. — στόμα,
τό, Mund, Rachen. — πευκεδα-
νός, 3. poet. (πεύκη, die Spitze,
δανος bloße Endung) bitter, herbe:
oder irgendwo den gewalti-
gen Rachen des furchtbaren
Krieges: Naturerscheinungen sah
man auch als Vorbedeutung gewal-
tiger Ereignisse, als wie Krieg rc. an.
— πυκινός, ep. st. πυκνός, dicht, 9
dick; tüchtig, stark; πυκινὰ ἀναστε-
ναχίζειν, häufig aufseufzen, häufige
Seufzer ausstoßen.

10 νειόθεν, ion. u. ep. adv. von
unten herauf, νειόθεν ἐκ κραδίης,
tief aus dem Herzen. — τρομέω,
poet. Nebenform v. τρέμω, nur im
praes. und impf.; med. in gleicher
Bdtg. mit dem act.; zittern, be-
ben. — ἐντός, adv. im Innern.
11 — ἤτοι, ep. (ἤ, τοί, wahrlich
dir) wahrlich, fürwahr, aller-
dings. Oft leitet es ein wie μέν
mit nachfolgendem δέ, nun; ἤτοι
ὅτε sicherlich wenn, jedesmal
wenn. — πεδίον, τό, (τὸ πέ-
δον, der Boden) die Ebene; das
Feld. — ἀθρέω, aor. ἤθρησα,
schauen, beschauen, εἴς τι auf etwas
hinschauen, seinen Blick auf etwas
12 werfen. — θαυμάζω (θαῦμα,
τό, Wunder) fut. θαυμάσομαι, sich
wundern, erstaunen, πυρὰ πολλά
erstaunte über die vielen Wacht-
feuer. (Agamemnon von Sorgen ge-
quält und daher schlaflos, schaut aus
seinem Zelte und erstaunt über die
Menge Feuer). — τά als relat. —
καίω, fut. καύσω, aor. ep. ἔκηα,
anzünden; pass. brennen. — Ἰλι-
όθι als adv. in Ilios, Ἰλιόθι
13 πρό vor Ilios. — αὐλός, ὁ,
(ἄω, blasen) ein Blasinstrument von
Rohr, Flöte, Schalmei. — σῦριγξ,
γος, ἡ, Pfeife. — ἐνοπή, ἡ,
poet. u. ep. (ἐνέπω ansagen, spre-
chen) Laut, Ton, Stimme, Klang.
— ὅμαδος, ὁ, (ὁμός) gew. poet.
Lärm, Getöse, von einer durchein-
ander lärmenden Menschenmenge. —
14 (εἴδω), aor. εἶδον, ep. ἴδον, coni.
ἴδω, opt. ἴδοιμι, auch aor. med.
εἰδόμην, erblicken, εἰς νῆας auf die
Schiffe hinblicken.

15 προθέλυμνος, 2. poet. (θέ-
λυμνον wie θέμεθλον, Grundstoff)
von Grund aus, ganz und gar:
προθ. ἕλκετο χαίτας, er riß, raufte
sich das Haar in Menge mit der
Wurzel von seinem Kopfe. — ἕλκω
nur praes. und impf. ziehen, schlep-
pen; med. im reflex. Sinne etwas
als das Seinige, oder sich (sibi) aus-
ziehen, ausreißen. — χαίτη, ἡ,
16 (χάω) das Haupthaar. — ὑψόθι
poet. adv. (ὕψος, τό Höhe) hoch,
in der Höhe: ὑψόθ' ἐόντι Διί zu
dem in der Höhe wohnenden Zeus.
Das Ausraufen der Haare war zu-
gleich die Geberde des Gebetes zum
Zeus. — στένω nur praes. und
impf., eigtl. beengen; stöhnen, seuf-
zen. — κυδάλιμος, 2. ep. (κῦ-
δος, τό) ruhmvoll, rühmlich: μέγα
δ' ἔστενε κυδ. κῆρ (zusgz. aus
κέαρ, τό) und schwer seufzte
sein edles Herz. — βουλή, ἡ, 17
Rathschluß, Entschluß. — Νέστωρ, 18
ορος, ὁ, Nestor, Sohn des Ne-
leus, König von Pylos, ein sehr
hochbetagter Held, der schon über
das dritte Menschengeschlecht herrschte.
Er zeichnet sich aus durch Beredt-
samkeit und weisen Rath. — Νη-
λήϊος, Neleisch; adi. st. des ὁ
Νηλῆος, Sohn des Neleus. Neleus
ist Gründer von Pylos in Messe-
nien, wohin er nach seiner Vertrei-
bung aus Jolkos in Thessalien durch
seinen Bruder Pelias eingewandert
war. — ἐλθέμεν ep. inf. st. ἐλ-
θεῖν. — Νέστορ' ἔπι πρῶτον ἐλ-
θέμεν ἀνδρῶν zuerst vor (allen
andern) Männern zum Nestor zu ge-
hen, überh. vor Allem zum N. zc.
— σύν hier seinem Casus nach- 19
stehend, was selten ist. — μῆτις,
ιος, ἡ, Klugheit, Verstand; Rath.
— ἀμύμων, 2. ονος, (μῶμος,
ὁ, Flecken) tadellos; trefflich. —
τεκταίνομαι, dep. med. (τέκ-
των, ονος, ὁ, Zimmermann) aor. 1.
ep. τεκτηνάμην, zimmern, bauen;
bereiten, μῆτιν einen Rath ersinnen,
Rath schaffen.

ἀλεξίκακος, 2. (ἀλέξω, ab- 20
wehren, κακός) Unglück, Noth ab-
wehrend: ἀλεξ. γένοιτο, Unglück
abwehren, Rettung schaffen möchte.
— ὀρθόω (ὀρθός) aufrichten; ὀρ- 21
θωθείς aufgerichtet, sich vom
Lager erhoben. — ἐνδύνω,
nur impf. ἔνδυνε, dafür sonst ἐν-
δύω (δύω) anziehen, ankleiden.
— στῆθος, τό, (ἵστημι) die Brust;
Oberleib; als Sitz der Gefühle, Herz.
— χιτών, ῶνος, ὁ, der Leibrock,
ein Gewand, das unmittelbar am
Leib, gleich unserem Hemd, getragen
wurde, so jedoch, daß es durch einen
Gürtel am Leibe eng anlag: vom
Lager erhoben legte er den
Rock um den Leib an. — ὑπό 22
c. dat. unter (örtlich); zur Bezeich-
nung einer bewirkenden Ursache, von,
durch; beim Begriff einer Unter-
ordnung, unter. — λιπαρός, 3.

(λίπα, τό, Oel), von Oel glänzend;
überh. glänzend, schön. — δέω,
fut. δήσω, aor. ἔδησα, perf. pass.
δέδεμαι; binden; med. sich (sibi)
etw. anbinden. — πέδιλον, τό,
(πέδη, Fußfessel, πέζα, πούς) die
Sohle, Sandale: und er band
sich unter (an) die glänzenden
Füße die prächtigen Sanda-
23 len. — ἀμφί in tmesi. — δα-
φοινός, 2. (δα verstärkende un-
trennbare Partikel, wie ζα, nur dia-
lektisch verschieden; φοινός) blutroth,
sehr roth, braun, bräunlich. — ἀμφι-
έννυμι (ἕννυμι), fut. ἀμφιέσω,
aor. ἀμφίεσα, gew. mit σσ; aor.
med. ἀμφιεσάμην, öfter in tmesi
wie hier ἀμφί — ἕσσατο. Im act.
anziehen: med. sich (sibi) etw. an-
ziehen, anlegen, c. acc. der Sache.
— δέρμα, τό, (δέρω, abhäuten)
24 die Haut. — αἴθων, ωνος, ὁ,
(αἴθω) brennend, glänzend, funkelnd;
feurig. — ποδηνεκής, ές,
(ἠνεκής, v. St. ἐνεγκω) bis auf
die Füße reichend: das ihm bis
an die Knöchel hing. — αἱρέω,
fut. αἱρήσω, aor. pass. ᾑρέθην, aor.
2. act. εἷλον, med. εἱλόμην. Act.
nehmen, ergreifen; wegnehmen, rau-
ben; tödten; med. für sich, oder als
das Seinige nehmen, fassen, er-
greifen. — ἔγχος, τό, Lanze,
Speer, dessen Schaft, δόρυ, mit
Spitze, αἰχμή, gew. sechs bis sie-
ben Fuß lang war.
25 αὔτως u. αὕτως, poet. ebenso,
gerade so; immer noch so; ὡς δ'
αὔτως gerade ebenso, gerade
so. — τρόμος, ὁ, (τρέμω) das
Zittern, Beben; Angst, Furcht: ge-
rade so hielt den Menelaos
die Angst fest, ebenso war
26 Men. in Angst. — ὕπνος, ὁ,
Schlaf. — βλέφαρον, τό, (βλέπω)
Augenlid; nur plur. — ἐφιζάνω,
darauf, dabei sich setzen; οὐδὲ γὰρ
αὐτῷ ὕπν. ἐπὶ βλ. ἐφίζ. denn
es kam kein Schlaf in seine
Augen; nämlich aus Furcht, da-
her das folg. μή τι etc. von dem
Begriff Furcht abhängig. — πάσχω,
fut. πείσομαι, aor. 2. ἔπαθον, pf.
πέπονθα, leiden, dulden, ertragen:
daß den Achäern etwas Uebles
27 zustoße. — τοί ep. rel. — δή,
(verkürzt aus ἤδη, schon) in tempo-
reller Bdtg., schon, erst, endlich,
eben: nun, nunmehr; in deter-
minativer Bdtg., eben, gerade,
denn; doch: τοὶ δὴ ἕθεν (st. οὗ)
εἵνεκα, die gerade seinetwe-
gen ꝛc. — πουλύν ep. st. πολύν.
— ἐπί c. acc. eine Richtung nach
einem Ziel bezeichnend, zu, nach;
über einen Raum hin, über —
hin. — ὑγρός, ή, όν, (ὕω, reg-
nen) naß; ἡ ὑγρή die Gewässer, das
Meer. — θρασύς, εῖα, ύ, (θρά- 28
σος st. θάρσος, Muth) kühn, mu-
thig, tapfer, πόλεμος muthiger Kampf,
Kampf voll Muth. — ὁρμαίνω
ep. Nebenform v. ὁρμάω, im Geiste
vorhaben, sinnen, überlegen, B. 4. —
παρδάλεος, έη, εον, (πάρδαλις) 29
den Panther betreffend; παρδαλέη
ion. und ep. st. παρδαλῆ, nämlich
δορά, Pantherfell. — μετάφρε-
νον, τό, das dem Zwerchfell gegen-
über Liegende, der Rücken. — κα-
λύπτω, verhüllen, umhüllen: zu-
erst mit einem Pantherfell umhüllte
er seinen weiten Rücken.
ποικίλος, 3. bunt, gefleckt. 30
— ἐπί gehört zu θήκατο. — στε-
φάνη, ἡ, (στέφω umkränzen) jede
Einfassung, kreisförmige Umgebung;
Krempe am Helme, der Helm selbst.
— κεφαλῆφιν. Ueber φι(ν) s.
9, 58. — ἀείρω, ion. u. poet. st.
αἴρω, aor. ἤειρα, ep. ἄειρα, auf-
heben; fassen, ergreifen. — ἐπι- 31
τίθημι (τίθημι), fut. ἐπιθήσω;
auch aor. 1. med. ἐπιθήκατο; dar-
aufsetzen; auferlegen; gewähren; med.
sich (sibi) aufsetzen: er nahm den
Helm und setzte sich ihn auf's
Haupt. — χάλκειος ep. st. χάλ-
κεος, χαλκοῦς, ehern. — παχύς,
εῖα, ύ, (πήγνυμι), dick, dicht; fest,
stark, nervicht. — βῆ, ἔβη, βαίνω, 32
fut. βήσομαι. — ἴμεν ep. inf. st.
ἰέναι: βῆ δ' ἴμεν beeilte sich zu
gehen, ging eilig. — ἀνίστημι,
(ἵστημι) fut. ἀναστήσω, ep. ἀν-
στήσω, aufstehen lassen; aus dem
Schlafe wecken. — ἀνάσσω (ἄναξ, 33
κτος, ὁ), fut. ἀνάξω, herrschen, gew.
c. dat., selten c. gen. μέγα πάντ.
Ἀργείων gewaltig, mächtig über
alle Argeier. — ὥς wegen der
anastr. st. ὡς. — τίω, fut. τίσω,
aor. ἔτισα, wie τιμάω, schätzen,
ehren; pass. geehrt werden, τινί,

von Jem. — δῆμος, ὁ, Volk, als
34 Gemeinde. — εὑρίσκω, fut. εὑ-
ρήσω, aor. 2. εὗρον, finden; zu-
fällig finden, antreffen. — ἀμφί,
c. dat. räumlich: um, neben, an,
sowohl bei Verbis der Ruhe als der
Bewegung. — ὦμος, ὁ, Schulter.
— τίθημι, fut. θήσω, setzen,
stellen, legen, hinsetzen; darstellen, be-
reiten; med. sich (sibi) setzen: ἀμφ'
ὤμ. ἔντεα sich die Rüstung um
die Schulter legen. — ἔντεα,
τά, nur plur. ep. Waffen, Waffen-
rüstung, Panzer; Geräth überh.
35 πρύμνη, ἡ, (eigtl. fem. von
πρυμνός, 3. der äußerste) νηῦς,
der Schiffshintertheil. Die auf's
Land gezogenen Schiffe sind mit dem
Hintertheil landeinwärts liegend zu
denken. — ἀσπάσιος, 3. (ἀσπά-
ζομαι an sich ziehen, Jem. will-
kommen heißen, v. σπάω) erwünscht,
36 lieb, angenehm. — βοή, ἡ, lautes
Rufen, gew. vom Kriegsgeschrei;
Schlachtgetümmel, βοὴν ἀγαθός,
tüchtig im Rufen zum Kampf, der
37 Rufer im Kampf, tapfer. — τίφθ',
τίπτε zsgz. aus τίποτε, was, warum
doch, warum denn? — ἠθεῖος,
είη, εῖον, ep. (ἦθος) traut, lieb,
werth, theuer, gew. in der Anrede.
— κορύσσω, aor. 1. ep. med.
κορυσσάμην (κόρυς, υθος, ἡ, Helm)
eigentl. den Helm aufsetzen; rüsten;
pass. und med. sich rüsten, sich be-
waffnen. — ἦ Fragew. etwa? —
38 ὀτρύνω, fut. ion. ὀτρυνέω, Att.
ὀτρυνῶ, aor. ὤτρυνα, antreiben,
auffordern, ermuntern, anfeuern: sen-
den. — ἐπίσκοπος, ὁ, (σκοπέω)
Späher, Kundschafter, c. dat. st. gen.
ἦ τιν' ἑταίρων ὀτρυνέεις Τρ.
ἐπίσκ. willst du etwa einen der
Gefährten als Späher der
Troer (in's trojanische La-
ger) senden? — αἰνῶς, adv.
schrecklich, gewaltig, sehr; v. adj. αἰ-
νός, 3. ep. u. ion. schrecklich, furcht-
39 bar. — δείδω, nur die 1. P.
sing., wovon das pf. δέδια, δέδοικα,
fut. δείσομαι, aor. ἔδεισα, fürchten.
— μή οὔ τις nach den Verbis der
Furcht, daß Niemand. — ὑπι-
σχνέομαι dep. med. aor. ὑπε-
σχόμην, conj. ὑπόσχωμαι; versprc-
chen, verheißen, zusagen.
40 δυσμενής, ές, (μένος) feind-
selig, feindlich. — σκοπιάζω,
(σκοπιή, ἡ) ep. spähen; erspähen,
auskundschaften: ἄνδρ. δυσμενέας
feindliche Männer auszuspähen, d. h.
hier: unter feindlichen Männern zu
spähen, zu feindlichen Männern als
Späher zu kommen. — ἐπέρχο-
μαι (ἔρχομαι), fut. ἐπελεύσομαι,
aor. 2. ἐπῆλθον, herzukommen, her-
ankommen; angreifen, anfallen. —
ἀμβρόσιος, 3. poet. (ἀν = ἀ 41
priv., βροτός, sterblich) göttlich, hei-
lig; v. Pers. unsterblich. — θρα-
συκάρδιος, 2. ep. (θρασύς,
καρδία, Herz) kühn, muthig. —
ἔσται st. ἂν εἴη, müßte wohl sein.
— κρείων (vermuthl. von κρας, 42
τό) Herrscher, Gebieter. — χρεώ, 43
ἡ, u. χρειώ, ep. (χρή) Bedürfniß,
Noth, c. gen., auch c. acc. der Per-
son: χρ. βουλῆς ἐμὲ καὶ σέ ich
und du bedürfen eines Rathes. —
κερδαλέος, 3. (κέρδος, τό, Ge- 44
winn) vortheilhaft; klug. — ἐρύω,
ep. εἰρύω, fut. ἐρύσω, ep. auch
mit σσ, aor. εἴρυσα, conj. ἐρύσσω,
pf. pass. und med. εἴρυμαι, fut.
med. ἐρύσσομαι, aor. med. ἐρυ-
σάμην. Act. ziehen, herausziehen,
herunterziehen; entreißen; schleppen;
med. zu sich, an sich ziehen; her-
ausreißen, retten, befreien,
schützen: ἦ τίς κεν ἐρύσσεται, ἦ κε
mit dem indic. wenn etwas als zwei-
fellos dargestellt werden soll; bis-
weilen auch mit ind. fut. — σαόω
zsgz. σῶ, und dieses ep. zerdehnt
σώω und σόω als Nebenform von
σῴζω; fut. σαώσω, aor. ἐσάωσα,
retten, erhalten.
τρέπω, fut. τρέψω, aor. ἔτρεψα, 45
aor. 2. ἔτραπον, med. ἐτραπό-
μην. Act. drehen, wenden; med.
und pass. sich drehen, sich wenden;
sich ändern. ἐπεὶ Διὸς φρὴν ἐτρά-
πετο nachdem des Zeus Sinn sich
geändert hat. — Ἑκτορέοις poet. 46
st. des gen. v. Ἕκτωρ. — ἐπί
mit θῆκ' zu verbinden, wovon
φρένα Object ist. — ἐπὶ φρένα θῆκ'
ἱεροῖσι auf die Opfer sein Herz
hinrichten, sein Herz zu den Opfern
wenden. — ἰδόμην, ep. ἰδόμην 47
wie act. εἶδον, sehen. — κλύω,
impf. ἔκλυον mit der Bdtg. des aor.
hören, vernehmen, gew. c. acc. der
Sache, selten c. gen. der Person:

οὐδ' ἔκλυον αὐδήσαντος (*αὐδάω*) auch hörte ich nie (Jem.) sagen, irgendwo erzählen. —
48 *μέρμερος*, 2. poet. (*μέρος*, *μερίζω*, theilen, wovon *μερμηρίζω*, in seinen Entschlüssen schwanken) sorgenvoll; mühevoll, schwierig, *μέρμερα* sc. *ἔργα*, schwere Thaten, Gewaltiges, große Thaten (im Kriege). — *ἦμαρ*, *τό*, ep. Tag, *ἐπ' ἤματι* an demselben, an einem Tage. — *μητιάομαι* (ep. dep. (*μῆτις*)) fut. *μητίσομαι*, aor. *ἐμητισάμην*, ersinnen, sich vornehmen; bereiten,
49 unternehmen. — *ῥέζω*, fut. *ῥέξω*, aor. *ἔρρεξα* und *ἔρεξα*, thun, machen, vollführen, c. acc. und *τινά τι* Jemdn. etw. anthun; opfern.
50 *αὔτως* gerade so, V. 25, „durch sich selbst, für sich allein." Faesi. — *οὔτε θεᾶς υἱὸς φίλος οὔτε θεοῖο*. Die Worte haben concessiven Sinn: er, der doch, obschon er doch &c. —
51 *μέλω*, fut. *μελήσω*, gewöhnl. nur 3. P. und meist. sing. *μέλει*, *μέλουσι*, am Herzen liegen, Gegenstand der Sorge sein; *μέλει μοί τι* es liegt mir daran: *ὅσα φημὶ μελησέμεν Ἀργείοισιν δηθά*, die, mein ich, den Argeiern lange Zeit am Herzen liegen werden, an die die Argeier lange denken sollen. —
52 *δηθά* wie *δήν*, ep. lange, lange Zeit. — *δολιχός*, 3. vom Raume und Zeit, lang, weithin. — *μήδομαι*, fut. *μήσομαι*, aor. *ἐμησάμην*, auf Rath sinnen, ersinnen, aussinnen, bereiten, auch mit dopp. acc. *κακὰ Ἀχαιούς*, den Achäern Unheil
53 anstiften, Böses anthun. — *καλέω*, *καλέσω*, ep. auch mit *σσ*; aor. *ἐκάλεσα*, beim Namen rufen; rufen,
54 herbeirufen; auffordern. — *ῥίμφα*, adv. poet. (*ῥίπτω*) reißend; rasch, schnell. — *θέω*, ep. *θείω*, fut. *θεύσομαι*, laufen, eilen. — *παρά* c. acc. bei Verbis der Bewegung, auch zur Bezeichnung einer Richtung: *παρὰ νῆας*, bei den Schiffen entlang.
55 *ὀτρυνέω*, V. 38. — *ἀνστήμεναι* ep. st. *ἀναστῆναι*, intr. sich erheben. — *αἴ κε* dor. st. des Att. *ἐάν* c. coni. 1) in Bedingungssätzen; 2) in indirecten Fragesätzen, ob etwa,
56 ob vielleicht. — *φύλαξ*, *κος*, *ὁ*, Wächter; plur. Wache, Wachposten. — *τέλος*, *τό*, Ende, Ziel; Vollendung; Entscheidung; 2) eine Schaar Krieger: *φυλάκων ἱερὸν τέλος* die heilige, (geweihte, unter besonderem Schutze der Götter stehende) Schaar der Wachen. — *ἐπιτέλλω* (*τέλλω*), aor. 1. *ἐπέτειλα*, auftragen, befehlen, Befehle ertheilen; med. wie act. — *πείθω*, 57
fut. *πείσω*, aor. 2. ep. redupl. *πέπιθον*, bereden; med. aor. 2. *ἐπιθόμην*, opt. ep. redupl. *πεπίθοιτο*, V. 204; sich gewinnen lassen, gehorchen, folgen. — *τοῖο γὰρ υἱός*, d. i. *Θρασυμήδης*, vgl. 9, 81. —
σημαίνω, fut. ion. *σημανέω*, Zeichen geben; befehligen, Anführer sein, c. dat. — *ὀπάων*, *ονος*, *ὁ*, ep. (*ὀπάζω*, zum Begleiter geben) Kriegsgefährte, Waffengenosse. — *Μηριόνης*, *ὁ*, aus Kreta, Freund des Idomeneus. — *ἐπιτρέπω* (*τρέπω*) aor. 2. *ἐπέτραπον*, zuwenden, anvertrauen; vertrauen: *τοῖσι γὰρ ἐπέτρ. γε μάλιστα*, nämlich, *τὸ φυλάσσειν* aus dem vorhergeh. *φυλάκεσσι* zu entnehmen: denn diesen vertrauten wir die Bewachung am meisten oder absol. ohne Object: denn diesen vertrauten wir am meisten (in sie setzten wir das meiste Vertrauen). 58 59
μύθῳ ἐπιτέλλεσθαι, in 61
Worten Auftrag geben, überh. befehlen: *πῶς γάρ μοι μύθῳ ἐπιτέλλεαι*, wie gibst du mir den Befehl? d. h. wie meinst du deinen Auftrag? — *αὖθι μένω* 62
μετὰ τοῖσι, soll ich dort bei diesen (den Wächtern) bleiben? — *δέχομαι*, fut. *δέξομαι*, pf. *δέδεγμαι*, ep. auch *δέγμαι*, nehmen, empfangen; gastlich aufnehmen; erwarten, abwarten. — *εἰςόκε*(*ν*) ep., gew. c. coni. so lange bis daß. — *ἔλθῃς*, hinkommst, nämlich, mit Nestor. — *μετὰ σέ* 63
zu dir: *μετά* c. acc. eigtl. unter, bei Ausdrücken einer Menge, aber auch einzelner Individuen. — *αὖτις* adv. ion. u. dor. st. *αὖθις* (*αὖ*), wieder. — *ἐπήν* (aus *ἐπεί* u. *ἄν*) poet., c. coni.
ἀβροτάζω (eines St. mit *ἀμβροτεῖν* und *ἁμαρτεῖν*), verfehlen, 65
c. gen.: damit wir einander nicht auf dem Wege (*ἐρχομένω*) verfehlen (es war ja nämlich

66 Nachtzeit). — ἀνά c. acc. durch,
hindurch, verschieden von κατά,
durch, mit dem Nebenbegriff, hin
und her. — κέλευθος, ἡ, poët.
plur. οἱ κέλευθοι u. τὰ κέλευθα,
Weg, Pfad. — φθέγγομαι, fut.
φθέγξομαι, aor. ἐφθεγξάμην, Laut
von sich geben; reden, rufen, an-
rufen. — ᾗ s. e. κελεύθῳ: ᾗ κεν
ἴῃσθα, auf dem du gehen wirst:
rufe sie auf dem Wege an. —
ἐγείρω, aor. ἤγειρα, aor. 2. med.
ἠγρόμην, wecken; pf. ἐγρήγορα,
wozu der ep. inf. ἐγρήγορθαι (mit
eingeschaltetem θ und dem zurück-
gezogenen Accent) wach sein. —
ἄνωγα ein altes ep. perf. mit
Präsensbdtg., conj. 3. s. ἀνώγῃ,
opt. ἀνώγοις, imper. ἄνωχθι; plqpf.
ἀνώγεα: befehlen, heißen, auffordern:
„ἐγρήγ. ἄνωχθι ist nur auf die Wa-
chen zu beziehen, die er anrufen soll,
damit sie ihn nicht für einen Feind
68 halten." Faesi. — πατρόθεν,
adv. (πατήρ) adv. vom Vater her. —
γενεή, ἡ, ion. st. γενεά, Geschlecht;
Stamm; Abkunft: πατρ. ἐκ γενεῆς
mit dem Namen des Vaters, nach
seinem Geschlecht, mit seinem Vater-
namen (als Zeichen freundlicher An-
69 rede). — κυδαίνω, poët. (κῦδος,
τό) rühmen, auszeichnen, ehren. —
μεγαλίζομαι, ep. med. (μέγας)
sich groß machen, sich erheben, θυμῷ
in seinem Herzen, in seinem Sinn
stolz sein, überh. hochmüthig sein (es
unter seiner Würde halten etwas zu
thun).
70 καὶ αὐτοί περ, auch selber so-
gar (ohne Rücksicht auf unsere Stel-
lung). — πονέομαι, fut. πονή-
σομαι, arbeiten, sich abmühen, sich
anstrengen; sich bemühen. — πού
encl. irgendwo; etwa, vielleicht; ver-
muthlich. — ἄμμιν = ἡμῖν. —
71 ἐπὶ γιγνομένοισι bei unse-
rer Geburt: ὧδέ που ἄμμιν etc.
so hat doch wohl Zeus uns bei der
Geburt die schwere Last (ein so schwe-
72 res Schicksal) auferlegt. — ἀδελ-
φεός, ὁ, ion. st. ἀδελφός (ἀ copul.
und δελφύς). — εὖ ἐπιτείλας
nachdem er ihm wohl anempfohlen,
genau aufgetragen.
75 μαλακός, V. 2: hier von einem
Lager, Bett, das mit Schaffellen
(κῶεα) und Decken überdeckt war;
vgl. 9, 659 u. f. — ἔντεα, τά, V.
34. — ποικίλος, V. 30. —
δόρυ, τό, δόρατος, ep. δούρα-
τος und δουρός, Balken; Lanzen-
schaft; Lanze, Spieß, Speer. —
φαεινός, 3. poët. leuchtend, glän-
zend, blinkend. — τρυφάλεια, ἡ,
(entw. st. τρι-φάλεια, ein Helm mit
drei φάλοι; φάλος ein metallener
Bügel, der von vorn nach hinten
über dem Helme war, in welchem
der Helmbusch steckte; oder nach An-
derer Meinung von τρύω, durch-
bohren, weil der Kegel des Helm-
busches durchbohrt war) der Helm.
Die in diesem V. genannten Waffen
waren die ἔντεα. — πάρ st. παρά, 77
gehört zu κεῖτο; παράκειμαι, dane-
ben liegen, dabei liegen. — παναί-
ολος, 2. poët. (πᾶς, αἰόλος, 3.
beweglich; durch schnelle Bewegung
schillernd, schimmernd) sehr beweg-
lich; sehr schimmernd; hier Beiw.
des Gürtels, der wahrscheinlich aus
Metallplatten zusammengesetzt zu den-
ken ist. — ζώννυμι, aor. ζῶσα, 78
aor. med. ζωσάμην; gürten; med.
sich gürten. — φθισήνωρ, ορος,
ὁ, ἡ, ep. (φθίνω, ἀνήρ) Männer
tödtend, mordend. — θωρήσσω,
aor. 1. ἐθώρηξα, bepanzern, rüsten,
bewaffnen; pass. sich rüsten, sich waff-
nen. — λαός, V. 3. — ἐπι- 79
τρέπω, V. 59; zu wenden über-
lassen: γήραϊ ἐπιτρέπειν nämlich
ἑαυτόν, dem Alter nachgeben,
dem Alter unterliegen. — λυγρός,
3. traurig, trübselig, kläglich, be-
schwerlich.
ὀρθόω, aor. ὤρθωσα, in die 80
Höhe richten, aufrichten, V. 21. ὀρ-
θωθείς — ἐπαείρας „d. h. auf den
Ellenbogen gelehnt und das Haupt
frei aufrichtend." Faesi. — ἐπα-
είρω (ἀείρω) emporheben. — ἐξ- 81
ερεείνω, (ἐρεείνω) ausfragen;
med. wie act. — τίς δ' οὗτος — 82
ἔρχεαι οἶος wer bist du denn,
der du so allein kommst? —
κατὰ νῆας an, bei den Schiffen.
— ὀρφναῖος, 3. (ὄρφνη) finster, 83
dunkel. — εὕδω, fut. εὑδήσω,
schlafen. — οὐρεύς, ῆος, ὁ, ion. 84
st. ὀρεύς, Maulthier, Maulesel.
Man nimmt es auch in der Bdtg.
v. οὖρος, Wächter. — δίζημαι
ep. u. ion. dep., fut. διζήσομαι,

ausſuchen, ſuchen; ſich zu verſchaffen ſuchen: ſuchſt du etwa ein Maulthier oder einen deiner Freunde?

85 ἀκέων, ein defect. partic., das gewöhnlich als adv. gebraucht wird, obſchon daneben noch andere Formen in Geſchlecht und Caſus vorhanden ſind: fem. ἀκέουσα, du. ἀκέοντε etc., ſchweigend, ſtill. — τίπτε, ep. ſtatt aus τί ποτε, was denn? warum doch? — χρειώ, ἡ, V. 43, χρειώ, wozu ἵκει oder ἱκάνει zu denken, c. acc. der Perſon; aber auch oft mit ἐστί als Umſchreibung von χρή c. acc. verbunden: τίπτε δέ σε χρειώ, was für ein Bedürfniß haſt du? d. h.
88 was ſuchſt du hier? — γιγνώσκω, fut. γνώσομαι, aor. 2. sync. ἔγνων, erkennen, erfahren, kennen lernen: γνώσεαι Ἀτρ. Ἀγ. du wirſt wohl den Atriden Ag. erkennen. — περί (mit dem Begriff des Uebermaßes) c. gen. zur Angabe des Vor-
89 zugs, wie lat. prae, vor. — ἐνίημι, fut. ἐνήσω, aor. ἐνέηκα ep. ſt. ἐνῆκα, hineinſenden, πόνοισι in Leiden ſtürzen, über Jem. Leiden verhängen. — διαμπερές, (διά, ἀνά, πέρας) durch und durch, ganz durch, ſehr viel; von der Zeit: unaufhörlich; für immer. — ἀϋτμή, ἡ, ep. (ἄω, ἄημι) Hauch, Athem.

90 γόνυ, γόνατος und ion. γούνατος, poet. auch γουνός, τό, das Knie. Ueber den ganzen Vers ſ. 9, 610, ſo lange die Glieder ſich mir noch regen; ὀρώρῃ, ὄρωρα mit
91 Präſens-Bdtg. — πλάζω, aor. ἔπλαγξα, aor. pass. ἐπλάγχθην; zurückſtoßen, vom Ziele abbringen; verwirren; pass. mit fut. med. geſchlagen werden; ſich umhertreiben, umherſchweifen. — νήδυμος, 2. (νη- u. δύω?) als Beiw. von ὕπνος, ſüßer, ſanfter, er-
92 quickender (Schlaf). — ἱζάνω (ἵζω poet. intr. ſich ſetzen) intr. ſich ſetzen, ſich niederlaſſen, hier übertr. v. Schlafe. — μέλω, V. 51, am Herzen liegen, bekümmern, das Herz belaſten, drücken. — κῆδος, τό, Sorge, Betrübniß, Kummer; Leid,
93 Noth. — αἰνῶς, V. 38. — περιδείδω ep. (δείδω) perf. περιδείδια mit Präſens-Bdtg. ſehr fürchten, ſehr beſorgt ſein, hier c. gen. um Jemdn. beſorgt ſein. —
ἔμπεδος, 2. (ἐν, πέδον, τό) eigtl. 94
im Boden feſtſtehend, unerſchütterlich; übertr. feſt, ſtandhaft: οὐδέ μοι ἦτορ ἔμπεδον und nicht unerſchüttert iſt mein Muth. — ἀλαλύκτημαι nur perfect. mit Präſensbedeutung, unruhig ſich hin und her werfen, voll Furcht ſein. — κραδίη, ἡ, ep. ſt. καρδίη, das Herz, hier eigtl. als Sitz des Blutumlaufs.

ἐκθρῴσκω poet. (θρώσκω, 95
aor. 2. ἔθορον, ſpringen, hüpfen) herausſpringen: ἀλλ' ἀλαλύκτ. κραδ. δέ μοι ἔξω στηθ. ἐκθρῴσκει ſondern voll Angſt möchte das Herz mir aus der Bruſt ſpringen, ſondern voll Angſt pocht mir das Herz. — τρομέω, V. 10. — φαίδιμος, 2. poet. (φαίνω) glänzend; ſtattlich. — γυῖον, τό, Glied, nur plur. τὰ γυῖα, die Glieder; beſonders die Gelenke der Füße; daher τρομέει δ' ὑπό (adv. darunter) φαίδ. γυῖα es zittern unter mir die ſchönen Glieder, (in tmesi τρομέει δ' ὑπο) mir zittern unten die Glieder. — δραίνω (δράω) etw. thun 96
wollen. — ἐπεὶ οὐδέ σέ γ' ὕπνος ἱκάνει da auch dich ja der Schlaf nicht befällt, auch du nicht ſchlafen kannſt.
— δεῦρο, adv. eigentl. hierher; 97
dorthin: δεῦρο ἐς τ. φ. καταβείομεν, wohlan laßt uns zu den Wachen gehen. — καταβείομεν ep. conj. aor. 2. ſt. καταβῶμεν, v. ind. κατέβην v. praes. καταβαίνω, hinabſteigen. — μή indir. [illegible]
Fragepartik. ob nicht. — κάματος, ὁ, (καμω, κάμνω) Mühe; Ermüdung, Erſchöpfung. — (ἀδέω) ungebr. praes., wovon partic. perf. ἀδηκότες (verwdt. ἄδην adv. ſatt und genug), ſatt, überdrüſſig werden, beläſtigt werden: καμάτῳ ἀδηκότες ἠδὲ καὶ ὕπνῳ von Ermüdung und Schlaf überwältigt. — κοιμάω (κεῖμαι), aor. 99
ἐκοίμησα, zur Ruhe legen: pass. mit aor. pass. u. med. ſich ſchlafen legen. — πάγχυ und verſtärkt ἐπὶ πάγχυ ganz und gar. — λανθάνω und poet. λήθω, verborgen ſein;

med. λανθάνομαι, aor. 2. ἐλαθό-
μην, c. gen. Jemandes vergessen,
an etwas nicht denken.
100 δυςμενής, ές, (μένος) feind-
lich, B. 40. — σχεδόν, adv. nahe,
in der Nähe; auch bei Verbis der
Bewegung, in die Nähe. — εἵα-
ται ep. st. ἧνται; ἧμαι, sitzen. —
οἶδα, plur. ἴδμεν, ἴστε, ἴσασι;
wissen: οὐδέ τι ἴδμεν und wir wissen
101 es gar nicht. — μή wie B. 98. —
μενοινάω poet. (μένος, τό), aor.
ἐμενοίνησα, im Sinne haben, ge-
denken, wünschen, vorhaben, etwas
103 gegen Jem. — κυδρός, κύδιστος
104 (κῦδος, τό) berühmt. — θήν, ep.
encl. (δή) sicherlich, doch wohl, οὐ
θήν doch wohl nicht, schwerlich wohl.
— νόημα, τό, Gedanke, Vorhaben,
Entschluß. — μητίετα st. μητιέτης,
ὁ, der Berather; μητίετα Ζεύς der
allwaltende Zeus.
105 ἐκτελέω verstärktes τελέω, fut.
ἐκτελῶ, ion. u. ep. ἐκτελέω, voll-
enden; in's Werk setzen, erfüllen. —
πού encl. irgendwo; vielleicht, etwa.
— ἔλπω poet. Hoffnung machen;
med. gewöhnlicher, hoffen, erwar-
ten, meinen. — ὀΐω ep. st. οἴο-
μαι, ep. ὀΐομαι, glauben, meinen;
von der Zukunft, vermuthen, hoffen.
106 — κῆδος, τό, Sorge, Kummer,
B. 92. — μοχθέω, (μόχθος, ὁ)
wie μογέω, sich mühen, sich ab-
quälen: ἀλλά μιν ὀΐω etc. son-
dern ich erwarte, daß er mit
noch größeren Sorgen sich
107 einst abmühen werde. — χό-
λος, ὁ, poet. st. χολή, Galle;
Zorn, Groll. — ἀργαλέος, 3.
(von α euph. und ἔργον, oder nach
And. st. ἀλγαλέος, v. ἄλγος) schwer,
drückend; verderblich. — μετα-
στρέφω (στρέφω), aor. μετέ-
στρεψα, umwenden, umkehren, ἐκ
χόλου ἦτορ sein Herz vom Zorn
abwenden, d. h. vom Zorn im Her-
108 zen ablassen. — ἕπομαι, impf.
εἱπόμην, fut. ἕψομαι, folgen. —
ποτί, πρός, hier als adv. dazu,
obendrein. — αὖ, von der Zeit,
wiederum; dagegen, aber, gew. δ'
αὖ. — ἀγείρω (ἄγω), aor. ἤγειρα,
perf. pass. ἀγήγερμαι; versam-
meln; pass. und aor. med. sich ver-
sammeln; med. für sich sammeln;
ἀγείρομεν conj. mit verkürztem

Modusvocal, laßt uns versam-
meln. — δουρικλυτός, 2. 109
(δόρυ, κλυτός) poet. und ep. im
Speerwurf berühmt, speerberühmt,
des Speerwurfs mächtig.
Φυλεύς, poet. έος, ὁ, Sohn 110
des Augeas und Vater des Meges
in Elis. — ἄλκιμος, 2. (ἀλκή)
kräftig, tüchtig im Kampfe, tapfer,
muthig. — μετοίχομαι, poet. dep. 111
med. (οἴχομαι, gehen, weggehen)
darunter, unter Andere gehen; Jem.
holen. — εἴ τις καλέσειεν
wenn Jem. rufen möchte; Jem.
möchte wohl rufen. ἔασιν = 113
εἰσίν. — ἑκαστάτω, superl.
adv. am entferntesten, v. ἑκάς adv.
(ἐκ) entfernt. — ἐγγύς, adv. nahe.
— φίλον περ ἐόντα, concess. wie 114
sehr er mir lieb ist. — αἰ-
δοῖος, 3. (αἰδώς, ἡ) schamhaft;
im pass. Sinne: vor dem man sich
schämt; ehrwürdig; καὶ αἰδοῖον ist
mit dem vorhergeh. φίλον zu ver-
binden: so lieb und ehrwürdig er
mir ist, so lieb ich ihn habe
und ehre.
νεικέω, fut. νεικέσω, aor. 115
ἐνείκεσα, ep. auch mit σσ; strei-
ten, hadern; tadeln, schelten. —
νεμεσάω (νέμεσις, ἡ) gerechten
Grund zum Unwillen gegen Jem.
haben, Jemdm. zürnen, übel neh-
men; med. mit aor. pass. in gleicher
Bdtg. mit act. — ἐπικεύθω,
ep. (κεύθω, verbergen) fut. -εύσω,
verbergen, verhehlen, immer mit
vorhergeh. Negat. οὐδέ, μηδέ, als
verstärkender Zusatz zum Vorhergeh.
— ὡς, da, weil. — ἐπιτρέπω 116
(τρέπω), B. 59. — πονέομαι,
B. 70, sich abmühen: daß er
schläft und dir allein die
Mühe überläßt. — ὀφείλω, 117
aor. 2. ὤφελον, ep. ὄφελον, auch
ὄφελλον, schuldig, verpflichtet sein;
aor. 2. ὤφελον, ich sollte, hätte
sollen, c. inf. — λίσσομαι, 118
aor. ἐλισάμην u. ep. ἐλλισάμην,
bitten, flehen: jetzt sollte er sich
zu allen den Edelsten bemü-
hen (sie aufsuchen), um sie durch
Bitten zu gewinnen. — χρειώ,
χρεώ, B. 43. — ἱκάνομαι med.
wie act. ἱκάνω, B. 90. — ἀνεκ-
τός, 2. (ἀνέχω) zu ertragen, er-
träglich; gew. mit Negat.

120 ἄλλοτε adv. (ἄλλος, ὅτε) ein
andermal, sonst. — αἰτιάομαι,
davon ep. inf. zerdehnt αἰτιάασθαι,
st. αἰτιᾶσθαι, anklagen; hier zu
ergänzen αὐτόν (Μενέλαον). —
ἄνωγα, B. 67: sonst ermahnte
ich dich dazu, jenem Vorwürfe
121 zu machen. — πολλάκι ep. st.
πολλάκις. — μεθίημι (ἵημι), das
praes. 2. u. 3. Pers. sing. μεθιεῖς,
μεθιεῖ, v. Stw. ἱέω, fut. μεθήσω,
loslassen, fahren lassen; intr. nach-
122 lassen, lässig sein, säumen. — ὄκνος,
ὁ, (ἔχω) das Anhalten, das Zögern,
die Trägheit: ὄκνῳ εἴκων der
Trägheit weichend; οὔτ' ὄκνῳ εἴκ.
d. h. nicht aus Trägheit. —
ἀφραδίη, ἡ, ep. (ἀ, φράζομαι)
Unüberlegtheit, Unbesonnenheit, Thor-
heit: ἀφραδίῃσι νόοιο aus Schwäche
123 des Verstandes, des Geistes. — εἰς-
οράω, partic. ep. εἰςορόων, zer-
dehnt, anblicken, betrachten; auf Jem.
sehen, s. v. a. sich nach Jembn. rich-
ten. — προςδέχομαι (δέχομαι),
ep. ποτιδέχ.; davon nur das partic.
aor. sync. ποτιδέγμενος: anneh-
men; erwarten. — ὁρμή, ἡ, (ὄρ-
νυμι) Anfall, Angriff; Drang,
Trieb, Antrieb: ἐμὴν ποτιδ. ὁρ-
μὴν erwartend den Antrieb
154 von mir. — ἐμέο st. ἐμοῦ. —
μάλα „soll dem Satze zur Be-
kräftigung dienen, in der That",
Faesi. — ἐπεγείρω (ἐγείρω),
davon der sync. aor. med. ἐπέγ-
ρετο; act. aufwecken; med. erwachen,
aufwachen. — ἐφίστημι, dar-
aufstellen; intr. perf., und aor. 2.
ἐπέστην, so wie das med. darauf
sich stellen, stehen; dabei — heran-
treten: jetzt aber stand er
wahrhaftig vor mir auf und
kam (zuerst) zu mir.
125 προέηκα st. προῆκα, προΐημι,
entsenden, c. inf. des Zwecks. —
καλέω mit dem ep. inf. καλήμε-
ναι, B. 53, um zu rufen. —
μεταλλάω, poet. (μετ' ἄλλα)
aor. 1. μετάλλησα, nachforschen,
nachfragen, τινά nach Jembn. fra-
126 gen. — κιχάνομαι wie κιχάνω,
fut. κιχήσομαι, aor. ἔκιχον, ep.
aor. med. ἐκιχησάμην, erreichen,
einholen; antreffen, treffen, fin-
127 den. — ἵνα adv. dort. — ἐπέ-
φραδον u. πέφραδον, ep. aor. 2.
v. φράζω, angeben, anzeigen, an-
deuten; heißen. — ἠγερέεσθαι
von ἠγερέομαι (sonst ungebr.) =
ἀγείρομαι: man las auch ἠγερέ-
θεσθαι von ἠγερέθομαι ep. ver-
längert aus ἀγείρομαι, sich versam-
meln. Nach Faesi ist ἠγερέεσθαι
eine verstärkte Form von ἀγείρε-
σθαι. — οὕτως, so, auf diese 129
Weise (da dies so ist). — ἀπι-
θέω, fut. ἀπιθήσω, nicht gehor-
chen; immer mit Negat., sich nicht
weigern, gewiß gehorchen.
ἐποτρύνω (ὀτρύνω), anregen, 130
antreiben. — ἀνώγη, B. 101. —
ἐνδύνω = ἐνδύομαι; ἐνδύω an- 131
kleiden; med. und aor. 2. eingehen;
ein Kleid anziehen, sich (sibi) an-
legen. χιτῶνα περὶ στήθεσσι den
Rock (um die Brust) um die Schultern
sich anziehen, B. 21. — ὑποδέω, 132
fut. -δήσω; med. sich unterbinden:
ποσσὶ δ' ὑπὸ (in tmesi) ἐδήσα-
το καλὰ πέδ. er band sich die schönen
Sandalen unter die Füße. — ἀμφί 133
adv. um, ringsum, nämlich ὤμοις.
— χλαῖνα, ἡ, ein Oberkleid (ohne
Aermel), Mantel (ein Stück Tuch,
das um den Oberleib so gehangen
wurde, daß der rechte Arm frei war,
und die Enden des Tuches über der
linken Schulter durch eine Schnalle,
περόνη, zusammengehalten wurden).
— περονάω, ep. aor. περόνησα,
durchstechen, med. sich etw. durch-
stechen, χλαῖναν, den Mantel mit
der Schnalle befestigen, festschnallen.
— φοινικόεις, εσσα, εν, ep.
st. φοινίκεος (φοῖνιξ) purpurfarbig,
purpurn. — ἐκτάδιος, ίη, ιον, 134
ep. (ἐκτείνω) ausgespannt, ausge-
dehnt, weit. — οὖλος, 3. ep. und
ion. st. ὅλος, ganz; 2) (v. εἰλεῖν)
eigtl. zusammengedrängt, dicht, fest.
— λάχνη, ἡ, Wolle, οὔλη λάχνη
dichte Wolle, hier von der Wolle des
Tuchs im Mantel. — ἐπενήνοθε
3. sing. eines ep. perf. mit Präsens-
aber auch mit Imperfectbdtg., dar-
auf sitzen, liegen: dichtes
Wollhaar saß darauf.
εἵλετο, B. 24. — ἄλκιμος, 135
2. (ἀλκή, ἡ, Stärke) kräftig im
Kampfe, tapfer; stark, mächtig, ἔγχος
die gewaltige Lanze. — ἀκαχμέ-
νος, 3. ep. perf. pass. mit Att.
redupl. von Stm. ἀκω, geschärft

ὀξέϊ χαλκῷ mit scharfem Erze zugespitzt, gespitzt mit scharfem Erze. —
136 κατά c. acc. bei Verbis der Bewegung, auch zur Bezeichnung der Richtung und des Zieles. — χαλκοχίτων, ωνος, ὁ, ep. (χαλκός, χιτών) mit Erz gepanzert. — μή-
137 τις, V. 19. — ἀτάλαντος, 2. (ἀ copul., τάλαντον, τό) gleich an Gewicht; gleich, vergleichbar, μῆτιν
138 an Klugheit. — ἀνεγείρω, auf-
139 wecken (ἐγείρω). — φθέγγομαι, V. 67. — αἶψα, adv. poët. sogleich; schnell. — ἰωή, ἡ, poët. (ἰά), Geschrei; Ton, Stimme, Klang: τὸν δ' αἶψα περὶ φρ. ἦλ. ἰωή, zu diesem drang sogleich die Stimme in's Herz, d. h. die vernahm sogleich die Stimme (die ihn weckte).
140 κλισίη, ἡ, (κλίνω) Zelt: Baracke. — προς in tmesi. προςειπεῖν τινα μῦθον zu Jem. sprechen.
141 — τίφθ', τίπτε, V. 85. — κατὰ νῆας, bei den Schiffen. — ἀνὰ στρατόν durch das Lager, V. 66. — ἀλάομαι, dep. pass. aor. ἠλήθην, pf. ἀλάλημαι, sich
142 umhertreiben, umherschweifen. — ἀμβρόσιος, 3. poët. ambrosisch: göttlich, heilig, häufig Beiw. v. νύξ. — ὅ τι δὴ χρειὼ τόσον ἵκει (ὑμᾶς zu denken; diese Frage ist indir. wie von einem Verbum, etwa εἴπετε abhängig: weshalb die Noth euch so sehr befällt, so
144 gewaltig drängt. — πολυμήχανος, 2. poët. (μηχανή, ἡ, Hülfsmittel) reich an Hülfsmitteln, erfindungsreich, sehr klug.
145 νεμεσάω, V. 115. — ἄχος, τό, Leid, Wehe; Bekümmerniß; Unglück. — βιάζω, dazu Tempora v. βιάω, act. nur ep., pf. βεβίηκα, zwingen, überwältigen: ἄχος βεβίηκεν Ἀ. ein Kummer bedrängt
146 die Ach. — ἀλλ' ἴθι, doch komm nur. — ἐγείρομεν conj. mit verkürztem Modusvocal. — ἐπέοικα (εἴκω, pf. ἔοικα) gew. impers. ἐπέοικε es ziemt sich, es gebührt sich, mit dat. c. inf. u. mit acc. c. infin.; letzterer Fall auch hier: ὅν τ' ἐπέοικεν βουλὰς βουλεύειν, dem es gebührt im Rathe mitzustimmen. Davon ist abhängig ἢ φευγέμεν ἠὲ μάχεσθαι, ob man fliehen oder kämpfen solle. — κίω 148
poët. Nebenform von (ἴω) dem St. von εἶμι, gehen, weggehen. — ποι- 149
κίλος, 3. bunt, buntfarbig, V. 30, kunstreich gearbeitet, kunstvoll. — σάκος, τό, poët. der Schild, und zwar ein großer: ἀμφ' ὤμοισι σάκος θέτο (ἔθετο) er legte sich den Schild um die Schultern, d. h. er hing den Schild mit gem. Tragriemen (τελαμών) um den Hals, während er mit der linken Hand den Schild an dem Griff (an der inneren Seite) faßte. Der kleine Schild wurde nur mit einem Riemen um den Arm und einem Griff in der Hand getragen. — βῆ δὲ μετ' αὐτούς, er ging hinter ihnen her, er folgte ihnen nach, V. 63.
βάν ep. st. ἔβησαν. — κιχάνω, 150
V. 126, finden. — ἐκτός, adv. 151
(ἐκ) draußen, ἐκτ. ἀπὸ κλ. draußen vor dem Zelt. — τεῦχος, τό, Waffengeräth; nur plur. Waffen, Rüstung.
— (κρας) im nom. ungebr., gen. 152
κρατός, oder häufiger ep. κράατος, dat. κρατί u. κράατι, acc. κράτα, plur. gen. κράτων, dat. κρασί u. κράτεσφι. Statt des nom. κρας ist κάρα u. ep. κάρη, das Haupt, Kopf.
— ὀρθός, 3. (ὄρνυμι) aufgerich- 153
tet, aufrecht. — σαυρωτήρ, ῆρος, ὁ, (verwdt. σταυρός, ὁ, Pfahl, von ἵστημι) das untere Ende der Lanze, das auch in eine eiserne Spitze auslief, um die Lanze in Zeit der Ruhe in die Erde stecken zu können. — ἐλαύνω, poët. ἐλάω, ep. ἐλόω, fut. ἐλάσω, Att. ἐλῶ, aor. ἤλασα, ep. auch ohne Augm. und mit σσ; aor. med. ἠλασάμην, perf. pass. ἐλήλαμαι, plqpf. ἐληλάμην. Act. treiben; jagen, bedrängen; stoßen, schlagen; verwunden: ἔγχεα δ' σφιν ὄρθ' ἐπὶ σαυρωτ. ἐλήλατο ihre Lanzen aber standen aufrecht mit dem Fußende in die Erde gesenkt. — τῆλε, adv.
fern. — λάμφ' st. ἔλαμπε; λάμπω, 154
fut. λάμψω, blinken, schimmern, leuchten, blitzen. — στεροπή, ἡ, poët. st. ἀστεροπή (ἀστράπτω), der Blitz.
ὑπό als adv. darunter, unter; 155
kann aber in tmesi stehen und mit dem folg. W. verbunden werden. — στορέννυμι, fut. στορέσω, aor.

ἐστόρεσα; von στρώννυμι, perf.
pass. ἔστρωμαι, plqpf. ἐστρώμην,
hinbreiten. ὑποστορέννυμι dagegen
unterbreiten. — ῥινόν, τό, wie ῥι-
νός, ἡ, die Rindshaut: unter
ihm war eine Rindshaut ausge-
breitet. — ἄγραυλος, 2. (ἀγρός,
αὐλή) auf dem Lande lagernd, vom
Stiere, auf dem Lande weidend. —
156 τάπης, ητος, ὁ, Teppich. — τα-
νύω ep. und ion. st. τείνω, fut.
τανύσω, ep. gew. mit σσ, perf.
pass. τετάνυσμαι; spannen, straff
anziehen, ausspannen, ausbreiten:
τάπης τετάνυστο, ein Teppich war
ausgebreitet. — φαεινός, 3. leuch-
157 tend, glänzend, V. 76. — παρ-
στάς st. παραστάς (παρίστημι)
158 hinzugetreten. — λάξ, adv. mit der
Ferse, mit dem Fuße, aber auch
λὰξ ποδί in derselben Bdtg.: λὰξ
ποδὶ κινήσας mit dem Fuß stoßend,
berührend. ποδί kann aber von κι-
νήσας abhängen auf die Frage wo-
ran, er stieß (bewegte, rüttelte) ihn
mit der Ferse am Fuße. — ὀτρύνω,
V. 38, antreiben. — νεικέω,
V. 115. — ἄντην adv. (ἀντί) ent-
gegen, νείκεσσ' ἄντην schmähte ihm
159 in's Gesicht. — ἔγρεο, ἐγρόμην,
aor. 2. med. von ἐγείρω. — παν-
νύχιος, 3. V. 2. — ἀωτέω ep.
(ἄω) schlafen, ὕπνον ἀωτεῖν Schlaf
schlafen.
160 ἀΐω poet. nur praes. u. impf.,
wahrnehmen, hören; wissen. —
θρωσμός, ὁ, (θρώσκω, sprin-
gen) ein emporragender Ort, Hügel,
θρ. πεδίοιο die Höhe der (troischen)
Ebene; hier, die Anhöhe, auf der
das griechische Lager sich befand. —
161 εἵαται, ep. st. ἧνται: weißt du
nicht, daß die Troer (dort) in
der Ebene an der Höhe nahe
den Schiffen sich lagern. —
χῶρος, ὁ, Raum, Platz, Ort. —
ἐρύκω, meist poet. fut. ἐρύξω,
aufhalten, hemmen, abwehren: ὀλί-
γος δ' ἔτι χῶρ. ἐρύκει, ein klei-
ner Raum noch trennt sie da-
von. — κραιπνός, 3. ep. (ver-
muthlich v. ἁρπάω) reißend; schnell,
hurtig. — ἀνορούω (ὀρούω, poet.
fut. ὀρούσω, schnell sich erheben, von
ὄρω, ὄρνυμι) schnell aufspringen,
163 auffahren. — πτερόεις, εσσα,
εν, (πτερόν, τό, Flügel), beflügelt,

ἔπεα πτερόεντα, geflügelte Worte,
die mit der Aussprache auch schon
zum Ohr gelangen und verfliegen.
— προσαυδάω (αὐδάω) τινά zu
Jem. reden. — σχέτλιος, 3. 164
(σχεῖν) eigtl. der etwas aushält;
stark, kühn; gew. in tadelndem Sinne:
grausam, hart; in milderem
Sinne hier: rastlos, unruhig. —
λήγω, fut. λήξω, aufhören, ab-
lassen: πόνου οὔ ποτε λήγεις, du
läßt nicht ab von der Arbeit, du
kannst nie ruhen.
οὔ νυ καὶ ἄλλοι ἔασι νεώτε- 165
ροι etc. gibt es denn nun nicht
andere jüngere &c. — ὅς κε mit 166
dem optat. kann als Aussage einer
bloßen Vorstellung oder als Nachsatz
zu einem zu denkenden Bedingung-
satze aufgefaßt werden. οἵ κε —
ἐγείρειαν, welche wecken würden
(wenn sie darum angegangen wür-
den). — ἔπειτα, nun, nunmehr;
hinfort, sogleich. — πάντῃ oder 167
πάντη, adv. überall, allenthalben.
— ἐποίχομαι, (οἴχομαι, fut.
οἰχήσομαι) poet. hingehen, hinzu-
gehen: welche nach allen Rich-
tungen zu jedem der Fürsten
hineilen würden, um sie zu
wecken? — ἀμήχανος, 2. (ἀ-,
μηχανή) hülflos, rathlos; pass. schwie-
rig; unbezwinglich, unermüdlich.
— ναί, ja, wahrlich, fürwahr. — 169
μοῖρα, ἡ, (μείρομαι) Theil; An-
theil; das Gebührende; κατὰ μοῖρ.
nach Gebühr.
ἀμύμων, ον, (ἀ, μῶμος, ὁ, 170
Flecken) tadellos, untadelig, trefflich.
— βεβίηκεν, V. 145: χρειὼ 172
βεβίηκεν Ἀχ. die Noth bedrängt die
Ach. — ξυρόν, τό, (ξύω schaben) 173
das Schermesser. — ἀκμή, ἡ, die
Schneide, Schärfe: ἐπὶ ξυροῦ ἵστα-
ται ἀκμῆς es steht auf der Schärfe
des Schermessers, d. i. auf dem
Entscheidungspunkte. — λυγρός, 174
3. V. 79. — ὄλεθρος, ὁ, (ὄλ-
λυμι) Verderben. — βιόω, fut.
βιώσομαι, aor. 2. sync. ἐβίων,
leben, gerettet sein: entweder
gräuelvolles Verderben für
die Achäer oder Errettung.
ἀλλ' ἴθι νῦν — Αἴαντα ἄν- 175
στησον (ἀνάστησον) doch nun gehe
und wecke den Ajas. — ἐλεαίρω 176
ep. verlängert aus ἐλεέω, Mitleid

177 haben, bemitleiden. — ἐέσσατο, ἐεσσάμην ep. st. ἑσσάμην, aor. med. v. ἕννυμι, kleiden; med. und pass. sich ankleiden, sich (sibi) anlegen, wobei das Kleidungsstück im acc. steht. — δέρμα, τό, (δέρω) V. 23. —
178 αἴθων, ωνος (αἴθω, brennen) eigtl. brennend; funkelnd; feurig, s. den
179 ganzen V. 24. — τοὺς δ' die bisher geweckt worden sind. — ἔνθεν adv. (ἐν) von da, von dort, dorther, wo sie gerade waren. „Er führte sie an den von Agamemnon 65 bezeichneten Ort zu den Wachen, wo nach dem folgenden Vers alle zusammentreffen". Faesi. — ἥρως auch Subject zu βῆ δ' ἰέναι.

180 ἀγρόμενος sync. partic. aor. 2. med. ἀγερόμην, sich versammeln, v. ἀγείρω, V. 108. — μίγνυμι u. μίσγω, fut. μίξω, aor. ἔμιξα, perf. p. μέμιγμαι, aor. ἐμίχθην, aor. 2. ἐμίγην; mischen; vereinigen; pass. sich vermischen; zusammenkom-
181 men. — ἡγήτωρ, ορος, poët.
182 (ἡγέομαι) Anführer. — ἐγρηγορτί ep. adv. (aus dem partic. ἐγρηγορώς v. Ind. pf. 2. ἐγρήγορα) wach, munter. — εἴατο plqpf. s. zu
183 εἷαται, V. 161. — μῆλον, τό, poët. ein Stück kleines Vieh, Schaf; gew. plur. kleines Vieh, Schafe, Ziegen, Schaf- oder Ziegenheerden. — δυςωρέω, ep. (ὤρος st. οὖρος, Wächter) beschwerliche Nachtwache haben. — αὐλή, ἡ, der Hof. —
184 κρατερόφρων, ονος, poët. (κρατερός, φρήν) von starkem Sinne, hartgesinnt, unerschrocken: θηρὸς ἀκούσ. κρατ. wenn sie ein gewaltiges Raubthier vernommen, wahrgenommen. — καθ' ὕλην, den Wald herab.

185 ὄρος, τό, ep. gen. und dat. pl. ὄρεσφι (über φι(ν) s. 9, 58), Berg, Gebirge: ὅς τε καθ' ὕλ. ἔρχ. δι' ὄρεσφι (der Conjunct. weil der Relativsatz ein allgemeiner ist und zugleich einen Vergleich ausdrückt) welcher aus dem Dickicht durch das Gebirge herbeikommt. — ὀρυμαγδός, ὁ, poët. Getöse, Lärm. — ἐπ' αὐτῷ um dasselbe
186 (Raubthier). — ἀπό mit ὄλωλεν zu verbinden; ἀπόλωλεν ist verloren perf. 2. v. ἀπόλλυμι, fut. ἀπολέσω, Att. -λῶ, verderben. — νήδυμος, V. 91. — βλέφαρον, τό, (βλέπω) V. 26. — φυλάσσω act. wachen; bewachen; med. wie act. wachen: νύκτα φυλασσομ. κακήν da sie die schreckliche Nacht hindurch Wache hielten. — τοῖν und dann der Uebergang zum dat. φυλασσομένοισι ist zu beachten: τοῖν ist wie ein pron. possess. anzusehen.
— τετράφαθ' st. ἐτετράφατο ep. 189
plqpf. pass. v. τρέπω, aor. 2. ἔτραπον, perf. pass. τέτραμμαι, V. 45: πεδίονδε αἰεὶ τετράφατο sie waren immer nach der Ebene gewendet, d. h. nach der Ebene hin lauschten, horchten sie. — ἀΐω, V. 160, merken, wahrnehmen, c. gen. — ἐπειμι (εἶμι) mit dem ep. fut. ἐπελεύσομαι, herzukommen, herankommen, sich nähern, besonders im feindlichen Sinne, angreifen; hier in tmesi: so oft sie vernahmen (meinten zu vernehmen) die Troer näher kommen. Dagegen Faesi: „ὁπότε indirect fragend, wie nach einem Verbum des Erwartens", ob sie etwa vernähmen das Kommen der Tr.

τοὺς δέ reiht sich an V. 182 an 190
εἴατο πάντες (φύλακες). — γηθέω, fut. γηθήσω, aor. nur ep. ἐγήθησα, pf. 2. γέγηθα mit Präsensbdtg., sich freuen. — θαρσύνω, (θάρσυνος, 2. von θάρσος, τό) ermuthigen, Muth zusprechen, ermahnen Muth zu fassen. — μηδέ 192
τιν' ὕπν. αἱρείτω, daß nicht Jemdn. der Schlaf überfalle, bewältige. — χάρμα, τό, (χαίρω) die 193
Freude; Hohn. — δυςμενής, ές, V. 40. — τάφρος, ἡ, (τάφος, ὁ) 194
Graben. — διασσεύομαι, (σεύω in heftige Bewegung setzen) hindurch stürmen, hindurch rennen, c. gen. aor. 2. med. ep. sync. διέσσυτο: er rannte über den Graben hin.

καλέω, V. 53, pf. pass. κέκλημαι, plqpf. 3. pl. ion. κεκλήατο, hier c. acc. βουλήν: wie viele 195
zur Berathung gerufen waren. — ἀγλαός, ή, όν, poët. 196
(ἀγάλλω, ἀγάλλομαι, auf etwas stolz sein, prunken) glänzend; herrlich, trefflich. — ἤϊσαν, Att. ᾖσαν, εἶμι. — συμμητιάομαι 197
dep. med. (μητιάομαι, V. 18), inf. συμμητιάασθαι ep. zerdehnt: sich

198 mit einander zu berathen. — ἐκ-
διαβαίνω; davon nur partic.
aor. 2. ἐκδιαβάντες, hindurchschrei-
ten, hindurchgehen. — ὀρυκτός,
3. (ὀρύσσω) gegraben, ὀρυκτὴν
(τάφρον). — ἑδριάομαι, ep.
dep. med., impf. 3. pl. ep. ἑδριό-
ωντο zerdehnt aus ἑδριῶντο, sich
199 niedersitzen (ἕδρα, Sitz). — καθα-
ρός, 3. rein; frei. ἐν καθαρῷ
(χώρῳ) an einem freien Orte. —
ὅθι poët. adv. wo, ὅθι δή wo
gerade (B. 27). — νέκυς, υος, ὁ,
ion. u. poët. st. νεκρός, Leichnam.
— διαφαίνομαι, med. hervor-
scheinen, c. gen. νεκύων zwischen
den Leichen sichtbar sein, frei von
Leichen war; ἐν καθαρῷ, ὅθι etc.
χῶρος, an einem Ort, der noch
grade rein von Leichnamen
hervorschien.
200 πίπτω, fut. πεσοῦμαι, aor.
ἔπεσον, pf. πέπτωκα, fallen; πεπ-
τεώτων hier in der Bdtg. des pf.
πεπτωκότων oder st. πεσόντων,
praes. f. des aor. wegen der Leb-
haftigkeit der Rede. — αὖτις, B.
63. — ἀποτρέπω (τρέπω), aor.
2. med. ἀπετραπόμην, abwenden;
med. sich abwenden; umkehren. —
ὄβριμος, 2. poët. stark, gewal-
201 tig. — ὄλλυμι, fut. ὀλέσω, aor.
ὤλεσα, vernichten; morden. — περί
mit ἐκάλυψεν zu verbinden. —
περικαλύπτω nur in tmesi,
ringsum verhüllen: als die Nacht
schon (δή = ἤδη) ringsum ihn um-
202 hüllte. — πιφαύσκω u. πιφαύ-
σκομαι (als depon.) ep. mit redupl.
(vom St. φαω, verlängert φαυσκω)
wie φαίνω, erscheinen lassen, anzei-
gen, ἔπεα ἀλλήλοισι, Worte mit
einander wechseln, sich mit einander
203 besprechen. — ἄρχω, der erste sein;
beginnen, c. gen. μύθων mit Wor-
ten beginnen: τοῖσι δὲ μύθων ἦρχε
unter ihnen begann zu reden. —
204 πεπίθοιτο redupl. opt. aor. 2.
med., ind. ἐπιθόμην von πείθω,
B. 57, med. folgen.
205 τολμήεις, εσσα, εν, (τόλμα,
ἡ, Muth) muthig, verwegen, kühn:
οὐκ ἂν δή τις ἀνὴρ πεπίθ. ἑῷ
αὐτοῦ θυμῷ τολμ. etc. sollte
denn nicht Jemand (von euch)
seiner kühnen Neigung fol-
gen, um hin zu den muthigen

Troern zu gehen? — δήϊος, 3. 206
ion. st. δάϊος (δαΐς, ἡ) feindlich;
als Subst. Feind. — ἐσχατόων,
όωσα, eigtl. ein ep. partic. v. ἐσχα-
τάω (ἔσχατος) der äußerste. δηΐων
ἐσχατόωντα, einen unter den Fein-
den äußersten, der sich weit vor-
wagt, oder auf äußersten Posten la-
gert. — φῆμις, ιος, ἡ, ep. Rede, 207
Gespräch, Unterredung. — πυνθά-
νομαι, fut. πεύσομαι, aor. 2
ἐπυθόμην, durch Nachfragen er-
fahren, vernehmen: ob er etwa
einen der Feinde, der als
äußerster sich aufhält, ge-
fangen nehme oder auch eine
Unterredung unter den Tro-
ern vernehme. — ἄσσα, ἅττα, 208
ἅτινα. — μητιάω ep. (μῆτις),
Beschluß fassen; μητιόωσι μετὰ
σφίσιν unter sich beschließen. —
μέμαα, pf. mit Präsensbdtg. vom
ungebr. praes. μαω, losgehen, an-
stürmen; streben, trachten; wollen,
beabsichtigen. Häufig ist das
partic. μεμαώς als adj., begierig.
— ἀπόπροθεν (ἀπόπρο) ep. 209
adv. von weitem; fern, weit weg
(d. h. von der Stadt).

ἄψ ep. adv. zurück. — ἀνα- 210
χωρέω (χωρέω) zurückgehen. —
δαμάω, D. 2, med. wie act. —
ἀσκηθής, ές, ep. unversehrt, 212
wohlbehalten. — ὑπουράνιος,
2. unter dem Himmel. — πάν- 213
τας ἐπ' ἀνθρώπους (ἐπί
c. acc. B. 27) bis zu allen Men-
schen, d. h. für alle Zeiten un-
ter den Menschen. — δόσις,
ἡ, Beschenkung. — ἔσσεται noch in
der Bdtg. wie vorher κεν εἴη. —
ἐπικρατέω (κρατέω), die Herr- 214
schaft ausüben, gebieten, c. dat.

τῶν πάντων von diesen allen. 215
— ὄϊς, ὁ, ἡ, ion. st. οἶς, gen.
ὄϊος, das Schaf. — Beachte θῆ- 216
λυς (masc.) nach vorherg. μέλαιναν,
also θῆλυς auch zweier Endungen,
weiblich. — ὑπόρρηνος, 2.
(ῥήν, ἀρήν) mit einem Lamme
unter sich, ein Lamm säugend. —
κτέρας, τό, ep. wie κτέαρ, Be-
sitz. — δαίτη, ἡ, ep. st. δαίς, 217
τός, das Mahl, Gastmahl. — εἰλα-
πίνη, ἡ, poët. ein Festmahl. —
ἀκήν ep. adv. still, gew. in den 218

Worten ἀκὴν ἐγένοντο σιωπῇ wa-
ren still und schwiegen.
220 ὀτρύνω, V. 38. — κραδίη,
ἡ, V. 94. — ἀγήνωρ, ορος, ὁ,
ἡ, poet. (ἄγαν, ἀνήρ) sehr männ-
lich, kühn. — δυςμενής, V. 40.
— δύω, fut. δύσω, ἔδυσα, aor.
2. ἔδυν intr. (nur das fut. u. aor.
1. trans.) hineingehen, eindringen,
sich hineinbegeben; von Klei-
dungsstücken: anziehen, anlegen, c.
acc. — στρατός, ὁ, (στορέν-
νυμι) das gelagerte Heer, das Kriegs-
223 heer. — θαλπωρή, ἡ, ep.
(θάλπω, erwärmen) Erquickung,
Trost, Hoffnung, Vertrauen. —
θαρσαλέος, 3. (θάρσος, τό)
muthig, zuversichtlich: wird in mir
ein größeres Vertrauen und
224 Zuversicht sein. — σύν als adv.
zusammen, zugleich: σύν τε δύ' ἐρ-
χομένω καί τε etc. parataktisch ne-
ben einander statt der Folgerung des
letzteren vom ersteren, wovon jenes
ein Theil ist: wenn Zweie zu-
sammen gehen, so bemerkt der
Eine früher (schneller) als der
Andere. Der aor. ἐνόησε hat hier,
da der Gedanke ein für alle Zeiten
gültiger ist, die Bdtg. des praes.
und daher auch das folg. ὅππως
(ep. st. ὅπως) mit dem conj. ἔῃ.
— πρὸ ὃ τοῦ ἐνόησε st. ὁ
ἐνόησε πρὸ τοῦ.
225 ὅππως κέρδος ἔῃ wie man
einen Vortheil hat; was vortheilhaft
ist. — εἴ πέρ τε νοήσῃ, wenn
er es auch wahrnimmt („wenn er
226 auch achtsam ist". Faesi.) — βρα-
δύς, compar. βραδύτερος, auch
βράσσων, langsam, schwerfällig; un-
entschlossen, bedenklich. — λεπτός,
3. (λέπω, schälen) zart, dünn, fein,
μῆτις schwächere Einsicht: in λεπτή
muß dem vorhergeh. βράσσων ent-
sprechend auch ein Comparativbegriff
gesucht werden: ἀλλά τε οἱ βρ. etc.
so ist doch sein Sinn bedenk-
licher und seine Einsicht schwä-
228 cher. — θεράπων, οντος, ὁ,
der Diener, Genosse, θερ. Ἄρηος
Genosse des Ares, tapferer Krieger.
230 δουρικλειτός, wie δουρι-
231 κλυτός, V. 109. — τλήμων, ὁ,
(τλῆναι, aushalten), standhaft, aus-
dauernd; muthig. — καταδύω
(δύω, V. 221) sich in etw. hinein

begeben, hingehen. — ὅμιλος, ὁ,
(ὁμός, ἴλη) eigtl. die dichte Schaar,
Menge; Kriegerschaar; Kriegsgetüm-
mel: ὅμ. Τρώων das Getümmel
der Troer, das Lager der Troer. —
τολμάω, (τόλμα, ἡ) aushalten; 232
wagen, Muth haben: αἰεὶ γάρ οἱ
etc. denn immer hat er ein
muthiges Herz in der Brust.
— χαρίζομαι dep. med., An- 234
genehmes erzeigen, gefällig sein; pf.
pass., daher partic. κεχαρισμένος,
angenehm, geliebt, lieb, werth.
δή, daher, denn, nun. — ἕτα- 235
ρον (ἕταρος, ἑταῖρος) hier Subst.
des Prädicats: du wirst dir zum
Gefährten wählen; wähle dir ꝛc. —
φαινομένων unter denen, die 236
sich zeigen, sichtbar sind, d. i. unter
den Anwesenden; oder die sich
anbieten. — μέμαα, V. 208.
— μηδέ gehört zum inf. καλλειπέειν 237
und zum verb. finit. ὀπάσσεαι. —
αἰδέομαι, fut. αἰδέσομαι, aor.
1. med. ᾐδεσάμην und pass. ᾐδέ-
σθην in gleicher Bdtg., sich scheuen.
— καλλειπέειν ep. st. κατα- 238
λείπειν, zurücklassen. — ὀπάζω
poet. (ἕπω), fut. ὀπάσω, ep. mit
σσ, aor. ὤπασα, folgen lassen, zum
Begleiter geben, τινά τινι; med.
τινά, sich Jemdn. zum Begleiter neh-
men. — αἰδώς, όος, (οῦς) ἡ,
Schamgefühl, αἰδοῖ εἴκων dem
Schamgefühl nachgebend, aus Scham;
es ist eine Wiederholung des vorher-
gehenden αἰδόμενος: μηδὲ σύ γ'
αἰδόμ. etc. lasse (καλλειπέειν in
der Bdtg. des imper.) du nicht aus
Schamgefühl im Busen den Besseren
zurück und wähle dir nicht aus Scham
den Schlechteren zum Gefährten; oder,
wähle dir nicht voll Scham in der
Brust, so daß du den Besseren zurück-
läßt, aus Scham den Schlechteren
zum Gefährten. — γενεή, V. 168. 239
— βασιλεύτερος, königlicher,
größerer König.
ἔδδεισεν ep. statt ἔδεισεν; 240
δείδω, V. 39, περί τινι für Jem.
besorgt sein. — ξανθός, 3. gelb,
blond; bräunlich. — ἔπειτα, nun, 243
alsdann. — λανθάνομαι (med.
v. λανθάνω, verborgen sein), aor. 2.
ἐλαθόμην, perf. λέλησμαι, bei Hom.
λέλασμαι, vergessen, V. 99. — περί 244
adv. überaus, außerordentlich, hervor-

ragend. — πρόφρων, ὁ, ἡ,
poet. (φρονέω) willfährig, bereit-
willig; πρόφρων ist hier Prädicat
zu κραδίη: dessen Herz und männ-
licher Muth vor Allen bereit, ent-
schlossen ist.
245 πόνος, ὁ, Mühe, Anstrengung;
Kampf; Leid, Noth; Gefahr. —
246 ἕπομαι, aor. ἑσπόμην, ep. conj.
ἕσπωμαι u. opt. ἑσποίμην, ἑσπέ-
σθαι, aber auch wie im Att. σπέ-
σθαι, partic. ἑσπόμενος; τούτου
γ' ἑσπομένοιο ist Vordersatz zum
Folgenden: wenn dieser mir folgte,
wenn dieser mitgeht, so werden wir
wohl auch aus dem flammenden Feuer
beide zurückkehren. — αἰθόμε-
νος partic. praes. pass. v. αἴθω,
247 brennend. — νοστήσαιμεν,
beachte hier den opt. ohne κε(ν), wo-
durch die Handlung weniger von
Umständen bedingt, mehr dem Futur
gleich erscheint. — περίοιδα, ep.
perf. (οἶδα) mit Präsensbdtg., besser
wissen, besser verstehen auf etw. als
ein Anderer: ἐπεὶ περίοιδε νοῆ-
σαι, da er (wie Keiner) es ver-
steht, sich Rath zu ersinnen.
248 — πολύτλας, ὁ, poet. (τλῆναι)
der viel erduldet hat, oder erduldet,
249 aushart, standhält. — αἰνέω,
fut. αἰνέσω, loben. — νεικέω,
V. 115.
250 εἰδόσι γάρ τοι ταῦτα
μετ' Ἀργ. ἀγ. denn unter (vor)
Arg. sprichst du dieses, die es für-
wahr selber wissen: was du sagst,
wissen die Arg. selber, (es bedarf
251 keines Urtheils über mich). — ἴομεν
conj. wie gew. mit dem kurzen Vol.
laßt uns gehen. — ἄνω, impf.
ἦνον, vollenden: νὺξ ἄνεται die
252 Nacht eilt zu Ende. — ἄστρον,
τό, das Gestirn. — δή = ἤδη.
— προβαίνω, vorwärts schrei-
ten: προβέβηκε sind schon weit vor-
geschritten (von da, wo sie beim Ein-
bruch der Nacht standen). — παρ-
οίχομαι (οἴχομαι, fut. οἰχήσο-
μαι), perf. παρῴχηκα, vorüber-
gehen, vergehen. — πλέων νύξ,
ein größerer Theil der Nacht. —
253 τῶν δύο μοιράων, der gen.
ist abhängig von dem vorhergehenden
πλέων, als zwei Drittheile der Nacht:
schon sind mehr als zwei
Drittheil der Nacht ver-
strichen. Die Nacht wurde in drei
Nachtwachen getheilt. — δύω, V.
220, med. und aor. 2. gew. c. acc.
des Kleidungsstückes oder der Rü-
stung, hier ἐν, ὅπλοισιν ἔνι δεινο.
sie legten sich an die furchtbare
Rüstung.
μενεπτόλεμος, 2. ep. (μένω, 255
πτόλεμος) im Kampfe ausharrend,
muthig. — φάσγανον, τό, poet.
(st. σφάγανον v. σφάζω, fut. σφάξω),
das Schwert. — ἀμφήκης, ες,
(ἀκή, ἡ) auf beiden Seiten scharf,
zweischneidig. — σάκος, τό, poet. 257
V. 149. — ἀμφί gehört zu ἔθη-
κεν. — ἀμφιτίθημι, herum-
setzen, anlegen, aufsetzen. — κυνέη,
ἡ, (eigtl. fem. v. κύνεος, wozu δορά,
die Haut, zu denken) also eigentl.
Hundsfell, Seehundsfell, die daraus
gemachte Pickelhaube, Helm, hier aus
Rindsleder, ταυρείη (ταῦρος). —
ἄφαλος, 2. (ἀ, φάλος, ein me- 258
tallener, emporstehender Bügel auf
dem Helme, nach Anderen, der Schirm)
ohne Helmkamm oder ohne Schirm
(um weniger aufzufallen). — ἄλλο-
φος, 2. ep. st. ἄλοφος (λόφος, ὁ,
der Helmbusch) ohne Helmbusch. —
καταῖτυξ, υγος, ἡ, Sturmhaube,
ein niedriger Helm. — καλέω, 259
nennen, fut. καλέσω, pf. pass. κέκ-
λημαι, heiße. — ῥύομαι, dep.
med. (v. ἐρύω in der Bdtg. retten),
aor. ἐρυσάμην, retten, schützen, schir-
men, beschützen. — κάρη, τό,
V. 152. — θαλερός, 3. poet.
(θάλλω, blühen) blühend, kräftig,
rüstig. — αἰζηός, ὁ, ep. ver-
längert αἰζήιος, ein kräftiger, rüsti-
ger Mann, rüstiger Krieger.
δίδου ep. st. ἐδίδου. — βιός, 260
ὁ, Bogen. — φαρέτρη, ἡ, Kö-
cher. — ξίφος, τό, Schwert. — 261
ῥινός, ἡ, poet. die Haut, das Fell,
wie ῥινόν, τό, Rindsfell, V. 155.
— ἐντοσθεν, adv. im Innern,
von Innen. — ἱμάς, άντος, ὁ,
der Riemen. — ἐντείνω, hinein- 263
spannen, perf. pass. hineingespannt
sein, hangen, ἱμᾶσιν ἐντέτατο war
mit Riemen bespannt; war im In-
nern, d. i. in der Wölbung, mit
Riemen fest bespannt, so daß die
vielen kreuzweis gezogenen Riemen
einen festen Schutz boten. — στε-
ρεῶς (στερεός) hart, fest. —

264 ἀργιόδους, οντος, (ἀργός, glän-
zend, ὀδούς) mit glänzendem hell-
weißem Zahn, „weißzahnig", Beiw.
einer Sau. — θαμέες, (θαμά,
oft, häufig) mit der plur., ep. st.
θαμειός, häufig, dicht.

265 ἐπισταμένως, adv. (ἐπί-
σταμαι) verständig, mit Geschick, mit
Kunst, εὖ καὶ ἐπιστ. schön und
künstlich. — πῖλος, ὁ, gefilzte Wolle
oder Haare, als Unterfutter des Hel-
mes (lat. pilus, wovon pileus). —
ἀραρίσκω, poet. (St. ἄρω),
aor. 1. ἦρσα, aor. 2. redupl. ἤραρον,
partic. ἀραρών. Diese Tempora
sind trans., zusammenfügen, befesti-
gen; ausrüsten; perf. ἄρηρα, partic.
ἀρηρώς, plqpf. ἀρήρειν sind intr.
zusammengefügt, befestigt sein, fest an-
liegen, passen; wohl versehen sein.
266 — Ἐλεών, ὁ, Name des Wohn-
ortes des Amyntor in Böotien, des
267 Sohnes des Ormenos. — ἐξαι-
ρέω (αἱρέω), aor. ἐξεῖλον, heraus-
nehmen, auslesen; med. gewöhnlicher,
für sich herausnehmen; auch mit dopp.
acc. τινά τι Jemdn. einer Sache
berauben; erbeuten. — πυκι-
νός, 3. ep. gedehnt st. πυκνός,
dicht, fest, festgebaut. — ἀντι-
τορέω (τορέω, aor. 2. ἔτορον,
durchbohren), aor. 1. ἀντετόρησα,
durchbohren, durchstoßen; durchbre-
chen, erbrechen: den einst Autolykos
aus Eleon von Amyntor erbeutet,
nachdem er das festgebaute Haus
des Ormeniden zerstört hatte. —
268 Σκάνδεια, ein Ort an der Süd-
küste der Insel Kythera; Σκάνδειαν
st. εἰς Σκ. — Ἀμφιδάμας,
αντος, ὁ, (ἀμφί, δαμάω), ein Held
aus Skandeia: und dem Amphida-
mas aus Kythera nach Skandeia ge-
269 geben. — ξεινήϊον, τό, ion. st.
ξένιον, Gastgeschenk, das ein Wirth
seinem Gaste verehrte.

270 φορῆναι, φορήμεναι ion. inf.
praes. v. φορέω, Nebenf. v. φέρω,
aber mit verstärkter Bdtg., an sich
tragen, führen, von Kleidern und
271 Waffen. — πυκάζω, aor. ἐπύ-
κασα (πύκα adv. dicht) dicht ma-
chen, zusammendrängen, dicht be-
decken, verhüllen. — ἀμφιτί-
θημι, V. 257. κυνέη ἀμφιτε-
θεῖσα, der aufgesetzte Helm. —
ὅπλοισιν ἔνι δ. ἴδ. s. V. 254. 272
— βάν ep. verkürzt aus ἔβησαν. 273
— καταλείπω oft in tmesi,
verlassen, zurücklassen. — αὐτόθι
adv. an demselben Ort, daselbst —
δεξιός, 3. rechts, rechtshin; glück-
bedeutend, günstig. — ἐρωδιός,
ὁ, der gemeine Reiher: ihnen sandte
Pallas Athene rechts nahe dem Wege
einen Reiher, d. h. rechts am Wege
flog ihnen ein Reiher auf, den Pallas
Athene gesandt.

ὀρφναῖος, 3. poet. (ὄρφνη) V. 276
83. — κλάζω, aor. ἔκλαγξα, ep.
perf. κέκληγα mit Präsensbdtg., aor.
2. ἔκλαγον, ertönen, schreien; ras-
seln, rauschen, vom Flügelschlage
der Großvögel. — χαίρω, fut. 277
χαιρήσω, sich freuen; c. dat. sich
über etw. freuen, hier ὄρνιθι über
die Vogelerscheinung als günstiges
Zeichen. — ἀράομαι, dep. med.
(ἀρά) beten, flehen, c. dat. zu Jem.
— αἰγίοχος, 2. ὁ, (αἰγίς, ἔχω) 278
der Ägishalter, Ägisschwinger, Beiw.
des Zeus, der die Ägis, den mit
Donner und Blitz schreckenden Schild
hält und erschüttert. — τέκος, τό,
poet. st. τέκνον, Kind; Tochter. —
παρίστημι daneben stellen; med.
sich daneben stellen, beistehen, helfen;
ebenso im aor. 2. intr. — λήθω
poet. wie λανθάνω. — κίνυμαι, 279
ep. pass. von ungebr. κίνυμι, st.
κινέομαι, bewegt werden, sich einher-
bewegen, gehen: ich bin dir nicht ver-
borgen, wohin ich mich auch wende,
d. h. du erscheinst mir überall, in
jeder Gefahr, zum Beistande.

νῦν αὖτε jetzt dagegen, jetzt be- 280
sonders (jetzt bedarf ich am meisten
deines Beistandes). — φῖλαι ep.
imper. des ep. aor. med. ἐφιλάμην
(wie v. φίλω) von φιλέω, lieben.
— δός imper. aor. 2. ἔδων, δί- 281
δωμι; δὸς δὲ πάλιν ἐπὶ νῆας
ἀφικ. gib, daß wir wieder zu den
Schiffen gelangen. — ἐϋκλειής,
ep. st. εὐκλεής, acc. pl. ἐϋκλεῖας,
ruhmvoll, mit dem zu ergänzenden
ἡμᾶς zu verbinden, daß wir ruhm-
voll wiederkommen. — ῥέζω, fut. 282
ῥέξω, aor. 1. ἔρρεξα, thun, vollbrin-
gen. — μέγα ἔργον das große
Werk, die große That, die wir unter-
nommen, das Wagstück. — μέλω,

V. 51, 92. — ὅ κε. In Relativ-
sätzen steht κε mit dem ind. am ge-
wöhnlichsten mit fut. ὅ κε Τρ. με-
λήσει das den Troern Sorge
284 machen wird. — κέκλυθι ep.
redupl. imper. von κλύω, V. 278.
— ἀτρυτώνη, ἡ, (verlängert
aus ἀτρύτη, aus ἀ u. τρύω, nicht
aufzuzehren) die Unermüdliche, Un-
bezwingliche.
285 σπεῖο ep. imper. st. σποῦ, v.
ind. ἑσπόμην, aor. 2. v. ἕπομαι,
286 V. 240. — πρὸ Ἀχαιῶν ἄγ-
γελος ᾔει als Gesandte der Ach.
287 dahinging. — τοὺς δέ das spätere
Ἀχαιούς vorher andeutend; jene, die
Ach. — χαλκοχίτων, V. 130.
288 — μειλίχιος, 3. u. μείλιχος,
2. (μειλίσσω, erfreuen) süß, sanft,
freundlich, μειλίχ. μῦθον φέρε
brachte die freundliche Rede, d. h. er
entledigte sich in freundlicher Rede
289 seines Auftrages. — κεῖσε adv.
ion. u. poet. st. ἐκεῖσε, dahin. —
μέρμερος, 2. poet. sorgenvoll;
entsetzlich, V. 48. — μήδομαι,
V. 52: ἄψ ἀπιὼν μάλα μέρμ.
μήδ. ἔργα auf dem Rückwege ver-
übte er sehr entsetzliche
Thaten.
290 σὺν σοί mit deiner Hülfe. —
πρόφρασσα, ἡ, ep. fem. st.
292 πρόφρων, willfährig. — ῥέξω,
V. 282, öfter: opfern, als Opfer
darbringen. — ἦνις, ιος, ἡ, ep.
(ἔνος oder ἕνος = ἐνιαυτός) immer
mit βοῦς, ein Jahr altes einjähriges
Rind. — εὐρυμέτωπος, 2.
ep. (εὐρύς, μέτωπον, τό, die Stirn)
mit breiter Stirn, breitstirnig. —
293 ἀδμητος, 3. (ἀ, δαμάω), unbe-
zwungen, ungezähmt, von einem
Rind, das noch kein Joch getragen,
wie es die folg. W. erklären. —
294 ζυγόν, τό, das Joch. — κέρας,
ατος, τό, das Horn. — περι-
χέω, (χέω, aor. ion. ἔχευα st.
ἔχεα) aor. περιέχευα u. ep. περι-
χεῦα, rund herum gießen, χρυσὸν
κέρασι, um die Hörner Gold her-
umgießen, d. h. die Hörner mit Gold
überziehen, vergolden.
298 ἄμ ep. st. ἀνά c. acc. gew. ört-
lich; ἀνὰ φόνον durch Mord,
durch Blutbad. — ἀν νέκυας
durch, zwischen Leichen. — ἔντεα,
299 τά, V. 34, 73. — ἀγήνωρ, V.
220. — ἐάω, fut. ἐάσω, aor.
εἴασα, lassen, gestatten.
ἄμυδις, adv. aeol. (ἅμα) zu- 300
gleich, zusammen. — κικλήσκω,
anreden; nennen; med. zu sich rufen,
ἄμυδις κικλ. zu sich zusammen rufen.
— μέδων, οντος, ὁ, der Für- 301
sorger; Herrscher. — ἀρτύνω od. 302
ἀρτύω, fut. ion. ἀρτυνέω, aor. ἤρ-
τυνα, zusammenfügen; bereiten, an-
ordnen; med. für sich anordnen, πυ-
κινὴν βουλήν einen klugen Rath
ertheilen, einen erwogenen Vorschlag
machen. — ὑπισχνέομαι und 303
ion. und ep. ὑπίσχομαι, aor. 2.
ὑπεσχόμην, auf sich nehmen, ver-
sprechen, zusagen, sich zu etwas ver-
stehen, V. 89. — τελέω, (τέ-
λος, τό) vollenden, ausführen. —
δώρῳ ἐπὶ μεγάλῳ gegen ein gro- 304
ßes Geschenk. — μισθός, ὁ,
Lohn. — ἄρκιος, 2. ep. (ἀρκέω,
abhalten) worauf man sich verlas-
sen kann, zuverlässig. μισθός οἱ
ἄρκ. ἔσται es wird ihm ein siche-
rer Lohn zu Theil, er kann des Loh-
nes gewiß sein.
δίφρος, ὁ, (sync. aus διφό- 305
ρος) ein Wagen für zwei Mann,
den Wagenlenker und den Streiter;
Streitwagen. — ἐριαύχην, ενος,
ὁ, ἡ, (ἐρι- eine untrennbare, ver-
stärkende Vorsetzungspartikel, sehr;
αὐχήν, ὁ, Nacken) mit hohem Nacken,
hochhalsig; Beiw. muthiger Pferde.
— οἵ κεν, nämlich ἵπποι ἐπὶ 306
νηυσὶν Ἀχ. — ὅς τίς κε c. opt. 307
V. 166, wo die Aussage eine bloße
Meinung und wenig verschieden vom
ind. ist. — τλῆναι, ind. ἔτλην, fut.
τλήσομαι, ausharren; es auf sich
nehmen, sich erkühnen, wagen. —
ἀείρω, ion. und poet. st. αἴρω,
aor. ἤειρα st. ἦρα, aor. 2. med.
ἀρόμην; act. aufheben, V. 30;
med. für sich aufheben, davontragen,
sich erwerben, hier mit dem Zu-
satze οἷ τ' αὐτῷ sich selber ver-
schaffen, gew. c. acc. κῦδος, κλέος,
sich Ruhm erwerben. — ὠκύπο- 308
ρος, 2. poet. (ὠκύς, πόρος, ὁ,
Weg) schnell gehend, von Schiffen,
schnellsegelnd. — σχεδόν, adv.
V. 100, nahe, V. 150, in die Nähe.
— ἐκπυνθάνομαι, (πυνθά-
νομαι, fut. πεύσομαι, aor. 2. ἐπυ-
θόμην, durch Nachfragen erfahren)

309 ausforschen, erfahren. — ὡς τὸ πάρος περ wie früher, wie sonst.
310 δαμάω, fut. δαμάσω, aor. 1. pass. ἐδμήθην und aor. 2. p. ἐδάμην: bändigen, bezwingen: ὑπὸ χείρεσσιν ἡμετ. δαμέντες, durch unsere Hände bezwungen, unseren Hän-
311 den unterlegen. — φύξις, ιος, ἡ,
312 ep. st. φεῦξις, ἡ, Flucht. — νύκτα φυλλασσέμεναι die Nacht hindurch Wache zu halten, Wachposten ausgestellt zu halten. — κάματος, ὁ, (κάμνω) d. Ermüdung, Mühe. — (ἀδέω) ungebr. im praes. satt, überdrüssig werden; ἀδηκότες, V. 98. — αἰνός, 3. ep. und ion. schrecklich, furchtbar: der schrecklichen Mühe überdrüssig, d. h. von der gewaltigen Anstrengung erschöpft. —
314 Δόλων (von δόλος, ὁ, List), ein Name, der sonst nicht mehr vorkommt.
315 πολύχρυσος, 2. goldreich. —
316 εἶδος, τό, (εἴδω) das Aussehen, Gestalt, εἶδ. κακός häßlich an Gestalt. — ποδώκης, ες, (πούς, ὠκύς) schnell zu Fuß, schnellfüßig.
317 — μοῦνος μετὰ πέντε κασιγνήτῃσιν der einzige (Sohn des Eumedes) unter fünf Schwestern.
319 — ὀτρύνω, V. 38.
320 ὑπώροφος, 2. V. 308. —
321 ἀνίσχω (ἴσχω, aor. ἔσχον; med. ἐσχόμην) emporhalten; gew. med. σκῆπτρον, den Scepter zum Schwur emporhalten, den Stab erheben. — ὄμνυμι, f. ὀμοῦμαι, aor. ὤμοσα, ep. ὄμοσα, auch mit σσ, schwören,
322 eidlich geloben. — ἅρμα, τό, (ἄρω), Streitwagen; der mit Pferden bespannte Wagen. — ποικίλος, 3. bunt, vielfarbig, V. 30, von Metallarbeiten, künstlich; schimmernd, V. 75. ἅρματα ποικ. χαλκῷ mit Erz verzierte, vom Erze blinkende Wagen. —
323 φορέω, V. 270, führen. — ἀμύμων, ον, (ἀ, μῶμος), V. 19. — Πηλείων, Πηλείδης, der Pelide, Sohn des Peleus, Achilleus. —
324 ἅλιος, 3. (ἅλς) fruchtlos, eitel: οὐχ ἅλ. σκοπὸς ἔσσομαι, ich werde nicht vergeblich Kundschafter sein, nicht vergeblich auf Kundschaft ausgehen. — δόξα, ἡ, (δοκέω) Meinung; ἀπὸ δόξης wider Erwartung.
325 τόφρα, so lange; ὄφρα — τόφρα, so lange — bis daß; so weit — bis daß. — διαμπερές adv. durch und durch, hier mit ἐς στρατόν zu verbinden, hindurch ins Heer, durch das Heer hindurch. Auch von der Zeit, V. 89. — Ἀγαμεμ- 326
νονέην poët. das adj. st. des gen. des nom. subst. — μέλλω bei Hom. nur praes. und impf. im Begriffe sein: ἔνθι που μέλλουσι ἀρ. βουλὰς βουλεύειν, wo die Fürsten im Begriff sind Rath zu pflegen, gewiß Rath pflegen. Von βουλεύειν hängt das folgende ἢ — ἢ ab. — ἴστω, οἶδα. — ἐρίγδου- 329
πος, 2. u. ἐρίδουπος, 2. (ἐρι-Verstärkungspartikel, sehr, γδοῦπος, δοῦπος, dumpfes Geräusch, Getöse) sehr laut donnernd, stark donnernd, als Beiw. des Zeus. — πόσις, ιος, ὁ, Gemahl.
ἐποχέομαι, med. (ὀχέω) fut. 330
ἐποχήσομαι, darauf reiten, fahren, ἵπποις auf dem mit Pferden bespannten Wagen. — διαμπερές, 331
von der Zeit, hinfort, von da an immer, V. 89. — ἀγλαϊεῖσθαι, fut. med. v. ἀγλαΐζω, poët. (ἀγλαός), glänzend machen; pass. mit fut. med. glänzen, prangen: σέ φημι διαμπ. ἀγλαϊεῖσθαι, ich verspreche dir, daß du immer alsdann damit prangen werdest. — ἐπίορκος, 2. (ὅρκος, 332
ὁ, der Gegenstand, bei dem man schwört; Eidschwur selbst) falsch geschworen; ἐπίορκον als Subst. der Meineid; ein vergeblicher Eid, dessen Erfüllung vereitelt wird. — ἐπόμνυμι, (ὄμνυμι) fut. ἐπομοῦμαι, aor. ἐπώμοσα, darauf — dabei schwören. — ὀροθύνω wie ὄρνυμι (v. St. ὀρω) erregen, anreizen, ermuntern. — βάλλω, werfen; 333
med. sich (sibi) etw. umwerfen, anlegen, sehr häufig ἀμφ' ὤμοισιν von Waffen und Kleidern, sich um die Schultern werfen. — καμπύλος, 3. (κάμπτω, beugen) krumm, gekrümmt, gebogen, καμπ. τόξα, das krumme Geschoß. — ἕννυμι, poet. 334
fut. ἕσω, aor. 1. ἕσσα, med. ἑσσάμην, V. 117. — ἔκτοσθεν, adv. meist ep. (ἐκτός) V. 263, von außen: ἕσσατο δ' ἔκτοσθεν ῥινόν er zog sich von außen ein Fell an, d. h. er legte als Hülle (Mantel) ein Fell sich um. — ῥινός, ὁ, auch ῥινόν,

τό, poët. die Haut, Rindshaut; hier
λύκοιο Wolfsfell.
335 (κρας), dafür nom. κάρη, ion.
st. κάρα, gen. κάρητος und κρα-
τός, V. 152. — ἐπί, dazu einen
aor. v. τίθεμαι zu denken, setzte
sich auf. — κτίδεος, 3. (ἴκτις,
ἡ, Iltis, Otter) von einer Otter
oder Wiesel. — κυνέη, ἡ, V. 258:
κυν. κτιδέη, setzte sich einen Helm
von Otterfell auf sein Haupt. —
ἕλε, ep. st. εἷλε, αἱρέω. — ἄκων,
οντος, ὁ, der Spieß, Wurfspieß. —
336 ἀπὸ στρατοῦ aus seinem Kriegs-
lager. — οὐδ' ἄρ' ἔμελλεν ἐλ-
θὼν etc. doch sollte er (war ihm
verhängt) nicht mehr zurück von den
Schiffen zum Hektor zu kommen und
337 Nachricht zu bringen. — ἀποφέρω
(φέρω), fut. ἀποίσω, wegtragen;
überbringen, μῦθον, Meldung brin-
338 gen. — δή st. ἤδη. — κάλλιπε
st. κατέλιπε, καταλείπω. — ὅμι-
λος, ὁ, (ὁμοῦ, ἴλη) V. 231; das
Gewühl; wie πλῆθος, die Menge.
339 — ἀν' ὁδόν den Weg entlang. —
(μάω), pf. μέμαα, partic. μεμαώς,
V. 208, hastig, eilig. — φράζω,
anzeigen, andeuten, V. 127; med.
bei sich erwägen, überlegen; erfin-
nen; bemerken, wahrnehmen,
wie die Verba der Sinne, c. partic.
341 οὗτός τις — ἔρχεται ἀνήρ
342 sieh da kommt Jemand. — ἐπίσκο-
πος, c. dat. hier νήεσσιν, Späher
343 gegen die Schiffe, V. 38. — συ-
λάω, fut. συλήσω, wegnehmen,
rauben; berauben, τινὰ νεκύων eine
344 der Leichen ausplündern. — πε-
δίοιο, der gen. ist abhängig v.
Verbum παρεξελθεῖν; so häufig
πεδίοιο bei Verbis der Bewegung,
durch die Ebene hin, z. B. Od.
11, 608.
345 τυτθός, 2. poët. klein, jung;
das neutr. als adv. wenig, ein we-
nig; hier τυτθὸν mit dem vorher-
gehenden Verb. zu verbinden. „Der
Sinn ist: lassen wir ihn zuerst in der
Ebene eine kleine Strecke an uns
vorbeigehen, (damit er nicht in's
trojanische Lager entkomme“. Facsi.
— ἐπαΐσσω, (ἀΐσσω, sich heftig
in Bewegung setzen; rennen) hin-
rennen, sich auf Jem. stürzen; mit
einem Sprung angreifen; auch c. dat.
instrum.; med. sich heftig bewegen.

— καρπαλίμως, adv. (adi. καρ- 346
πάλιμος aus ἁρπάλιμος, v. ἁρ-
πάζω, reißend schnell) hurtig, eilig. —
ἄμμε st. ἡμᾶς. — παραφθάνω,
(φθάνω, fut. φθάσω, φθήσομαι)
aor. sync. ἔφθην) gew. poët. aor.
sync. παρέφθην, opt. παραφθαίην,
im Laufe zuvorkommen. εἰ — παρα-
φθαίησι: hier εἰ c. conj. st. ἐάν, im
Fall, gesetzt daß. — ἀπὸ στρα- 347
τόφι von seinem, dem trojanischen,
Kriegslager ab. — προςειλέω,
dor. u. ep. προτιειλέω, hinandrän-
gen, hinantreiben; προτιειλεῖν hat
hier die Bdtg. des imper.: dränge
ihn nur immer nach den Schif-
fen von seinem Heere hinweg.
— ἔγχει ἐπαΐσσων, V. 345, 348
mit dem Speere losstürmend. —
ἀλύσκω, (ἀλεύομαι), fut. ἀλύξω,
ausweichen, entkommen. — πάρεξ, 349
πάρεκ vor Conson. seitab, außerhalb.
κλίνω, aor. 1. ἔκλινα, perf. 350
κέκλικα, pf. pass. κέκλιμαι, aor. 1.
pass. ἐκλίθην; neigen, beugen, pass.
sich neigen; sich bücken, sich nieder-
legen. — ὦκα adv. (ὠκύς) schnell.
— παρατρέχω, (τρέχω, fut.
θρέξομαι u. δραμοῦμαι) aor. παρ-
έδραμον, vorbeilaufen. — ἀφρα-
δίη, ἡ, (ἀ, φράζομαι, überlegen)
Unüberlegtheit, Unbesonnenheit, Un-
verstand, V. 122. — ἐπί gehört
zum vorherg. ὅσον. — οὖρον, τό,
(ὁράω) Strecke, Raum, οὖρα ἡμιό-
νων, der Vorsprung, den die Maul-
thiere beim Ackern vor Rindern ge-
winnen. ὅτε δή ῥ' ἀπέην ὅσον τ'
ἐπὶ οὖρα πέλ. ἡμιόνων, sobald er
so weit entfernt war, als der Vor-
sprung der Maulthiere ist. — πέλω,
gew. med. πέλομαι, sich aufhalten,
sein; werden. — προφερέ- 352
στερος, v. προφερής, ές, vor-
züglicher, tüchtiger, vortrefflicher, hier
c. inf. — ἑλκέμεναι, ep. st. 353
ἕλκειν, ἕλκω, ziehen, V. 15. —
νειός, ἡ, nämlich γῆ, also eigtl.
Neuland, Brachland. — βαθύς,
εῖα, ύ, tief: νειὸς βαθεῖα tiefes,
weit sich ausdehnendes Brachfeld;
der genit. νειοῖο βαθ. ist abhängig
von ἑλκέμεναι, als Verb. der Be-
wegung durch, oder innerhalb
eines Raumes, wie V. 344 παρεξ-
ελθεῖν πεδίοιο: „durch das weit-
gehende Brachfeld, das wegen dieser

Ausdehnung in mehrere einzelne
successiv zu pflügende Stücke (Strecken,
[ὄγμα]) getheilt ist". Faesi. — πη-
κτός, 3. (πήγνυμι, befestigen) fest-
gefügt. — ἄροτρον, τό, (ἀρόω)
354 der Pflug. — δοῦπος, ὁ, poet.,
dumpfes Geräusch, Getöse, hier der
Schall der Tritte. Beachte bei ἀκού-
σας den acc., indem ἀκούω die
Person oder Gegenstand, von dem
der Schall herkommt, im gen. bei
sich hat.
355 ἔλπω poet. hoffen lassen; gew.
med. hoffen, pf. ἔολπα mit Prä-
sensbdtg., hoffen, V. 105. — ἀπο-
στρέφω (στρέφω, drehen) zurück-
drehen; umkehren lassen: ἔλπετο
γὰρ κατὰ θυμὸν ἀποστρ. ἑτ. ἐκ
Τρ. ἰέναι denn er meinte, daß
Troer kommen, sich ihm nähern, um
ihn zur Rückkehr zu bewegen. —
356 ὀτρύνω, V. 38, 159; πάλιν Ἕκτ.
ὀτρύν. dazu zu denken αὐτόν, in-
dem Hektor ihn zurück ermahne, d. h.
357 zur Rückkehr auffordere. — δουρη-
νεκής, ές, (δόρυ, ep. gen. δουρός,
ἐνεγκεῖν) nur hier das neutr. als
adv. einen Speerwurf weit. —
358 δήιος, 3. ion. st. δάιος, V. 206.
— λαιψηρός, 3. poet. schnell,
geschwind, hier λαιψηρά, hier im
Sinne eines adv. mit ἐνώμα zu
verbinden. — νωμάω ion. u. poet.
(v. νέμω), fut. νωμήσω, austhei-
len, vertheilen; regen: λαιψ. γούνατ'
ἐνώμα regte er schnell seine Glie-
der, setzte er sich in schnelle Bewe-
gung, um zu entfliehen (φευγέμε-
359 ναι). — ὁρμάω (ὁρμή) antrei-
ben; intr. so wie med. mit aor. med.
und pass. sich in schnelle Bewegung
setzen, sich rasch erheben, losstürmen,
c. inf. διωκέμεν (αὐτόν) um ihn zu
verfolgen.
360 καρχαρόδους, όδοντος, ὁ, ἡ,
(κάρχαρος wohl mit χαράσσω zu-
sammenhängend, mit gezackten, schar-
fen Zähnen; ὀδούς) scharfzähnig. —
εἰδώς, V. 312, auch mit dem gen.
besonders in der Bdtg. einer Sache
kundig, in etw. erfahren. — θήρη,
361 ἡ, (θήρ) die Jagd. — κεμάς,
άδος, ἡ, das Hirschkalb, junger
Hirsch. — λαγωός, ὁ, ion. und
ep. st. λαγώς, der Hase. — ἐπεί-
γω nur im praes. und impf. be-
drängen, stark zusetzen, heftig ver-
folgen. — ἐμμενές, (neutr. von
ἐμμενής) adv. nur in der Verbdg.
mit αἰεί, unablässig. — χῶρος, ὁ, 362
Ort, Raum, Gegend. — προθέω,
(θέω, fut. θεύσομαι) voraus lau-
fen: ὡς ὅτε — προθέῃσι, conj.
ep. in allgemeinen Gleichnissen, st.
ὅταν c. conj., demgemäß ist das
vorherg. ἐπείγετον auch als conj.
mit verkürztem Modusvocal zu neh-
men. — μεμηκώς, μηκάομαι,
ep. depon., pf. μέμηκα mit Prä-
sensbdtg., blöken; ächzen. —
πτολίπορθος, (πέρθω) Städte- 363
zerstörer; beachte hierbei ὁ als Ar-
tikel. — ἀποτμήγω, ep. Nebenf. 364
von ἀποτέμνω, aor. ἀπέτμηξα, ab-
schneiden, λαοῦ (αὐτόν) ἀποτμή-
ξαντε διώκετον, schnitten ihn ab
von seinen Leuten und verfolgten ihn.
μιγήσεσθαι, μιγήσομαι fut. 365
2. p. von μίγνυμι: ὅτε δὴ τάχ'
ἔμελλε μιγ. φυλ. als er nun
schon sollte, nahe daran war,
an die Wächter zu gelangen.
— μένος, τό, Zorn, Unwillen. — 366
χαλκοχίτων, V. 136. — φθαίη 367
ἐπευξάμενος; φθάνω gew. mit 368
partic. verbunden, wird passender
durch ein adv. ausgedrückt: eher,
zuvor, zuerst: μένος ἔμβαλε
Ἀθ. Τυδεΐδῃ, ἵνα μή τις Ἀ.
φθαίη ἐπευξάμενος Athene er-
regte in dem Tydiden ungestümes
Verlangen (ihn zu verfolgen), damit
nicht einer der Achäer sich zuerst
(vor ihm, dem Tydiden) rühme ꝛc.
— βαλέειν, (dazu αὐτόν zu den-
ken) st. βαλεῖν; βάλλω, V. 333,
treffen, erlegen, tödten. — δουρὶ 369
δ' ἐπαΐσσων, wie V. 348 ἔγχεϊ
ἐπαΐσσων.
ἠὲ μέν' ἠὲ entweder bleibe ste- 370
hen, oder: bleibe stehen, oder. —
κιχάνω, κιχάνομαι, u. κίχημι
(letztes im indic. selbst nicht gebr.)
conj. κιχῶ, opt. κιχείην, fut. κι-
χήσομαι, aor. 2. ἔκιχον; V. 126;
erreichen, einholen, δουρί mit dem
Speere erreichen. — δηρός, 371
3. poet. (δήν) wie δηναιός, lange,
lange Zeit; hier adv. — ἀλύσκω
V. 348. — αἰπύς, εῖα, ύ, jäh,
schroff; jäh, plötzlich, αἰ. ὄλεθρος,
jähes Verderben, plötzlichen Unter-
gang. — ἦ von ἠμί = φημί. — 372
ἑκών, absichtlich, vorsätzlich. —

ἁμαρτάνω, fut. ἁμαρτήσομαι,
aor. 2. ἥμαρτον, fehlen, verfehlen,
c. gen. — φώς, φωτός, ὁ, der
373 Mann. — δεξιτερός, 3. verläng.
aus δεξιός, rechts. — ὑπέρ c. acc.
über etw. hinweg; ὑπὲρ ὦμον über
die Schulter hinweg. — εὔξοος,
2. ep. ἐΰξοος, (εὖ, ξέω glätten),
gen. sync. ἐΰξου, schön geglättet. —
ἀκωκή, ἡ, (ἀκή) die Spitze, Schärfe.
374 — ἐπάγη, ἐπάγην, πήγνυμι, fut.
πήξω, aor. ἔπηξα, perf. 2. πέ-
πηγα, festschlagen, zusammenfügen;
pass. aor. 1. und aor. 2. und auch
perf. 2. intr. fest gesteckt werden,
stecken bleiben. — ταρβέω, meist
poet., aor. ep. τάρβησα; v. Schrecken
ergriffen werden, erschrecken; auch
c. acc. vor etw. erschrecken, etwas
fürchten.
375 βαμβαίνω, poet. zittern vor
Furcht oder Kälte, mit den Zähnen
klappern; stammeln. — ἄραβος,
ὁ, (ἀράσσω, klopfen) Gerassel. ὀδόν-
των, das Klappern mit den Zäh-
nen: und die Zähne klapperten ihm im
376 Munde. — χλωρός, 3. (χλόη,
ein Schößling) gelblich grün; blaß,
bleich. — ὑπαί, wie ὑπό. —
δεῖος, τό, poet. st. δέος: ὑπαὶ
δείους vor Furcht. — ἀσθμαίνω
(ἆσθμα) schwer athmen, keuchen.
— κιχήτην, ἐκιχήτην, κίχημι,
377 V. 370. — ἅπτω, fut. ἅψω, an-
knüpfen, anheften: med. sich an etw.
(τινός) anheften, d. h. etw. anfassen,
ergreifen: χειρῶν ἅψασθαι, an den
Armen ergreifen, packen. — δακρύω,
378 Thränen vergießen, weinen. — ζω-
γρέω, (ζωός, ἀγρέω) lebendig
fangen, das Leben schenken (dem Ge-
fangenen). — λύω, fut. λύσω,
lösen; med. sich auslösen. — ἔνδον
379 adv. daheim. — πολύκμητος,
2. ep. (κάμνω) mühsam bearbeitet,
künstlich bereitet; von Eisen, das mit
Mühe gewonnen und verarbeitet wird.
380 χαρίζομαι, V. 231; willig
spenden. — ἀπερείσιος Neben-
form v. ἀπειρέσιος, ep. aus ἄπει-
ρος (πέρας) grenzenlos; unendlich,
unermeßlich, sehr viel. — ἄποινα,
τά, nur im pl. poet., Lösegeld, Lö-
sung. — πυνθάνομαι, aor. 2.
ἐπυθόμην, opt. mit redupl. πεπύ-
θοιτο, V. 308 erkunden; durch Nach-
fragen erfahren, überh. erfahren:

wenn er hört, daß ich noch am Le-
ben bin bei den Schiffen der Achäer.
— θαρσέω (θάρσος, τό), aor. 383
ἐθάρσησα, muthig, getrost, ruhig
sein. — καταθύμιος, 2. (θυμός)
im Sinne, im Herzen sein: μηδέ
τί τοι θάνατος καταθ. ἔστω, der
Tod sei dir ja nicht im Sinne, denke
du nicht an den Tod. — ἀτρε- 384
κέως, adv. wahrhaft; ἀτρεκής,
ές, genau, richtig, wahr.
πῇ oder πῆ, wohin? wie? wa- 385
rum? — ὀρφναῖος, 3. poet. 386
(ὄρφνη), V. 83, finster. — εὕδω,
fut. εὑδήσω, schlafen. — συλάω, 387
fut. συλήσω, V. 343, plündern, aus-
plündern. — διασκοπιάομαι 388
ep. dep. med. (σκοπιάω) von einer
Warte aus nach allen Seiten sehen,
auskundschaften, spähen, erspähen:
διασκοπ. ἕκαστα νῆας ἔπι γλα-
φυράς, um zu den hohlen Schiffen
(bei den Schiffen) Alles zu erspähen.
— ἀνίημι, hinaussenden; loslas-
sen; anreizen: oder hat dich dein
eigener Sinn, dein Herz, dazu ge-
trieben.
ὑπό, adv., unten. — τρέμω, 390
(τρέω) nur praes. u. impf. zittern,
erzittern, erbeben: ὑπὸ δ' ἔτρ. γυῖα
unter ihm bebten die Glieder, ihm
bebten die Kniee. — ἄτη, ἡ, (ἀάω) 391
Schaden, Unheil. πολλῇσι ἄτῃσι,
für vieles Unheil, zu vielem Unheil.
— παρέκ mit ἤγαγεν zu verbin-
den: zu vielem Unheil führte, landte,
mich Hektor heraus. — ἀγαυός, 392
3. (ἄγαμαι, bewundern) bewunderns-
werth, herrlich, erlaucht. — μώ-
νυξ, υχος, ὁ, ἡ, (μόνος oder μία
und ὄνυξ, Klaue; oder μία und
ὄνυξ) im ersten Falle einhufig, d. h.
mit ungespaltenem Hufe; im zweiten
Falle krebehufig. — κατανεύω 393
(νεύω), fut. κατανεύσομαι, aor. 1.
κατένευσα, zunicken, zuwinken; be-
jahen; τινί τι Jemdm. etwas zu-
sagen, versprechen. — ἅρματα
ποικίλα, V. 322. — ἄνωγα, 394
plqpf. ἠνώγειν, V. 67. — θοός,
3. (θέω) schnell: θοὴ νύξ, die
schnelle Nacht, wird verschieden er-
klärt: die schnelle Nacht, weil sie den
Nahenden schnell vergeht: die jähe
Nacht, s. v. a. unheilvolle Nacht:
nach Voß, die schnellfliegende
Nacht. Man kann die schnelle Nacht

auch wegen der Kürze der Zeit, in
welcher völlige Nachtruhe herrscht,
(indem man bis spät in die Nacht
thätig ist, und wieder sehr früh am
Morgen die Arbeit wieder aufnimmt)
die kurze, flüchtige Nacht nen-
nen, besonders in der Jahreszeit, in
welcher man im Felde steht.
395 δυσμενής, ές, (μένος) V. 40,
100. — σχεδὸν ἐλθ., ἔκ τι
πυθέσθαι, und die folgenden
vier Verse s. 308 ꝛc.
400 ἐπιμειδάω, ep. (μειδάω),
Nebenform von ἐπιμειδιάω; nur
aor. partic. ἐπιμειδήσας, dazu lä-
cheln; höhnisch lächeln. — ἦ, wahr-
401 lich. — ἐπιμαίομαι, dep. med.
(μαίομαι v. μαω) fut. ἐπιμάσο-
μαι, aor. ἐπεμασσάμην; berühren,
befühlen; etwas zu erreichen suchen;
nach etw. streben, verlangen, c. gen.
402 — Αἰακίδης der Sohn des Aea-
kos, d. i. Peleus, Vater des Achilleus.
— δαΐφρων, ό, ή, (δαΐς, ή,
Krieg, φρήν) kriegskundig, tapfer,
(oder v. δαῆναι, φρήν) klug, ein-
sichtsvoll. — ἀλεγεινός, 3. ep.
st. ἀλγεινός (ἄλγος, τό), compar.
ἀλγίων, schmerzlich, drückend; schwer,
schwierig; ἀλγ. δαμήμεναι (δαμῆ-
403 ναι) schwer zu bändigen. — ὀχέω,
fut. med. ὀχήσομαι, tragen, fort-
bewegen, führen; pass. sich tragen,
führen lassen; ἵπποι ἀλεγεινοὶ
ὀχέεσθαι (nämlich: αὐτοῖς) Rosse,
die schwierig sind, um damit zu fah-
ren: diese sind aber für sterbliche
Menschen schwer zu bändigen und
damit zu fahren (sie zu lenken). —
τίκτω, fut. τέξομαι, aor. 2. ἔτε-
κον, gebären.
406 ποῦ adv. der Frage, wo? V. 70.
— δεῦρο, adv. hierher, bei Ver-
bis der Bewegung; als Ausdruck
der Aufmunterung, auf! ἄγε δεῦρο,
frisch heran! — κίω, V. 147. —
407 ἔντεα, τά, nur plur. poet. Waf-
fen, Waffenrüstung, V. 34, 73. ἔντεα
Ἄρηϊα die Rüstung zum Kampf. —
408 πῶς δ' αἱ τῶν ἄλλ. Τρ. φυ-
λακαί τε καὶ εὐναί (zu den-
ken ἔχουσι) wie steht es mit den
Wachen und Lagerstätten der ande-
ren Troer? d. h. wie ist das Wa-
chen und Ruhen der anderen
Troer angeordnet? — εὐνή, ἡ,
409 das Lager; die Lagerstätte. — ἅσσα

μητιόωσι (μητιάω, V. 208)
μετὰ σφίσιν was sie unter
einander im Rathe beschlie-
ßen. Ebenso die zwei folgenden V.
s. 209—210.
βουληφόρος, 2. poet. (βουλή, 414
φέρω) rathpflegend.
βουλὰς βουλεύει, hält Rath, 415
rathschlagt, V. 147. — Ἶλος, ὁ,
Ilus, Sohn des Tros, Vater des
Laomedon, Erbauer von Ilios. Ihm
war ein Grabmal (σῆμα) jenseits
des Skamandros, in der Mitte zwi-
schen dem westlichen Thore (dem
Skäischen) und dem Schlachtfelde,
oder in der Mitte zwischen der Stadt
und dem Schiffslager der Griechen.
— φλοῖσβος, ὁ, poet. (φλίω, 416
φλοίω) das Brausen, das Getöse;
Kriegsgetümmel. — εἴρομαι, ion.
und ep. dep. med. fut. εἰρήσομαι,
sich sagen lassen, fragen, τί nach
etwas. — κρίνω, sondern; aus- 417
lesen; κεκριμένος auserlesen. —
ῥύομαι, V. 259, behüten, be-
wachen: φυλακὰς δ' ἃς εἴρεαι,
ἥρως, οὔ τις κεκρ. ῥύεται στρα-
τόν, Wachen, nach denen du fragst,
o Held, keine auserlesene (besonders)
beschützt das Kriegsheer. — ἐσχάρη, 418
ἡ, der Herd; Feuerstelle: ὅσσαι
Τρώων πυρὸς ἐσχάραι, οἷσι
ἀνάγκη (ἐστίν), οἱ δ' ἐγρηγόρ-
θασι etc. Dies im Gegensatz zu πο-
λύκλητοι ἐπίκουροι εὕδουσι (V.
420): so viele Feuerstellen der
Troer (im Lager) sind, denen
gerade (Feuer) Bedürfniß ist,
nur diese sind wach (ἐγρηγόρ-
θασι ep. st. ἐγρηγόρασι pl. 2. v.
ἐγείρω) und ermahnen ein-
ander Wache zu halten; aber
es schlafen dagegen die weit-
her gerufenen Bundesge-
nossen.
ἐπίκουρος, 2. (κοῦρος, ὁ) bei- 420
stehend; als Subst. der Helfer; plur.
die Hülfsvölker, Bundesgenossen. —
πολύκλητος, 2. ep. (καλέω) aus
vielen Orten hergerufen, also wie
τηλέκλητος, fern her gerufen. —
ἐπιτραπέω ep. st. ἐπιτρέπω 421
(τρέπω), überlassen: Τρωσὶν γὰρ
ἐπιτρ. φυλάσσειν, denn sie über-
lassen die Sorge für die Bewachung
den Troern. — ἕαται ep. st. ἧν-
ται; ἧμαι, V. 161. οὐ γάρ σφιν

παῖδες etc. denn ihre Frauen und
Kinder sind ja nicht in der Nähe,
424 (sind nicht in Gefahr). — πῶς
γὰρ νῦν: Odysseus verlangt nun-
mehr über den Stand der Bundes-
genossen genauere Auskunft, daher
seine Frage: wie nun, schlafen
die Bundesgenossen vermischt
mit den Troern oder davon
entfernt (gesondert)? — ἱππό-
δαμος, 2. poët. (ἵππος, δαμάω)
rossebezähmend: beritten.
425 διείπον (εἶπον), imper. διειπέ,
vollständig, genau sagen. — ὄφρα,
damit. — δαείω ep. st. δαῶ, conj.
v. ἐδάην, aor. 2. pass. v. St. (δαω),
zu διδάσκω lehren; pass. lernen;
kennen lernen, erfahren, so aor. 2
pass. ὄφρα δαείω damit ich es er-
428 fahre. — πρός c. gen. von —
her, nach — hin, πρὸς ἁλός nach
der See hin, also gegen Westen. —
ἀγκυλότοξος, 2. poët. (ἀγκύ-
λος, krumm, τόξον) mit gekrümmten
429 Bogen. — δῖος, 3. göttlich, er-
haben.
430 Θύμβρη, ἡ, Thymbra, Name
einer Gegend am Thymbriosflusse in
Troas, πρὸς Θυμβ. nach Thymbra
zu, nach Osten hin. — λαγ-
χάνω, fut. λήξομαι, aor. 2. ἔλα-
χον, perf. εἴληχα u. poet. u. ion.
λέλογχα, durchs Loos erhalten; ohne
Kasus, das Loos erhalten: ἔλαχον
Λύκιοι, die Lykier traf das
Loos, nämlich zu lagern; die Ly-
kier lagern. — ἀγέρωχος. Die
Ableitung und Bdtg. des Wortes
ist unsicher (v. ἀγείρω und ὄχος?)
stolz; rührig, thätig; trotzig, muthig.
431 — ἱππόμαχος, Kämpfer zu Wa-
gen. — ἱπποκορυστής, ὁ, ep.
(κορύσσω rüsten) mit Kampfwagen
432 ausgerüstet. — τίη ep. st. τί,
warum? — διεξερέομαι (ἐρέο-
μαι) genau ausfragen, ausforschen. —
433 μίμνετον, μέμαα, V. 208. —
καταδύω, (δύω) bei Hom. nur
die intr. temp. aor. 2. κατέδυν, inf.
καταδῦναι, untergehen, hinabsenken;
eindringen, V. 231 Τρώων ὅμι-
λον (V. 231) in das Troische Lager.
434 — Θρῆϊξ, Θρῇξ, st. Θρᾷξ, der
Thraker; Θρήϊκες sind Hülfs-
völker der Troer. — ἀπάνευθε,
V. 425. νέηλυς, υδος, ὁ, ἡ,
(νέος, ἐλθεῖν) neu, neulich ange-
kommen, eben angekommen. — ἔσχα-
τοι ἄλλων, die entferntesten von
den Andern.
ἐν δέ σφιν (σφίσιν) unter ihnen. 435
— Ἠϊονεύς „erinnert an Ἠϊών,
Hafenort von Amphipolis". Faesi.
— τοῦ δὴ καλλίστους ἵπ- 436
πους dessen Rosse sind die
schönsten, die ich gesehen. —
λευκός, 3. (λεύσσω) glänzend;
weiß. — χιών, ονος, ἡ, Schnee.
— θείω ep. st. θέω, fut. θεύσο-
μαι, laufen. — ἅρμα, τό, V. 322. 438
— ἤσκηται, ἀσκέω, aor. ἤσκησα,
perf. pass. ἤσκημαι; geschickt bear-
beiten, ausarbeiten, künstlich anfer-
tigen, verfertigen. — τεῦχος, τό, 439
V. 151. — πελώριος, 3. poët.
(πέλωρ, τό, das Ungeheuer) unge-
heuer, riesig, riesig groß. — εἰδό-
μην, med. wie act. εἶδον: θαῦμα
ἰδέσθαι, ein Wunder vom Anblick
(man kann sie nicht ohne Staunen
ansehen).
τὰ μέν als demonstr. τὰ μὲν 440
φορέειν οὔ τι καταθνητ. ἔοικεν
diese zu führen ziemt es Sterblichen
nicht, kommt es nicht zu. — πελάζω, 442
(πέλας, nahe), fut. πελάσω, ep.
auch mit σσ: aor. ἐπέλασσα, aor.
pass. ἐπελάσθην; nahe bringen,
hinzuführen, hinführen. — ὠκύ-
πορος, 2. poët. (πόρος: V. 308,
schnellsegelnd. — δέω, fut. δήσω, 443
aor. ἔδησα, pf. δέδεκα, binden, V.
22. — νηλής, eigt. aus νηλεής,
ές, (νη-, ἔλεος, ὁ, Mitleid) mitleid-
los; grausam, von jeder Angriffs-
waffe, hier auch von der Fessel:
νηλέϊ δεσμῷ mit harter Bande.
— ὄφρα, bis daß, c. conj. wenn 444
Absicht zu Grunde liegt, gew. mit
κε, V. 258. — πειράω (πεῖρα),
aor. ἐπείρησα, fut. med. πειρή-
σομαι, aor. pass. ἐπειρήθην: act.
versuchen, erproben; med. mit aor.
med. und pass. wie hier, versuchen,
erproben, gew. c. gen. bis daß ihr
(aus dem Troischen Lager) zurück-
kommet und mich (meine Aussage)
erprobt habet.
αἶσα, ἡ, ep. der Beschluß einer 445
Gottheit; Antheil; Loos, Schicksal;
das Gebührende, die Gebühr, das
Recht, κατ' αἶσαν nach Gebühr, d. h.
der Wahrheit gemäß. — ἐν ὑμῖν
unter, vor euch. — ὑπόδρα adv. 446

ep. (v. ὑπό, ἴδρακον aor. 2. von
δέρκομαι, sehen, blicken) bei Hom.
stets mit ἰδών, von unten auf nach
Jemdn. sehend, d. h. ihn finster an-
sehend (Ausdr. eines zornigen Blickes,
finster blickend). — κρατερός,
3. poet. (κράτος, τό) stark, ge-
447 waltig. — φύξις, V. 311. —
ἐμβάλλω, hineinwerfen; med. ἐμ-
βάλλεσθαι θυμῷ τι sich etw. in's
Herz legen: μή δή μοι φύξιν
ἐμβάλλεο θυμῷ denke du mir
nicht an Flucht, bilde dir
nicht ein, mir zu entkommen.
448 — ἐσθλά περ ἀγγείλας, ob-
schon du trefflich ausgesagt hast. —
ἀμάς, aeol. u. dor. st. ἡμᾶς. —
449 ἀπολύσομεν conj. aor. V. 346.
ἀπολύω, aor. ἀπέλυσα, loslassen;
med. loskaufen, auslösen. — μεθ-
ίημι (ἵημι), aor. 2. conj. μεθῶ:
gehen lassen, loslassen, freilassen.
450 εἶσθα, aeol. u. ep. st. εἶς v.
451 εἶμι, du wirst gehen. — διοπτεύω
(ὀπτεύω) genau besehen, beobachten,
spähen. — ἐναντίβιον, adv. (ἐναν-
τίος, βία) entgegen, feindlich: ἐναντίβ.
πολεμίζων, um als Feind mit uns
452 zu kämpfen. — ὑπό χερσί, V.
310. — δαμάω, V. 310, aor. 2. p.
ἐδάμην. — ἀπό gehört zu ὀλέσ-
σῃς: ἀπόλλυμι, fut. ἀπολέσω und
ep. mit σσ, aor. ἀπώλεσα, verder-
ben, vernichten; verlieren, θυμόν
das Leben (gewaltsam) verlieren, ein-
453 büßen. — πῆμα, τό, (πάσχω) Un-
454 heil, Leid. — γένειον, τό, das
Kinn. — παχύς, εῖα, ύ, V. 31,
fest, nervicht, von einer Hand.
455 ἅπτω anknüpfen; med. anfassen,
V. 377. — λίσσομαι und λίτο-
μαι, fut. λίσομαι, aor. ἐλισάμην,
bitten, flehen. — αὐχήν, ένος, ὁ,
Nacken, Hals. — μέσος, 3. ep.
μέσσος, mitten, in der Mitte. —
ἐλαύνω, poet. ἐλάω, fut. ἐλάσω,
Att. ἐλῶ, aor. ἤλασα, ep. ἔλασα
u. ἔλασσα; treiben; jagen; schlagen,
456 hauen. — φάσγανον, τό, (st.
σφάγανον, v. σφάζω) V. 256. —
ἀΐσσω sich schnell, heftig bewegen,
rennen; losstürmen. — ἀπό mit
κέρσε zu verbinden. — ἀποκείρω
(κείρω, fut. κερῶ, aor. ep. ἔκερσα,
abscheeren) aor. ep. ἀπέκερσα, ab-
schneiden, durchschneiden. — τένων,
457 οντος, ὁ, die Flechse. — φθεγ-
γομαι, V. 67. — κονίη, ἡ,
Staub. — μίγνυμι, V. 180.
φθεγγ. τοῦ γε κάρη κονίῃσι
ἐμίχθη während er noch sprach,
fiel sein Haupt in den Staub hin.
— ἀπό mit Worte zu verbinden. 458
— κυνέος, 3. V. 335. — ἀφαι-
ρέω, med. für sich etw. wegneh-
men: τινός τι Jemanden einer Sache
berauben. — λυκέη, ἡ, (λύκος, ὁ) 459
nämlich δορά, Wolfshaut. — πα-
λίντονος, 2. poet. (πάλιν, τείνω)
zurückgespannt, zurückschnellend, überh.
schnellend (Voß). Der Ausdruck τόξα
παλίντονα ist mehrfach erklärt wor-
den, unter And. sagt Wex in der Zeit-
schrift für Alterth.: der Bogen, der
auf beiden Seiten eine nochmalige
Spannung wie der scythische Bogen
hat, dessen Enden nach der entgegen-
gesetzten Richtung gebogen sind.
ληΐτις, ιδος, ἡ, (ληΐς) Beute 460
verleihend, Beute spendend. —
ὕψοσε, adv. in die Höhe, empor. 461
— ἀνέχω, aor. 2. ἀνέσχον und
poet. ἀνέσχεθον; in die Höhe hal-
ten, emporhalten, V. 321. θεῷ τι
einer Gottheit etw. emporhalten, um
es ihr zu weihen. — εὔχομαι,
fut. εὔξομαι, laut und rühmend von
sich reden; geloben; flehen, beten.
— χαῖρε τοῖσδεσσι (dies in 462
der Il. nur hier, öfter in der Od.)
habe Gefallen daran, nimm dieses
wohlgefällig auf. — ἐπιδίδωμι, 463
fut. ἐπιδώσω, dazugeben; med. für
sich dazu nehmen: σὲ πρώτην πάν-
των θεῶν ἐπιδωσόμεθα denn
dich zuerst unter allen Göt-
tern wollen wir uns geben,
d. h. uns zum Beistande er-
bitten. Nach And. zum Zeugen
anrufen. — ἀλλά καὶ αὖτις
πέμψον (ἡμᾶς) aber auch ferner
geleite uns. — ἐπὶ Θρῃκῶν 464
ἀνδρ. ἵππους τε καὶ εὐνάς,
zu den Rossen und Zelten Thrakischer
Männer, d. h. in's Lager der Thraker.
ἔθεν, ep. st. οὗ. — ἀείρω, 465
gedehnt aus αἴρω, emporheben, auf-
heben, V. 30. — μυρίκη, ἡ, die 466
Tamariske, ein in jenen Gegenden
häufiger Strauch; ἀνά auf einen
Tamarisken-Strauch. — δέελος,
3. ep. st. δῆλος; δέελον ἐπὶ σῆμα
zum deutlichen Zeichen, als bestimm-
tes Kennzeichen, Merkmal. — συμ- 467

μάρπτω, poët. (μάρπτω, ergreifen, fassen) zusammenraffen, zusammenfassen. — δόναξ, ακος, ὁ, (δονέω, hin und her bewegen) das Rohr, δόνακες Rohrhalme. — ἐριθηλής, ές, (θάλλω, sprossen) reichlich sprossend, üppig wachsend. — ὄζος, ὁ, Zweig, Sproß: und zum sicheren Merkmal legt er darauf Rohr, das er zusammengerafft, und reichliche
468 Tamariskenzweige. — λανθάνω, u. ep. u. ion. λήθω, fut. λήσω, aor. 2. ἔλαθον, verborgen sein, unbemerkt bleiben, c. acc., V. 279. μὴ λάθοι ἰόντε θοὴν διὰ νύκτα μέλαιναν, damit es ihnen nicht unbemerkt bliebe, wenn sie im Dunkel der flüchtigen
469 Nacht zurückgingen. — βάτην πρόσ. διά τ' ἔντ' etc. schritten vorwärts über Waffen und geronnenes Blut.
470 τέλος, τό, wie V. 56 eine Krie-
471 gerschaar. — καμάτῳ ἀδηκό-
472 τες, V. 399. — κλίνω, perf. κέκλικα, pass. κέκλιμαι, V. 350, pf. pass. angelehnt sein; liegen: ihre schönen (blanken) Waffen hatten sie neben sich auf der Erde liegen. — εὖ κατὰ κόσμ. schön geordnet. —
473 τριστοιχί, adv. (τρίστοιχος, [στοῖχος] in drei Reihen) in drei Reihen. — δίζυξ, υγος, ὁ, ἡ, (ζυγόν, τό) zweispännig.
475 ἐπιδιφριάς, άδος, ἡ, (δίφρος, διφόρος) der obere Rand, Ring des Wagensitzes, wie ἄντυξ. — πύματος, 3. poët. (πυθμήν, ὁ, der Boden) der äußerste, letzte: ἐξ ἐπιδιφ. πυμάτης ἱμᾶσι δέδ. (δέω, pf. p. δέδεμαι) am hintersten Ende des Wagenringes waren sie mit Rie-
476 men angebunden. — προπάροιθεν adv. vorn; v. d. Zeit, zuvor, vorher, προπαρ. ἰδών ihn sogleich
478 erblickend. — πιφαύσκω ep. durch redupl. verlängerte aus dem St. φαύσκω (φάω) gebildete Nebenform von φαίνω, anzeigen, angeben, melden. — (φένω) mit dem redupl. aor. 2. ἔπεφνον u. πέφνον, tödten,
479 morden. — πρόφερε μένος, zeige deinen Muth.
480 μέλεος, 3. poët. eitel, nichtig: μέλεον adv. vergeblich: οὐδέ τί σε χρὴ ἑστάμ. μέλ. σὺν τεύχ. denn es ziemt dir nicht mit den Waffen in der Hand umsonst (hier) zu stehen.
— ἐναίρω (verwdt. mit ἔναρα, 481
Waffen) tödten. — μέλω, fut. μελήσω, gew. nur 3. Pers. am Herzen liegen; sich um etw. kümmern.
— ἐμπνέω (πνέω, fut. πνεύσο- 482
μαι), aor. ἐνέπνευσα, einhauchen,
eingeben. — ἐπιστροφάδην, 483
ep. adv. (ἐπιστρέφω) hin und her gewandt: κτεῖνε ἐπιστρ. er mordete nach allen Seiten hin und her. — στόνος, ὁ, (στένω) Gestöhn. — ὄρνυμι, fut. ὄρσω, aor. ὦρσα, erregen; intr. perf. 2. ὄρωρα, u. med. ὄρνυμαι, impf. ὠρνύμην, aor. 2. ὠρόμην: sich regen; sich erheben, entstehen, V. 90. — ἀεικής, ές, (εἰκός) ion. und poët. st. αἰκός, unziemlich; schmählich; arg,
schrecklich. — ἄορ, ἄορος, τό, 484
(ἀείρω) das am Wehrgehenk hangende Schwert. — θείνω, poët. (v. θάνω, od. κτείνω), aor. ἔθεινα, hauen, verwunden. — ἐρυθαίνω, poët. st. ἐρυθραίνω, röthen; pass. sich röthen.
μῆλον, τό, poët. ein Stück klei- 485
nes Vieh; τὰ μῆλα, Heerde von Schafen oder Ziegen. — ἀσήμαντος, 2. (σημαίνω) der keinen Führer, Aufseher hat, μῆλα ἀσήμ. Heerde ohne den Hirten, hirtenlose Heerde.
— αἴγεσιν ἢ ὀΐεσσι ist appos. zu 486
μήλοισι. — φρονέω (φρήν, ἡ) denken; klug, verständig sein; gesonnen sein; κακά τινι gegen Jemdn. Böses im Sinne haben. — ἐνορούω, (ὀρούω, poët. v. ὄρω, ὄρνυμι) aor. ἐνόρουσα, hinein, darauf sich stürzen.
— ἐποίχομαι, (οἴχομαι) poët., 487
hinzugehen, zu Jem. kommen, c. acc.; anfallen, angreifen. — ὄφρα, bis 488
daß. — ὅν τινα mit dem opt. als 489
allgemeiner Relativsatz einer oft wiederkehrenden Handlung nach einem praeterit. — πλήσσω, fut. πλήξω, aor. ἔπληξα, ep. aor. 2. redupl. πέπληγον, aor. 2. p. ἐπλήγην, schlagen, hauen; erlegen.
μετόπισθε(ν) hinter dem Rücken, 490
hinter Jem.; v. Zeit, nachher. — λαμβάνω, aor. 2. ἔλαβον, c. acc., aber bei einem Theilbegriff c. gen. τινὰ ποδός Jemdn. am Fuße fassen, so ποδοῖν 4, 463. — ἐξερύω (ἐρύω), aor. ἐξέρυσα, ion. iterat. aor.

ἐξερύσασκε, herausziehen, hinweg-
491 ziehen, wegschleppen. — τὰ φρο-
νέων κατὰ θυμόν, ὅπως
dies in seiner Seele beabsichtigend,
in der Absicht, damit ꝛc. — καλλί-
θριξ, ιχος, ep. (θρίξ, ἡ) mit schö-
nen Haaren, mit schönen Mähnen,
492 schöngemähnt. — ῥεῖα, ῥέα, ep.
adv. zu ῥᾴδιος, leicht, ohne Mühe.
— τρομέω, V. 10; τρομεοίατο
ep. statt τρομέοιντο: μηδὲ τρομ.
θυμῷ, damit sie im Geiste nicht
493 etwa scheu würden. — ἀμβαί-
νοντες st. ἀναβ. νεκροῖς wenn sie
über die Leichen gehen. — ἀηθέσσω
(ἀηθής, ἦθος, τό) c. gen. unge-
wohnt sein, „weil die Thraker und
sie selbst nach V. 434 νήλυδες wa-
ren". Faesi: sie waren daran
494 noch nicht gewohnt. — κιχάνω,
κιχάνομαι und κίχημι, V. 126,
aor. 2. ἔκιχον und ep. aor. 1. med.
ἐκιχησάμην, c. acc. an Jem. ge-
langen. — μελιηδής, ές, poët.
(μέλι, ἡδύς) honigsüß; süß, lieblich.
495 (ἀπαυράω) Präs. ungebr., impf.
ἀπηύρων, ας, etc. mit der Bdtg.
eines aor., entreißen, berauben, τινά
θυμόν Jemdm. das Leben rauben.
496 — ἀσθμαίνω, V. 376; von Ster-
benden, röcheln. — κακὸν γὰρ
ὄναρ κεφαλῆφιν ἐπέστη, denn
eine böse Traumgestalt trat
an sein Haupt; (auch στῆ ὑπὲρ
κεφαλῆς, Od. 4, 803) er hatte
497 einen bösen Traum. — διὰ
μῆτιν Ἀθήνης, nach Rathschluß
498 der Athene. — τόφρα, unterdessen,
indessen. — τλήμων, ονος, ὁ, ἡ,
poët. (τλῆναι) duldend, standhaft,
V. 231. — μώνυξ, χος, (μόνος u.
ὄνυξ) einhufig, oder v. μάω u. ὄνυξ,
mit Hufen vorwärts strebend, streb-
499 hufig, stampfend. — συναείρω
(ἀείρω, V. 30, 465) zusammen em-
porheben, zusammennehmen: σὺν δ'
ἤειρεν ἱμᾶσι (ἵππους) er band,
koppelte, sie mit Riemen zusammen.
Nach Faesi ἤειρεν eine zerdehnte
Form des ersten aor. v. ἀραρίσκω.
— ἐξήλαυνεν ὁμίλου (ὅμι-
λος, ὁ, Gedränge, V. 231) trieb
sie aus dem Lagergewühl.
500 ἐπιπλήσσω (πλήσσω), fut.
-ήξω, darauf schlagen: indem er sie
mit dem Bogen schlug (weil sie nicht
fortgehen wollten). — μάστιξ,
γος, ἡ, die Geißel, Peitsche. —
ποικίλος, 3, V. 30. ποικ. δίφρος 501
wie V. 322 ἅρματα χαλκῷ ποι-
κίλα, mit Erz verziert, oder wegen
des künstlichen Schnitzwerks am
Wagen. — οὐ νοήσατο χερσ. ἑλέ-
σθαι, nicht daran gedacht
hatte sich zu nehmen, ver-
säumt hatte zu nehmen. —
ῥοιζέω, ep. aor. ῥοίζησε, zischen, 502
schrillen, pfeifen. — πιφαύσκω,
V. 202, 478, zu verstehen geben,
Zeichen geben. — μερμηρίζω, 503
(μερίζω, μέρος, τό) aor. ep. μερ-
μήριξα, sorgen, unruhig sein, über-
legen; unschlüssig sein. — κύντε-
ρος, poët. compar. und κύντατος
superl. v. κύων, also eigtl. hündi-
scher; schamloser, verwegener: αὐτὰρ
ὁ μερμήριζε etc. der aber blieb u.
überlegte, was er noch als das Ver-
wegenste, als das größte Wagstück
thun, ausführen sollte.
ῥυμός, ὁ, (ἐρύω, ziehen) die 505
Deichsel: ἢ ὅ γε δίφρον ἑλών,
ῥυμοῦ ἐξερ. ob er den Wagen
nehme und an der Deichsel heraus-
ziehe: oder ἑλὼν ῥυμοῦ (welche
Constr. gewöhnlich ist ἑλεῖν τινά τι-
νος Jemdn. an etw. fassen) ob er
die Deichsel fassen und den
Wagen herausziehen sollte. —
ἢ ἐκφέροι ὑψ. ἀείρας oder
ob er ihn hoch emporheben und weg-
tragen sollte. — ἀπό gehört zu 506
ἕλοιτο. — ὁρμαίνω poët. be- 507
sonders ep. Nebenform von ὁρμάω,
V. 4, 28. κατὰ φρένα ὁρ. bei
sich erwog. — τόφρα dem vorher-
gehenden ἕως entsprechend, da. —
νόστος, ὁ, die Rückkehr. — μνῆ- 509
σαι imper. v. ind. aor. med. ἐμνη-
σάμην, von praes. μιμνήσκω, er-
innern; med. sich erinnern, fut. μνή-
σομαι, Att. fut. p. μνησθήσομαι:
denk an die Rückkehr.
γλαφυρός, 3. (γλάφω, aus- 510
höhlen) ausgehöhlt, hohl, gewölbt. —
φοβέω, fut. med. φοβήσομαι mit
pass. Bdtg., aor. p. ἐφοβήθην, pf.
p. πεφόβημαι; act. scheuchen, in
die Flucht jagen; pass. in die Flucht
gejagt werden, vor Schrecken fliehen,
verfolgt werden. — ἐγείρω, V. 67. 511
— ξυνίημι, altatt. st. συνίημι, 512
(ἵημι) eigtl. zusammenschicken; dann:
sein Augenmerk auf etwas richten,

21*

merken, wahrnehmen, vernehmen, ver-
stehen. — ὄψ, ὀπός, ἡ, die Stimme;
513 die Rede. — καρπαλίμως adv.
reißend schnell; καρπάλιμος, 2. ep.
(eigtl. st. ἁρπάλιμος, v. ἁρπάζω)
reißend schnell, eilig. — ἐπεβή-
σετο ein ep. aor. med. st. ἐπεβή-
σατο zu ἐπεβησάμην, v. ἐπιβαίνω,
fut. ἐπιβήσω u. auch med. ἐπιβή-
σομαι, c. gen. auf etw. steigen, be-
steigen, ἵππων auf den bespannten
Kampfwagen. — κόπτω, schlagen,
τόξῳ mit dem Bogen treiben. —
514 πέτομαι, fut. πτήσομαι u. πε-
τήσομαι, fliegen, dahineilen.
515 ἀλαοσκοπιή, ἡ, (ἀλαός, 2.
blind; σκοπιή) immer in der Verbdg.
οὐδ' ἀλαοσκοπιὴν εἶχε er hielt nicht
blinde Wache, d. h. er hielt nicht
vergeblich eine Wache, seinen Augen
entging es nicht. — ἀργυρότο-
ξος, 2. ep. (τόξον, τό) mit silber-
516 nem Bogen. — μετά gehört zu
ἴδουσαν. — μεθέπω u. μεθέ-
πομαι, hinterher sein, verfolgen;
hinter Jemdn. sein, um ihm beizu-
stehen: ὡς ἴδ' Ἀθ. etc. als er
Athene zu des Tydeus Sohne gehen
517 sah. — κοτέω und als dep. med.
κοτέομαι, welches häufiger ist, fut.
κοτέσομαι, gew. mit σσ, grollen,
zürnen, c. dat. der Pers. — κατα-
δύω (δύω nur fut. und aor. act.
trans.), fut. med. καταδύσομαι, aor.
κατεδυσάμην und aor. 2. κατέδυν
intr., untergehen; sich in etw. hinein-
begeben, eindringen, c. acc. V. 231.
518 — ὄρνυμι, aor. ὦρσα, V. 90. —
βουληφόρος, 2. poet. (βουλή,
φέρω) rathgebend, V. 414, Bera-
ther: ὦρσεν δὲ Θρ. etc. und weckte
den Hippokoon, Berather der Thraker.
519 — ἀνεψιός, ὁ, Geschwistersohn,
Vetter; (naher) Verwandter. — ἀν-
ορούω, V. 162, aufspringen.
521 ἀσπαίρω, (α euphon., σπαίρω)
zappeln, zucken (von Sterbenden).
— ἀργαλέος, 3. V. 107, jäm-
merlich, kläglich, schrecklich. — φονή,
ἡ, (φένω) die Ermordung, der Mord:
ἀσπαίροντας ἀργαλ. φονῇσι die
im (nach) schrecklichen Morde noch
522 zuckenden. — οἰμώζω (οἴ μοι,
wehe mir!), fut. οἰμώξω, bei Hom.
nur aor. ᾤμωξα, wehklagen, jam-
mern. — ὀνομαίνω poet. st.
ὀνομάζω (ὄνομα), aor. ὠνόμηνα,
beim Namen rufen; nennen. —
κλαγγή, ἡ, (κλάζω) Getön; Ge- 523
schrei. — ἄσπετος, 2. poet. (ἀ
priv., ἐσπεῖν = εἰπεῖν) unsäglich,
unaussprechlich, namenlos. — ὦρτο,
ὀρόμην, aor. 2. med. von ὄρνυμι,
V. 90. — κυδοιμός, ὁ, Lärm,
Getümmel, Verwirrung. — θύνω, 524
ep. (θύω toben) intr. einherstürmen,
toben, rennen. — ἄμυδις, adv.
aeol. (ἅμα) zusammen, haufenweise,
V. 300: ἄμυδις θύνειν haufen-
weise herbeistürzen. — θηεῦντο,
impf. st. ἐθεῶντο, von θηέομαι,
ion. st. θεάομαι, schauen, anschauen,
erstaunen. — μέρμερος, 2. poet.
V. 48, 289.
ῥέζω, fut. ῥέξω, V. 49. — 525
ἔβαν, ep. st. ἔβησαν. — κοῖλος,
3. (κύω) hohl. — σκοπός, ὁ, 526
Späher. — ἔκταν, ep. aor. 2.
dessen 3. pl. auch ἔκταν st. ἔκτασαν
ist, von κτείνω, tödten. — ἐρύκω, 527
ep. und poët. fut. ἐρύξω, aor. 2.
redupl. ἠρύκακον, zurückhalten; fest-
halten; anhalten, hemmen. — χα- 528
μᾶζε adv. (χαμαί adv. auf der
Erde) poët. auf die Erde, zur Erde.
— θρώσκω, aor. 2. ἔθορον,
ep. θόρον, springen. — βροτόεις,
εσσα, εν, (βρότος) blutig, mit Blut
besudelt, ἔναρα die blutige Waffen-
beute, blutige Rüstung.
μαστίζω, fut. μαστίξω, gei- 530
ßeln. — ἄκων, οντος, (ἀ, ἑκών)
wider Willen: οὐκ ἄκοντε πετέ-
σθην nicht unwillig flogen die Rosse
dahin. — τῇ als adv. 1) demonstr.
an dieser Stelle, daselbst, hier; selte-
ner: dahin; 2) relat. st. ᾗ, wo, wo-
selbst. — πέλω und gewöhnl. als
dep. med. πέλομαι, poët. nur im
praes. u. impf., im letzt. 3. P. sync.
ἔπλετο: sich regen, versari; gew.
sein, Statt finden; werden: τῇ
γὰρ φίλον ἔπλετο θυμῷ, denn da-
hin (sc. zu gehen) war ihnen lieb
im Herzen; denn dahin trieb sie ihr
Herz. — κτύπος, ὁ, (verw. τύπτω) 532
das Getöse, Geprassel, Lärm, ἵπ-
πων der Hufschlag der Rosse. —
ἀΐω, poët. und ep. u. nur praes.
u. impf. (ohne augm.) merken, ver-
nehmen, hören. — ψεύδομαι dep. 534
med. fut. ψεύσομαι, lügen, Unwahr-
heit reden, irren. — ἔτυμος, 3.
poët. (ἐτεός, 3. wahr) wahr, gewiß.

— (εἴρω), fut. ἐρέω, sagen, reden, verkünden: ψεύσομαι ἦ ἔτυμον ἐρέω werde ich wohl lügen oder Wahrheit reden? d. h. irre ich mich oder ist es wahr? — κέλομαι, V. 419.
535 ἀμφί gehört zu βάλλει. — οὖας, ατος, τό, ep. und ion. st. οὖς, ὠτός, das Ohr. — ἀμφιβάλλω (βάλλω) umwerfen, umlegen, gew. von Kleidungsstücken, die man anzieht; umfassen, umschlingen: ἵππων ἀμφὶ κτύπος etc. der Rosse Hufschlag bringt in mein Ohr. —
536 αἴ dor. st. εἰ, V. 55, im Ausdruck des Wunsches stets in der Verbdg. αἲ γὰρ δή oder αἲ γάρ, wenn doch
537 nur, daß doch. — ἄφαρ, adv. (vermuthlich v. ἀπό u. ἅρπω) sogleich, sofort, schnell. — ἐλασαίατο ion. st. ἐλάσαιντο, ἐλαύνω, treiben. V. 455; med. aor. ἠλασάμην, c. acc. für sich wegtreiben, wegführen.
538 — αἰνῶς, adv. gewaltig, sehr; αἰνός, 3. ep. gewaltig, furchtbar. — δείδω, fut. δείσομαι, aor. ἔδεισα, pf. δέδοικα und δέδια, beide perf. mit Präsensbdtg., ich fürchte. — πάσχω, fut. πείσομαι, aor. ἔπαθον,
539 leiden, erleiden. — ὤριστοι st. οἱ ἄριστοι. — ὀρυμαγδός, ὁ, V. 185: μή τι πάθωσι etc. daß die Tapfersten der Argeier durch das Getümmel (im Getümmel) der Troer Unheil erleiden.
540 (εἴρω) V. 534, pf. εἴρηκα, pass.
541 εἴρημαι. — χθών, νός, ἡ, Erde: κατὰ χθ. ἐπὶ χ. stiegen herab zur Erde. — χαίρω, fut. χαιρήσω, aor. sync. ἐχάρην, partic. pl. χαρέντες;
542 sich freuen. — ἀσπάζομαι dep. med. (σπάω) eigtl. Jemdn. an sich ziehen; bewillkommnen, begrüßen, freundlich empfangen. — μειλίχιος, 3. und μείλιχος (μειλίσσω) süß, mild, sanft; liebreich, freundlich,
543 V. 288. — ἐξερεείνω, ep. (ἐρεείνω), V. 81. — Γερήνιος, ὁ, der Gerenische, Beiw. des Nestor, von τὰ Γερήνια, einem Ort in Lakonien am messenischen Busen, wo-
544 her Nestor stammen soll. — πολύαινος, 2. ep. (αἰνέω) viel gepriesen, ruhmreich.
545 ὅππως τούςδε ἵππ. λάβετον, wie ihr zu diesen Rossen gekommen, sie gewonnen habt. — καταδύω, V. 231, 517. — (πορω), aor. 546
ἔπορον, ep. ohne augm. verschaffen, geben, verleihen. — ἀντιβολέω (ἀντιβάλλω), aor. ἀντεβόλησα, entgegen gehen, c. gen.; begegnen, auf Jem. stoßen, c. dat. ἦ τίς σφωε πόρεν etc. oder verlieh sie euch ein Gott, der euch zufällig begegnet ist?
— ἀκτίς, ῖνος, ἡ, der Strahl. 547
αἰνῶς ἀκτῖσιν ἐοικότες (ἔοικα) ἠελ. sehr ähnlich den Strahlen der Sonne, nämlich: so glänzend, blank sind die geraubten Pferde. — ἐπι- 548
μίσγω (μίσγω) bei Hom. nur med. sich zu Jemdn. gesellen, mit Jem. verkehren, Umgang haben. — μιμ- 549
νάζω, poët. Nebenform v. μένω, bleiben, weilen, zurückbleiben (aus Zaghaftigkeit): οὐδέ τί φημι μιμν. etc. und ich meine doch nicht bei den Schiffen zurückzubleiben. — γέρων περ ἐών. Ueber die concessive Bedeutung von περ bei Particip. ist mehrfach schon gesprochen worden.
ὀΐω, st. οἴομαι. — ἀντιάω, 551
ep. nur in der Form ἀντιόω zerdehnt aus dem contrahirten ἀντιῶ; fut. ἀντιάσω, entgegenkommen; angreifen; c. acc. hinzukommen; begegnen, auf Jem. stoßen. —
αἰγίοχος, V. 278. — γλαυ- 553
κῶπις, ιδος, ἡ, mit funkelnden, feurigen Augen.
ῥεῖα u. ῥέα ep. adv. V. 492. — 556
ἀμείνονας ἠέ περ οἵδε (εἰσίν) eine ungleiche und darum ungewöhnliche Construction: bessere, als diese sind. — δωρέομαι, dep. med. 557
(δῶρον, τό), aor. ἐδωρησάμην, zum Geschenk geben, schenken, verleihen. — νέηλυς, υδος, V. 434. 558
— ἐρεείνω, ep. (ἔρομαι) fragen, c. acc. der Person, aber auch c. acc. der Sache, nach etwas fragen. —
Θρηΐκιος, 3. unmittelbar v. dem 559
ion. Θρῆιξ (V. 434) Thrakisch. — τὸν δέ σφιν ἄνακτα Διομ. ἔκτανε den Herrscher aber, den tödtete ihnen Diomedes.
πάρ, παρά, adv. dabei, außer- 560
dem. — πάντας gehört zu ἀρίστους, alle sehr vortreffliche Männer, welche alle zu den besten gehörten.
— τὸν τρειςκαιδέκατον σκο- 561
πόν den Späher als den dreizehnten Mann. — αἱρέω, V. 24, tödten, erlegen. — δεοπτήρ, ῆρος, ὁ, 562

Späher, Kundschafter. — ἀγαυός, 3. (ἄγαμαι) eigtl. bewundernswerth; herrlich; Τρῶες ἀγαυοί die edelsten der Troer, troische Fürsten. —
564 διελαύνω (ἐλαύνω) hindurchtreiben, τάφροιο durch den Graben.
565 καγχαλάω gew. ep. καγχαλόω gedehnt aus καγχαλῶ, laut lachen, jubeln, frohlocken. — ἅμα δ' ἄλλοι ἴσαν χαιρ. Ἀ. zugleich gingen die anderen Achäer freudig mit; es folgten freudig die anderen
566 Ach. — εὔτυκτος, 2. ep. (τεύχω, verfertigen) wohl, schön gearbeitet, κλισίη schön eingerichtetes Zelt. —
567 καταδέω, (δέω) festbinden. — ἐΰτμητος, 2. stets ep. st. εὔτμ. (τέμνω, aor. ἔτεμον, pf. τέτμηκα) schön geschnitten; immer von verar-
568 beitetem Leder, Riemen. — φάτνη, ἡ, (πατέομαι) die Krippe, φ. ἱπ-
569 πείη Pferdekrippe. — μελιηδής, B. 453. — πυρός, ὁ, der Weizen; Futter (für Pferde). — ἔδω poet. st. ἐσθίω.
570 πρύμνη, ἡ, B. 35. — ἔναρα
571 βροτόεντα, B. 528. — ἑτοιμάζω, fut. ἑτοιμάσω, ep. mit σσ, (ἕτοιμος, 3. Att. ἑτοῖμος) bereit machen; med. in derselben Bdtg.: ἱρὸν Ἀθήνῃ der Athene ein Weihgeschenk bereiten, um sie (die Waffen)
572 der Athene zu weihen. — ἱδρώς, ῶτος, ὁ, dat. ἱδρῷ st. ἱδρῶτι, acc. ἱδρῶ st. ἱδρῶτα, der Schweiß. — ἀπονίζω, (νίζω st. νίπτω) st. ἀπονίπτω, aor. ἀπένιψα, abwaschen, rein waschen; med. sich ab-
573 waschen. — κνήμη, ἡ, das Bein, Schienbein. — λόφος, ὁ, (λέπω) der Hals, Nacken. — μηρός, ὁ, Schenkel.

χροῖς, χρωτός, ὁ, die Ober- 575
fläche des Körpers, die Haut; der Leib selbst. — ἀναψύχω, (ψύχω, kühlen, aor. 1. ἐψύχθην u. aor. 2. ἐψύγην) aor. 1. pass. ἀνεψύχθην: abkühlen, erfrischen; pass. erquickt
werden. — ἀσάμινθος, ἡ, ep. Bade- 576
wanne. — ἐΰξεστος, 2. (ξέω, glätten) wohlgeglättet, blank. —
λοεσσαμένω, λοέω ep. st. λούω, 577
aor. inf. λοέσσαι, fut. med. λοέσσομαι, aor. med. ep. λοεσσάμην; act. waschen; med. sich waschen, sich baden. — ἀλείφω (λίπα), bei Hom. immer mit ἐλαίῳ. Nach Einigen ist danach λίπα dat. st. λίπαϊ, λίπᾳ v. neutr. τὸ λίπα, Oel, Fettigkeit, und dann ἔλαιον adj. v. ἐλαία, Olive, also λίπα ἐλαίῳ mit Olivenöl. Nach Anderen ist λίπα adv., fett, u. ἔλαιον, τό, Oel, aor. ἤλειψα, bestreichen, salben; med. sich salben, λίπ' ἐλαίῳ mit Olivenöl, Salböl.
— δεῖπνον, τό, bei Hom. die erste 578
Mahlzeit, die um die Mittagszeit genossen wurde; die Hauptmahlzeit, das Mahl. — ἐφιζάνω, daran, darauf
sich setzen. B. 26. — πλεῖος, 3. 579
ion. u. ep. st. πλέος, voll, angefüllt. — ἀφύσσω, fut. ἀφύξω, aor. ἤφυσα, ep. auch mit σσ, schöpfen, οἶνον ἀπὸ πλείου κρητῆρος Wein aus dem vollen Mischkrug. — λείβω (wie εἴβω), aor. ἔλειψα, tröpfeln, gießen, besonders Wein als Trank- oder Gußopfer einer Gottheit zu Ehren ausgießen.

XI.

1 ἠώς, gen. ἠόος, ἡ, ion. und ep.
st. ἕως, gen. ἕω, die Morgenröthe;
der Morgen, das angehende Tages-
licht; der Osten; auch als mythische
Person, die Eos. — λέχος, τό,
poet. (λέγω, legen) das Lager, Bett.
— ἀγαυός, 3. (ἄγαμαι, bewun-
dern) poet. eigentl. bewunderswür-
dig; herrlich, erlaucht. — Τιθω-
νός, ὁ, Sohn des Laomedon, den
Eos wegen seiner Schönheit sich zum
Gemahl erkor und unsterblich machte.
2 — ὄρνυμι poet. u. ep. Neben-
form v. ὀρνύω, imper. ὄρνυθι, fut.
ὄρσω, aor. ὦρσα; aor. 2. nur 3.
sing. ὤρορε ebenfalls trans., er-
regen; erwecken; antreiben, aufstehen
lassen; verursachen; intr. ist das med.
ὄρνυμαι, fut. ὀροῦμαι, aor. 2. ὠρό-
μην und pf. 2. ὄρωρα, sich regen,
sich erheben, aufstehen; ent-
stehen; pf. 2. ich habe mich erhoben,
bin entstanden. — φόως, τό, st.
φάος, φῶς, das Licht. — βρο-
τός, 3. (st. μροτός, μορτός von
3 μείρομαι) poët. sterblich. — ἔρις,
ιδος, ἡ, Streit, hier als myth.
Person. — προϊάλλω, poët.
(ἰάλλω, aor. ἴηλα, senden), nur im
impf. fortsenden, wegschicken; überh.
senden. — θοός, 3. (θέω, fut.
θεύσομαι, eilen) poët. schnell. —
4 ἀργαλέος, 3. (v. ἀ euphon. u.
ἔργον oder von ἄλγος st. ἀλγαλέος)
schwer; lästig, schwierig; als Beiw.
der ἔρις, die grausenvolle, furcht-
bare. — τέρας, ατος, ep. αος,
τό, Zeichen, Vorzeichen, prodigium,
als günstige oder ungünstige Erschei-
nung; wahrsch. ein Regenbogen. —
μετὰ χερσίν zwischen, in den
Händen.
5 στῆ, ἔστη, trat, stellte sich, ἵστημι,
aor. 2. ἔστην. — μεγακήτης,
ες, (κῆτος, τό, Schlund, Meerun-
geheuer) mit großem Schlunde; v.
Schiff, mit großer Höhlung, sehr
groß; riesig, an das gewaltige
dunkle Schiff des Od. — μέσσα- 6
τος, 3. ep. st. μέσατος und dieses
poët. st. μέσος, eigtl. Superlativ,
der mittelste, gew. ἐν μεσσάτῳ in
der Mitte. — ἔσκε st. ἦν. — γε-
γωνέμεν ep. inf. st. γεγωνεῖν (v.
einem ungebr. praes. γεγωνέω);
praes. γέγωνα poët. perf. mit Prä-
sensbdtg., vernehmlich rufen, schreien.
— ἀμφοτέρωσε, adv. nach bei-
den Seiten hin; nach allen Seiten
hin. — ἠμέν — ἠδέ so wohl — 7
als auch. — κλισίη, ἡ, (κλίνω
neigen) ein Ort, sich niederzulegen,
Lagerhütte, Hütte, Barake, der plur.
auch von einzelnem Zelt. — ἔσχατα 8
als adv. an den äußersten Enden. —
ἐΐσος, ἐΐση, ἐΐσον, ep. st. ἴσος,
Att. ἴσος, gleich; als Beiw. der
Schiffe, auf beiden Seiten gleich,
gleich schwebend. — ἐρύω, ep. auch 9
εἰρύω, fut. ἐρύσω, ἐρύσσω und
ἐρύω, aor. ἔρυσα, ἔρυσσα, perf.
pass. εἴρυμαι; herausziehen, (Schiffe)
an's Land ziehen. — ἠνορέη, ἡ,
(ἀνήρ) Männlichkeit, männlicher Muth,
Stärke. — πίσυνος, 3. poët.
(πείθω) trauend, vertrauend. —
κράτος, τό, die Kraft, Stärke.
αὔω, aor. ἤϋσα u. ἄϋσα, laut 10
rufen, schreien, gew. mit dem adv.
μέγα, μακρόν, laut, heftig, weithin
schallend; δεινόν furchtbar, grauen-
voll. — ὄρθιος, 3. (ὀρθός) eigtl. 11
aufrecht, gerade; hoch, ὄρθια ἤϋσε
schrie laut. — σθένος, τό, Kraft,
kräftiger Muth. — ἐμβάλλω,
(βάλλω) hineinwerfen; hineinlegen,
eingeben; σθένος ἑκάστῳ καρδίῃ
Muth Jem. in's Herz legen, mit

Muth die Herzen aller erfüllen. —
12 ἄλληκτος, 2. ep. st. ἄληκτος
(ἀ priv. und λήγω, ablassen) unab-
lässig, unaufhörlich: ἄλληκτον πο-
λεμίζειν ausharrend zu kämpfen. —
13 ἄφαρ poët. adv. (vermuthl. von
ἅπτω u. ἄρα, oder richtiger v. ἀπό,
ἄρπω) sogleich, sofort, sogleich, plötz-
lich, auf der Stelle. — νέομαι,
poët. depon. med. nur praes. und
impf. gehen, kommen; fortgehen; zu-
rückkehren, heimkehren. Gewöhnlich
enthält es die Bdtg. des fut. —
γλαφυρός, 3. (γλάφω, aushöh-
len) ausgehöhlt, gewölbt; häufig von
Schiffen, deren Enden überdeckt an
den Begriff einer Höhle erinnern. —
14 πατρίς, ίδος, ἡ, das Vaterland;
hier wie häufig mit γαῖα, als wie
ein adj. Heimathland. — γαῖα, ἡ,
und αἶα poët. st. γῆ.
15 βοάω, fut. βοήσω, aor. ἐβόησα,
laut rufen, schreien. — ζώννυμι,
aor. ἔζωσα, gürten; med. sich gür-
ten; sich rüsten (zum Kampfe). —
ἄνωγα ein altes ep. perf. ohne
augm. mit Präsens-Bedtg. imper.
ἄνωχθι, ἀνωγέτω und ἀνώχθω,
inf. ἀνωγέμεν st. ἀνωγέναι; plqpf.
ἠνώγεα, 3. P. ἠνώγει u. ἀνώγει:
befehlen, heißen, auffordern, ermah-
16 nen. — ἐν in tmesi. — ἐνδύω
(δύω), aor. ἐνέδυσα, trans. anzie-
hen, bekleiden; med. intr. aor. ἐν-
εδυσάμην, ebenso aor. 2. sync. ἐν-
έδυν und perf. ἐνδέδυκα; ἐνεδύ-
σετο ep. aor. med. st. ἐνεδύσατο;
hineingehen; anziehen, sich umlegen.
χαλκὸν Erz, d. h. die eherne Rü-
stung anlegen, sich rüsten. —
νῶροψ, οπος, ὁ, ἡ, nur in der
Bdtg. νώροπι χαλκῷ oder acc. (die
Ableit. ist unsicher, von νη-, und
ὁράω, vor Glanz nicht anzusehen)
blinkend, blendend, glänzend. —
17 κνημίς, ῖδος, ἡ, (κνήμη, ἡ, Schien-
bein) Beinharnisch, Beinschiene, die
mit Schnallen (ἐπισφύρια) festge-
schnallt wurden. — περί c. dat.
mit örtlicher Bdtg., um, herum.
18 — ἀραρίσκω (ἄρω), aor. 1.
ἦρσα, aor. 2. redupl. ἤραρον, pf.
ἄρηρα, partic. ἀρηρώς; act. trans.
aor. 1. und aor. 2. (der letztere
auch intr.) zusammenfügen, befestigen;
bauen; versehen, τί τινι etw. mit
etw.; intr. pf. u. plqpf. zusammen-
gefügt, fest angepaßt sein, befestigt
sein, κνημῖδες ἐπισφ. ἀραρυῖαι
mit Schnallen (oder Spangen) an
den Knöcheln (σφυρόν, τό, Knöchel)
festgeschnallte Beinschienen: durch
silberne Knöchelspangen schlie-
ßend. — δεύτερον, adv. eigtl. 19
zweitens; dann, darauf. — θώρηξ,
ηκος, ὁ, (θωρήσσω, bepanzern,
ion. st. θώραξ, der Brustharnisch)
Panzer, Küraß. — δύνω Neben-
form v. δύω, intr. eindringen; von
Kleidern, anziehen, anthun, anlegen,
c. acc.
Κινύρης, αο, ὁ, ion. st. Κινυ- 20
ρᾶς, ein reicher Herrscher in Kyp-
ros, Erbauer von Paphos, und we-
gen seines Reichthums berühmt. —
ξεινήϊον, τό, ion. st. ξένιον,
Gastgeschenk, Geschenk, das der Wirth
seinem Gaste verehrte: den einst Kiny-
ras ihm zum Geschenke gab. —
πεύθομαι, poët. st. πυνθάνο- 21
μαι, fut. πεύσομαι, aor. 1. ἐπυ-
θόμην; erkunden, nachfragen; gew.
durch Nachfragen erfahren, verneh-
men, hören. — κλέος, τό, nur nom.
u. acc. (κλέω) Ruf, Sage, Kunde;
Ruhm: πεύθετο Κύπρονδε μέγα
κλέος, er vernahm, erhielt große
(laute) Kunde nach Kypros, d. h.
die laute Kunde gelangte zu ihm
nach Kypros, der laute Ruf erscholl
bis nach Kypros. — οὕνεκα (οὗ
ἕνεκα) weshalb, weswegen; des we-
gen weil; darüber daß, wie ὅτι.
— ἀναπλέω (πλέω, fut. πλεύ- 22
σομαι), fut. inf. ἀναπλεύσεσθαι,
zu Schiffe hinauffahren, über die hohe
See fahren. — μέλλω, im Begriff
sein, vorhaben, wollen; sollen. —
χαρίζομαι, depon. med. aor. 1. 23
ἐχαρισάμην, pf. κεχάρισμαι, einen
Gefallen, eine Gunst erzeigen, er-
weisen: χαριζ. βασιλῆϊ, eine Gunst
dem Könige erweisend; um dem Kö-
nige gefällig zu sein. — οἶμος, ὁ, 24
poët. (οἴω) Weg, Bahn; Streif,
οἶμοι κυάνοιο (κύανος, ὁ, blau
angelaufenes Metall, blauer Stahl)
Streifen von Stahl (am Panzer):
τοῦ δ' ἤτοι δέκα οἶμοι ἔσαν μελ-
ανος, daran waren zehn Streifen
von dunklem Stahl. Darüber Faesi:
die Streifen oder Stäbe (ῥάβδοι)
von Blaustahl, Gold und Zinn liefen
wohl parallel mit einander und müssen

entweder genau an einander gepaßt,
oder theilweise über einander gehend
gedacht werden, wie Schuppen an
einem Schuppenpanzer". Der Pan-
zer bestand aus zehn stählernen, zwölf
goldenen und zwanzig zinnernen
Schichten, Reihen, von Schuppen.
25 κασσίτερος, ὁ, das Zinn
(plumbum album). Bei Homer als
Verzierung der Rüstungen. — κυά-
νεος, εη, εον, (κύανος) von
Stahl; schwarzblau, bläulich;
schwärzlich. — ὀρωρέχατο 3.
plur. plqpf.; pf. med. ὀρώρεγμαι
v. ὀρέγω, fut. ὀρέξω, aor. ὤρεξα
aor. 1. med. ὠρεξάμην; recken,
strecken; reichen, darreichen; med. sich
strecken: ὀρώρεχατο δράκοντες ἐς δειρήν Drachen
(auf dem Panzer des Agamemnon)
streckten sich, erhoben sich. — δειρή,
ἡ, Hals, Nacken: „zum Schutze des
Halses, besonders von vorn über
Kehle und Schlüsselbein, so daß ihre
Biegung der des Regenbogens ähn-
27 lich war". Faesi. — ἑκατέρθε-
ν(ν) ep. (ἑκάτερος) von beiden
Seiten, auf jeder der beiden Seiten.
— ἶρις, ιδος, ἡ, dat. pl. ep.
ἴρισσιν, (v. εἴρω „Verkünderin")
der Regenbogen, der den Alten ein
Götterzeichen zu sein schien: ἴρισσιν
ἐοικότες (ἔοικα) ähnlich den Re-
28 genbogen, wie Regenbogen. — νέφος,
τό, Wolke, Gewölk, Wetterwolke;
Nebel. — στηρίζω, (ἵστημι) fut.
στηρίξω, aor. ἐστήριξα, stützen,
feststellen, aufstellen; intr. sich
stützen. — τέρας, τό, V. 4. —
μέροψ, οπος, ὁ, poet. (μείρομαι,
sich einen Theil geben lassen, An-
theil erhalten; ὄψ, ἡ, Stimme) mit
der Sprache begabt, sprechend, re-
29 dend. — ἀμφί c. dat. örtlich, um,
ἀμφὶ ὤμοισιν um die Schultern,
über die Sch. — βάλλω, aor. 2.
ἔβαλον, werfen; anlegen, umthun,
v. Kleidern und Waffen; med. sich
etw. umwerfen, umlegen: ξίφος das
Schwert sich umhängen. — ἐν δέ
οἱ, darin, daran, darauf. — ἧλος,
ὁ, Nagel, Stift, Buckel, als Zier-
rath am Schwert (am Schwertgriff),
oder am Scepter.
30 παμφαίνω, poet. (v. redupl.
φαίνω, oder v. πᾶν, φαίνω ge-
bildet, wenngleich ohne Analogie).
Nach letzterer Ableitung, ganz strah-
len, rings herum leuchten; hell blin-
ken, hell strahlen. — κουλεόν,
τό, ep. u. ion. κολεόν, die Scheide
des Schwertes, die von Metall, oder
gar von Silber gewesen. — ἀορ- 31
τήρ, ῆρος, ὁ, (zunächst von ἄορ,
τό, das am Gehäng befindliche
Schwert, und dies v. ἀείρω) Trag-
band; Wehrgehäng. — ἀραρί-
σκω, V. 18, partic. pf. ἀρηρώς:
κουλεὸν χρυσ. ἀορτήρεσσιν ἀρη-
ρός die am goldenen Wehrgehenk
befestigte Scheide. „Vielleicht war das
Wehrgehäng aus goldenen (oder ver-
goldeten) Ringen zusammengefügt".
Faesi. — ἄν st. ἀνά in tmesi. — 32
ἀναιρέω (αἱρέω, fut. αἱρήσω,
nehmen), aor. 2. ἀνεῖλον, med.
ἀνειλόμην: act. aufheben; med. zu
sich emporheben; für sich, zu seinem
Gebrauch emporheben; als das Sei-
nige emporheben, ἀσπίδα, seinen
Schild emporheben, ergreifen. —
ἀμφιβρότος, 3. (βροτός, ὁ,
der Sterbliche, der Mensch) den
Mann umgebend, den M. schützend,
deckend. — πολυδαίδαλος, 2.
poet. (δαίδαλος, ὁ, eigtl. der Künst-
ler) kunstreich, künstlich gearbeitet,
kunstvoll. — θοῦρις, ιδος, fem.
zu θοῦρος (θορεῖν) anstürmend, un-
gestüm, gew. Beiw. des Ares; von
Waffen, mit denen man gegen den
Feind stürmt, ἀσπὶς θοῦρις der
Schild zum Sturm, zum Angriff, od.
poet. der anstürmende Schild. —
πέρι mit der anastr. gehört zum 33
Vorberg. — κύκλος, ὁ, plur. οἱ
κύκλοι und τὰ κύκλα (letzt. die
Räder am Wagen) Kreis, Ring.
ἀσπίς ist gew. der große Schild ge-
meint, der den Mann ganz deckte,
nach außen gewölbt war, aus mehren
Lagen von Rindsleder bestand, die
von außen mit kreisförmigen Metall-
platten beschlagen war; in der Mitte
des Schildes war der Hauptbuckel,
ὀμφαλός (aber auch auf den Metall-
platten Buckel zum Schmuck); der
Rand des Schildes war von Metall
(ἄντυξ), an dem sich auch wollene
Troddeln (θύσανοι) befanden. —
κασσίτερος, V. 25.
λευκός, 3. (λεύσσω) leuchtend, 35
blinkend; weiß. — ἐν abhängig von 36
der folg. praep. — Γοργώ, οῦς,
ἡ, (verwdt. mit ὀργή) Gorgo, ein

mythisches Wesen, deren Haupt von
furchtbarer, Schrecken erregender Ge-
stalt war. Nach späteren Dichtern
waren deren drei, Stheno, Euryale
und Medusa, Töchter des Phorkys.
— βλοσυρῶπις, ἡ, (βλοσυρός,
furchtbar; ὤψ, ἡ) furchtbar blickend.
— στεφανόω, etwas wie einen
Kranz herumlegen; perf. pass. ἐστε-
φάνωμαι, wie ein Kranz herumge-
legt sein, als Rand sich kreisförmig
herumwinden: Γοργὼ βλοσ. ἐστεφ.
die Grausen erregende Gorgo wand
sich im Kreise um denselben, umzog
37 ihn im Kreise. — δεινός, 3, furcht-
bar. — δέρκομαι, poet. dep.,
perf. δέδορκα mit Präsensbdtg., aor.
2. ἔδρακον, blicken, schauen. —
περί adv. rund herum. — Δεῖ-
μος, ὁ, (δεῖμος, ὁ) der Schrecken
als personificirtes Wesen, Diener des
Ares; ebenso das folg. Φόβος, ὁ,
38 (φόβος) die Furcht. — τελαμών,
ῶνος, ὁ, (τλῆναι) eigtl. der Trä-
ger; Wehrgehäng, bestehend in einem
Riemen, vermittelst dessen der Schild
am Nacken hing, hier ἀργύρεος,
silbern, d. h. mit Silber, Silber-
platten überdeckt: τῆς δ' ἐξ ἀργ.
τελ. ἦν an diesem war ein Wehrge-
häng von Silber. — ἐπ' αὐτοῦ,
39 nämlich τελαμῶνος. — κυάνεος,
V. 26, von blauem Stahl. — ἐλε-
λίζω poet. verstärktes ἑλίσσω, aor.
ἐλέλιξα, aor. 1. med. ἐλελιξάμην
u. ein ep. sync. aor. 2. med. in der
Form ἐλέλικτο; herumdrehen, herum-
schwingen; erzittern machen, erschüt-
tern; med. in raschen Windungen sich
fortbewegen, sich vorwärts schlängeln,
überh. sich schlängeln.
40 ἀμφιστρεφής, ές, poet.
(στρέφω) sich herum drehend, sich
windend. — αὐχήν, ένος, ὁ,
Nacken. — ἐκφύω (φύω), erzeu-
gen, herauswachsen lassen. Bei Hom.
nur das partic. des intr. pf. ἐκπε-
φυυῖαι ep. st. ἐκπεφυκυῖαι. ἑνὸς αὐχ.
aus einem Halse herausgewachsen.
41 — (κρας), g. κρατός, d. κρατί,
Nebenform v. κάρη, τό, ep. st. κάρα,
g. κάρητος, das Haupt, der Kopf.
— ἀμφίφαλος, ον, (φάλος,
Buckel am Helme; Bügel am Helme,
worin der Helmbusch eingesetzt war)
Helm ringsum mit Buckeln besetzt.
Nach Anderen ein Helm mit einem
doppelten Schirm, über die Stirn
und Nacken; doppelten Schirm
habend. — κυνέη, ἡ, (eigtl. fem.
des adj. κύνεος, vom Hunde) also
Hundsfell; eine Art Helm, Pickel-
haube (vielleicht ursprünglich aus
Seehundsfell) von mancherlei Leder,
besonders Rindsleder (10, 258), auch
mit Metallbeschlägen. — τετρα-
φάληρος, 2, (φάληρος, ion. st.
φάλαρος, licht, hell, v. φάος) wird
verschieden erklärt: 1. mit vier Buckeln;
2. mit vier Büschen aus demselben
Bügel hervorragend; 3. (wie τετρά-
φαλος) mit vier Schirmen, was
aber gegen das ἀμφίφαλος spräche;
4. Bedeckung der Backen, von denen
jede wieder aus zwei Stücken be-
stand: κρατὶ δ' ἐπ' ἀμφιφ. etc.
er setzte auf das Haupt den
doppelschirmigen Helm von
Gold mit vier Buckeln geziert
sich auf. — ἵππουρις, acc. 42
ἵππουριν, adj. fem. (οὐρά, ἡ,
Schweif) mit Roßschweif versehen;
„mit Roßhaar umwallt". V. —
λόφος, ὁ, (λέπω) der Hals, Nacken;
der Helmbusch (von Pferdehaaren).
— καθύπερθεν adv. von oben
herab. — νεύω, fut. νεύσω, aor.
immer ep. νεῦσα, nicken: δεινὸν
δὲ λόφ. καθυπ. ἔνευεν, furchtbar
nickte der Helmbusch von oben her.
— αἱρέω, fut. αἱρήσω, aor. 2 43
εἷλον, nehmen, wegnehmen, rau-
ben; verwunden; med. für sich oder
das Seinige nehmen, fassen, ergreifen.
— ἄλκιμος, 2. (ἀλκή, ἡ, Stärke)
kräftig; tapfer; v. den Waffen, ge-
waltig, mächtig. — δόρυ, τό, g. ep.
δούρατος und δουρός st. δόρατος,
Balken; Lanzenschaft; Lanze, Spieß,
Speer (als Wurfwaffe, daher der
Held zwei mit sich führt). — κο-
ρύσσω (κόρυς, ἡ, Helm) eigtl. sich
mit Helm rüsten; überh. rüsten, waff-
nen; ep. part. pf. pass. κεκορυθ-
μένος: δοῦρε δύω κεκορυθμένα
χαλκῷ zwei Speere mit
Eisen beschlagen. — ὀξύς, εῖα, 44
ύ, scharf, spitz. — τῆλε, ep. adv.
wie τηλοῦ, in der Ferne, fern, weit.
— αὐτόφιν, ep. gen. (Ueber φιν)
s. 9, 58.
λάμπω, fut. -ψω, leuchten, 45
blitzen: τῆλε δὲ χαλκός etc. fern-
hin zum Himmel empor blitzte von

ihnen her das Metall. — ἐπι-
γδουπέω, ep. statt ἐπιδουπέω,
(δουπέω dumpf tönen) dabei, dazu
krachen, donnern: und es ließen
Athene und Here den Donner
vernehmen. Der Dichter läßt hier
die Gemahlin und die Tochter des
Zeus in des Zeus Amt einen Ein-
46 griff thun. — τιμῶσαι inf. zur
Bezeichnung der Absicht. — Μυ-
κήνη, ἡ, auch im plur. Micenä,
eine Stadt in Argolis, Haupt- und
Residenzstadt der Herrschaft des Aga-
47 memnon. — ἡνίοχος, ὁ, (ἡνία,
τά, die Zügel; ἔχω) eigtl. der Zü-
gelhalter, der Rosselenker, Wagen-
lenker, der neben dem Kampfhelden
(παραιβάτης) gewöhnlich zur Linken
stand. — ἐπιτέλλω (τέλλω, zu
Ende führen, v. τέλος, τό) auftra-
48 gen, befehlen. - κόσμος, ὁ, Ord-
nung, Anordnung; εὖ κατὰ κόσμον,
wohl, genau in der Ordnung. —
ἐρυκέμεν, ep. inf. st. ἐρύκειν,
ἐρύκω poët. u. ep. fut. ἐρύξω, aor.
ἔρυξα: auch ein redupl. aor. 2. ἠρύ-
κακον; zurückhalten, festhalten, hal-
ten. — αὖθι poët. zsgz. aus αὐ-
τόθι, adv. an der Stelle, dort. —
τάφρος, ἡ, (verwdt. τάφος, Be-
49 stattung) der Graben. — πρυλέες,
έων, οἱ, (πρυλής nom. sing. ungebr.)
nach dem Schol. = πεζοὶ ὁπλῖ-
ται, schwerbewaffnete Fußgänger,
Streiter zu Fuß. — τεῦχος, τό,
(τεύχω, bereiten) das Geräth; Rü-
stung, Waffen. — θωρήσσω, aor.
ἐθώρηξα, aor. pass. ἐθωρήχθην,
bepanzern, rüsten, bewaffnen; pass.
sich rüsten, bewaffnen.

50 ῥώομαι ep. dep. med. nur im
3. plur. impf. ἐρρώοντο u. ep. ῥώ-
οντο, sich heftig bewegen, eilen, ren-
nen; ῥώοντο eilten hinaus. — ἄσβε-
στος, 2. (σβέννυμι, σβέσω) un-
auslöschlich; übertr. unaufhörlich, end-
los. — βοή, ἡ, Geschrei. —
ἠῶθι, θι eine Anhängungssilbe,
welche mit dem Subst. gew. einen
casus locativus bezeichnet, hier aber
die Zeit ausdrückt; ἠώς, B. 1. ἠῶθι
πρό, vor Morgen, vor Tagesan-
51 bruch, am frühen Morgen. — φθὰν
ep. st. ἔφθασαν, von φθάνω, fut.
φθήσομαι, aor. 2. sync. ἔφθην;
zuvorkommen; gew. mit einem partic.
und dann mit einem adv. zuvor,
zuerst, voraus. Mit diesem Com-
parativbegriff regiert es auch den
genit. wie hier: φθὰν δὲ μέγ' ἱπ-
πήων ἐπὶ τάφρῳ κοσμηθέντες
und sie waren viel früher
am Graben geordnet als die
Reisigen, stellten sich früher
auf rc. — μετακιάθω, ep. 52
(κιάθω verlängerte Nebenform von
κίω = εἶμι), nachgehen, sowohl im
freundlichen als feindlichen Sinne,
nachfolgen: die Reisigen kamen ein
wenig später nach, kamen bald nach.
— ἐν entweder als adv. wie B. 29
st. ἔνθα, dort, darin: oder in
tmesi und gehört zu ὦρσε. — κυ-
δοιμός, ὁ, (verwdt. κύδος, Sie-
gesruhm) Lärm, Getümmel, Schlacht-
gewühl. — ὄρνυμι, B. 2. trans. 53
erregen, anstiften: ἐν δὲ κυδ. ὦρσε
κακόν: erregte darunter (im Volke)
schrecklichen Lärm (Getümmel). —
κατά gehört zu ἧκεν. — ὑψό-
θεν, poët. adv. (ὕψος, τό, Höhe)
von oben her, aus der Höhe. —
καθίημι (ἵημι), aor. καθῆκα,
gew. ep. καθέηκα; hier in tmesi;
hinabsenden. — ἔρση, ἡ, ep. ἐέρση,
Thau, Thautropfen. — μυδαλέος, 54
3. ep. (μυδάω, naß sein, μύδος,
τό, Nässe) durchnäßt, feucht; αἵματι
mit Blut benetzt, von Blut triefend,
blutig. — αἰθήρ, έρος, bei Hom.
nur femin. ἡ, der Aether, die oberste,
feine Luftschichte, auch als Wohnort
der Götter zu denken, so αἰθέρι
ναίων 2, 412. — οὕνεκα (οὗ
ἕνεκα) deswegen, weil. — μέλλω,
B. 22.

Ἴφθιμος, 3. u. 2. (von ἶφι 55
adv. mit Gewalt, alt. ep. dat. v.
ἴς oder aus ἰπόφι, u. τιμή: also
eigtl. sehr geehrt) edel, tapfer
(nach And. von ἶφι, so daß θιμος
eine bloße Endung ist) stark, ge-
waltig, tapfer; (nach And. wie-
derum v. ἶφι u. θυμός, also eigtl.
starkmüthig) muthig, tapfer.
ἰφθίμους κεφαλάς, tapfere Häup-
ter, d. i. tapfere Helden. — προ-
ϊάπτω, poët. (ἰάπτω wie ἰάλλω,
senden) poët., fut. προϊάψω, aor.
προΐαψα; wegsenden, fortsenden, Ἄϊδι
zum Hades. — αὖθ' d. i. αὖτε, 56
wiederum, dagegen, hingegen. —
θρασμός, ὁ, (θράσσω, sprin-
gen) ein emporspringender, hervor-

ragender Ort, θρωσμὸς πεδίοιο,
die Höhe einer Ebene; hier der
Theil der troischen Ebene, der land-
einwärts gelegen das Ufer durch
seine Höhe überragt: Τρῶες δ'
αὖθ' ἑτέρ. etc. auf der anderen
Seite dagegen die Tr. auf der Höhe
58 der Ebene. — ὥς accent. wegen
seiner Stellung. — τίω ep., fut.
τίσω, aor. ἔτισα, wie τιμάω,
schätzen, ehren; pass. geehrt werden,
Τρωσί von den Troern. — δήμῳ
im Volke (Volk als Gemeinde).
60 ἠΐθεος, ὁ, ep. st. ἤϊθεος, der
mannbare Jüngling; als adj. jugend-
lich. — ἐπιείκελος, 2. ep. (εἴκε-
λος v. εἴκω, ἔοικα) ähnlich, ver-
gleichbar, immer: den Unsterblichen,
61 den Göttern vergl. — πάντοσε
(πᾶς) adv. nach allen Seiten. —
ἴσος, V. 8: ἀσπὶς πάντοσ'
ἐΐση der nach allen Richtungen gleiche,
d. i. wohlgerundete und gleich
gewölbte Schild, (Schild von ge-
rundeter Wölbung, Voß). —
62 νέφος, τό, Gewölk. — ἀνα-
φαίνω, aufleuchten lassen; erschei-
nen lassen; pass. sich zeigen: ἐκ
νεφέων ἀναφ. ἀστήρ aus den Wol-
ken strahlte ein Gestirn hervor. —
οὔλιος, 3. wie οὖλος, ep. statt
ὀλοός (ὄλλυμι) verderblich, Verder-
ben bringend (der Hundestern). —
63 παμφαίνω, V. 30, hell leuchten.
— τοτέ adv. bisweilen, τοτὲ δέ
dazu ein vorausgehendes τοτὲ μέν
zu denken, bald — bald; τοτὲ δ'
αὖτις dann wiederum. — δύω,
fut. δύσω, aor. ἔδυσα (nur in den
zwei letzten Tempor. trans.) aor. 2.
sync. ἔδυν, opt. δύην st. δυίην, pf.
δέδυκα; hineingehen, eindringen; v.
Kleidern und Waffen, anziehen, an-
legen, c. acc.: νέφεα δῦν er bringt
in die Wolken, verschwindet hin-
ter den Wolken. Der aor. als
praes. im allgemeinen, für alle Zei-
ten geltenden Gedanken. — σκιό-
εις, εσσα, εν, (σκιά, ἡ, Schatten)
schattig, dunkel; und causal. beschat-
tend, verfinsternd: νέφεα die Schatten
64 gebenden Wolken. — ὁτέ adv. zu-
weilen, dann und wann; ὁτὲ μὲν —
ἄλλοτε δέ bald — bald. — φάνε-
σκεν ein iterativ. nach der Mei-
nung einiger Erklärer in der Bdtg.
v. ἐφάνη, aor. 2. pass. v. φαίνω.

πύματος, 3. poët. (πυθμήν, 65
das Unterste einer Sache, der Fuß,
Fußgestelle) der äußerste, letzte. —
πᾶς δ' ἄρα χαλκῷ λάμπε
er strahlte ganz von Erz, ist
buchstäblich zu nehmen: aus der Ferne
sah man ihn ganz vom Glanze des
Metalls umgeben. — στεροπή, 66
ἡ, poët. st. ἀστεροπή (ἀστράπτω)
der Blitz, als eine leuchtende Erschei-
nung. — αἰγίοχος, ὁ, (αἰγίς,
ίδος, ἡ, die Aegide, der Schild des
Zeus, der mit 100 Troddeln und
Schreckensbildern umgeben durch Er-
schütterung Nacht, Donner und Blitz
erregte; ἔχω) die Aegis haltend.
— ἀμητήρ, ῆρος, ὁ, (ἀμάω) 67
Mäher, Schnitter. — ἐναντίος,
3. entgegen, gegenüber. — ὄγμος, 68
ὁ, (ἄγω) eigtl. gerade Linie, Zeile;
Furche; Schwaden, den der Schnit-
ter mäht. — ἐλαύνω, poët. ἐλάω,
fut. ἐλάσω, Att. ἐλῶ, aor. ἤλασα,
pf. pass. ἐλήλαμαι; treiben, jagen;
schlagen, verwunden; etw. in einer
Richtung hinziehen, z. B. eine Mauer;
ὄγμον einen Schwaden mähen, hin-
mähen. — μάκαρ, αρος, ὁ, ἡ,
glückselig, glücklich; reich, begütert.
— κατ' ἄρουραν, auf dem Felde;
es gehört also zu ἐλαύνωσιν. Ueber
den conj. nach ὡς s. zu 9, 323. —
πυρός, ὁ, der Weizen. — κρι- 69
θίων, ion. st. κριθῶν, κριθή, ἡ,
Gerste, immer im plur. — δράγμα,
τό, (δράσσομαι greifen) was man
fassen kann, Handvoll. — ταρ-
φέες, neutr. ταρφέα (τάρφος,
τό, Dickicht, verw. τρέφω) nur pl.;
dicht, häufig: τὰ δὲ δράγματα
ταρφέα πίπτει da fällt Handvoll
dicht an Handvoll: die Schnitte fal-
len dicht aneinander.

θρώσκω, aor. 2. ἔθορον, sprin- 70
gen, hüpfen; anstürmen; ἐπ' ἀλ-
λήλοισι θορόντες sich gegen, auf
einander stürzend. — δηϊόω, zsgz. 71
δῃόω (δήϊος vernichtend, v. δαΐς),
fut. δηώσω, aor. ἐδῄωσα, verwü-
sten, niedermachen, niederhauen, mor-
den. — μνάομαι auch als Neben-
form im praes. zu μιμνήσκομαι,
sich erinnern, eingedenk sein, an etw.
denken, c. gen. — ὀλοός, 3.
(ὄλλυμι) poët. verderblich, zerstö-
rend. — φόβος, ὁ, (φέβομαι,
gescheucht werden, fliehen) das Ge-

scheuchtwerden, die Flucht; Schrecken:
οὐδ' ἔτερος μν. ὀλ. φόβοιο und
keiner dachte an verderbliche Flucht.
— ὑσμίνη, ἡ, ep. dazu dat. metapl.
ὑσμῖνι: das Treffen, die Schlacht:
ἴσας δ' ὑσμίνη κεφαλὰς ἔχεν, die
Schlacht hatte (auf beiden Seiten)
gleichviel Köpfe, d. h. die Schlacht-
linie war auf beiden Seiten gleich.
73 — θύνω, ep. wie θύω, stürmen,
toben. — Ἔρις, die Eris, Zwie-
tracht als Urheberin des Kampfes,
V. 3. — χαίρω, fut. χαιρήσω,
aor. sync. ἐχάρην, pf. κεχάρηκα, pf.
med. κεχάρημαι, wie praes. ich
freue mich. — πολύστονος, 2.
poët. (στένω) vielseufzend; jammer-
reich. — εἰσορόωσα ep. zerdehnt
aus εἰσορῶσα, εἰσοράω, fut. εἰσ-
όψομαι, hinsehen, betrachten. —
74 παρατυγχάνω (τυγχάνω, fut.
τεύξομαι, aor. ἔτυχον), gerade dazu
kommen; dabei, zugegen sein. —
μάρναμαι poët. dep. med., käm-
pfen, streiten.
75 ἕκηλος, 2. poët., ruhig. —
76 σφός, 3. (σφεῖς) wie σφέτερος.
— μέγαρον, τό, (μέγας) der
große Saal, Männersaal; überh. Zim-
mer; plur. gew. die Wohnung, Pa-
last. — καθείατο ep. st. κάθηντο
von κάθημαι, sitzen, dasitzen. —
77 ἧχι ep. st. ᾗ adv. wo. — τεύχω,
fut. τεύξω, pf. pass. τέτυγμαι; be-
reiten; bauen. — (πτύξ), πτυχός,
ἡ, poët. (πτύσσω) die Falte; Schicht;
78 die Schlucht, Thal. — αἰτιάο-
μαι (αἰτία) dep. med. bei Hom.
immer ep. zerdehnt; beschuldigen, an-
klagen. — κελαινεφής, ές, poët.
(νέφος) schwarzwolkig; schwarz um-
wölkt; Beiw. des Zeus, insofern er
79 Regen sendet. — οὕνεκα, V. 1,
wie ὅτι, V. 21. — ὀρέγω, fut.
ὀρέξω, recken; reichen, darreichen;
med. V. 26.
80 ἀλεγίζω ep. (ἀλέγω ep. nur
praes. auf etw. achten, sich um etw.
kümmern) nur praes. u. impf. sich
um Jemdn. kümmern, c. genit. und
immer mit negat. — νόσφι(ν),
adv. gesondert, fern; seitab. — λιά-
ζομαι poët. dep. pass., aor. ἐλιά-
σθην, seitwärts abbeugen, sich ent-
81 fernen. — ἀπάνευθε(ν), entfernt,
fern, seitab, abgesondert, c. gen.,
es steht bisweilen seinem cas. nach.
— κῦδος, τό, Ruhm; ruhmvolle
Körperkraft. — γαίω ep. nur das
partic. praes. stolz auf etwas sein,
sich freuen: κύδεϊ γαίων stolz
auf seine Stärke. — χαλκοῦ στε- 83
ροπή, das Blitzen des Erzes.
— ἀέξω, später αὔξω, mehren, 84
wachsen lassen; med. sich mehren;
wachsen, zunehmen: ὄφρα ἠὼς ἀέ-
ξετο, so lange der Tag zunahm, d. h.
so lange die Sonne emporstieg, d. i.
in der Zeit des Vormittags.

ἅπτω, anheften, anknüpfen; pass. 85
angeheftet werden, haften, βέλεα (βέ-
λος, τό) ἥπτετο die Geschosse trafen.
— πίπτω (durch Redupl. aus πέτω
entst.) V. 69. — ἦμος (v. ἦμαρ) 86
ep. adv. zur Zeit, als, da, nachdem;
ihm entspricht τῆμος, V. 90. —
δρυτόμος, 2. poët. verkürzt aus
δρυοτόμος (δρῦς, ἡ, Eiche; τέμνω)
eigentl. Eichen fällend; holzfällend.
— ὁπλίζω, (ὅπλον, τό) aor.
ὥπλισα, ep. gew. mit σσ; zurüsten,
zubereiten; pass. und med. sich rü-
sten; ferner med. sich (sibi) zuberei-
ten: ἦμος δὲ etc. um die Zeit,
da der Holzhauer sich sein
Mahl bereitet. — οὖρος, τό, 87
ion. st. ὄρος, τό, der Berg. —
βῆσσα, ἡ, poët. (βαίνω) die
Schlucht, οὔρεος β. Gebirgsschlucht,
Gebirgsthal. — κορέννυμι, fut.
κορέσω, aor. ἐκόρεσα, gew. ep. mit
σσ, sättigen; med. sich sättigen: ἐπεὶ
ἐκορέσσατο χεῖρας τάμνων (st.
τέμνων) δένδρεα μακρά nachdem
er seine Arme am Hauen ge-
waltiger Bäume gesättigt,
ermüdet hatte. — ἄδος, τό, 88
(ἄω) Sättigung, Ueberdruß. —
ἱκνέομαι (ἵκω), fut. ἵξομαι, aor.
2. ἱκόμην; kommen; übertr. auch
von Zuständen, Empfindungen, Ge-
müthsstimmung: auch mit dopp. acc.
ἄδος τέ μιν ἵκ. θυμόν, Sättigung,
Ermüdung, ihm in die Seele drang;
oder Sättigung sein Herz befallen,
d. h. er für genug hielt. — σῖτος, 89
ὁ, Speise. — γλυκερός, 3. poët.
für γλυκύς, süß; lieblich: v. Speise,
angenehm, erquickend. — περί ge-
hört zu αἱρεῖ. — ἵμερος, ὁ,
Sehnsucht, Verlangen, c. genit.
Der Vers schließt sich noch an das
vorhergeh. ἐπεί: und Verlangen

nach erquickender Speise sein
Herz umfing, befiel.
90 τῆμος, da, erst dann. — σφός,
B. 76. — ῥήγνυμι, fut. ῥήξω,
aor. ἔρρηξα, reißen, zerreißen; durch-
brechen, besonders im Kriege, die
Schlachtlinie sprengen; med. etwas
für sich durchbrechen: τῆμος Δαναοὶ
ῥήξ. φάλαγγας da erst, von da
an durchbrachen die Danaer die
Schlachtreihen der Feinde, drangen
in die Schlachtreihen der Feinde. —
91 κέλομαι, poët. aor. 2. ep. mit
redupl. ἐκεκλόμην, partic. κεκλό-
μενος: wie κελεύω, ermahnen, an-
treiben, befehlen; zurufen, ermuntern,
c. dat. der Person: κεκλόμενοι
ἑτάροισι κατὰ στίχας zurufend
den Gefährten durch die Reihen, in
den Reihen, d. h. Einer dem Andern
in den Reihen anfeuernd. — ἐν ge-
92 hört zu ὄρουσε. — ἐνορούω
(ὀρούω, poët. sich mit Ungestüm
erheben) sich hineinstürzen, hinein-
springen, sich darauf losstürzen. —
αἱρέω, aor. 2. εἷλον, ep. ἕλον, B.
43, verwunden; tödten, erlegen. —
93 αὐτόν nämlich Βιήνορα: ihn
selbst und ɿc. — Ὀϊλεύς, ῆος,
ὁ, hier, versteht sich, nicht der Vater
des Lokrischen Ajas, sondern ein
Troer und Wagenlenker des Bianor.
— πλήξιππος, 2. poët. (πλήσσω,
ἵππος) rossetreibend, rosselenkend:
ἑταῖρος πληξ. der den Wagenlen-
94 kende Genosse. — ἤτοι (ἤ u. τοί)
wahrlich, fürwahr, allerdings; oft
wie μέν im Gegensatz zu folgend.
δέ. — κατεφάλλομαι (κατά,
ἐπί, ἅλλομαι, springen), davon das
ep. sync. partic. des aor. herab-
springend: der nun (Oïleus) sprang
zwar vom Wagen herab und trat
ihm entgegen.
95 τὸν δέ ihn aber. — ἰθύς ion.
u. ep. st. εὐθύς, εῖα, ύ: aber ἰθύς
auch adv. gerade zu, gerade darauf
los. — (μάω), pf. μέμαα mit Prä-
sensbdtg.: häufig das partic. με-
μαώς: auf Jem. losgehen, anstür-
men; heftig begehren, trachten: wol-
len, beabsichtigen; partic. auch als
adj. begierig; hastig: ἰθὺς μεμα-
ῶτα, indem er sofort angriff. „um
den Bianor, der getödtet worden, zu
rächen". Faesi. — μετώπιον
entweder als Subst. wie μέτωπον
die Stirn, oder als adv. eines adj.
μετώπιος, an der Stirn. — δόρυ,
τό, B. 43. — νύσσω aor. 1. nur 96
ep. ohne augm. νύξα, stechen, sto-
ßen, durchbohren; treffen. — στε-
φάνη, ἡ, (στέφω, rings umgeben)
das einen Körpertheil Umgebende;
hier der Rand, die Krempe des Hel-
mes, als Theil st. des ganzen Hel-
mes. — ἔσχεθον ein poët. aor.
st. ἔσχον zu ἔχω, abhalten, abweh-
ren; Faesi dagegen: „σχέθε impf.
hielt dauernd zurück, hemmte". —
χαλκοβαρής, ές, poët. (βαρύς)
schwer von Erz, δόρυ die schwere
eherne Lanze. — ὀστέον, τό, der 97
Knochen, das Gebein, (von der Stirn)
der Schädel. — ἐγκέφαλος, ὁ,
(ἐν, κεφαλή) das Gehirn (eigtl. adj.
wozu das Subst. μυελός zu denken).
— παλάσσω ep., fut. παλάξω, 98
pf. pass. πεπάλαγμαι, beflecken, be-
sudeln ἐγκέφαλος πεπάλακτο das
Gehirn ward besudelt, nämlich αἵ-
ματι, was sonst hinzugefügt ist, z. B.
5, 100 und öfter. — δαμάω, fut.
δαμάσω, ep. mit σσ: aor. ἐδά-
μασσα, ep. δάμασσα, pf. δέδμη-
μαι, aor. 1. p. ἐδμήθην u. aor. 2.
ἐδάμην; bändigen; im Kampfe, be-
zwingen, tödten. — αὖθι, B. 48. 99
στῆθος, τό, die Brust. — παμ- 100
φαίνω poët. B. 30. στηθ. παμ-
φαίνοντας an der Brust hell-schei-
nend, d. h. an der Brust blen-
dend weiß. Nach Faesi soll wohl
dadurch die Weichlichkeit der Asiaten
und besonders ihre Jugend bezeich-
net werden. — περιδύω (δύω),
aor. 1. ep. περίδυσα, ringsum aus-
ziehen. περίδυσε „gleichsam περι-
εξέδυσε", Faesi. — χιτών, ῶνος,
ὁ, der Rock, Unterkleid ohne Aer-
mel, beim Krieger das Kleid unter
dem Panzer. — ἐξεναρίζω, ep. 101
(ἐναρίζω, v. ἔναρα), fut. ἐξενα-
ρίξω, aor. 1. ἐξενάριξα, dem Ge-
fallenen Waffen und Rüstung ab-
nehmen; tödten. — νόθος, 3. un- 102
ehelich. — γνήσιος, 3. (sync. aus
γενήσιος, v. γένος) von ehelicher
Abkunft, ehelich, rechtmäßig. —
ἡνιοχεύω (ἡνίοχος, von ἡνία, 103
ἔχειν) die Zügel halten, die Rosse
lenken. — παραβάσκω ep. (βά- 104
σκω ep. Nebenform v. βαίνω) st.
παραβαίνω, nur hier, παρέβασκε,

stand dabei; „war gewöhnlich der
παραβάτης des anderen". Faesi. —
περικλυτός, 2. (περί in verstär-
kender Bdtg., κλυτός) sehr berühmt,
ruhmvoll, herrlich.
105 κνημός, ὁ, (κνήμη) eigtl. eine
Biegung, Krümmung; Berghöhe;
Waldschlucht, Bergschlucht. — δί-
δημι, wovon das ep. impf. 3. sing.
δίδη; ep. Nebenform δέω, binden,
fesseln. — μόσχος, ὁ, Sprößling,
Zweig, Ruthe. — λύγος, ὁ, Keu-
schlamm, Linn. eine Art Weide;
Ruthe; λύγοισι ist apposit. zu μό-
σχοισι anzusehen; oder wie Einige
wollen, das erstere ist als adi. zum
folgenden zu fassen: mit jungen, wei-
chen Weidenruthen; überh. mit Wei-
106 denruthen. — ποιμαίνω, wei-
den. — ἐπ' ὄεσσι (ὄϊς, ὁ, ἡ, ion.
st. οἶς, das Schaf) bei den Schafen.
— ἄποινα, τά, nur plur. poët.
das Lösegeld: ἔλυσεν ἀποίνων löste,
107 gab frei gegen Lösegeld. — δή (ver-
kürzt aus ἤδη) ist von temporeller
und determinativer Bdtg. 1. bereits,
schon, jetzt, eben; δὴ τότε, nun-
mehr, da nun; 2. eben, gerade,
nur, gar. — εὐρυκρείων, οντος,
(εὐρύς, κρείων) weit herrschend.
108 — μαζός, ὁ, die Brustwarze, ὑπὲρ
μαζοῖο κατὰ στῆθος über der
Brustwarze in die Brust. — βάλλω,
aor. 2. ἔβαλον, werfen; treffen. —
109 οὖς, τό, gen. ὠτός, das Ohr.
παρὰ οὖς hart am Ohr. — ἐλαύνω,
fut. ἐλάσω, Att. ἐλῶ, aor. ἤλασα,
ep. ohne augm. oft mit σσ, perf.
pass. ἐλήλαμαι, B. 68, schlagen,
hauen, verwunden. — ἐκβάλλω,
(βάλλω) hier in tmesi, aor. ἐξέβα-
λον, ep. ἐκ — ἔβαλον, herauswerfen,
ἐκ δ' ἔβαλε ἵππων, wie 5, 39,
δίφρου, warf, stürzte ihn vom Wa-
gen herab.
110 σπέρχω, nur praes. u. impf.
eilen, laufen, bei Hom. gew. pass.
in derselben Bdtg., schnell laufen. —
συλάω, fut. συλήσω, wegnehmen;
rauben: ἀπὸ τοῖιν ἐσύλα τεύχεα
den beiden nahm er die Rüstung ab.
111 — γιγνώσκω, fut. γνώσομαι,
pf. ἔγνωκα, aor. 2. sync. ἔγνων,
pf. pass. ἔγνωσμαι, aor. pass. ἐγνώ-
σθην, erkennen; bemerken; einsehen:
γιγνώσκων sie wieder erkennend.
Dazu Faesi „weil er ihren vorneh-
men Stand kannte, ließ er die Ge-
legenheit zu der guten Beute nicht
unbenutzt". — πάρος, adv. der
Zeit, vorher, früher. — θοός, 3.
(θέω) schnell. — ἔλαφος, ὁ, ἡ, 113
der Hirsch, die Hirschkuh. — νή-
πιος, 3. (νη-, εἰπεῖν) unmündig,
jung, infans, häufig νήπια τέκνα,
auch von Thieren, die Jungen. —
ῥηϊδίως adv., Att. ῥᾳδίως, leicht. 114
— συνάγνυμι, (ἄγνυμι, f. ἄξω,
aor. ἔαξα, aor. pass. ἐάγην, pf. 2.
ἔαγα) aor. συνέαξα, zusammenbre-
chen, zermalmen: zermalmte sie
leicht, sobald er sie gefaßt.
εὐνή, ἡ, Lager, Lagerstätte. — 115
ἁπαλός, 3. (ἅπτω?) weich, zart.
— ἦτορ, τό, Herz; Leben. —
(ἀπαυράω) ungebr. praes., davon
das impf. ἀπηύρων, -ας, -α; aor.
1. partc. ἀπούρας; entreißen, rau-
ben, gew. τινὰ θυμόν Jemdm. das
Leben rauben, aber auch c. dat. der
Person. „Die Hirschkuh, die den
Jungen nicht helfen kann, entspricht
der Gesammtheit der Troer". Faesi.
— ἡ δέ, die Hirschkuh. — εἴ περ, 116
wenn anders; gew. concessiv: wenn
auch, wenngleich, gewöhnlich mit ἄν
und coni., aber noch häufiger ohne
ἄν. — τυγχάνω, fut. τεύξομαι,
aor. 2. ἔτυχον, coni. τύχωμι, 3. P.
sing. τύχῃσι, treffen, τινός; an-
treffen, erreichen, finden; intr. zu-
fällig sein, da sein. — σχεδόν,
adv. nahe, in der Nähe. — (χραι- 117
σμέω) praes. ungebr., fut. χραι-
σμήσω, aor. 1. nur 3. sing. und
inf. χραισμῆσαι; aor. 2. ἔχραισμε,
inf. χραισμεῖν, abwehren, ὄλε-
θρον, B. 120; helfen, beistehen, mit
dat. der Pers. — ὑπό adv. unten.
— τρόμος, ὁ, (τρέμω) das Zit-
tern, Beben; Angst; αὐτὴν γάρ μιν
ὑπὸ τρόμος αἰνὸς ἱκάνει denn sie
selber ergreift ein furchtbares Beben.
— καρπαλίμως, adv. schnell, 118
hurtig, eilig; adi. καρπάλιμος, 2.
ep. (st. ἁρπάλιμος von ἁρπάζω)
reißend schnell, eilig. — ἀΐσσω, aor.
ἤϊξα, aor. pass. ἠΐχθην; act. sich
heftig bewegen, eilen, rennen. —
δρυμός, ὁ, nur im plur. τὰ
δρυμά der Eichenwald; Wald, Ge-
hölz, Gebüsch. — πυκνός, 3.
dicht, dick; dicht, fest. — σπεύδω, 119
aor. ἔσπευσα, eilen. — ἱδρόω,

partic., bei Homer gew. gedehnt
ἱδρώων, fem. ἱδρώουσα, f. ἱδρώσω,
aor. ἵδρωσα, schwitzen, v. Schweiß
triefen. — κραταιός, 3. poët.
(κράτος, τό) stark, gewaltig. —
ὁρμή, ἡ, (ὄρνυμι) heftiger Anfall,
Angriff: πρως. θηρὸς ὑφ' ὁρμῆς
vor der Verfolgung des gewalti-
gen Raubthieres.
120 ὥς ἄρα τοῖς οὔ τις etc. so
gerade lonnte der Trver von jenen
121 das Verderben abwehren. — φέβο-
μαι, defect. pass. gescheucht wer-
den, fliehen, ὑπό τινι vor Jemdm.
122 — μενεχάρμης, ου, ὁ, ἡ, ep.
(μένος, χάρμη, ἡ, Streitlust, von
χαίρω) froh und muthig im Kampfe,
voll Lust zum Kampf, tapfer. —
123 υἱός, ὁ, nach der 2. decl. regelm.,
nach der 3. decl. v. ungebr. nom.
υἱεύς, plur. υἱέες und υἱεῖς, acc.
υἱέας u. υἱεῖς, der Sohn. — δαΐ-
φρων, ονος, ὁ, ἡ, (von δαΐς
Krieg, u. φρήν) kriegerisch, kriege-
risch gesinnt, kampflustig, tapfer; (v.
δαῆναι u. φρήν) klug, einsichtsvoll,
124 verständig. — δέχομαι, dep. med.,
fut. δέξομαι, aor. ἐδεξάμην, pf.
δέδεγμαι, partic. δεδεγμένος, hier
wie δεξάμενος, nehmen, annehmen,
empfangen. — ἀγλαός, 3. poët.
(ἀγάλλω, ἀγάλλομαι, mit etwas
prunken) glänzend; herrlich: ἀγλαὰ
δῶρα wohl nicht apposit. zu χρυσόν.
125 εἴασκ', ἔασκε, ἔασκον iterat.
impf. v. ἐάω, fut. ἐάσω, aor. εἴασα,
ep. ἔασα, lassen, gestatten: ὅς ῥα
μάλιστα χρυσὸν Ἀλ. δαΐφρονος
etc. welcher am meisten, weil
er von Alexandros Gold,
herrliche Gaben, empfangen,
nicht gestattete (abrieth) die
Helene dem bräunlichen Me-
126 nelaos zurückzugeben. — πέρ
(aus περί verkürzt und in dessen
Bdtg.: über das Maaß hinaus, abge-
schwächt) gibt dem vorhergehenden
W. einen Nachdruck und kann aus-
gedrückt werden durch: sehr, ganz,
durchaus, doch, doch wenig-
stens, jedenfalls; oft durch: näm-
lich oder durch bloße Betonung des
vorhergeh. W. Mit Partic. verbun-
den gibt es denselben concessiven
Sinn. — λαμβάνω, aor. 2. ἔλα-
βον, V. 106, nehmen; im feindlichen
Sinne, gefangen nehmen; hier λάβε

st. κατέλαβε, er erfaßte, ereilte
sie. — ὁμοῦ δ' ἔχον beide zu- 127
gleich hielten, lenkten, oder
suchten anzuhalten (weil, wie
der folgende V. sagt, die Zügel ihnen
entfallen waren und sie ein Durch-
gehen der Pferde fürchteten). —
σφέας, einsilbig zu lesen. — σιγα- 128
λόεις, εσσα, εν, poët. (σίαλος,
ὁ, ep. fett) eigtl. fettig; glänzend,
blank; von schimmernden Zügeln, die
vielleicht mit Metallplatten geziert
waren; oder vielleicht weil die Zü-
gel von Riemen fettig gemacht wur-
den, um geschmeidiger zu sein. —
κυκάω, aor. ep. κύκησα, u. aor. 129
pass. κυκήθην: einrühren, vermi-
schen; pass. übertr. verwirrt werden,
von Pferden, scheu werden. —
ὁ δέ ep. Vorausangabe zu nachfol-
gendem Ἀτρείδης, jener dage-
gen, nämlich der Atr. — ὄρνυμι,
poët. fut. ὄρσω, V. 2, aor. 2. med.
ὠρόμην, 3. sing. ὤρετο, ep. synk.
ὦρτο: intr. sich rühren, eilen, los-
stürmen: ἐναντίον ὦρτο λέων ὥς
stürzte sich wie ein Löwe ihnen ent-
gegen.
γουνάζομαι ep. depon. med. 130
(γοῦνα, γόνυ). fut. γουνάσομαι,
Jemdn. fußfällig bitten, anflehen,
überh. flehentlich bitten. — ζωγρέω 131
(ζωός, ἀγρεύω) lebendig gefangen
nehmen, das Leben schenken (dem
Gefangenen). — δέχομαι, fut.
δέξομαι, aor. ἐδεξάμην, V. 124.
— ἄποινα, V. 106. — κειμή- 132
λιον, τό, (κεῖμαι) was aufbe-
wahrt liegt, Kostbarkeit, Kleinod. —
πολύκμητος, 2. ep. (κάμνω, 133
müde werden) mühsam bearbeitet,
Weim. v. σίδηρος, weil das Eisen
im Alterthume mühsamer als andere
Metalle zu verarbeiten war. — χα- 134
ρίζομαι, dep. med., aor. ἐχαρι-
σάμην, perf. pass. κεχάρισμαι,
V. 23, c. acc. der Sache, von etw.
gern mittheilen, willig geben, spenden.
— ἀπερείσιος, 2. Nebenform v.
ἀπειρέσιος, 3. ep. (verlängert aus
ἄπειρος) grenzenlos; unermeßlich
viel.
πεπύθοιτο ep. opt. v. ind. 135
aor. 2. ἐπυθόμην v. praes. πυν-
θάνομαι, fut. πεύσομαι, perf.
πέπυσμαι; erfunden, fragen; gew.
durch Nachfragen erfahren, überh.

36 erfahren. — κλαίω, fut. κλαύσομαι, aor. ἔκλαυσα, weinen, jammern. — προςαυδάω (αὐδάω)
37 ansprechen, anreden. — μειλίχιος, 3. und μείλιχος, 2. (μειλίσσω. Stw. μέλι) süß: mild, lieblich; schmeichelnd. — ἀμείλικτος, 2. (μειλίσσω) unfreundlich, hart, bitter — ὄψ, οπός, ἡ, Stimme: sie vernahmen die harte,
38 bittere Antwort. — εἰ μὲν δή wenn denn. — δαΐφρων, V. 123.
39 — ἀγορή, ἡ, (ἀγείρω, versammeln) Versammlung (zur Berathung), daher auch Berathung; Ort der Versammlung, Versammlungsplatz, Marktplatz. — ἄνωγα, V. 15.
40 ἀγγελίη, ἡ, die Botschaft; den acc. ἀγγελίην bisweilen auch gen. ἀγγελίης haben in Vrbdg. mit ἐλθεῖν eine Adverbialbdtg., gesandtschaftlich kommen, d. h. als Gesandte
41 kommen. — αὖθι, V. 48. — κατακτείνω (κτείνω), fut. κατακτανῶ, aor. 1. κατέκτεινα; auch aor. pass. κατεκτάθην; tödten, ermorden. — ἐξέμεν ep. inf. aor. 2. st. ἐξεῖναι v. ἐξίημι, herausſenden, zurück-
42 ſenden, entlaſſen. — ἀεικής, ές, (εἰκός) unziemlich, schmählich, ſchändlich. — τίνω, fut. τίσω, aor. ἔτισα, büßen; med. büßen laſſen, ſtrafen, rächen. — λώβη, ἡ, Beſchimpfung, Beleidigung, Schimpf; Frevel. —
43 ἦ von ἠμί = φημί. — ὠθέω, fut. ὠθήσω und ὤσω, aor. ἔωσα und ep. ὦσα, ſtoßen, drängen, herabſtoßen. — χαμᾶζε, adv. (χαμαί adv. auf der Erde) zur Erde,
44 auf die Erde. — βαλών, V. 108. — ὕπτιος, 3. (ὑπό) rücklings. — οὖδας, εος, (verw. mit οὐδός, ὁ, Thürſchwelle) gen. οὔδεος, dat. οὔδει, Boden; Erde. — ἐρείδω, aor. 1. ἔρεισα, pf. pass. ἐρήρεισμαι, aor. 1. pass. ἠρείσθην; act. ſtützen, feſt anlehnen, ὕπτιος οὔδει ἐρείσθη rücklings fiel er zu Boden, er ward rücklings zu Boden geſtreckt.
45 ἀπορούω (ὀρούω), aor. ἀπόρουσα, herabſpringen (vom Wagen, vielleicht um zu fliehen). — χαμαί, am Boden, auf der Erde. — ἐξεναρίζω, V. 101, tödten, erlegen. — ἀπό in tmesi. — ἀποτμήγω ep. Nebenform von ἀποτέμνω, aor. ἀπέτμηξα, abſchneiden, abhauen. Statt τμήξας leſen Einige πλήξας. — αὐχήν, ένος, ὁ, Nacken, Hals. — ἀποκόπτω (κόπτω, hauen), fut. ἀποκόψω, aor. ἀπέκοψα, abhauen, abſchneiden. —
ὅλμος, ὁ, ein runder Stein. — 147
ὥς accentuirt wegen ſeiner Stellung. — σεύω poët. (verw. mit θέω, fut. θεύσομαι), aor. ἔσσευα u. ep. ohne augm., perf. pass. ἔσσυμαι; act. trans. in heftige Bewegung bringen, hetzen, jagen; werfen, ſchleudern; pass. und der ep. aor. 2 ἐσσύμην, rennen, ſtürmen; heftig begehren. — κυλίνδεσθαι inf. hier in der Bdtg. der Abſicht: κυλίνδω nur im praes. und impf., wälzen, rollen; pass. ſich wälzen, hinrollen, von einem Steine, der durch einen Wurf fortrollt, hier von einem Leichenrumpf. — ὅμιλος, ὁ, (ὁμός, ἴλη) die dichte Menſchenmenge; Gedränge, Getümmel: διʼ ὁμίλου wie καθʼ ὅμιλον: ὅλμον δʼ ὥς etc. er ſchleuderte ihn wie eine Walze, daß ſie dahinrollte durch
das Getümmel. — κλονέω meiſt 148
poët. nur praes. u. impf. raſch vor ſich hertreiben, jagen; in Unordnung bringen, verwirren; pass. in Verwirrung gerathen, verworren gejagt werden, verworren ſich drängen. —
ἐνορούω, V. 92. — ἐϋκνήμις, 149
ιδος, ὁ, ἡ, ep. (κνημίς, ῖδος, ἡ, Beinſchiene) wohlbeſchient.

ὀλέκω poët. Nebenform v. ὄλ- 150
λυμι und pf. ὀλώλεκα, vernichten, tödten, morden. — φεύγοντας ἀνάγκῃ in Folge des vorherigen
ἐνόρουσε. — ὑπό bezeichnet hier 151
die bewirkende Urſache, durch, ὑπὸ σφίσι durch ſie: ſie erregten den Staub. — ὄρτο, V. 129. — ὑπὸ σφίσι δʼ ὦρτο aor. in med. durch ſie ſtieg aus der Ebene empor eine
Staubwolke. — ἐρίγδουπος, 2. 152
u. ἐρίδουπος, 2. (ἐρι- verſtärkende Partikel wie ἀρι- ſehr; γδοῦπος, δοῦπος, ὁ, dumpfer Schall) als Beiw. des Zeus, laut donnernd; ſehr hallend, weithin ſchallend, πόδες ἵππων die dumpftönenden Hufe der Roſſe (dumpftönendes Stampfen der
Roſſe). — δῃόω, V. 71. χαλκῷ 153
δῃόωντες mit dem Erze mordend.

155 ὡς ὅτε — ἐμπέσῃ. In Gleich-
nissen steht der conj. ohne ἄν, wenn
das Ausgesagte etwas allgemein Gül-
tiges ist, das zu allen Zeiten ge-
schieht oder geschehen kann. — ἀΐ-
δηλος, 2. (ἀ, ἰδεῖν) unsichtbar
machend, vertilgend, πῦρ ἀΐδ. ver-
heerendes Feuer. — ἄξυλος, 2.
(ἀ priv., ξύλον, τό) nicht abgeholzt,
holzreich. — ἐμπίπτω, hinein-
156 fallen, aor. ἐνέπεσον. — πάντῃ
adv. (πᾶς) überall, allenthalben. —
εἰλυφάω = εἰλυφάζω = εἰλύω,
daher wälzen; partic. ep. zerdehnt
aus dem contr. εἰλυφῶν, vorwärts
bewegend, wirbelnd: πάντῃ εἰλυ-
φόων ἄνεμος φέρει rings herum
wirbelnd treibt der Sturmwind wei-
ter. — θάμνος (θαμνός, ἡ,
= θαμειός von θάμα adv. =
ἅμα, schaarweis) Gesträuch, Ge-
büsch, Dickicht, Baum mit vielem
157 Geäst. — πρόρριζος, 2. (ῥίζα,
ἡ, Wurzel) an der Wurzel, bis zur
Wurzel. — ἐπείγω nur praes. u.
impf., bedrängen; pass. bedrängt
werden, bewältigt werden. — ὁρμή,
ἡ, V. 119: οἱ δέ τε θάμ. πρόρρ.
πίπτουσι ἐπειγ. πυρὸς ὁρμῇ
dichtes Gehölz stürzt an der
Wurzel von der Wuth der
158 Flamme bewältigt. — ὑπό
poët. c. dat. bewirkende Ursache be-
zeichnend. — κάρηνον, τό, das
159 Haupt; Gipfel. — ἐριαυχήν,
ενος, ὁ, ἡ, (ἐρι = ἀρι; αὐχήν, ὁ)
mit hohem Nacken, hochhalsig.
160 κείν' mit retrah. Accent statt
κεινά, κεινός, 3. ion. und ep. st.
κενός, leer. — ὄχος, τό, (ἔχω,
ὀχέω) immer im plur. τὰ ὄχεα, der
Wagen, hier acc. der Beziehung. —
κροταλίζω, klappern, rasseln,
v. Wagen daherrasseln. — γέφυρα,
ἡ, der Damm; poët. πτολέμοιο
γέφυραι, der Zwischenraum, der
die feindlichen Linien wie ein Damm
161 scheidet; das Schlachtfeld. — ἡνί-
οχος, ὁ, V. 47. — προθέω
(θέω) voraus laufen. — ἀμύ-
μων, ον, (ἀ, μῶμος, Flecken) un-
tadelig; trefflich: viele hochhal-
sige Rosse rasselten mit lee-
ren Wagen durch das Schlacht-
feld daher, den untadeligen
Führern voraus eilend (der
162 Führer beraubt). — κείατο
ep. st. ἔκειντο, κεῖμαι. — γύψ,
πός, ὁ, der Geier. — ἄλοχος, ἡ,
(ἀ copul., λέχος, τό, Bett) Bett-
genossin, Gattin. — βέλος, τό, 163
(βάλλω) das Geschoß. — ὑπάγω
(ἄγω) darunter führen; darunter hin-
wegführen, entführen. — ἀνδρο- 164
κτασίη, ἡ, (ἀνήρ, κτείνω) Männer-
mord, das Gemorde der Männer,
das Gemetzel. — κυδοιμός, ὁ,
V. 52, Schlachtgetümmel.
σφεδανός, 3. heftig, eifrig, un- 165
gestüm (poët. und ungewissen St.,
wenn nicht v. σφοδρός, -δανός ist
gewiß nur die Endung, wie οὐτι-
δανός). — παρά c. acc. V. 109; 166
παρὰ σῆμα zu dem Grabmal hin
(vgl. παρὰ νῆας ἰέναι, 1, 347). —
μέσσον κὰπ (κατά) πεδίον 167
mitten durch das Gefilde. — ἐρι-
νεός, ὁ, der wilde Feigenbaum. —
σεύω, V. 147; pass. sich heftig
bewegen, rennen, stürmen. „Das
Grabmal des Ilos und der wilde
Feigenbaum können in ziemlicher Ent-
fernung von einander gewesen sein,
letzterer näher der Stadt". Faesi.
— ἵημι, med. übertr. seinen Sinn 168
auf etw. richten, nach etw. streben,
trachten, c. gen. — κλάζω, aor.
ἔκλαγξα, perf. ep. mit Präsensbdtg.
κέκληγα, aor. 2. ἔκλαγον. — λύ- 169
θρος, ὁ, oder λύθρον, τό, Be-
sudelung mit Blut des Gemordeten,
immer im dat. — παλάσσω, fut.
παλάξω, pf. pass. πεπάλαγμαι;
bespritzen, beflecken, besudeln, V. 98;
med. λύθρῳ χεῖρας sich die Hände
mit Blut besudeln. — ἄαπτος,
2. poët. (ἅπτομαι) unberührbar, un-
bezwingbar, unnahbar.
Σκαιαὶ πύλαι das Skäische 170
Thor (σκαιός, links; westlich) das
Westthor war das nach dem griech.
Lager führende Thor. — φηγός,
ἡ, (φαγεῖν) ein Baum, der eßbare,
den Eicheln ähnliche Früchte trug,
die Speiseeiche (Buche?). — ἀνα- 171
μίμνω, poët. st. ἀναμένω, c. acc.
erwarten, abwarten. — φοβέω,
scheuchen; pass. gescheucht werden,
fliehen. — βλώσκω poët. (st. 173
μλώσκω, St. μολω) aor. 2. ἔμο-
λον, pf. μέμβλωκα, gehen, kommen.
— ἀμολγός, (nach der gew. Ab-
leitung v. ἀμέλγω, mulgere, melken)
also die Melkzeit, aber bei Homer

immer νυκτὸς ἀμολγῷ, darum Melk-
zeit und Nacht zusammen nicht passen.
Nach Buttm. Lex. II, 40 u. f. ist
es = ἀκμή, Spitze, Höhepunkt, also
174 νυκτὸς ἀμ. Mitternacht. — ἴος,
3. ep. st. εἷς, μία, ἕν: τῇ δέ τ'
ἰῇ (mit verändertem Accent) ἀνα-
φαίνεται ὄλεθρος, der einen (Kuh)
erscheint das Verderben; aber nur
einer x. — αἰπύς, εῖα, ύ, jäh,
schroff; jäh, plötzlich, rettungslos.
175 ἐξ gehört zu ἔαξε. — ἐξάγνυμι
(ἄγνυμι, fut. ἄξω, aor. ἔαξα, bre-
chen) heraus-, abbrechen, abreißen;
176 nur in tmesi. — ἔγκατα, τά, die
Eingeweide, nur plur. — λαφύσσω
(λάπτω) gierig verschlucken, ver-
177 schlingen, hinabschlürfen. — ἐφέπω
poet. (ἕπω um etw. beschäftigt sein)
impf. ep. ἔφεπον st. ἐφεῖπον, aor.
ἐπέσπον, eigentl. hinterher sein, ver-
178 folgen, nachsetzen. — ὀπίστατος,
3. (ὄπισθε(ν) hinten) der hinterste,
der letzte. — φέβομαι, pass. nur
praes. u. impf. wie φοβέομαι, B.
179 121. — πρηνής, ές, ion. st.
πρανής, (verw. mit πρό) vorwärts
geneigt, kopfüber, kopflings: πολ-
λοὶ δὲ πρηνεῖς τε καὶ ὕπτιοι
ἔκπεσον ἵππων, Viele stürzten vom
Wagen, theils nach vorn, theils rück-
wärts herunter.
180 Ἀτρ. ὑπὸ χερσί von dem Arm
des Atriden. — περιπρό ep. adv.
rundum vorwärts, nach allen Sei-
ten hin; gar sehr vorwärts: denn
er wüthete furchtbar hinein. — θύω,
ep. (nicht zu verwechseln mit θύω,
fut. θύσω, opfern) stürmen, toben;
181 v. Menschen, toben, wüthen. — δὴ
τάχ' ἔμελλον ἵξεσθαι schon
bald im Begriffe zu kommen, schon
beinahe auf dem Punkte waren zu
gelangen. — ὑπὸ πτόλιν unter
die Stadt, hart an die Stadt. —
183 αἰπύς, V. 171. — κορυφή, ἡ,
Gipfel, Höhe. — πιδήεις, εσσα,
εν, (πιδάω, quellen) quellenreich. —
184 ἀστεροπή, ἡ, Blitz.
185 Ἶρις, ιδος, ἡ, (ἶρις, V. 27)
Iris als mythisches Wesen, Tochter
des Thaumas (θαῦμα, τό, Wunder)
und der Elektra (einer der Pleiaden,
der Regenbringenden) also eine Per-
sonification des Regenbogens, der zu-
nächst das Zeichen des kommenden
Regens ist, den Zeus sendet, dann
als Person ist Iris die Botschafterin
des Zeus. Aber beide Functionen,
Regenverkünderin und Botschafterin
des Zeus, sind ihrem Wesen nach
nicht von einander zu trennen. —
ὀτρύνω, ion. fut. ὀτρυνέω, Att.
ὀτρυνῶ, aor. ὤτρυνα, antreiben,
ermuntern, auffordern; anfeuern. —
χρυσόπτερος, 2. ep. (πτερόν,
τό) mit goldenen Flügeln, gold-
geflügelt, als Beiw. der Iris, von
der Farbe des Regenbogens. —
βάσκε ep. imper. eines ungebr. 186
praes., βάσκω Nebenf. v. βαίνω,
vergl. παρέβασκε B. 104; immer
in der Verbdg. βάσκ' ἴθι gehe
eilig. — ἐνίσπω ep. Nebenform
v. ἐνέπω, dem es den aor. 2. ἔνι-
σπον gibt; ansagen, melden. —
ὄφρα ἄν c. conj. während, so 187
lange als. Beachte hierbei das nach
ἂν μέν noch folgende αὐτ. — θύνω, 188
B. 73, einherstürmen, toben. — ἐν-
αίρω (nach Buttm. Lex. von ἔνε-
ροι, die Unterirdischen) vernichten,
tödten. — (στίξ), poet. nom. ungebr.
st. στίχος, plur. στίχες, Reihe, Glied,
Schlachtreihe. — ἀναχωρέω (χω- 189
ρέω), fut. -ήσω, zurückgehen, weichen.
— ἀνώγω, ἄνωγα, wovon der
imper. ἄνωχθι, ἀνώχθω, B. 15,
dem übrigen Volke soll er gebieten.
μάρναμαι, poet. dep. med. 190
aor. ἐμαρνάσθην, B. 74. — δήϊος,
3. ion. st. δάϊος, (δαΐς, ἡ, Brand-
fackel; Krieg) vernichtend, feindlich;
als Subst. Feind. — ὑσμίνη, ἡ,
B. 72. — ἰός, ὁ, poet. (ἵημι) der 191
Pfeil. — ἅλεται ep. verkürzter
conj. st. ἅληται des aor. 2. ἡλό-
μην vom praes. ἅλλομαι, dazu aor.
2. sync. ἆλτο; springen, εἰς ἵπ-
πους auf den Wagen. — ἐγγυα- 192
λίζω, fut. ἐγγυαλίξω (γύαλον,
τό, Höhlung) eigentl. in die hohle
Hand legen, ertheilen, geben, ver-
leihen. — κτεινέμεν, inf. der Ab- 193
sicht. — εἰς ὅ κε auch als ein W.
εἰσόκε(ν) so lange bis, bis
daß, gew. c. coniunct., weil dem
Gedanken Absicht zu Grunde liegt.
— εὔσελμος, 2. nur ep. ἐΰσ-
σελμος (σέλμα, τό, Ruderbank) mit
Ruderbänken wohl versehen, wohl ge-
rüstet (v. Schiffen). — δύω, B. 63, 194
aor. 2. ἔδυν, conj. δύω, opt. δύην,
intr. eindringen; von der Sonne,

untergehen. — ἠέλιος st. ἥλιος.
— ἐπί in tmesi, gehört zu ἔλθῃ.
— κνέφας, αος, τό, Dunkelheit,
Dunkel, Finsterniß: Abend-
dunkel. — ἐπέρχομαι, fut.
ἐπελεύσομαι, aor. 2. ἐπῆλθον,
herzu-, herbeikommen.
195 ἀπιθέω (ἀ, πείθω), fut. ἀπι-
θήσω, aor. ἀπίθησα, nicht gehor-
chen, ungehorsam sein, c. dat. immer
mit der negat. οὐδ' ἀπίθησε, war
nicht ungehorsam, d. h. willig ge-
horchen. — ποδήνεμος, 2. ep.
(πούς, ἄνεμος) mit Füßen des Win-
des, d. h. windschnell, sturmschnell.
196 — κατ' Ἰδαίων (adj. st. des subst.)
ὀρέων von den Höhen des Ida
herab. — Ἴλιον ἱρήν (st. ἱεράν)
heilige, göttliche Ilios, weil dessen
Gründung von Göttern ausgegan-
gen, Götter die Mauern derselben
197 gebaut. — εὑρίσκω, fut. εὑρήσω,
198 aor. 2. εὗρον, finden. — ἑσταότα
st. ἑστῶτα, ἑστώς, ἕστηκα, ἵστημι.
— κολλητός, 3. (κολλάω) zu-
sammengeleimt, zusammengefügt, häu-
fig v. einem Gefährt, ἅρμα, δίφρος.
199 — ἀγχοῦ adv. wie ἄγχι, nahe,
in die Nähe, ἀγχοῦ ἵστασθαι nahe
hintreten.
200 μῆτις, ιος, ἡ, Klugheit, Ver-
stand, Weisheit; Rathschluß. — ἀτά-
λαντος, 2. (ἀ- copul., τάλαντον,
τό) gleich an Gewicht, vergleichbar,
c. dat. Διὶ μῆτιν dem Zeus an
201 Klugheit gleich. — τεΐν, dor. und
202 ep. st. σοί. — ὄφρ' ἂν μέν
204 κεν etc. V. 187. — ὑποείκω
ep. st. ὑπείκω (εἴκω), fut. ὑπο-
είξω, aor. ὑπόειξα, weichen, zurück-
gehen, ausweichen; nachgeben. —
ἄνωχθι, V. 15, 189.
211 ὄχος, τό, (ἔχω) ep., immer im
plur. V. 160. — τεῦχος, τό,
Werkzeug, Geräth; Rüstung, Waffen.
V. 49. — ἆλτο, aor. 2. ep. sync.
v. ind. ἡλόμην, v. ἅλλομαι, V. 192.
212 — χαμᾶζε, V. 143. — πάλλω,
aor. 1. ἔπηλα, von einem ep. redupl.
aor. das partic. πεπαλών: schwin-
gen; schleudern, häufig gebr. von
Wurfwaffen, wie hier ὀξέα δοῦρα,
V. 43. Die Helden führten gew.
zwei Lanzen mit sich. — κατὰ
στρατ. ᾤχετο πάντῃ (V. 156)
er eilte im Heere überall hin (um-
213 her). — ὀτρύνω, V. 165. —
ἐγείρω, aor. 1. ἤγειρα, ep. ohne
augm., aor. sync. med. ἠγρόμην, perf.
2. ἐγρήγορα: wecken, erwecken, an-
regen, erregen; med. erwachen. —
φύλοπις, ιδος, ἡ, (φῦλον, τό,
Volksstamm; ὄψ, ἡ, Stimme) Schlacht-
geschrei; Feldschlacht. — αἰνός, 3.
ep. (wie δεινός) furchtbar, schrecklich.
— ἐλελίζω poet. verstärkt ἑλίσσω, 214
gew. aor. ἐλέλιξα, aor. pass. ἐλε-
λίχθην: herumwirbeln, herumdre-
hen; erschüttern; schnell umwenden;
vom plötzlichen Schwenken der Krie-
ger in der Schlachtlinie: οἱ δ' ἐλε-
λίχθησαν, jene aber wandten sich
schnell. — ἔσταν st. ἔστησαν (1.
sing. ἔστην): und traten den Achäern
entgegen.
καρτύνω ep. statt κρατύνω 215
(κράτος), stark machen; med. καρτύ-
νεσθαι φάλαγγας starke Reihen bil-
den: verstärkten ihre Schlacht-
reihen. — ἀρτύνω u. ἀρτύω, 216
aor. ἤρτυσα, aor. pass. ἠρτύνθην;
zusammenfügen: ἠρτύνθη δὲ μάχη
es begann, es entbrannte die Schlacht.
— ὀρούω, V. 92, Agamem- 217
non stürzte sich zuerst hinein, stürmte
zuerst. — προμάχομαι, voran-
kämpfen, c. gen. — ἔσπετε ep. 218
imper. st. εἴπατε, (ind. εἶπα aor. 1.)
v. εἶπον.
κλειτός, 3. ep. (κλείω) ge- 220
rühmt, ruhmvoll. — ἐπίκουρος,
2. (κοῦρος, ὁ) helfend; Subst. Hel-
fer; pl. Bundesgenossen (der Troer).
— ἠΰς, ἠΰ, ep. und ion. st. ἐΰς, 221
ἐΰ (davon das adv. εὖ) gut, edel,
wacker, gewaltig. — τράφη, 222
ἐτράφην, aor. 2. von τρέφω, fest,
dick machen; nähren, aufziehen, er-
ziehen. — ἐριβῶλαξ, ακος, ὁ,
ἡ, (ἐρι-, βῶλαξ, ἡ, die Erdscholle) sehr
schollig, starkschollig, breitschollig; von
fettem Boden, fruchtbarer Gegend. —
μῆλον, τό, poet. ein kleines Stück
Vieh, gew. Schaf, Ziege, plur. die
Herde von Schafen oder Ziegen. —
Κισσῆς, ου, zsgz. aus Κισσέας, 223
Name eines Königs in Thrazien,
Vater der Theano. — τυτθός,
poet. klein, jung. — μητροπά- 224
τωρ, ορος, (πατήρ) der Muttervater,
Großvater. — τίκτω, fut. τέξο-
μαι, aor. ἔτεκον, erzeugen, gebären.
— καλλιπάρῃος, 2. ep. (πα-
ρειά, ἡ, Wange) schönwangig.

225 ἥβη, ἡ, Mannbarkeit, die Jugend: ἥβης ἵκετο μέτρον er erreichte das Maaß, das Ziel der Jugend, d. h. er wurde mannbar. — ἐρικυδής, ές, ep. (κῦδος, τό) sehr berühmt, ruhmvoll, herrlich. —
226 αὐτοῦ adv. daselbst, dort. — κατερύκω (ἐρύκω) aufhalten, zurück-
227 halten; hemmen. — γαμέω, fut. γαμέσσω, ion. γαμέω, Att. γαμῶ, aor. 1. ἔγημα, aor. pass. ἐγαμήθην, heirathen, zum Weibe nehmen; med. sich verheirathen. — θάλαμος, ὁ, Schlafgemach, Brautgemach; ein im Inneren des Hauses gelegenes Zimmer. — κλέος, τό, (κλέω), V. 21. κλέος Ἀχαιῶν Kunde, Gerücht von den Achäern, daß sie nämlich gegen Troja ziehen; er kam auf den Kriegsruf der Ach.
228 — κορωνίς, ίδος, ἡ, (κορώνη, ἡ) gekrümmt, von Schiffen, ge-
229 schnäbelt. — νάς, voraus andeutend. — Περκώτη, ἡ, eine Stadt in Kleinmysien am Hellespont.
230 εἰλήλουθα ep. perf. st. ἐλήλυθα, zu ἔρχομαι, kommen, gehen,
233 schreiten; fahren ꝛc. — ἁμαρτάνω, fut. ἁμαρτήσομαι, perf. ἡμάρτηκα, aor. ἤμαρτον, fehlen, verfehlen, nicht treffen. — παραί, ep. st. παρά, als adv. daneben, dabei. — τρέπω, fut. τρέψω, aor. 2. ἔτραπον, aor. 2. med. ἐτραπόμην, wenden, lenken; hinwenden; zur Flucht wenden, in die Flucht jagen; med. u. pass. sich wenden: παραὶ δέ οἱ ἔτραπετ' ἔγχος daneben, seitwärts wandte sich ihm die Lanze, die Lanze flog
234 ihm seitwärts vorbei. — ζώνη, ἡ, (ζώννυμι) der Gurt, Gürtel; die Gegend des Leibes, wo der Gurt anliegt, die Weichen: κατὰ ζώνην νύξε, stach ihn in die Weichen. — θώρηξ, ηκος, ὁ, ion. st. θώραξ, Brustharnisch, Panzer. — ἔνερθε(ν), adv. auch νέρθε(ν), poet. von unten; c. gen. unterhalb; steht auch seinem cas. nach.
235 νύσσω, aor. 1. ep. νύξα, stechen, stoßen, V. 90. — αὐτός, „er selbst, mit der Wucht des eigenen Körpers". — ἐπερείδω (ἐρείδω), aor. ἐπέρεισα, darauf stützen, stemmen. — βαρύς, εῖα, ύ, schwer. — (πιθέω) (v. πείθω, aor. ἔπιθον) im praes. ungebr., fut. πιθήσω, aor. ἐπίθησα, gehorchen, folgen; vertrauen, trotzen: ἐπὶ δ' αὐτὸς ἔρεισε, βαρείῃ χειρὶ πιθήσας und stemmte sich selber (noch) dazu, vertrauend auf seine nervigte
Hand. — τορέω, aor. ἔτορον, 236
durchbohren, durchstechen. — ζωστήρ, ῆρος, ὁ, (ζώννυμι) Gürtel, Leibgurt, von Leder, aber mit Metallplatten belegt, der über die wollene Leibbinde (μίτρη) zum Schutze gegen den Stoß gegürtet wurde. — παναίολος, 2. poet. (αἰόλος, 3. sehr beweglich; schillernd von schneller Bewegung) sehr beweglich; sehr schimmernd, von der Menge glänzender Metallschuppen eines Gür-
tels. — ἄντομαι, poet. Nebenf. 237
von ἀντάω, nur im praes. und imperf. begegnen, von dem Stoß einer Lanze, auf etw. treffen: ἀργύρῳ ἀντομένη ἐτράπετ' αἰχμή am Silber anprallend bog die Lanzenspitze sich um; auf die Silberplatten (des Gurtes) stoßend, treffend, bog sich die Spitze um. — τρέπω, V. 233, hier von der Lanzenspitze, die gegen Metall geworfen sich biegt. — μόλιβος, ὁ,
ep. st. μόλυβδος, Blei. — τό γε, 238
geht dem Sinne nach auf αἰχμή (Lanzenspitze), der Form nach aber auf ἔγχος (Lanze): καὶ τό γε χειρὶ λαβών und mit der Hand packte er die Lanze. — εὐρυκρείων, V.
107. — ἕλκω, nur praes. und 239
impf., ziehen, nachziehen, schleppen, mit Gewalt an sich ziehen, reißen. — (μαω) Stamm zu dem pf. μέμαα mit Präsensbdtg.: heftig anstürmen, losgehen, eilen; trachten, heftig begehren; wollen; das partic. μεμαώς auch als adj. begierig, eifrig, hastig: ἕλκ' ἐπὶ οἷ μεμαὼς ὥς τε λῖς (ep. st. λέων) riß an sich mit Gier wie ein Löwe.
σπάω, fut. σπάσω, aor. ἔσπασα, 240
aor. 1. pass. ἐσπάσθην, ziehen, herausziehen; med. für sich (oder das Seinige) herausziehen. — τὸν δέ = αὐτὸν δέ, ihn selber aber. — ἄορ, τό, (ἀείρω) das Schwert am Wehrgehäng (ἀορτήρ, V. 31.) — πλήσσω, fut. πλήξω, aor. ἔπληξα, immer ep. ohne augm., aor. 2. pass. ἐπλήγην, schlagen, hauen, stoßen; (mit Waffen) treffen, ver-

wunden: er hieb ihn mit dem
Schwerte in den Hals. —
αὐχήν, ένος, ὁ, Nacken, Hals. —
λύω, fut. λύσω, aor. ἔλυσα, lösen.
— γυῖον, τό, das Glied, nur im
plur. die Glieder, gew. Füße, Beine,
Kniee, Hände, Arme, überh. Gelenke,
γυῖα λύειν Glieder lösen, d. i. tödten.
241 — πίπτω, fut. πεσοῦμαι, aor.
ἔπεσον, V. 69. — κοιμάω (κεῖ-
μαι), aor. ἐκοίμησα, zur Ruhe le-
gen; beruhigen; pass. mit aor. pass.
und med. sich schlafen legen; schla-
fen, schlummern. χάλκεον ὕπνον den
ehernen Schlummer, d. i. den Todes-
242 schlaf schlafen. — οἰκτρός, 3. (οἶ-
κτος, ὁ, Mitleid), superl. gew. οἴ-
κτιστος, beklagenswerth, jäm-
merlich. — μνηστός, 3. ep. (μνά-
ομαι, um eine Braut werben) ver-
mählt, ehelich. — ἄλοχος, ἡ, (ἀ
copul., λέχος, τό, Lager) die Gattin.
— ἀστός, ὁ, (ἄστυ, τό) der Städ-
ter, der Bürger. — ἀρήγω, poet.
(verw. ἀρκέω) fut. ἀρήξω, helfen,
243 beistehen. — κουρίδιος, 3. (κοῦ-
ρος, ὁ) ehelich, rechtmäßig. Nach
der Meinung Einiger: jugendlich.
— ἧς οὔ τι χάριν ἴδε von der
er noch keinen Dank sah (sie waren
noch nicht lange vermählt). — πολλὰ
δ' ἔδωκεν, er hatte für sie reiche
244 Geschenke gegeben. — ὑφίστημι,
(ἵστημι) aor. 2. ὑπέστην; intr. temp.
sich unterziehen, versprechen, geloben.
— χίλια zu denken μῆλα.
245 αἴξ, γός, ἡ, Ziege. — ἄσπε-
τος, 2. (ἐσπεῖν = εἰπεῖν) unsäg-
lich, unaussprechlich, unsäglich viel.
— ποιμαίνω, weiden, trans. vom
Hirten, V. 106; med. von der Heerde.
246 — δή τοτε ep. st. τότε δή, da-
mals also, nunmehr. — ἐξενα-
ρίζω, (ἐναρίζω von ἔναρα, τά)
247 V. 101. — ὅμιλος, ὁ, V. 147. —
248 νοέω, fut. νοήσω, wahrnehmen,
bemerken, sehen. — ἀριδείκετος,
2. ep. (ἀρι = ἐρι, δείκνυμι) sehr
gezeigt, ausgezeichnet, sehr berühmt.
249 — πρεσβυγενής, ές, poet. (πρέ-
σβυς, γένος) älter an Geburt, erst-
geboren. — πένθος, τό, (πενθέω,
Stamm zu πάσχω) Leid, Trauer,
Jammer.
250 καλύπτω, fut. καλύψω, ver-
hüllen, umhüllen: κρατ. ῥά ἑ πέν-
θος ὀφθ. ἐκάλυψε etc., es um-

hüllte, umdüsterte ein gewaltiger
Schmerz seine Augen um den ge-
fallenen Bruder. — ἐπιπλήξ, poet. 251
adv. (πλευρα, τό) von der Seite her,
seitwärts. — λανθάνω, seltener
λήθω, fut. λήσω, aor. 2. ἔλαθον,
verborgen sein, unbemerkt bleiben;
oft das partic. λαθών mit einem
verb. fint. ist durch ein adv. zu
übersetzen, heimlich, unvermerkt.
— ἀγκών, ῶνος, ὁ, Ellenbogen. 252
— ἔνερθεν, V. 234. — ἀντικρύ, 253
(v. ἀντικρούω?) adv. gerade gegen-
über; entgegen. — διέχω, (ἔχω)
aor. 2. διέσχον, intr. durchgehen,
durchdringen: er ragte gegenüber her-
vor. — φαεινός, 3. poet. leuch-
tend, glänzend, blinkend. — ἀκωκή,
ἡ, (ἀκή, ἡ) Spitze, Schärfe. —
ῥιγέω, poet. (ῥῖγος, τό), fut. ῥι- 254
γήσω, aor. ἐρρίγησα, intr. sich ent-
setzen, erschrecken, vom Schrecken be-
fallen werden.
ἀπολήγω (λήγω, ablassen, auf- 255
hören), fut. ἀπολήξω, aor. ἀπέληξα,
ablassen, abstehen, μάχης v. Kampfe.
— ἐπορούω, ep. (ὀρούω sich 256
mit Ungestüm erheben) gegen Jem.
anspringen, auf Jem. losstürmen. —
ἀνεμοτρεφής, ές, poet. (ἄνε-
μος, τρέφω) vom Winde genährt,
von einer Lanze, deren Schaft im
Freien, dem Wind und Sturm aus-
gesetzt, aufgewachsen und dadurch zähe
geworden ist, vom Sturm ge-
härtet. — ὄπατρος, ὁ, ep. st. 257
ὁμόπατρος, von demselben Vater,
κασίγνητος καὶ ὄπατρος, der Bru-
der und zwar von demselben Vater,
von denselben Eltern entstammter
Bruder, leiblicher Bruder. — ἕλκω, 258
V. 239, ποδός am Fuße Jem.
fortziehen, fortschleppen, eigtl. am
Fuße gefaßt rc. — μεμαώς, V.
239. — αὔτέω, poet. (αὔω schreien)
laut rufen, schreien, τινά Jem. rufen.
— τὸν δὲ d. i. ἐκεῖνον δέ, nämlich 259
den Koon. — ἀν' ὅμιλον durch
das Gedränge, im Schlachtgetümmel.
— ὑπ' ἀσπίδος unter dem Schilde,
nämlich οὔτησε. — ὀμφαλόεις,
εσσα, εν, (ὀμφαλός, ὁ, Nabel,
Schildbuckel) genabelt, nabelig. —
οὐτάζω und οὐτάω, fut. οὐ-
τάσω, aor. οὔτασα und οὔτησα,
verwunden, verletzen (mit dem Speere)
treffen. — ξυστόν, τό, (ξέω, fut.

ξέω, glätten) eigtl. das Geglättete,
der glatte Speerschaft, der Speer.
— χαλκήρης, ες, (χαλκός, ἄρω
anpassen) mit Erz beschlagen, ehern.
261 — τὸ δὲ dieselbe Person bezeichnend
wie vorher τὸν δέ. — ἐπ' Ἰφιδά-
μαντι über dem Iphid., über dem
Leichnam des Iph. — ἀποκόπτω
(κόπτω) abhauen. — παραστάς,
hinzugetreten, hinzugesprungen. —
262 ὑπό c. dat. wie ὑπό c. gen. —
263 πότμος, ὁ, poet. (πίπτω) eigtl.
das Zufallende, das Loos, Schicksal,
das Todesloos, der Tod. — ἀνα-
πίμπλημι, (πίμπλημι, fut.
πλήσω) anfüllen, erfüllen, πότμον,
das Geschick erfüllen, vom Schicksal
getroffen werden: sie ereilte das To-
desgeschick. — ἔδυν, ep. 3. ἔδυ-
σαν, δύω, aor. 2. ἔδυν, V. 63.
ἔδυν δόμον Ἄϊδ. εἴσω sie gingen
hinab, wanderten in des Hades Be-
264 hausung. — ἐπιπωλέομαι dep.
med. (πωλέομαι ep. frequent. von
πέλομαι, häufig wohin kommen) um-
gehen, στίχας (στίχος, V. 188) ἀν-
δρῶν die Reihen der Männer durch-
wandern, durchmustern.
265 ἄορ, τό, V. 240. — χερμά-
διον, τό, (χείρ, χερμάς, Kie-
selstein, geeignet zum Schleudern)
ein Feldstein, faustgroßer Feldstein,
260 überh. Feldstein. — ἀνήνοθε(ν)
ep. 3. sing. perf. 2. mit Präsens-
Bdtg., emporbringen, emporsteigen,
hervorbringen: ὄφρα οἱ αἷμ' ἔτι
θερμὸν ἀνην. ἐξ ὠτειλῆς so lange,
während ihm das Blut warm aus
267 der Wunde herausquoll. — ἕλκος,
τό, Wunde. — τέρσομαι, ep.
aor. 2. ἐτέρσην, inf. τερσῆναι, trocken
werden, dorren: ἕλκος ἐτέρσετο die
Wunde wurde trocken, die Wunde
schloß sich. — παύω, fut. παύσω,
aufhören machen; med. aufhören,
παύσατο δ' αἷμα, das Blut stillte
268 sich. — ὀδύνη, ἡ, Schmerz, Pein,
Qual. — δῦνε Nebenf. v. δύω,
V. 19, in der Bdtg. v. δύομαι. —
μένος Ἀτρείδαο ist Umschrei-
bung f. Ἀτρείδην, wie ἴς z. B.
Od. 2, 409. — ὀξ. δ' ὀδύναι δῦ-
νον μένος Ἀτρ. stechende, heftige
Schmerzen drangen in die Seele des
Atriden; qualvolle Schmerzen erfaß-
269 ten das Gemüth des Atr. — ὠδίνου-
σαν partic. praes. Geburtsschmerzen,
Geburtswehen empfinden, am Ge-
bären sein. — ἔχῃ hält, festhält. —
βέλος, τό, Geschoß: übertr. die
Geburtswehen: ὠδῖν. ἔχῃ βέλος
ὀξὺ γυν. das gebärende Weib heftige
Wehen festhalten (quälen).
δριμύς, εῖα, ύ, durchdringend, 270
scharf. — προΐημι, vorwärts sen-
den, fortsenden, entsenden; schleudern,
vom Geschoß, hier bildlich. — μο-
γοστόκος, 2. (μόγις, adv., μό-
γος, ὁ, die Mühe, τίκτω) Schmerz
erzeugend; Beiw. der Eileithyia, un-
ter Schmerzen gebären las-
send. — Εἰλείθυιαι, αἱ, die
Geburtsgöttinnen, Töchter des Zeus
und der Hera (die die Geburt för-
dernden). — ὠδίς, ῖνος, ἡ, Ge- 271
burtsschmerz, plur. die Wehen. —
ἀνορούω, aufspringen, ἐς δίφρον 273
auf den Wagen springen. — ἡνί-
οχος, ὁ, (ἡνία, τά, ἔχω) V. 47.
— ἐπιτέλλω, V. 47. — ἐπί 274
c. dat. sehr häufig von der Bewe-
gung, auf etw. zu, zu, nach,
gegen — hin. — ἐλαύνω, poet.
ἐλάω, fut. ἐλάσω, Att. ἐλῶ, V. 68;
intr. (wobei ἅρμα zu denken) fah-
ren, gehen, v. Wagen: καὶ ἡνιόχῳ
ἐπέτελλεν etc. und dem Wagen-
lenker gebot nach den gewölb-
ten Schiffen zu fahren. —
ἄχθομαι (ἄχθος, τό, die Last,
Ladung) beladen, belastet; vom Ge-
müth, das vom Kummer gedrückt
wird: ἤχθετο γὰρ κῆρ, denn be-
trübt war sein Herz.
ἀΰω, aor. ἤϋσα, V. 10, laut 275
rufen. — διαπρύσιον, adv. durch-
hin, weithin; von der Stimme, ἤϋ-
σεν διαπρύσ. er rief durchdringend
laut, er rief in weit vernehmlicher
Stimme. — γέγωνα poet. pf. mit
Präsensbdtg., V. 6, τινί Jemandem
laut zurufen. — μέδων, οντος, ὁ, 276
(μέδομαι, fut. μεδήσομαι, für etw.
sorgen) Fürsorger, Herrscher. —
ἀμύνω, aor. ἤμυνα, abwehren, 277
abhalten, τί τινι etw. von Jemdm.,
νηυσίν von den Schiffen den Feind
abwehren, die Schiffe vertheidigen.
— ποντόπορος, 2. poet. (πόν-
τος, πείρω) das Meer durchfahrend,
meerdurchwandernd. — φύλοπις, 278
ιδος, ἡ, V. 213. — ἀργαλέος,
3. V. 4, von einer Schlacht, schmerz-
voll, blutig; (nach Einig. v. α euphon.

und ἔργον) mühevoll, gewaltig. —
μητίετα, ὁ, ep. st. μητιέτης (μη-
τίομαι ersinnen) der Berather, der
Sinnende, der Plänersinnende („der
279 waltende", Voß). — πανημέριος,
3. poet. (ἡμέρα, ἡ) den ganzen Tag;
das neutr. als adv.
280 ἱμάσσω, (ἱμάς, αντος, ὁ), aor.
ἵμασα, ep. ἵμασσα, geißeln, peit-
schen. — καλλίθριξ, τρίχος,
ep. (θρίξ, χός, ἡ) von Pferden, mit
schönen Mähnen, schöngemähnt. —
281 ἄκων, (ἀέκων) οντος, widerwillig,
ungern, οὐκ ἄκων willig. — πέτο-
μαι, fut. πετήσομαι und πτήσο-
μαι, aor. ἐπτόμην, poet. ἐπτάμην,
282 fliegen, eilen, rennen. — ἀφρέω,
ep. (ἀφρός, ὁ, Schaum) schäumen,
ἄφρεον στήθεα (acc. der Beziehung)
schäumten an der Brust, voll Schaum
an der Brust. — ῥαίνω, bespritzen,
besprengen, κονίῃ ῥαίνοντο wurden
mit Staub besudelt, bedeckt. — νέρ-
θε(ν), adv. poet. st. ἔνερθε, von
unten. — τείρω nur praes. und
impf. reiben, aufreiben, übertr. er-
schöpfen, entkräften; τειρόμενον βα-
σιλῆα den von Schmerzen gequälten
König. — ἀπάνευθε(ν) adv. ent-
fernt, fern; c. gen. V. 81. — νό-
σφι(ν) V. 80. — κίω poet. Ne-
benform von εἶμι, gehen, weggehen.
285 κέλομαι, aor. 2. ep. redupl.
ἐκεκλόμην wie κελεύω, antreiben,
V. 91, zurufen, c. dat. — μακρὸν
ἀΰσας, sehr, laut schreiend. —
286 ἀγχεμαχητής, οῦ, ὁ, wie ἀγχέ-
μαχος, 2. nahe kämpfend, aus der
Nähe kämpfend (hart am Feind);
nach der Meinung Anderer: eng ge-
schlossen kämpfend, in Reihe kämpfend;
in jedem Falle s. v. a. tapfer. —
287 μιμνήσκω, fut. μνήσω, fut. med.
μνήσομαι, aor. ἐμνησάμην; act. er-
innern; med. sich erinnern, V. 71.
— θοῦρις, ιδος, fem. v. θοῦ-
ρος, angreifend, anstürmend, un-
gestüm, V. 32. θοῦρις ἀλκή die
stürmische Kraft im Angriff; stürmische
Abwehr (Abwehr mit Sturm). —
288 οἴχομαι, impf. ᾠχόμην, bei Hom.
nur praes. u. impf. gehen, fortgehen;
auch in der Bdtg. des perf. fortge-
gangen sein, fort sein. — ὥριστος
ion. st. ὁ ἄριστος. — εὖχος, τό,
poet. Ruhm, Ehre, Kriegsruhm, δι-
δόναι τινί Jemdm. Ruhm verleihen.
— ἰθύς, adv. V. 95, gerade dar-
auf los. — μῶνυξ, χος, (μόνος,
ὄνυξ, einhufig; μάω u. ὄνυξ) streb-
hufig, stampfend.
Γφθιμος, V. 55, tapfer. — 290
ἀείρω, ion. und poet. st. αἴρω,
aor. ἤειρα, aor. med. ἀειράμην u.
ἠράμην, dazu v. aor. 2. ἀρόμην,
conj. ἄρωμαι, ἄρησθε; act. auf-
heben, emporheben; fassen, ergreifen;
wegführen; med. für sich nehmen, da-
von tragen, gewinnen, κλέος, εὖ-
χος, Ruhm gewinnen. — ὀτρύνω, 291
V. 125. — μένος καὶ θυμόν,
Muth und Herz, Muth im Herzen.
— πού, encl. adv. irgendwo; irgend- 292
wie; vielleicht, wohl, etwa. — θη-
ρητήρ, ῆρος, ὁ, ion. u. poet. (θη-
ράω) der Jäger. — ἀργιόδους,
οντος, ὁ, ἡ, ep. (ἀργός, 3. ὀδούς, ὁ)
mit glänzenden, weißen Zähnen,
weißzahnig. — σεύω, aor. ἔσσευα, 293
ep. σεῦα, V. 147, hetzen, jagen. —
ἀγρότερος, 3. poet. Nebenform
von ἄγριος, wild. — σῦς, συός,
ὁ, ἡ, Sau. — κάπριος, ὁ, ep.
st. κάπρος, Eber, σῦς κάπριος der
wilde Eber. — ἐπί bei Verbis der 294
Bewegung, V. 273. ἐπ' Ἀχαιοῖσιν
auf, gegen die Achäer.
βροτολοιγός, 2. ep. (βροτός, 295
λοιγός, ὁ, Verderben, Tod; verwdt.
mit λυγρός) Menschen verderbend,
vertilgend; menschenmordend. — φρο- 296
νέω (φρήν) nur praes. u. impf. von
verschiedener geistiger Thätigkeit: ver-
stehen; denken; gesinnt sein; μέγα
φρονέων Großes im Herzen hegend,
hochherzig gesinnt sein, stolz sein, voll
Muth sein. — βαίνω, fut. βήσο-
μαι, aor. 2. ἔβην, pf. βέβηκα selten
und nur in der Bdtg. gegangen sein;
das plqpf. ἐβεβήκειν gew. in der
Bdtg. des aor. αὐτὸς δ' ἐν πρώ-
τοισι μέγα φρονέων βεβήκει er selber unter
den Vordersten schritt voll Zuversicht
(voll Kühnheit) einher. — ἐμπίπτω, 297
aor. 2. ἐνέπεσον, V. 135, übertr. ein-
dringen, ὑσμίνῃ in die Schlacht, in
das Kampfgewühl sich stürzen. —
ὑσμίνη, ἡ, V. 72. — ὑπεραής,
ές, (ἄημι, wehen) von oben her
wehend, brausend. — ἄελλα, ἡ,
Wind, Sturm, Sturmwind. — κα- 298
θάλλομαι (ἅλλομαι) herabsprin-
gen; herniederfahren (vom Sturm),
daherbrausen. — ἰοειδής, ές,

(ἴον, εἶδος, τό, Gestalt) veilchen-
farbig, dunkelblau, tiefblau, überh.
dunkel. — ὀρίνω, (ὄρω, ὄρνυμι)
aor. ὤρινα, ep. ὄρινα, erregen, be-
wegen, aufregen, (das Meer) auf-
299 wühlen. — ἐξεναρίζω, B. 101.
303 μενεχάρμης, B. 122. — αἱ-
ρέω, aor. 2. εἷλον, tödten, erle-
gen, D. 43.
305 πληθύς, ύος, ἡ, ion. st. τὸ
πλῆθος, Fülle, Menge; Haufe; das
Volk als Gegensatz zu Anführern.
— νέφος, τό, Wolke, Gewölk. —
στυφελίζω poet. u. ion. (στυφε-
λός, 3. dicht, verwdt. στύφω) fut.
στυφελίξω, aor. ἐστυφέλιξα, schla-
gen, stoßen, erschüttern, νέφεα die
306 Wolken vertreiben. — ἀργεστής,
ᾶο, ὁ, (ἀργός, schnell, v. ἀ u. ἔρ-
γον, sehr thätig, angestrengt) Beiw.
des Südwindes, schnell, reißend, brau-
send. — νέφεα — Νότοιο Gewölk,
das Notos mit sich führt, das aber
ein helles, nicht dunkles, regnerisches
ist, daher das Beiw. ἀργεσταο; die-
ses „kann auch als Beiw. des Süd-
windes sein, so fern er die Luft hell
macht, daher albus Notus" Faesi. —
βαθύς, εῖα, ύ, tief; reichlich; voll,
gewaltig. — λαῖλαψ, πος, ἡ,
Sturmwind, Orkan: ὡς ὁπότε νέ-
φεα Ζέφ. στυφελίξῃ etc. wie wenn
des hell sausenden Südwin-
des Gewölk der Zephyr ver-
jagt mit gewaltigem Sturme
307 es treffend. — τρόφις, τρόφι,
ιος, ion. und ep. st. τροφόεις, nur
hier τρόφι κῦμα hohe, gewaltige
Woge. — κυλίνδω nur praes u.
impf. u. aor. pass. ἐκυλίσθην, wäl-
zen, rollen, D. 147: πολλὸν (adv.)
τρόφι κῦμα κυλ. gewaltige Woge
häufig sich wälzt, d. h. gewaltige
Wogen sich drängen. — ὑψόσε
ep. adv. (ὕψος) in die Höhe, empor,
hinauf. — ἄχνη, ἡ, alles Zarte,
sich auf der Oberfläche eines Körpers
Ansetzende oder Ablösende: der Thau;
plur. die Spreu; der Schaum. —
308 σκίδναμαι med. Nebenf. von dem
med. σκεδάννυμαι, sich zerstreuen,
aus einander gehen, ὑψόσε ἄχνη
σκίδναται der Schaum spritzte hoch
empor. — πολύπλαγκτος, 2.
poet. (πλάζω, fut. πλάγξω) umher
irrend, unstät; act. ἄνεμος πολυπλ.
Wind, der weit verschlägt. — ἰωή,
ἡ, poet. (ἴα) Geschrei, Klang, Geton,
das Brausen, Schnauben des Windes
(der Windstöße): ἐξ ἀνέμοιο πολυ-
πλάγκτοιο ἰωῆς, von brausendem
Stoß des peitschenden Windes. —
πυκνός, 3, B. 118. — κάρη, 309
τό, ep. st. κάρα, gen. κάρητος und
καρήατος, B. 41. — ὑπό wie schon
öfter, causal. — δάμνημι, pass.
δάμναμαι, wie δαμάω, bezwingen,
bewältigen: ὣς ἄρα etc. so also fie-
len dicht (rasch nach einander) durch
Hektor die Köpfe der Leute.
λοιγός, ὁ, (verw. λυγρός) Ver- 310
derben, Tod. — ἀμήχανος, 2.
(μηχανή) eigtl. ohne Mittel; hülflos,
rathlos; pass. wogegen es kein Mit-
tel, keinen Rath gibt, schwierig; ἀμή-
χανα ἔργα heillose, grauenvolle Tha-
ten. — καί νύ κεν ἐν νήεσσι πέ- 311
σον φευγ. Ἀχ. und nun würden die
Achäer auf ihrer Flucht in die Schiffe
sich gestürzt haben. — κέλομαι, 312
aor. 2. ἐκεκλόμην, κεκλόμην, B. 91.
— πάσχω, fut. πείσομαι, aor. 2. 313
ἔπαθον, pf. πέπονθα, leiden, dul-
den, erdulden: τί παθόντε λελά-
σμεθα (λανθάνομαι, pf. λέλασμαι)
θούριδ. ἀλκῆς (287) was haben
wir erduldet, was ist uns
widerfahren, daß wir der rü-
stigen Abwehr vergessen? (In
den Worten liegt Vorwurf.) — ἀλλ' 314
ἄγε δεῦρο auf hierher! nun heran!
— πέπων, ονος, ὁ, (πέσσω, fut.
πέψω, kochen: reifen) reif; traut, lieb,
werth. ὦ πέπον mein Lieber, Freund.
— δὴ γὰρ ἔσσεται denn es würde
doch sein, denn wahrlich es würde ꝛc.
— ἔλεγχος, τό, Vorwurf, Tadel,
Schimpf, Schandfleck.
κορυθαίολος, 2. (κόρυς, 315
υθος, ἡ, αἰόλος, 3. beweglich, flat-
ternd) Beiw. des Hektor, und be-
zeichnet die beständige Bewegung des
Helmes des in der Schlacht hin und
her eilenden Helden, dessen Haupt
und Helm unter den gemeinen Krie-
gern hervorragt und gleichsam flie-
gend über den Häuptern der anderen
Krieger am meisten in die Augen
fällt; helmflatternd. — (τλάω), 317
aor. ἔτλην, fut. τλήσομαι, pf. τέ-
τληκα mit Präsensbdtg., inf. τετλά-
ναι, ep. τετλάμεναι, ertragen, er-
dulden, aushalten, ausharren. —
μίνυνθα ep. adv. (μινύς) ein we-

ολίγ. wenig, nur kurze Zeit. — ἦδος, τό, ep. nur nom., Vergnügen, Freude, Genuß: ἀλλὰ μίν. ἡμέων ἦδος ἔσσ. durch nur kurz wird die Freude (Vortheil) von uns (von unserem
319 Widerstand) sein. — βόλεται, ep. st. βούλεται; βούλομαι öfter mit comparativer Bdtg., lieber wollen, daher ἠέ περ ἡμῖν als uns.
320 ὠθέω, fut. ὠθήσω und ὤσω, aor. ἔωσα und ὦσα, stoßen, treiben, B. 143. — χαμᾶζε ebendſ. —
321 μαζός, ὁ, B. 108. — ἀριστε-
322 ρός, 3. links. — τοῖο ἄνακτος dieses seines Herrschers, Ge-
323 bieters. — ἀποπαύω (παύω), aor. ἀπέπαυσα, aufhören lassen, zwingen von etw. abzustehen: ἐπεὶ πολέμοιο ἀπέπαυσαν nachdem sie ihn vom Kriege zur Ruhe gebracht hatten.
324 — ὅμιλος, B. 147. — κυδοιμέω, fut. -ήσω, (κυδοιμός, ὁ, B. 52) Getümmel erregen, toben. ἀν' ὅμιλον ἰόντε κυδοίμεον tobten umher durchs Schlachtengewühl. — κάπρος, ὁ, der Eber.
325 θηρευτής, οῦ, ὁ, (θηρεύω, jagen; θήρ) hier θηρ. κύων Jagdhund. — μέγα φρονεῖν, B. 296, voll Muth sein. — πίπτω, fut. πεσοῦμαι, aor. ἔπεσον, B. 69. πέσητον, der coni. nach ὡς ὅτε in Gleichnissen, in welchen ein allgemeiner, für alle Zeiten gültiger Gedanke ausgedrückt wird: wie wenn ein paar wilde Eber voll Muth auf Jagdhunde sich stürzen.
326 — ὀλέκω, poet. Nebenf. von ὄλλυμι (aus dem pf. ὀλώλεκα), vernichten, tödten, B. 150. — παλινόρμενος, 2. ep. (πάλιν, ὄρνυμι) zurück sich wendend, zurückeilend, ὣς ὄλεκον Τρῶας παλινορμ. so mordeten sie die Troer, sich von neuem
327 gegen sie gewandt. — ἀσπάσιος, 3. (ἀσπάζομαι) erwünscht, lieb; freudig; adv. froh. — ἀναπνέω (πνέω), aor. ἀνέπνευσα, aufathmen, sich erholen: ἀσπ. ἀνέπν. sie athmeten froh
328 wieder auf. — ἔνθα, hier v. d. Zt. dann, nunmehr. — ἑλέτην (εἷλον) mit δίφρον, sie erfaßten, erreichten den Wagen; mit ἄνερε, sie tödteten die beiden Männer: sie bemächtigten sich des Wagens und der beiden Männer darauf, oder sie erlegten die beiden Männer auf ihrem Wagen. — δήμου ἀρίστω, die edelsten des Volkes. — Μέροψ, οπος, 329
ὁ, Herrscher und zugleich berühmter Seher in Perkote, einer Stadt am Hellespont. — περί c. gen. auch Bezeichnung des Vorzugs, wie prae, περὶ πάντων vor Allen, über Alle.
ᾔδει, Att. ᾔδει, οἶδα. — μαντοσύνη, ἡ, Seherkunst, Weissage- 330
kunst. — ἔασκεν iterativ. des impf. v. ἐάω, B. 125. — στείχω, poet., 331
aor. 2. ἔστιχον, einherschreiten; gehen, ziehen. — φθισήνωρ, ορος, ὁ, ἡ, (φθίνω, ἀνήρ) Männer mordend. — Κήρ, Κηρός, ἡ, die To- 332
desgöttin, Göttin des gewaltsamen Todes, eine Personification der Todesbestimmung für den, der durch Gewalt oder unglücklichen Zufall sein Leben verlieren soll. Bei seiner Geburt wurde einem solchen die Kere zugetheilt; als Appellativ. das Todesgeschick: Κῆρες γὰρ ἄγον μέλανος θανάτοιο denn das Verhängniß des dunklen Todes führte sie dahin. —
δουρικλειτός, 2. ep. (κλειτός) 333
speerberühmt (im Gebrauch des Speeres berühmt.) — χάζω, poet. u. 334
ep.; davon act. nur aor. 2. κέκαδον und fut. κεκαδήσω, eigtl. machen, daß Jemand von einer Sache weicht, sie verläßt; einer Sache berauben, θυμοῦ καὶ ψυχῆς der Seele und des Lebens berauben. — (ἀπαυράω), nur impf. ἀπηύρων, ας, α, und ein aor. partic. ἀπούρας, B. 115.
ἐξεναρίζω, B. 101 (ἐναρίζω, 335
v. ἔναρα, τά). — ἴσος, B. 72; 336
ἴσα als Subst. das Gleiche, und als adv. κατ' ἴσα, gleich, auf gleiche Weise, μάχην κατ' ἴσα τανύειν (τανύω ep. st. τείνω, spannen, ausbreiten) die Schlacht im Gleichgewichte schweben lassen: da ließ ihnen Kronion die Schlacht gleich für beide
sich halten. — ἤτοι oft einleitend 338
wie μέν im Gegensatz zu folgenden δέ, und kann bisweilen durch zwar ausgedrückt werden, B. 94. — οὐτάζω, B. 260. — ἰσχίον, τό, 339
das Hüftgelenk; die Höhlung im Hüftgelenk; die Hüfte, Lende.
προφυγεῖν, dem Zweck aus- 340
drückend, um sich zu flüchten, zu entkommen. — ἀάω poet. verlängert aus ἄω, verletzen, beschädigen; pass.

Schaden erleiden, Unglück haben; u.
Geiste, bethört werden; med. sich ver-
blenden lassen, thöricht handeln: ἀά-
σατο δὲ μέγα θυμῷ, er war sehr
341 bethört, verblendet, im Geiste. — ἀπ-
342 άνευθε(ν), V. 81. — θύνω,
(θύω, toben) einherstürmen, toben,
rennen. — πρόμαχος, ὁ, Vor-
kämpfer, διὰ προμ. durch, in den
vordersten Reihen. — εἷος, ep. st.
343 ἕως. — νοέω, V. 248, ὀξὺ νόησε
nämlich, αὐτούς (den Diomedes und
Odysseus) nahm sie scharf wahr, er-
blickte schnell. — (σεῖξ) V. 188. —
ὦρτο, sync. aus ὤρετο v. ὠρό-
μην, aor. 2 med. von ὄρνυμι,
V. 2. ὦρτο ἐπ' αὐτούς er erhob
sich gegen sie, er stürzte sich auf sie
344 los. — κλάζω, V. 168, pf. κέκληγα,
partic. κεκληγώς (wovon der plur.
κεκλήγοντες). — ἅμα gehört zu
εἵποντο.
345 ῥιγέω, V. 254: τὸν δὲ ἰδὼν
ῥίγησε mit Schrecken erblickt ihn rc.
346 — αἶψα, adv. sogleich. — πῆμα,
347 τό, (πάσχω) Leid, Unglück, Ver-
derben. — κυλίνδω, nur im praes.,
impf. u. aor. pass. ἐκυλίσθην, V.
147, rollen, fortbewegen; pass. sich
wälzen, daherrollen: νῶιν δὴ τόδε
πῆμα κυλ. nunmehr gegen uns wälzt
sich da das Verderben. — ὄβρι-
μος, 2. (βρίθω) stark, gewal-
348 tig. — στέωμεν, zweisilbig zu
lesen, ep. conj. aor. 2. v. ind. ἔστην.
— ἀλέξω, fut. ἀλεξήσω, aor.
conj. med. ἀλεξοίμεσθαι, abweh-
ren, τινί Jem. beistehen; med. von
sich abwehren, sich vertheidigen, sich
zur Wehr setzen: aber wohlan,
halten wir Stand und setzen
uns muthig zur Wehr. — ἀμ-
πεπαλών st. ἀναπεπαλών, partic.
des ep. redupl. aor. 2. von ἀνα-
πάλλω, emporschwingen, emporschnel-
len; von einer Lanze, die, um ihr
einen größeren Flug zu geben, ge-
schwungen wird: ἔγχος ἀμπεπ.
προΐει geschwungen entsandte
er die Lanze. — δολιχόσκιος,
2. ep. (δολιχός, 3. lang; σκιά, ἡ)
langschattig, weithin schattend, die
Länge der Lanze bezeichnendes Beiw.
(viell. st. v. σκιά, von κίω, weithin
reichend).
350 βάλλω, werfen; treffen, ver-
wunden. — ἀφαμαρτάνω (ἁμαρ-
τάνω, aor. 2. ἤμαρτον) nur ep.
aor. 2. ἀφάμαρτον, nicht treffen,
verfehlen, τινός. — τιτύσκομαι
ep. (von τετυκέσθαι?) nur praes.
u. impf.; bereiten, wie τεύχω; zie-
len, hinzielen, wie τυχεῖν, τινός
auf Jemand. — κεφαλῆφιν ep.
genit. Ueber die ep. Casusendung
s. zu 9, 58. — ἄκρος, 3. (ἀκή, ἡ, 351
Spitze) äußerst, höchst, oberst: ἄκρη
κόρυς der obere Theil des Helmes.
— κάκ ep. wegen des folg. κ, st.
κατά: ἄκρην κὰκ κόρυθα am Gipfel
des Helmes. Diese nähere Bestim-
mung gehört mit κεφαλῆφιν zu οὐδ'
ἀφάμαρτε. — πλάζω, aor. ἔπ-
λαγξα, pass. ἐπλάγχθην, schlagen,
zurückschlagen; pass. mit fut. med.
geschlagen, getrieben werden; sich um-
hertreiben; streifen; von einem Ge-
schosse, zurückprallen, abpral-
len. — χρώς, ωτός, ὁ, acc. χρῶτα, 352
u. ep. gen. χροός, acc. χρόα, die
Oberfläche eines Körpers, die Haut;
der Leib. — ἐρύκω, meist nur ep.
fut. ἐρύξω, aor. 2. redupl. ἠρύκα-
κον, zurückhalten, aufhalten, ab-
wehren. — τρυφάλεια, ἡ,
(τρύω durchbohren, φάλος, ὁ, ein
metallener Bügel, der von vorn nach
hinten sich über den Helm hinzog;
also τρυφάλεια eigtl. ein Helm mit
durchbohrtem Bügel zur Aufnahme
des Busches) der Helm. — τρί- 353
πτυχος, 2. poet. (πτύσσω, falten)
dreifaltig, dreifach, τρίπτ. τρυφάλεια
ein Helm aus drei Lagen, aus drei
über einander liegenden Platten be-
stehend. — αὐλῶπις, ιδος, ἡ, (αὐ-
λός, ὁ, Rohr, Röhre; ὤψ) τρυφ.
αὐλῶπις, ein Helm mit Visirlöchern
versehen. Andere denken an die läng-
liche rohrähnliche Gestalt des Hel-
mes; Voß: „länglich gespitzt." —
(πορω) aor. ἔπορον, gew. ep. πό-
ρον, verschaffen, geben. — ὦκα 354
adv. schnell. — ἀπέλεθρος, (πέ-
λεθρον, τό, poet. statt πλέθρον,
die Hufe Landes) unermeßlich; adv.
sehr weit, weithin. — ἀνατρέχω,
(τρέχω, fut. θρέξομαι, u. δραμοῦ-
μαι, aor. ἔδραμον) aor. 2. ἀν-
έδραμον, emporlaufen; zurücklau-
fen, zurückfahren, zurückprallen. —
μίκτο, ep. st. ἔμικτο sync. ep.
aor. 2. von μίγνυμι und μίσγω,
fut. μίξω, perf. pass. μέμιγμαι,

mischen, vermischen, μίκτο ὁμίλῳ, er mischte sich in das Getümmel, fuhr hinein unter die Menge.
355 γνύξ, (aus γόνυξ, v. γόνυ) mit gebogenem Knie. — ἐρείπω, poet. aor. 2. ἤριπον, umwerfen, umstürzen; intr. im aor. 2. stürzen, fallen, niederstürzen: στῆ δ' γνὺξ ἐριπών und stand in die Kniee gesunken (hielt sich nicht mehr aufrecht vor Betäubung). — ἐρείδω, aor. ἔρεισα, pf. pass. ἐρήρεισμαι, stemmen, stützen, V. 144; med. sich auf etw. stützen, τινός auf etw. — παχύς, εῖα, ύ, dick, gedrungen,
356 von der Hand, nervigt. — ἀμφί mit ἐκάλυψεν zu verbinden. — ὄσσε nur nom. u. acc. dual. (aus ὄσσεε) neutr. die Augen. — κελαινός, 3. poet. wie μέλας, schwarz. — ἀμφικαλύπτω (καλύπτω), fut. ἀμφικαλύψω, umhüllen, ver-
357 bergen. — ὄφρα, so lang als, während. — ἐρωή, ἡ, jede heftige Bewegung, Schwung; Gewalt, δουρὸς, der Wurf des Speeres; μετὰ δουρ. ἐρωὴν nach dem Wurf des Speeres, d. h. um den geschleuderten Spieß zu holen. — οἴχομαι, fut. οἰχήσομαι, gehen: er lief nach dem geworfenen Speere. —
358 κατεείσατο, κατεεισάμην, ep. aor. med. von κάτειμι (εἶμι) herabgehen: ὅθι οἱ κατεείσατο γαίης wo der Speer in die Erde nieder-
359 fuhr. — ἄμπνυτο ep. aor. syncop. med. v. ἀναπνέω (πνέω, fut. πνεύσομαι, πνευσοῦμαι) aor. ἀνέπνευσα, V. 327; aufathmen, zu sich kommen: athmete Hektor unterdessen wieder auf. — ὀρούω poet. (ὄρνυμι) fut. ὀρούσω, bei Homer nur der aor. ep. aor. ὄρουσα, sich mit Ungestüm erheben: ἂψ ἐς δίφρον ὀρούσας, zurück zum Wagen eilte er, oder, er sprang wieder auf den Wagen.
360 ἐξελαύνω (ἐλαύνω), fut. ἐξελάσω, aor. ep. ἐξέλασα, heraustreiben; hier ἐξέλασε, wozu ἵππους zu denken: er fuhr (ἐς πληθὺν) in die Menge davon. — ἀλεύομαι wie ἀλέομαι, aor. ἠλευάμην und ἀλευάμην, ausweichen, entgehen. —
361 κήρ, ρός, ἡ, V. 332. — ἐπαΐσσω, (ἀΐσσω), aor. ἐπήϊξα, sich darauf losstürzen, sich stürzen auf etwas, losfahren. — ἐρύω, fut. 363
ἐρύσω, ep. ἐρύσσω und ohne σ, ἐρύω, aor. εἴρυσα, aor. med. ἐρυσάμην, ἐρυσσάμην u. εἰρυσσάμην; Act. ziehen, herausziehen; entreißen; schleppen; med. zu sich hinziehen, oder als das Seinige ziehen: Jemdn. aus einer Gefahr ziehen, retten, befreien.
— μέλλω, im Begriffe sein, V. 364
22; müssen, d. h. für nothwendig, für Pflicht halten: ᾧ μέλλεις εὔχεσθαι ἰών etc. zu dem du flehen mußt, den du gewiß anflehst, so oft als du gehst rc. (darum schützt er dich). — δοῦπος, ὁ, poet. dumpfes Geräusch, Getöse, δοῦπος ἀκόντων (ἄκων, ὁ) Speergerassel, Speerkampf.
θήν, ep. encl. (urspr. Nebenf. v. 365
δή) sicherlich, doch wohl, ἦ θὴν doch wohl gewiß. — ἐξανύω, (ἀνύω, vollenden) vollenden, vollbringen; Jemdn. den Garaus machen, conficere, tödten; hier ἐξανύω fut. st. ἐξανύσω. — ἀντιβολέω (ἀντιβάλλω) aor. ἀντεβόλησα, entgegengehen; zufällig begegnen, auf Jem. stoßen, Jemdn. treffen, τινί, hier absol. — ἐπιτάρροθος, ὁ, ἡ, ep. Helfer, Beistand. — ἐπιείσο- 367
μαι ep. fut. von ἔπειμι (εἶμι), wovon auch ein ep. aor. med. ἐπιεισάμην, hinzugehen, auf etwas losgehen, angreifen, τινά. — κιχείω ep. conj. st. κιχῶ v. κίχημι ungebr. Nebenf. von κιχάνω, fut. κιχήσομαι, erreichen, ereilen, einholen,
ereilen. — Παιονίδην, schon V. 368
339. Agastrophos, Sohn des Paeon. — δουρικλυτος, 2. ep. (δόρυ, κλυτός) speerberühmt. — ἐξεναρίζω, V. 101; das imperf. ἐξενάριζεν, weil er sich nun damit befaßte, der Erlegten der Rüstung zu
berauben. — Ἀλέξανδρος, ὁ, 369
(ἀλέξω, abwehren, und ἀνήρ) ein Ehrenname des Paris, den er sich als muthiger Hirt im Kampfe gegen Räuber erworben haben soll. — πόσις, ιος, ὁ, der Gemahl. — ἠΰκομος, 2. ep. st. εὔκομος (κόμη, ἡ, das Haar) schöngelockt.
τιταίνω ep. verstärkt durch 370
redupl. von τείνω, spannen; med. τόξα seinen Bogen spannen. —
στήλη, ἡ, (ἵστημι) die Säule; 371
Grabsäule, Grabstein. — ἀνδρό-

κμητος, 2. (κάμνω, pf. κέκμηκα) von Menschen kunstvoll ausgearbeitet, überh. kunstvoll; erbaut. — τύμβος, ὁ, (τύφω, fut. θύψω, Rauch machen, am langsamen Feuer verbrennen) die Stelle, auf der ein Leichnam verbrannt worden; Grabhügel,
372 tumulus. — Ἶλος, Sohn des Tros, B. 166, Nachkomme des Dardanos, des Stammvaters der Troer. Sein Grabmal lag in der Mitte der Ebene zwischen dem Skäischen Thore und dem Schlachtfelde. — δημογέρων, οντος, ὁ, (δῆμος, γέρων) der Volksälteste, Volksherrscher, Fürst. —
373 θώρηξ, ὁ, B. 19. — ἴφθι-
374 μος, 2. B. 55. — αἴνυμαι, dep. ep. (v. αἴρνυμαι, αἱρέω), nehmen, wegnehmen, abnehmen. — στῆθος, το, (ἵστημι) die Brust; στήθεσφι; über die ep. Endung des gen. u. dat. §. 9, 58. — παναίολος, 2. poet. (αἰόλος) sehr flimmernd, schimmernd, blitzend. — ὦμος, ὁ, Schulter.
375 κόρυς, υθος, ἡ, acc. gew. κόρυθα, der Helm. — βριαρός, 3. ep. (βριάω, βρίθω) schwer. — ὁ δέ d. i. Ἀλέξανδρος. — πῆχυς, εος, ὁ, (πήγνυμι) der Ellenbogen; der Arm; der Bug am Bogen, der Griff am Bogen, auf den man beim Ab-
376 schießen den Pfeil auflegte. — ἀνέλκω (ἕλκω) aufziehen, den Bogen spannen. — ἅλιος, 3. fruchtlos,
377 vergeblich. — ταρσός, ὁ, (τέρσω) die Darre, um darauf etw. zu dörren; jede platte Fläche, ταρσὸς ποδός die Fußplatte, das Fußblatt. — διὰ δ' ἀμπερές nur in tmesi st. διαμπερές, adv. durch und durch.
378 — ἰός, ὁ, (ἵημι) Pfeil. — κατέπηκτο ep. aor. sync. med. von καταπήγνυμι, in die Erde schlagen; med. aor. fest stecken bleiben. — γελάω, aor. ἐγέλασα, lachen, μάλα ἡδύ jubelnd, frohlockend lachen.
379 — λόχος, (λέγω, legen), ὁ, der Hinterhalt, Versteck. — ἀναπηδάω (πηδάω), aor. ἀνεπήδησα, ep. ἀμπήδησα, aufspringen, ἐκ λόχου aus dem Hinterhalt hervorspringen. — εὔχομαι, laut sich rühmen, prahlen.
380 ὀφείλω, fut. in Prosa ὀφειλήσω, aor. 2: ὤφελλον, ep. ὄφελλον, schuldig sein; sollen, verpflichtet sein. Bei Homer der aor. 2. ich sollte, hätte sollen, hätte ich doch, o daß doch, als Ausdruck des Wunsches. — νείατος, ep., 381
u. νέατος, 3. poet. (νέος) der letzte, äußerste, unterste. — κενεών, ῶνος, ὁ, (κενεός ep. st. κενός, leer) eigtl. jeder leere Raum; die Weichen am Unterleib, die Weiche des Bauches, der Unterleib. — ἐκ gehört zu ἐλέσθαι. — ἐξαιρέω, aor. 2. ἐξεῖλον, herausnehmen; entreißen; med. sich (sibi) etwas herausnehmen; mit dopp. acc. selten τινί τι, hier θυμόν das Leben entreißen: ὡς ὄφελλόν τοι etc. hätt' ich dich doch unten in die Weiche des Bauches getroffen u. dir das Leben entrissen! — ἀναπνέω, B. 327; 382
c. gen. κακότητος von dem Uebel, von der Drangsal frei aufathmen, sich erholen. — οἱ relat. — φρίσσω, 383
aor. 1. ἔφριξα, pf. 2. πέφρικα, mit Präsensbdtg., eine rauhe Oberfläche haben; starren; häufig von dem Aufsträuben der Haare als Folge der Furcht; schaudern, sich entsetzen, c. acc. — μηκάς, άδος, ἡ, poet. meckernd, Beiw. der Ziege. — ταρ- 384
βέω, gew. poet., aor. ἐτάρβησα, gew. ep. ohne augm. in Furcht gerathen, sich erschrecken; trans. vor Jem. sich erschrecken, Jemdn. fürchten.
τοξότης, ὁ, Bogenschütze; hier 385
im tadelnden Sinne, weil Paris es nicht wagt, dem Diomedes nahe zu treten, τοξότα elender Schütze. — λωβητήρ, ῆρος, ὁ, poet. (λωβάομαι, schimpflich handeln) Lästerer. — κέρας, τό, gen. ep. κέραος, dat. κέρᾳ oder wie Passow schr. κέραι, das Horn; Bogen. — ἀγλαός, 3. B. 124; κέραι ἀγλαέ, du mit dem Bogen Prunkender, du Bogenheld (im spottenden Sinne). — παρθενοπίπης, ου, ὁ, voc. παρθενοπῖπα, (παρθένος, ἡ, u. ὀπιπεύω) der Mädchenbegaffer, Mädchen-
verführer. — εἰ δή, wenn doch, 386
wenn doch einmal. — ἀντίβιος, 3. (ἀντί, βίη) eigentl. mit Gewalt entgegen; als Feind entgegen tretend, feindselig; neutr. als adv. entgegen, gegenüber. — σὺν τεύχεσι mit der Rüstung, in voller Rüstung, gerüstet. — πειράω, fut. ep. πειρήσω, pf. p. πεπείρημαι, aor. pass.

ἐπειρήθην; versuchen; erproben; med. mit aor. med. und pass. versuchen; im Kampfe sich mit Jem.
387 messen. — (χραισμέω) aor. 2. ἔχραισμε, V. 117, conj. χραίσμῃ u. ep. χραίσμῃσι; statt dessen hier nach gewöhnlicher Sprachregel der optat. stehen würde. — βιός, ὁ, der Bogen. — ταρφέες, αἱ, ταρφέα, τά, (τάρφος, τό, Dickicht. τρέφω) V. 69, dicht; adv. Pfeile in Menge. —
388 ἐπιγράφω (γράφω) auf der Oberfläche ritzen, streifen, τινὰ ταρσόν Jemdn. an der Fußplatte ritzen. — αὔτως, adv. ebenso, noch so; ver-
389 geblich, umsonst. — ἀλέγω ep. nur praes. auf etw. achten, sich um etw. kümmern; also οὐκ ἀλέγω ich achte es nicht, es kümmert mich nicht.
390 κωφός, 3. (κόπτω) abgestumpft, stumpf, kraftlos. — ἄναλκις, ιδος, ὁ, ἡ, (ἀλκή, ἡ) kraftlos, schwach; feig. — οὐτιδανός, 3. poet. (οὔτις) nichtsnützig, nichtswürdig.
391 — ἦ τ' ἄλλως gewiß wohl anders, sonst wohl gewiß; wahrlich anders. — ἐπαυρίσκω (St. αὐρω) aor. 2. ἐπηῦρον, bei Hom. aor. nie im ind., bekommen, erlangen, kosten; berühren, streifen; med. an etw. Theil haben: καὶ εἴ κ' ὀλίγον περ ἐπαύρῃ sollte es auch nur ein we-
392 nig streifen. — ὀξὺ — πέλεται (πέλω, gew. med. πέλομαι, sein; werden) wird mein scharfes Geschoß: wahrlich ganz anders zeigt sich mein scharfes Geschoß. — ἀκήριος, 2. (κῆρ) ohne Herz, entseelt, todt: ἀκήριον αἶψα τίθησι macht sogleich todt, tödtet auf der Stelle (nämlich den Getroffenen, was wegen des folgend. τοῦ hinzu-
393 zudenken ist). — ἀμφίδρυφος, 2. u. ἀμφιδρυφής (δρύπτω) rings, auf beiden Seiten zerkratzt; von einer Gattin, die in Trauer um den gefallenen Gatten sich die Wangen
394 (παρειαί) zerkratzt. — ὀρφανικός, 3. poet. st. ὀρφανός, verwaist, elternlos. — ἐρεύθω gew. nur poet., aor. ἔρευσα, röthen, roth färben.
395 πύθω, fut. πύσω, ep. vermodern lassen, durch Verwesung auflösen; pass. vermodern, verwesen. — οἰωνός, ὁ, (οἶος) ein einsam fliegender Vogel, Raubvogel, Adler, Geier rc. — περί adv. wie V. 37. — πλέες, ep. sync. nom. plur. st. πλείονες comp. v. πολύς: οἰωνοὶ δὲ περὶ πλέες ἠὲ γυναῖκες und um ihn sind mehr Geier als Frauen.
— ἔστη πρόσθε trat vor ihn 397
(zu seiner Deckung). — ὀδύνη, ἡ, 398
Schmerz, Qual. — χρώς, gen. χροός, ὁ, V. 352, der Körper. — ἀλεγεινός, 3. ep. st. ἀλγεινός (ἄλγος, τό), compar. ἀλγίων, superl. ἄλγιστος, schmerzhaft, qualvoll: qualvoller Schmerz drang durch
seinen Leib (seine Glieder). — Dieser 399
und der folg. V. s. V. 273 u. 274.
οἰόω, (οἶος), aor. pass. allein 401
lassen, pass. verlassen werden; verlassen sein, allein sein. — ἔλλαβε 402
ep. mit verdopp. λ st. ἔλαβε. —
ὀχθέω, ep. schweren Herzens sein, 403
unwillig sein; voll Kummer sein; immer in Vbdg. mit προςέφη oder εἶπε. — μεγαλήτωρ, großherzig; muthig: er sprach voll Unmuth zu
sich in seinem edlen Herzen. — φέ- 404
βομαι, nur praes. und impf. wie φοβέομαι, fliehen, eilig zurückweichen, V. 121: μέγα μὲν κακόν, αἴ κε φέβωμαι, ein großes Unglück, wenn ich weiche.
ταρβέω V. 384; trans. sich vor 405
Jem. fürchten, c. acc. — ῥίγιον ep. compar. (von ῥῖγος, τό, der Frost) nur neutr. u. superl. ῥίγιστος, frostiger; schauderhafter, entsetzlicher, schlimmer. — ἁλώω, ep. zerdehnt st. ἁλῶ conj. v. ind. ἑάλων, aor. sync. v. ἁλίσκομαι, ge-
fangen werden. — φοβέω, V. 173. 406
— τίη poet. eine verstärkte Form 407
st. τί, warum? — διαλέγομαι, (λέγω) ep. aor. 1. διελεξάμην, überlegen, überdenken; τίη μοι ταῦτα διελ. θυμός, warum erwog Solcherlei mein Herz? was soll dieser Gedanke in meinem Herzen? (wie kann ich nur an so etwas denken?) —
ἀριστεύω, (ἀριστεύς) der Erste 409
sein, sich hervorthun, sich auszeichnen. — χρειώ, ἡ, u. χρεώ ep. (χρή) gen. χρειοῦς, Bedürfniß, Noth, Nothwendigkeit, gew. c. acc. der Person, wobei ein Verbum wie ἱκάνει, zu denken ist; auch acc. c. inf. τὸν μάλα χρεὼ ἑστάμεναι κρατερῶς, diesem thut es Noth mit Kraft Stand zu halten.

410 ἤ τε — ἤ τε wie εἴτε — εἴτε.
— ἔβλητο ein ep. aor. sync. med.
mit pass. Bdtg. dem St. des Per-
fects nachgebildet von βάλλω. Der
aor. als Bezeichnung eines jedes-
maligen, öfter wiederkehrenden Falles
hat Präsensbdtg.: sei es, daß er
getödtet wird oder Andere
411 tödtet. — ὁρμαίνω, poet. be-
sonders ep. st. ὁρμάω, aor. ὥρ-
μηνα, bei Homer nur von einer
geistigen Thätigkeit, überlegen, er-
wägen, κατὰ φρένα, animo volvere.
412 — ἐπί, in tmesi und gehört zu
ἦλθον, ἐπέρχομαι s. V. 194: ἕως
— τόφρα etc. während er dieses im
Herzen erwog, da kamen heran ꝛc.
413 — εἴλω im act. und pass. ep. st.
εἰλέω, aor. ἔλσα, inf. ἔλσαι, aor. 2.
pass. ἐάλην; drängen, zusammen-
drängen; ἔλσαν ἐν μέσσοισι, näm-
lich αὐτόν, den Odysseus, sie dräng-
ten ihn in ihre Mitte, d. h. sie such-
ten ihn zu umzingeln, ihn in ihre
Mitte zu nehmen. — μετὰ σφίσι
πῆμα τιθέντες indem sie zwi-
schen sich das Unheil stellten, d. h.
indem sie ihr eigenes Unheil in ihre
414 Mitte nahmen. — ὡς ὅτε, mit
folg. conj. V. 325. — κάπριος,
ὁ, ep. V. 293. — ἀμφί adv. rings
herum. — θαλερός, 3. poet.
(θάλλω, blühen) blühend, grünend;
kräftig. — αἰζηός, ὁ, kräftig, rü-
stig, sowohl als Subst. als auch als
Adj. mit ἀνήρ verbunden.

415 σεύω, poet. aor. ἔσσευα und
σεῦα, pf. pass. ἔσσυμαι oft mit
Präsensbdtg., hetzen, jagen; schleu-
dern, V. 147; med. wie act. trei-
ben, jagen, auf Jem. eindringen. —
ξύλοχος, ἡ, (ξύλον, τό, ἔχω)
416 Holzung, Dickicht. — θήγω, fut.
θήξω, wetzen, schärfen. — μετά,
c. dat. zwischen. — γναμπτός,
3. (γνάμπτω, biegen) gebogen, ge-
krümmt; biegsam, gelenkig. — γέ-
νυς, υος, ἡ, plur. acc. γένυας,
zsgz. γένυς, der Kinnbacken, vom
417 Schwein, der Rüssel. — ἀΐσσω,
V. 118; dep. pass. wie act. rennen,
einstürmen, auf Jem. losstürmen, ein-
dringen; ἀΐσσονται nämlich κύνες
θαλεροί τ' αἰζηοί. — ὑπαί ep.
st. ὑπό, adv. unten, darunter; V.
117. — κόμπος, ὁ, (κόπτω) das
Gerassel, Geräusch, ὀδόντων, das
Klappern mit den Hauzähnen (des
wilden Thiers): ἀμφὶ δέ τ' ἀΐσσον-
ται, ὑπαὶ δέ τε κόμπ. ὀδ. γίγνε-
ται rundum dringen sie auf ihn ein,
und man vernimmt das Fetzen seiner
Zähne. — ἄφαρ, (aus ἀπό u. ἅρπω)
V. 13, sofort; plötzlich; μένουσι
ἄφαρ „halten gleich Stand, stehen
sofort“ Faesi; halten gleichwohl, den-
noch Stand (so entsprechend dem fol-
genden concessiven Gedanken).

οὐτάζω, V. 260, fut. οὐτάσω 421
u. v. οὐτάω ist fut. οὐτήσω, ver-
wunden, stechen, spießen. — ὕπερ-
θεν von oben her. — ἐπάλμε-
νος, partic. eines sync. aor. med.
von ἐφάλλομαι (ἅλλομαι) depon.
hinaufspringen, hinanspringen. —
Θόων, ein Troer von Odysseus 422
erlegt; den Namen führen noch an-
dere Troer. S. 5, 152; 12, 140. —
ἐξεναρίζω, V. 101. — καθ' 423
ἵππων ἀΐξαντα da er eben vom
Wagen herabsprang. — πρότμη- 424
σις, ιος, ἡ, (τέμνω) der Ein-
schnitt über den Hüften, die Taille,
κατὰ πρότμ. vorn am Unterleib.
— ὀμφαλόεις, εσσα, εν, (ὀμ-
φαλός, ὁ, der Nabel, der Mittel-
punkt) V. 259.

νύσσω, aor. ep. νύξα, stechen, 425
V. 96, 252. — ἀγοστός (ἄγνυμι,
brechen) eigtl. das Eingebogene, d. h.
die gekrümmte Hand; immer: ἕλε
γαῖαν ἀγοστῷ er faßte die Erde
mit der Hand. — Χάροψ, οπος, 426
Sohn des Hippasos, ein Troer, sonst
nicht bekannt. — αὐτοκασίγνητος, 427
ὁ, (κασίγνητος, ὁ, Bruder) poet.
der leibliche Bruder. — εὐηγε-
νής, ές, ep. st. εὐγενής, von edlem
Geschlecht entsprossen, edel. — ἐπ- 428
αλέξω, (ἀλέξω, fut. ἀλεξήσω,
abwehren) ep. abhalten, entfernen;
helfen, beistehen, τινί. — κίω poet.
gleichen Stammes mit εἶμι (ἴω)
V. 284. — στῆ δὲ μάλ' ἐγγὺς 429
ἰών er trat sehr nahe an ihm heran.
— πρός verbinde mit ἔειπεν.

πολύαινος, 2. ep. (αἰνέω, fut. 430
αἰνέσω) viel gelobt, ruhmreich. —
ἆτος, 2. zsgz. aus ἄατος, ep (ἄω)
unersättlich, c. gen. δόλων ἠδὲ πό-
νοιο an Ränken und Mühen (Kampf).
— σήμερον, adv. (Att. τήμερον 431
aus τῇ ἡμέρᾳ) heute. — ἐπεύχο-
μαι, (εὔχομαι) fut. ἐπεύξομαι,

aor. ἐπευξάμην, zu Jemdm. flehen;
sich rühmen, jubeln, τινί über Jem.,
d. h. wegen des Sieges über Jem.
432 — (ἀπαυράω) davon das imperf.
ἀπηύρων, V. 115 und partic. aor.
ἀπούρας, entreißen, rauben, hier,
433 τεύχεα die Rüstung. — ἀπό in
tmesi zu ὀλέσσῃς. Der coniunct.
(ὀλέσσῃς) steht öfter mit und ohne
434 ἄν statt des fut. ind. — πάντοσε,
adv. (πᾶς) überall hin, nach allen
Seiten hin, V. 61. — ἐΐσος, ep.
verläng. aus ἴσος, Att. ἴσος, V. 8.
435 φαεινός, 3 V. 253, compar.
φαεινότερος. — ὄβριμος, 2. V.
436 347, riesig, sehr groß. — θώρηξ,
V. 373. — πολυδαίδαλος, 2.
poët. (δαίδαλος) V. 32. — ἐρείδω,
aor. ἤρεισα, aor. med. ἠρεισάμην,
perf. pass. ἐρήρεισμαι, 3. sing.
plqpf. ἠρήρειστο, stemmen, stützen,
fest anlehnen, V. 144; stoßen; pass.
durchdringen, διὰ θώρηκος der
Speer drang durch den Panzer; med.
437 sich stützen, V. 355. — πλευρή,
ἡ, die Seite des Leibes, die Rippen,
nur plur. — χρώς, ὁ, V. 352;
die Haut. — ἐργάθω u. ἐεργάθω,
ep. Nebenf. v. ἔργω, ἐέργω, ab-
sondern, abtrennen: ἀπὸ πλευρῶν
χρόα ἔργαθεν (der Speer) streifte
die Haut von den Rippen ab. —
438 μιχθήμεναι, ep. st. μιχθῆναι,
von μίγνυμι (μίσγω), fut. μίξω,
aor. ἔμιξα, V. 354; pass. sich ver-
mischen: etwas berühren. μιχθημ.
ἔγκατα φωτός in die Eingeweide
des Mannes dringen. — ἔγκατα,
439 τά, ep. V. 176. — ὅ = ὅτι. —
κατακαίριος = καίριος, oder
nach Anderer Lesart κατὰ καίριον
(καιρός), am rechten Ort, ent-
scheidend, tödtlich. „τέλος κατακαί-
ριον ist acc. des Zieles zu ἦλθεν,
das Subject aber zu diesem wieder
ἔγχος (oder ἡ πληγή): er merkte,
daß ihm die Wunde nicht zur ent-
scheidenden Vollendung, auf einen
tödtlichen Punkt gekommen war."
Faesi. Andere nehmen τέλος κατα-
καίριον als Subject zu ἦλθεν,
das entscheidende, verhängnißvolle
Ende, der entscheidende Augenblick.
440 ἀναχωρέω (χωρέω) fut. -ήσω,
441 zurückgehen, weichen. — ἆ, Ausruf
gew. des Unwillens, ἆ δειλέ, Un-
seliger! Elender! — κιχάνω und

κιχάνομαι, V. 367, erreichen, er-
eilen. — ἦτοι, V. 94: ἦτοι μέν 442
ῥ' ἔμ' ἔπαυσας etc. du brachtest
mich zwar allerdings davon ab rc.,
triebst mich zurück rc. — σοὶ δέ 443
φημί, ich meine, glaube. — φό-
νος, ὁ, (φένω, aor. 2. ἔπεφνον,
tödten) Mord, Tod. — κήρ, ἡ,
V. 332. — ἤματι τῷδε an die- 444
sem Tage, heute. — ὑπό c. dat.
V. 160, 433. — δαμάω, fut. δα-
μάσω, aor. 2. pass. ἐδάμην, V. 98;
δαμέντα ἔγχος δώσειν, nämlich σέ.
κλυτόπωλος, 2. ep. (κλυτός, 445
πῶλος) berühmt durch Rosse. In
der Ilias Beiw. des Hades, „mit
den trefflichen Rossen, mit denen er
die Menschen auf seinem Wagen in
die Unterwelt entführt". Faesi. —
φύγαδε, adv. ep. (φυγή) in die 446
Flucht. — ὑποστρέφω (στρέφω),
fut. ὑποστρέψω, umkehren, zurück-
wenden; intr. sich umwenden, sich um-
kehren, φύγαδε sich zur Flucht um-
wenden. — ἐβεβήκει das plqpf.
hat gew. die Bdtg. des aor. V. 290;
βαίνω, fut. βήσομαι, gehen, schrei-
ten; trans. betreten. — μετα- 447
στρέφω, umwenden; umkehren;
pass. nur aor. pass. partic. sich
umwenden. — μετάφρενον,
τό, (φρήν) das hinter dem Zwerch-
fell Liegende, d. i. der obere Theil
des Rückens. — ἐν steht seinem Ca-
sus nach. — πήγνυμι, fut. πήξω,
ἔπηξα, festschlagen hineinschlagen,
hineinstoßen, bei δόρυ, häufig mit
ἐν: τῷ δὲ μεταστρ. μεταφρένῳ
ἐν δόρυ πῆξεν, nämlich Ὀδυσσεύς,
sobald er sich umgewandt, stieß er
ihm den Speer in den Rücken. —
μεσσηγύς, ep. wegen des Metrum, 448
sonst μεσηγύ adv. in der Mitte, da-
zwischen: auch c. gen. zwischen,
mitten zwischen (ὤμων) die Schul-
tern, zwischen die Schulterblätter. —
στήθεσφι, V. 374. — ἐλαύνω,
fut. ἐλάσω, aor. ἤλασα, ep. ἔλασσα,
in Bewegung setzen: treiben, V. 68.
— δουπέω, gew. poët. (δοῦπος, 449
ὁ, dumpfes Geräusch) dumpf tönen;
krachen: πεσών (δοῦπος) der beim
Niederstürzen zur Erde dumpfen Schall
verursacht, dumpf erdröhnt. — ὁ δέ
voraus hinweisend auf Ὀδ., Odys-
seus dagegen. — ἐπεύχομαι,
V. 431.

450 δαΐφρων, ονος, ὁ, ἡ, (gew.
abgel. v. δαΐς u. φρήν) schlachten-
kundig; (oder v. δαῆναι, φρήν) ver-
sucht, bewährt, erfahren, verständig.
451 B 123. — φθάνω, fut. φθήσο-
μαι, aor. 2. sync. ἔφθην, B. 51,
zuvorkommen, gew. mit dem partic.,
welches das bezeichnet, worin man
zuvorkommt, daher durch: zuvor
zu übersetzen. — κιχάνω, Π. 367,
441; davon eine Nebenf. κίχημι,
wovon das partic. med. κιχήμενος,
erreichen, ereilen: φθῆ σε τέλος
θαν. κιχήμενον (τέλος θανάτοιο
ist Umschreibung für θάνατος) dich
ereilte zuvor der Tod, dir kam der
Tod zuvor, d. h. du bist dem Tode
nicht entgangen; die folgend. Worte
οὐδ᾽ ὑπάλ. wiederholen poetisch den-
selben Gedanken. — ὑπαλύσκω,
(ἀλύσκω, fut. ἀλύξω, ausweichen)
aor. gew. ep. ὑπάλυξα st. ὑπήλυξα,
452 entgehen, entrinnen. — πότνια,
ἡ, nur nom., acc. und voc, auch
sync. πότνα, geehrt, ehrwürdig; als
453 Subst. Herrin. — καθαιρέω,
(αἱρέω) herabnehmen, ὄσσε θα-
νόντι die Augen (die Augenlieder)
herabnehmen, d. h. die Augen zu-
454 drücken. — ὠμηστής, οῦ, ὁ,
poet. (ὠμός, roh, ungekocht, ἐσθίω)
rohes Fleisch fressend, überh. fleisch-
fressend. — ἐρύουσι ist fut. st.
ἐρύσουσι, von ἐρύω, ep. εἰρύω,
aor. εἴρυσα u. ep. mit dopp. σ, B.
9; ziehen; reißen, schleppen, zerren,
hier von Raubvögeln, welche den
Leichnam des Sokos zerreißen werden.
— περί in tmesi. — πυκνός, 3.
B. 118; πυκνὰ πτερά dicht befie-
derte Flügel. Einige nehmen πυκνά
als adv. zu περιβάλλω, dicht, zahl-
reich um Jem. die Flügel schlagen,
also, dicht umflattern (bezeich-
nend die Gier der Vögel nach Fraß).
455 κτερίζω, fut. Att. κτεριῶ zu-
gleich als ep., den Todten feier-
457 lich bestatten. — ἔγχος ἔξω
χροὸς ἕλκε er zog den Speer
(den Sokos auf ihn geschleudert) aus
seinem Leibe, d. h. aus seiner Wunde
458 (an der Seite) heraus. — σπάω,
fut. σπάσω, Λ. 240; σπασθέντος,
nämlich τοῦ ἔγχεος. — ἀνέσσυτο
sync. aor. 2. med. in pass. Bdtg.,
der dem plqpf. pass. der Form nach
gleich ist; ἀνασσεύω (σεύω. Λ. 147,
415) schnell emporbewegen; hier pass.
vom Blut, hervorspritzen: und es
schoß ihm das Blut hervor,
nachdem der Speer (aus der
Wunde) herausgezogen war.
— κήδω, fut. κηδήσω, fut. med.
κεκαδήσομαι; act. nur ep. äng-
stigen; schwächen: κῆδε δὲ θυμόν
und machte schwinden seinen Muth,
beängstigte sein Herz.
κέλομαι, poet., aor. 2. ep. 460
redupl. ἐκεκλόμην, partic. κεκλό-
μενος: antreiben, ermahnen, B. 91;
zurufen, ermuntern. — ὅμιλος,
ὁ, Λ. 147. καθ᾽ ὅμιλον im Ge-
tümmel, im Gedränge: sie riefen
einander im Gedränge sich zu
und gingen ihm alle entge-
gen, drangen alle auf ihn
ein. — ἐξοπίσω adv. (ὀπίσω) 461
vom Orte, rückwärts. — ἀναχά-
ζομαι med. (χάζομαι, aor. ἀνε-
χασάμην, zurückweichen, zurückgehen.
— αὔω, B. 10, 275, laut schreien,
aor. ἤϋσα, selten trans. rufen. —
χανδάνω (χαω) ep. fut. χείσο- 462
μαι, aor. ἔχαδον; intr. klaffen. ἤϋ-
σεν, ὅσον κεφαλὴ χάδε φωτός er
schrie, so sehr als der Kopf, d. i.
der Mund eines Mannes klaffte,
d. h. er schrie aus vollem Halse. —
ἀΐω poet. nur praes. und imperf. 463
(ohne augm.) merken, vernehmen,
hören; c. gen. bei Hom. besond.
partic. praes. ἰάχω, aor. ἰάχησα, laut
schreien. Das Wort hat das Di-
gamma, was beim Lesen zu beachten
ist. — ἀρηΐφιλος, ὁ, ep. von
Ares geliebt, kriegstüchtig, tapfer.
κοίρανος, ὁ, (κύριος) Herrscher, 465
Gebieter. — ἀμφί c. acc. nur räum- 466
lich mit dem Begriff der Bewegung
nach oder um etwas herum. —
ταλασίφρων, (τάλας, τλῆναι;
φρήν) mit duldendem Herzen, stand-
haft, muthig. — ἀϋτή, ἡ, (αὔω)
Geschrei, lautes Rufen: zu mir (mir
in's Ohr) dringt die Stimme des
heldenmüthigen Odysseus, ich ver-
nehme rc. — ἴκελος, 3. poet. st. 467
εἴκελος, ähnlich, gleich. — βιῴατο
ep. opt. gedehnt statt βιῷντο als
depon. von βιάομαι, von βιάω =
βιάζω u. βιάζομαι, letzt. nur praes.
und impf. als depon., zwingen, be-
drängen; βιάομαι als dep. bewäl-
tigen, bezwingen, τινά. — ἀπο- 468

τμήγω ep. Nebenf. v. ἀποτέμνω,
aor. ἀπέτμηξα, abschneiden. —
ὑσμίνη, ἡ, auch mit einem metapl.
dat. ὑσμῖνι, Treffen, Schlacht, gew.
mit dem adi. κρατερή, gewaltige
Feldschlacht, V. 72: τῷ ἴκελη ὡς
εἴ ἑ βιῷατο etc. jenem gleich, als
ob ihn ꝛc., st. gleich als ob ihn, da
er allein war, die Troer in einer
gewaltigen Schlacht (d. h. in großer
Menge) abgeschnitten schon bewältig-
469 ten. — ἴομεν ep. conj. mit ver-
kürztem Modusvocal als Ausdruck
einer Aufforderung. — ἀλέξω,
fut. ἀλεξήσω, V. 318, beistehen:
zu Hülfe eilen.
470 δείδω, (im praes. nur die 1.
Perſ.), fut. δείσομαι, aor. ἔδεισα,
pf. δέδοικα u. pf. 2. δέδια, beide
pf. mit Präsensbdtg., fürchten. —
πάσχω, V. 313. — μονόω, u.
ion. μουνόω, einzeln lassen; pass.
471 allein gelassen werden. — ἐσθλὸς
ἐών bloße Eigenschaft bezeichnend:
der Treffliche. — ποθή, ἡ, ep. st.
πόθος, Wunsch, Sehnsucht, μεγάλη
ποθὴ (αὐτοῦ) Δαναοῖσι γένηται
groß mag das Verlangen nach ihm
bei den Danaern sein; nach einer
anderen Lesart ἐγένετο, groß war ꝛc.
die Danaer vermißten ihn sehr un-
474 gern. — ἕπω mit etw. beschäftigt
sein; ἕπομαι, aor. 2. ἑσπόμην, fol-
gen, begleiten; im feindlichen Sinne,
V. 154 nachsetzen, zusetzen, ἀμφ'
αὐτὸν Τρῶες ἕποντο rund um ihn
drängten die Troer. — δαφοι-
νός, 2. (δα eine verstärkende Vor-
setzungssilbe, vielleicht v. διά, durch-
aus: φονός, ὁ) blutroth, sehr roth,
braunroth. — θώς, θωός, ὁ, ein
Raubthier, Schakal, der seiner Farbe
nach dem Fuchse gleicht. — ὄρεσ-
φιν, ep. genit. ὄρος, τό, Berg,
Gebirge. Ueber φιν V. 374.
475 ἔλαφος, ὁ, ἡ, der Hirsch, V.
113. — κεραός, 3. gehörnt (κέ-
ρας, τό). — βάλλω, partic. pf.
pass. (V. 410) getroffen, verwundet.
476 — νευρή, ἡ, die Sehne am Bo-
gen. — ἀλύσκω (ἀλεύομαι), fut.
ἀλύξω, aor. ἤλυξα, ausweichen, ent-
gehen, vermeiden, c. acc. τὸν μὲν
ἤλυξε πόδεσσι φεύγων, diesem,
dem Jägersmanne, entging er durch
477 schnelle Flucht. — ὄφρα, so lange
als. — λιαρός, 3. ep. warm;
λιαρὸν ist Prädikat zu αἷμα, er-
gänze, ᾖ so lange das Blut warm
ist. — ὄρνυμι, V. 2, perf. 2.
ὄρωρα intr. sich regen: so lange die
Kniee sich regen, so lange Kraft in
den Knieen noch ist. — δή wie ἤδη, 478
schon, endlich. — δαμάσσεται
ep. st. δαμάσηται, v. Ind. ἐδαμα-
σάμην: δαμάω, V. 98, das med.
wie act.: nachdem ihn endlich ge-
tödtet hat. — ὠμοφάγος, 2. 479
(ὠμός, 3. roh, φαγεῖν) rohes Fleisch
essend, wildgefräßig. — δαρδάπτω
ep. verstärktes δάπτω, zerreißen, zer-
fleischen und verzehren.

νέμος, τό, poët. (νέμω) eigtl. 480
die Weide; Hain, Waldung, nemus.
— σκιερός, 3. (σκιή, σκιά) schat-
tig, dunkel. — λίς, ὁ, V. 239. In
Betreff des Accentes in λῖν, vgl.
κλείς, acc. κλεῖν. — σίντης, ὁ, 481
poët. der Räuber; als adi. räuberisch.
— διατρέω (τρέω, zittern; vor
Furcht fliehen) vor Furcht ausein-
ander laufen, davonlaufen. — ποι- 482
κιλομήτης, ου, ὁ, (ποικίλος,
μῆτις) voll vielfacher Anschläge,
erfindungsreich. — ἀμφ' Ὀδυ- 483
σῆα ἕπον wie oben V. 473 ἀμφ'
αὐτὸν ἕποντο. — ἀΐσσω, V. 118. 484
— ἀμύνω, V. 277, abwehren;
med. von sich abwehren. — νη-
λεής, ές, poët. (νη-, ἔλεος, ὁ,
Mitleid) erbarmungslos, grausam,
νηλ. ἦμαρ der Todestag.

σάκος, τό, poët. der Schild 485
(von größter Sorte). — ἠΰτε ep.
adv. wie, gleichwie. — πύργος,
ὁ, Thurm. — πάρεξ, πάρεκ 486
c. gen. draußen, davor; c. acc.
daneben; 2. adv. nahe dabei, στῆ-
ναι nahe herantreten, nahe stehen
bleiben. — ἄλλυδις ep. adv.
(ἄλλος) anders wohin; mit ἄλλος
der eine dahin, der andere dorthin.
— ἤτοι leitet ein wie μέν, dem 487
das folgende δέ entspricht. — ἀρή-
ιος, 2. ion. st. ἄρειος, dem Ares
geweiht, kriegerisch, tapfer. — εἵως 488
ep. st. ἕως, bis daß. — ἐπάλ- 489
μενος, partic. des sync. aor. v.
ἐφάλλομαι, V. 421; c. dat. auf
Jem. losstürzen, mit Heftigkeit ein-
dringen. — αἱρέω, aor. 2. εἷλον,
nehmen, fassen, V. 425; verwunden;
erlegen, tödten.

490 νόθος, 3. unehelich, unecht, V.
102. — οὐτάω Nebenform v. οὐ-
τάζω, fut. οὐτήσω und οὐτάσω,
492 V. 260, 421. — πλήθω, nur
praes. voll sein; voll werden; an-
schwellen. — πεδίον, τό, (πέ-
δον, Boden) Ebene; πεδίονδε als
poet. adv. in die Ebene hin, in's
493 Gefilde. — χειμάῤῥοος, 2. (χει-
μών, ῥέω) vom Winterwasser,
von Regen und geschmolzenem Schnee
fluthend. — ὀπάζω poet. (ἕπω),
fut. ὀπάσω, aor. ὤπασα, ep. mit
σσ, auch ohne augm., zum Begleiter
geben, folgen lassen; verleihen; med.
τινά, Jemdn. zum Begleiter neh-
men; pass. ὡς ὁπότε πλήθων
ποταμὸς πεδ. κάτεισι χειμάῤ-
ῥους κατ' ὄρεσφιν ὀπαζόμενος
Διὸς ὄμβρῳ, wie wenn ein
Strom anschwellend in's
Gefilde hinabstürzt, wild
fluthend von Bergen herab
und gedrängt von des Zeus
494 heftigem Regen. — δρῦς, υός,
ἡ, die Eiche. — ἀζαλέος, 3. (ἄζω)
poet. trocken, dürr. — πεύκη, ἡ,
die Fichte.
495 ἐσφέρω. εἰσφέρω (φέρω), hin-
eintragen; med. mit sich forttragen,
fortführen. — ἀφυσγετός, ὁ, ep.
Schlamm. — ἐφέπω, poet. (ἕπω),
verfolgen (V. 177), nachjagen. —
κλονέω, V. 118; vor sich her-
jagen, mit Ungestüm treiben: ἔφεπε
κλονέων trieb mit Ungestüm. —
497 δαΐζω, poet. (δαίω), fut. δαΐξω,
aor. ἐδάϊξα, theilen, zertheilen; nie-
498 derhauen, morden. — πεύθο-
μαι poet. st. πυνθάνομαι: οὐδέ
πω Ἕκτωρ πεύθετο (Hektor war
den Drohungen des Diomedes aus-
gewichen) und Hektor vernahm es
noch nicht. — μάχης ἐπ' ἀρι-
στερά zur linken Seite der Schlacht,
d. h. vom Standpunkte der Troer,
links. — μάρναμαι, poet. dep.
med. nur praes. u. imperf. V. 74.
499 — ὄχθη, ἡ, gew. poet. (ἔχω) die
Erderhöhung, Ufer, Rand. — ἧ, als
adv. hier, da; als relat. poet. st.
ᾗ, wo.
500 κάρηνον, τό, Haupt. — βοή,
ἡ, Geschrei, Lärm. — ὄρωρει,
V. 343, entstehen. — ἄσβεστος, 2.
(σβέννυμι) unauslöschlich, unermeß-
502 lich, endlos, V. 50. — ὁμιλέω,
aor. ὡμίλησα, zusammen sein, ver-
kehren; sich unter einer Menge be-
finden, gew. mit den Präpos. μετά,
ἐνί c. dat.; häufig im feindlichen
Sinne: handgemein werden, kämpfen.
— μέρμερος, 2. poet. (μερίζω,
theilen, μέριμνα, ἡ, Sorge) sorgen-
voll; entsetzlich, μέρμερα ἔργα,
auch ohne ἔργα, Kriegsthaten. —
ῥέζω, fut. ῥέξω, thun, verrichten,
vollbringen. — ἱπποσύνη, ἡ, ep. 503
(ἵππος) die Kunst, Rosse zu lenken,
vom Wagen zu kämpfen; Wagen-
kampf: ἔγχεϊ θ' ἱπποσύνῃ mit der
Lanze und dem Streitwagen. — ἀλα-
πάζω (ἀ euphon. u. λαπάζω), fut.
ἀλαπάξω, ausleeren, erschöpfen;
überwältigen, bezwingen, vernichten.
— νέων φάλαγγας Reihen jun-
ger Krieger, deren Namen zu nen-
nen zu viel wäre. — χάζω, ep., 504
wovon im act. nur aor. 2. ep. κέ-
καδον und fut. κεκαδήσω, einer
Sache berauben, V. 334; med. ge-
wöhnlicher, fut. χάσομαι, weichen,
zurückgehen, sich zurückziehen, c. gen.
— κέλευθος, ἡ, pl. αἱ κέλευ-
θοι und τὰ κέλευθα. Weg, Pfad;
der Gang, οὐ κελεύθου χάζοντο
wichen nicht von ihrem Gange, d. i.
von der Stelle. Nach Faesi dagegen
„κελεύθου = ὁρμῆς“ ließen nicht
ab von ihrem Andrange.
παύω, fut. παύσω, aufhören 506
machen, zur Ruhe bringen, zurück-
halten, zum Weichen bringen, c. partic.
— ἀριστεύω (ἀριστεύς, ὁ) der
Vorzüglichste sein, sich auszeichnen, V.
409, ἀριστεύοντα, den ausgezeich-
netsten, vorzüglichsten (ποιμένα λαῶν)
Volksführer. — τριγλώχιν, ινος, 507
ὁ, ἡ, (γλωχίν) eigentl. mit drei
Spitzen, dreischneidig (von den drei
Kanten des Pfeils). — τῷ d. i. 508
Μαχάονι. — περιδείδω (δείδω)
ep. aor. ep. περίδδεισα, u. pf. 2.
περιδείδια mit Präsensbdtg., sich
sehr fürchten, τινί für Jem. sehr be-
sorgt sein. — πνείω, ep. st. πνέω,
pf. med. πέπνυμαι. blasen, athmen;
schnauben, μένεα πνείοντες Muth
schnaubend, von Muth beseelt. —
μετακλίνω (κλίνω), aor. pass. 509
μετεκλίνθην, anders wohin biegen:
πολέμοιο μετακλινθέντος wenn
der Kampf sich (auf die andere Seite)
gewendet hat: μή πώς μιν — ἕλοιεν

(sie fürchteten) daß sie ihn vielleicht,
wenn die Schlacht sich gewendet, töd-
ten möchten.
512 ἄγρει, pl. ἀγρεῖτε, eigtl. imper.
v. ἀγρέω (poet. = αἱρέω) „laß an",
auf! frisch dran! — ἐπιβαίνω,
fut. ἐπιβήσω, aor. ἐπέβησα, aor.
med. ἐπεβησάμην, dazu der ep.
imper. ἐπιβήσεο; hinaufsteigen, be-
steigen, c. gen. ὀχέων (ὄχος, τό)
den Wagen. — πάρ, παρά als
513 adv. dabei, daneben. — ἔχω, hal-
ten, hinhalten, ἵππους die Rosse
lenken. — μώνυξ, υχος, ὁ, (entw.
v. μόνος, oder μία und ὄνυξ) mit
ungespaltenem Huf, einhufig. Nach
And. von μάω und ὄνυξ, streb-
hufig (bezeichnend das Stampfen
514 vor Begierde zu eilen). — ἰητρός,
ὁ, ion. st. ἰατρός, der Arzt, Wund-
arzt, auch als adj. mit ἀνήρ, heil-
kundiger Mann. — ἀντάξιος, 2.
(ἀντί in Zusammensetzung mit dem
Begriff des Vergleichs, ἄξιος) gleich
werth, πολλῶν ἄλλων so viel werth
als viele andere.
515 ἐκτάμνω ep. und ion. st. ἐκ-
τέμνω, herausschneiden, ein Geschoß
aus der Wunde. — ἤπιος, 3.
mild, sanft; mildernd, lindernd, φάρ-
μακα Heilmittel. — πάσσω bei
Hom. nur praes. und imperf. darauf
516 legen, streuen. — ἀπειθέω, B. 195.
518 — ἰητήρ, ῆρος, ὁ, ep. Nebenf.
519 v. ἰητρός. — μαστίζω (μάστιξ,
ἡ) fut. μαστίξω, peitschen, geißeln.
520 τῇ B. 409, auch als relat. st. ᾗ.
— ἔπλετο sync. impf. v. πέλο-
μαι (eigtl. sich regen) sein; werden.
— θυμῷ, nämlich ἵππων, denn
dahin ging das Verlangen der Pferde.
521 — ὀρίνω (poet. Nebenf. v. ὄρ-
νυμι, St. ὀρω), aor. ὤρινα, er-
regen, B. 208; in Verwirrung setzen,
Τρῶας ὀρινομένους ἐνόησε be-
merkte die Verwirrung der Troer.
522 — παραβαίνω, partic. perf. ep.
παρβεβαώς, daneben gehen; partic.
pf. neben Jemdm. (auf dem Kampf-
523 wagen) stehend, c. dat. — ὁμιλέο-
μεν Δαναοῖσι wir kämpfen, sam-
meln uns mit den Danaern. —
524 ἐσχατιή, ἡ, die Grenze, das
äußerste Ende, πολέμοιο ist im B.
498 genauer bestimmt. — δυσηχής,
ές, (ἠχέω) widrig tönend; v. Kriege,
schrecklich tosend.

ἐπιμίξ, adv. unter einander ge- 525
mischt: οἱ δὲ δὴ ἄλλοι Τρ. ὀρί-
νονται ἐπιμίξ „dort aber die an-
dern sind durcheinander gewirrt".
Faesi. — κλονέω, B. 148, 496. 526
Αἴας κλονέει (αὐτούς) Ajas treibt
sie in's Gedränge. — εὐρὺ γὰρ 527
ἀμφ' ὤμοισιν ἔχει σάκος sein
breiter Schild deckt ihm die Schul-
tern, mit dem breiten Schilde deckt
er seinen Leib. — κεῖσε adv. poet. 528
st. ἐκεῖσε, dahin, dorthin. — ἰθύνω
(ἰθύς) ep. st. εὐθύνω, gerade rich-
ten; nach einem Punkt hin richten,
lenken. — ἔριδα προβαλόντες 529
(προβάλλω, hinwerfen) nachdem sie
den Streit erhoben.
ὀλέκω poet. Nebenf. v. ὄλλυμι, 530
B. 150, vernichten; morden. —
ἄσβεστος, B. 500. — ἱμάσσω, 531
B. 280, fut. ἱμάσω. — καλλί-
θριξ, τριχος, (θρίξ, ἡ) B. 280.
— λιγυρός (λιγύς, laut, laut 532
tönend) helltönend, sausend, von der
Peitsche. — πληγή, ἡ, (πλήσσω)
Schlag, Peitschenknall. — ἀΐω,
B. 463, πληγῆς, merken, fühlen.
— ῥίμφα (ῥίπτω) poet. adv. rei- 533
ßend; schnell. — θοός, 3. (θέω)
schnell, v. Wagen: ῥίμφ' ἔφερον
θοὸν ἅρμα zogen im Fluge den rol-
lenden Wagen dahin. — μετὰ
Τρῶας καὶ Ἀχαιούς mitten durch
die Troer und die Ach. — στείβω 534
nur praes. u. impf. festtreten, zer-
treten: στεῖβ. νέκυάς τε καὶ ἀσπί-
δας über Leichen und Schilde. —
ἄξων (ἄγω) ονος, ὁ, die Achse
am Wagen.
νέρθε(ν), poet. st. ἔνερθε, adv. 535
von unten her, unten, B. 282. —
παλάσσω, ep., fut. παλάξω, πε-
πάλαγμαι, B. 98, 169, bespritzen,
besudeln. — ἄντυξ, γος, ἡ, jede
runde Einfassung, der Schildrand;
der Rand des Wagenstuhls, die Wa-
genwand. — περὶ δίφρον „rings
um den Wagensitz". Faesi. —
ἱππεῖος, 3. poet. (ἵππος) zum 536
Pferde gehörig, vom Pferde. —
ὁπλή, ἡ, (verwdt. ὅπλον) Huf, gew.
Pferdehuf. — ῥαθάμιγξ, γγος,
ἡ, poet. (ῥαθαμίζω) der Tropfen.
— ἐπίσσωτρον, τό, ep. ἐπίσσω- 537
τρον (σῶτρον, τό, der hölzerne Um-
fang des Rades, die Felge) die eiserne
Bekleidung des Rades, der Beschlag.

die Radschiene: ἃς ἄρ' (αἵ τε) ἀφ'
ἱππείων ὁπλέων ῥαθάμιγγες
ἔβαλλον αἵ τε ἀπ' ἐπισ. welche
die Tropfen theils von den
Hufen der Rosse, theils von
den Räderbeschlägen trafen.
— ὁ δέ d. i. Ἕκτωρ. — ἵημι,
senden, V. 239; med. sich irgend
wohin in Bewegung setzen; trachten,
streben, V. 168. — δύω, V. 63,
268. ἵετο δῦναι ὅμιλον ἀνδρό-
μεον er trachtete zu dringen in
538 das Gewühl der Männer. — ῥή-
γνυμι, V. 90, durchbrechen, zer-
sprengen. — ἐπάλμενος, V. 421:
ῥῆξαι ἐπάλμενος im Sturm zu spren-
gen. — ἐν in tmesi. — κυδοι-
μός, ὁ, Lärm, V. 52, 161; Be-
539 stürzung. — ἐνίημι, aor. ἐνῆκα,
hineinsenden, bringen. — μίνυνθα
ep. adv. V. 317, ein wenig. —
χάζω, V. 334; med. V. 504.
δουρός nur kurze Zeit ließ er ab
vom Speere.
540 αὐτὰρ ὁ, nämlich Ἕκτωρ. —
ἐπιπωλέομαι dep. med. (πω-
λέομαι und zwar ep. frequent. von
πέλομαι, häufig irgend wohin kom-
men) umgehen, obire, gew. vom An-
führer, der die Reihen mustert, oder
einen Angriffspunkt sucht, V. 264:
er stürmte hinein in die Reihen (τῶν
ἄλλων ἀνδρ.) der anderen Männer
(nicht dahin, wo Ajas war, dem er
541 nicht begegnen wollte). — ἄορ,
ορος, τό, (ἀείρω) das Schwert,
das am Wehrgehenk getragen wurde.
— χερμάδιον, τό, ep. (χείρ)
ein Stein, den man mit der Hand
542 heben kann, Feldstein. — ἀλεείνω
wie ἀλέομαι, ausweichen, vermeiden.
543 — νεμεσάω, ep. νεμεσσάω (νέ-
μεσις), fut. νεμεσήσω, gerechten
Unwillen gegen Jem. empfinden, c.
dat.; med. mit pass. aor. ungebühr-
lich finden; übel nehmen, c. dat.,
544 verübeln. — ὑψίζυγος, 2. ep.
(ὕψος, ζυγόν, τό) hochthronend,
hochwaltend. — ἐν in tmesi. —
ὀρνυμι, aor. ὦρσα, erre-
gen, erwecken, φόβον, Furcht in Je-
mandem. Zeus bestimmt selbst den
Ajas zum Rückweg.
545 (θαφω) St. zu aor. 2. ἔταφον u.
perf. 2. τέθηπα, staunen, betäubt
sein. — ἑπταβόειος, 2. sieben-
häutig. — ὄπιθεν βάλεν etc. er

warf, hing rückwärts (über den Rücken)
den siebenhäutigen Schild um. —
τρέω, aor. ἔτρεσα, ep. τρέσσα, 546
beben, erschrocken fliehen. — ἐφ'
ὁμίλου zu dem Gewühl der Sei-
nigen floh er, da er als πρόμαχος
bisher gekämpft hatte. — παπ-
ταίνω, poet., aor. πάπτηνα, sich
schüchtern umsehen, scheu um sich
blicken. — ἐντροπαλίζομαι, 547
ep. dep. med. (frequent. v. ἐντρέπω)
sich oft umwenden, immer sich umwen-
den (von dem Weichenden aus dem
Kampfe). — ὀλίγον γόνυ γου-
νὸς ἀμείβων, ein Weniges, nur
in kleiner Strecke Knie gegen Knie
wechselnd, d. h. nur in kurzen Schrit-
ten gehend. — αἴθων, ωνος, ὁ, 548
(αἴθω) feurig, funkelnd; hitzig, wü-
thend. — μέσαυλος, ὁ, u. μέ-
σαυλον, τό, ep. mit σσ, Gehöft;
Hürde, Viehhof. — σεύω, V. 147; 549
med. wie act. V. 415, jagen; ver-
treiben, verjagen. Nach And. ist ἀπο
— ἐσσεύαντο in tmesi u. μεσσαύ-
λοιο v. βοῶν abhäng. — ἀγροιώ-
της, ου, ὁ, poet. st. ἀγρότης, der
Landmann, ἀνέρες ἀγρ. Landleute.
πῖαρ, τό, poet. (πίων) nur 550
nom. und acc. Fett. — ἐξαιρέω
(αἱρέω) herausnehmen, auswäh-
len; gew. med. für sich herausneh-
men, rauben, V. 381. βοῶν ἐκ
πῖαρ ἑλέσθαι das Fett der Rinder
rauben, s. v. a. gemästete Rinder
rauben. — παννύχιος, 3. poet. 551
(πᾶς, νύξ) die ganze Nacht hindurch.
— ἐγρήσσω (ἐγείρω, pf. ἐγρή-
γορα), ep. wach sein, nur im praes.
— κρέας, τό, plur. κρέα, gen.
κρεάων, zsgz. κρεῶν, ep. κρειῶν,
das Fleisch; pl. Fleischspeisen. —
ἐρατίζω, ep. Nebenf. v. ἐράω,
verlangen, c. gen. — ἰθύω (ἰθύς), 552
aor. ἴθυσα, gerade darauf losgehen.
— πρήσσω, ion. st. πράσσω,
(wie περάω), fut. πρήξω, durch-
bringen, vollenden; erlangen, er-
reichen; οὔ τι πρήσσει, er richtet
nichts aus. — θαμέες,
(θάμα adv. häufig, verw. ἅμα) nur
plur. ep. dicht, in Menge. — ἀΐσσω, 553
V. 118. — θρασύς, εῖα, ύ,
(θράσος) kühn, unerschrocken, tapfer.
— δετή, ἡ, (femin. v. δετός, von 554
δέω, binden) das zusammengebun-
dene Bündel Kienholz, Fackel. —

σεύω, perf. pass. ep. ἔσσυμαι, mit Präsensbdtg., V. 115, 549; partic. ἐσσύμενος mit zurückgezogenem Accent: ἐσσύμενός περ, wie sehr er auch darnach trachtet.

555 ἀπονόσφι(ν) (νόσφι) adv. getrennt, entfernt. — τετιηώς, τετίημαι (v. St. τιεω) ein ep. perf. pass. mit Präsensbdtg., partic. τετιημένος u. acc. τετιηώς, (in derselben Bdtg.) bekümmert, mißmuthig,
557 traurig. — ἀέκων = ἄκων. — περί adv. im Uebermaß, sehr. — δίω ep. (St. zu pf. 2. δέδια, δείδω), impf. ἔδιον, ep. δίον, sich fürchten, περὶ γὰρ δίε νηυσὶν Ἀχ. denn er fürchtete sehr für die Schiffe der
558 Achäer. — ὄνος, ὁ, der Esel. — παρ' ἄρουραν längs, an dem Saatfeld. — βιάζω und βιάω (act. nur ep.) pf. βεβίηκα, V. 467, aor. med. ἐβιησάμην, zwingen; dep. bewältigen; trotzen, Trotz bieten, c. acc. παῖδας den Knaben zum Trotz.
559 — νωθής, ές, träg, faul, auf nichts, selbst auf Schläge nicht achtend, indolent. — ῥόπαλον, τό, (ῥέπω) Knittel, Keule. — ἄγνυμι, aor. ἔαξα, aor. 2. pass. ἐάγην, brechen, zerbrechen: ᾧ δὴ πολλὰ περὶ ῥόπ. ἀμφὶς ἐάγῃ (α ist hier ausnahmsweise lang) an dem wohl schon sehr viele Knittel entzwei (ἀμφὶς ἀγῆναι entzwei brechen) gebrochen worden.
560 κείρω, fut. κερῶ, aor. ep. ἔκερσα, abscheeren, abschneiden; abfressen, abweiden. — λήϊον, τό, die Saat. — σπουδῇ als adv.
562 mit Mühe, kaum, mit Noth. — κορέννυμι, fut. κορέσω, aor. ἐκόρεσα, ep. mit σσ, sättigen, med. sich sättigen, τινός an etwas. — φορβή, ἡ, Weide, Futter. —
564 πολυηγερής, ές, (ἀγείρω) in großer Menge versammelt, πολυηγ. ἐπίκουροι die große Masse der Bundesgenossen.
565 νύσσω, aor. 1. ep. νύξα, stechen, stoßen, V. 96; durchstoßen: νύσσοντες: „Ajanta hängt von νύσσοντες ab, welches den Hauptbegriff enthält = ἔνυσσον αἰὲν ἑπόμενοι." Faesi. — ξυστός, 3.
566 B. 260. — ἄλλοτε adv. (ὅτε) ein andermal; ἄλλοτε μέν — ἄλλ. δέ, V. 65, hier im zweiten Gliede ὁτὲ δέ. — μιμνήσκω, med. B. 71, aor. iterat. μνησάσκετο: gedenken, c. gen. — θοῦρις, ιδος, fem. zu θοῦρος (θορεῖν), V. 32, gew. mit ἀλκή, die ungestüme, unwiderstehliche Kraft bei der Abwehr, Abwehr mit Sturm, gewaltige Widerstandskraft.
— ὑποστρέφω (στρέφω), B. 446; 567
pass. sich umwenden. — ἐρητύω (ἐρύω), aor. ἐρήτυσα, iterat. ἐρητύσασκε, abhalten, zurückhalten, aufhalten, widerstehen, c. acc. — τρω- 568
πάω, ep. Nebenf. v. τρέπω, das impf. iterat. med. τρωπάσκετο; act. wenden; med. sich wenden, φεύγειν sich zur Flucht wenden. — προ- 569
έργω, ep. st. προείργω (εἴργω), vorher abhalten; von vorn verhindern, mit acc. u. inf. nur hier. — ὁδεύω (ὁδός) gehen.

θύνω, ep. (θύω) einherstürmen, 570
V. 73, 312; Τρώων καὶ Ἀχαιῶν θῦνε μεσσηγὺς ἱστάμενος stürmisch schritt er mitten sich stellend (eindringend) zwischen Troer und Achäer.
— θρασειάων ἀπὸ χ. B. 553. 571
— πάγεν ep. st. ἐπάγησαν, πή- 572
γνυμι, V. 417, pass. aor. stecken bleiben. — ὄρμενα, ὄρμενος, ep. partic. des aor. 2. med. ὠρόμην, wovon 3. sing. ep. ὦρτο, von ὄρνυμι, B. 2, 343; ἄλλα (δοῦρα) ὄρμενα πρόσσω, andere vorwärts fliegende Speere; eigtl. vorwärts strebende, die noch weiter geflogen wären, wenn nicht der Schild
sie aufgehalten. — πάρος wie πρίν 573
c. inf. — ἐπαυρίσκω, aor. 2. ἐπαυρον, bei Hom. nicht im ind., gew. inf. ἐπαυρεῖν, B. 391; streifen, berühren: ehe sie seinen glänzenden Leib berührten. —
λιλαίομαι (λι mit verstärkender 574
Kraft, verkürzt aus λίαν, sehr, und ungebr. praes. λάω, wollen) nur im praes. u. impf. heftig begehren, verlangen, gew. c. inf., auch von leblosen Dingen. — ἄω, wovon gew. nur die infin. praes., fut. u. aor. act. u. med., hier aor. ἆσαι, sättigen (in der Bdtg. des med. oder intr.) λιλαιόμ. χροὸς ἆσαι voll Gier sich am Fleische zu sättigen, begierig in's Fleisch zu dringen.

ἀγλαός, 3. V. 124, 385. — 575
κυανέοισι βιαζόμ. βελέεσ- 576
σιν von dichtfliegenden Ge-

577 schossen bedrängt. — ἀκοντίζω, (ἄκων) aor. ἀκόντισα, den
Wurfspieß werfen, überh. schleudern,
auch c. dat. δουρί u. c. acc. δοῦρα.
579 — ἧπαρ, τό, hier acc. der Beziehung, der Theil, wo Ap. getroffen
wurde. — πραπίδες, αἱ, poet.
= φρένες, das Zwerchfell. — εὐθαρ, ep. adv. (εὐθύς) sogleich.
— ὑπό in tmesi. — ὑπολύω
(λύω), darunter lösen, γούνατα, die
Kniee unten lösen, d. i. die Kräfte
rauben, tödten.
580 ἐπορούω, ep. (ὀρούω), aor.
ἐπόρουσα, hinanspringen, auf Jem.
losstürzen. V. 256. — αἴνυμαι,
dep. ep. (st. αἴρινμαι von αἴρω).
583 V. 374. — ἕλκω, V. 259; med.
etw. als das Seinige ziehen, τόξον
ἐπί τινι gegen Jem. seinen Bogen
spannen. — μηρός, ὁ, der Schenkel. — ὀϊστός, ὁ, der Pfeil. —
584 κλάω, ep. aor. κλάσε, aor. pass.
ἐκλάσθην, brechen, abbrechen; pass.
intr. zerbrechen. — δόναξ, ακος,
ὁ, (δονέω) das Rohr: der Pfeilschaft. — βαρύνω (βαρύς), aor.
ἐβάρυνα, ep. perf. partic. βεβαρηώς, beschweren, belästigen c. acc.
585 χάζω, V. 334; med. V. 504,
539: ἂψ δ' ἑτάρων εἰς ἔθνος
er wich zurück in die Schaar seiner Gefährten. — κήρ, ἡ, V. 332,
als Personification und Appellat.
Todesgeschick. — ἀλεείνω, V. 542.
586 — αὔω, ep. aor. ἤϋσα, V. 10, 275.
— διαπρύσιον, adv. durchhin;
laut (eigtl. neutr. von διαπρύσιος,
weit reichend, v. διαπρό). V. 275
588 der ganze Vers. — ἐλελίζω,
poet. verstärkt ἑλίσσω, aor. ἐλέλιξα,
aor. pass. ἐλελίχθην, V. 39, erschüttern; pass. erzittern, beben; sich
plötzlich umwenden: στῆτε ἐλελιχθ.
tretet gewendet hierhin, tretet zusammen heran. — ἀμύνω, V. 277.
— νηλεής, ές, V. 484.
590 φεύγω, fut. φεύξομαι, V. 327,
fliehen, entfliehen, entkommen. —
δυσηχής, ές, (ἠχέω) widrig tönend, schrecklich tosend: οὐδέ ἑ φημι
etc. auch meine, glaube ich nicht, daß
er aus dem schrecklichen Kampfe entkommen werde. — ἄντην (ἀντί)
gegenüber, ἄντ' ἵστασθε stellet euch
592 entgegen. — παρ' αὐτὸν πλησίοι
ἔστησαν stellten sich nahe, dicht neben ihn. — σάκεα ὤμ. κλίναντες die Schilde an die Schultern 593
angelehnt. — ἀνέχω, fut. ἀνέξω, 594
aor. 2 ἀνέσχον, med. aor. 2. ἀνεσχόμην: act. emporhalten; med.
sich aufrecht erhalten (nicht erliegen),
δούρατα, seine Lanzen emporhalten
(zum Schwunge und Wurf).
μεταστρέφω, V. 447, pass. 595
sich umwenden; vgl. ὑποστρεφθείς,
V. 567. — μάρναμαι, V. 74, 596
kämpfen. — δέμας, τό, poet. (δέμω)
Körperbau, Gestalt, Wuchs; 2. als
adv. an Gestalt, nach Art, gleich wie,
πυρός gleich wie Feuer. — αἰθόμενος, 3. partic. praes. pass. v.
αἴθω, brennend. — ἱδρόω, partic. 598
gew. ep. ἱδρώων, fem. ἱδρώουσα
und ἱδρῶσα, schwitzen, V. 119. —
ποδάρκης, ες, (πούς, ἀρκέω, 599
od. ἄρκος) starkfüßig, schnellfüßig.
πρύμνη, ἡ, (eigtl. fem. von 600
πρυμνός, der äußerste, letzte) der
Hintertheil des Schiffes, Verdeck (am
Steuer) „Hinterdeck" V. — μεγακήτης, ες, ep. (κῆτος, τό) eigtl.
mit großem Schlunde, mit großer
Höhlung; ungeheuer groß. — αἰπύς, V. 174, steil; πόνος mühe- 601
volle Arbeit (im Kampf), entsetzlicher
Kampf, schreckliche Noth. — ἰωκή,
ἡ, ep. (διώκω) acc. metapl. ἰῶκα,
eigtl. das Verfolgen in der Schlacht,
das Schlachtgetümmel. — φθέγγομαι (φέγγος, φάω), fut. φθέγ- 603
ξομαι, rufen, laut reden. — κλισίη, ἡ, V. 7. κλισίηθεν ep.
adv. aus dem Zelte. — ἐκβλώσκω (βλώσκω), poët. aor. ἐξέμο- 604
λον, ep. ἔκμολον, herausgehen. —
πέλω, gew. dep. med. V. 392;
sein; werden: κακοῦ δ' ἄρα οἱ
πέλεν ἀρχή, dies war der Anfang seines Verderbens.
ἄλκιμος, 2. (ἀλκή) V. 483. — 605
κικλήσκω poet. Nebenf. v. κα- 606
λέω, rufen. — χρεώ, ἡ, χρειώ,
ep. (χρή), V. 409, Bedürfniß, Noth;
c. acc. der Person; statt χρή c. acc.
wobei γίγνεται oder ἱκάνει, ἐστί zu
denken: τί δέ σε χρ. ἐμεῖο, was
ist dein Begehr von mir? — χαρίζομαι, dep. med., pf. pass. κε- 608
χάρισμαι, davon gew. das partic.;
gefällig sein, willfahren, V. 23, 139;
das partic. pf. p. angenehm, lieb,
theuer. — ὀΐω ep. st. οἴομαι, mei- 609

nen, glauben: νῦν οἴω περὶ γού-
νατα etc. jetzt meine, vermuthe ich,
werden die Achäer flehend um meine
Kniee sich stellen.
610 λίσσομαι und λίτομαι, aor.
ἐλλισάμην, bitten, flehen. — ἱκά-
νομαι med. und in derselben Bdtg.
v. ἱκάνω. — ἀνεκτός, 3. (adj.
verb. von ἀνέχω) erträglich. —
611 ἔρειο ep. imper. st. ἔρου (ἔρεο),
ind. aor. ἠρόμην v. ungebr. praes.
612 (ἔρομαι), fragen. — ὅντινα τοῦ-
τον ἄγει, wen er da führt. —
τά γ' ὄπισθε(ν), der hintere
Theil, der Rücken. — πάντα als
adv. ganz, völlig: ἤτοι μὲν τά γ'
ὄπ. etc. wahrlich er schien im Rücken
ganz dem Machaon ähnlich zu sein.
615 παραΐσσω (ἀΐσσω, V. 118),
aor. παρήϊξα, vorbeistürmen, vor-
beieilen, τινά vor Jem. — μέμαα
pf. mit Präsensbdtg. von ungebr.
praes. μάω, V. 239, πρόσσω hef-
tig vorwärts eilen. — πείθομαι,
med. sich bereden lassen, gehorchen.
— παρά c. acc. bei etw. vorbei,
V. 577, entlang, an etw. hin. —
619 ἀποβαίνω, aor. 2. ἀπέβην, weg-
gehen; absteigen (ἐξ ἵππων, vom
Wagen). — χθών, ονός, ἡ, Erde.
— πουλυβότειρα ep. st. πολυβ.,
ἡ, poët. (βόσκω), vielnährend, nah-
rungspendend.
621 ὄχος, τό, V. 160. — ἱδρώς,
ῶτος, ὁ, acc. ἱδρῶ (st. ἱδρῶτα),
der Schweiß. — ἀποψύχω,
(ψύχω, hauchen) ausathmen; ab-
kühlen; med. sich abkühlen: τοὶ δ'
ἱδρῶ ἀπεψύχοντο χιτώνων στάντε
ποτὶ (dor. st. πρός) πνοιήν, sie
kühlten sich den Schweiß ab, indem sie
sich gegen den Wind stellten, d. h.
sie trockneten die vom Schweiß
durchnäßten Gewänder, in-
622 dem sie ꝛc. — θίς, g. θινός, ὁ,
(τίθημι) jeder Haufe; das Gestade.
623 — κλισμός, ὁ, (κλίνω) Lehn-
stuhl, Lehnsessel. — καθίζω, fut.
Att. καθιῶ, aor. ἐκάθισα, nieder-
setzen; intr. sich niedersetzen. —
624 τεύχω, poët. fut. τεύξω, aor.
ἔτευξα, perf. pass. τέτυγμαι, aor.
pass. ἐτύχθην; bereiten, zurichten.
— κυκεών, ῶνος, ὁ, acc. κυκεῶ
und κυκειῶ (st. κυκεῶνα) ein ge-
mischter Trank, Mischtrank (aus zer-
riebenem Käse, Gerstengraupen und
Wein).
τήν relat. — ἄρετο, ἀρόμην, 625
ep. aor. 2. med. von ἀείρω, V.
290; med. für sich davontragen, be-
kommen: welche der Greis aus Tene-
dos erhielt. — πέρθω, fut. πέρσω,
aor. ἔπερσα, zerstören. — ἐξ- 627
αιρέω, aor. 2. ἐξεῖλον, V. 381:
auswählen, auslesen. — ἡ demonstr. 628
— ἐπιπροϊάλλω (ἰάλλω), aor. 1.
ἐπιπροΐηλα, hinsenden, τράπεζάν
τινι vor Jem. einen Tisch hinstel-
len. — κυανόπεζα, ἡ, ep. (πέζα) 629
mit dunkelblauen Füßen, τράπεζα
κυαν. ein Tisch mit Füßen von Stahl.
— ἐΰξοος, 2. (ξέω, glätten) ge-
glättet, polirt.
χάλκειος, ep. statt χάλκεος, 630
ehern. — κάνεον, τό, ein aus
Rohr (κάννα) geflochtener Korb, überh.
Korb. — ἐπί gehört zu ποτῷ zum
Trank. — κρόμυον, τό, Zwie-
bel, Gartenlauch. — ὄψον, τό,
(ἕψω, kochen) eigtl. etw. Gekochtes,
z. B. Fleisch, Zukost: Zwiebel als
Zukost zum Trank waren da-
rin (im Korbe). — χλωρός, 3. 631
(χλόη, ἡ, Schößling) gelblich grün,
grünlich, gelblich, μέλι gelber Honig.
— παρά, adv. dabei. — ἄλφι-
τον, τό, grobes Mehl, Gersten-
mehl, Gerstenschrot; es diente zum
Bestreuen des Opferfleisches; auch
zur Zubereitung des Mischtranks. —
ἀκτή, ἡ, (ἄγνυμι) das Gemahlene,
das Mehl, Schrot, gew. mit ἀλφί-
του, Gerstenmehl. — δέπας, αος, 632
τό, Becher. — ἧλος, ὁ, Nagel, 633
Stift, V. 29; als Zierrath: χρυ-
σείοις ἥλοισι πεπαρμένον mit gol-
denen Stiften beschlagen. — πείρω,
perf. pass. πέπαρμαι, durchbohren,
v. Stiften, beschlagen. — οὖας, ατος,
= οὖς, τό, gen. ὠτός, das Ohr;
der Henkel. — πελειάς, άδος, ἡ,
die Taube: „Die vier Henkel lassen
vermuthen, daß es ein Doppelbecher
war, der auf beiden Seiten (dessen
Fuß auch ein Becher von gleicher
Form) als Becher gebraucht werden
konnte. Die vier Henkel waren je
zu zweien symmetrisch vertheilt. Um
jeden Henkel befanden sich einander
zugewendet zwei Tauben, also im
Ganzen acht Tauben, welche zu wei-
den, etwas zu picken schienen". Faesi.

635 *νέμω*, 2. weiden lassen; med.
weiden, sich nähren, von Tauben,
picken. — *πυθμήν, ένος, ὁ*, der
Boden, Fußboden, der Fuß, Fuß-
gestell, hier von einem Doppelbecher,
der Unterbecher (wie bei einer Sand-
636 uhr). — *ἄλλος*, irgend ein Ande-
rer, als der Besitzer, der den gefüll-
ten Becher emporhob, um zu trinken.
— *μογέω* (*μόγος*), aor. *ἐμόγησα*,
sich mühen, sich anstrengen, *μογέων*,
mit Mühe, schwer. — *ἀποκινέω*
(*κινέω*), aor. *ἀπεκίνησα*, davon aor.
iterat. *ἀποκινήσασκε*, wegbewegen,
δέπας τραπέζης, den Becher von
637 der Tafel nehmen, heben. — *ἀμο-
γητί*, adv. ohne Mühe, leicht. —
638 *κυκάω*, aor. ep. *κύκησα*, rühren,
vermischen, *οἴνῳ τυρόν*, Käse (zer-
639 riebenen) mit Wein. — *Πράμ-
νειος οἶνος*, Pramnischer Wein,
ein herber Rothwein, dessen Heimath
verschieden angegeben wird. —
αἴγειος ep. gedehnt st. *αἴγεος*,
(*αἴξ*) von Ziegen, *τυρός* Ziegen-
käse. — *ἐπί* adv. darauf; ebenso
im folg. V. — *κνάω*, davon *κνῆ*
ep. st. *ἔκνη* imperf., oder nach And.
aor. sync. v. *κνῆμι*, schaben, reiben
(nur hier).

640 *κνῆστις, ιος, ἡ*, (*κνάω, κνήθω*)
Schabmesser, Reibeisen. — *παλύνω*,
poët. (verwdt. *πάλλω*), streuen, auf-
641 streuen. — *πινέμεναι* ep. infin.
st. *πίνειν*. — *ὁπλίζω* (*ὅπλον*)
aor. ep. *ὥπλισσα* und *ὅπλισσα*.
642 — *κυκειῶ*, V. 621. — *ἀφέτην*,
aor. 2. act. du. von *ἀφίημι*, weg-
senden, *δίψαν*, den Durst vertreiben,
stillen. — *πολυκαγκής, ές*,
(*κάγκανος*) sehr trocknend, *δίψα*,
brennender Durst (nur hier). —
643 *τέρπω*, ergötzen, erfreuen, laben;
med. mit aor. med. und pass. sich
laben, sich ergötzen. — *ἐνέπω* und
ἐννέπω, poët., partic. *ἐνέπων*; dazu
von *ἐνίσπω*, *ἔνισπον* in der Bdtg.
des aor., V. 186, sagen, erzählen,
reden, sprechen.

645 *ὦρτο* zigz. aus *ὤρετο*, *ὠρό-
μην*, aor. 2. med. von *ὄρνυμι*,
V. 2. — *χειρὸς ἑλών*, an der
Hand gefaßt; führte ihn an der
Hand herein. — *κατά* adv. dar-
nieder. — *ἑδριάομαι* ep. dep.
med., inf. ep. *ἑδριάασθαι*, sich
setzen. — *ἄνωγα*, V. 15. —
ἀναίνομαι, aor. 1. *ἠνηνάμην*, 647
ep. *ἀνηνάμην*, verweigern, versagen;
verneinen, sich weigern, es ableh-
nen. — *ἕδος, τό*, das Sitzen; der 648
Sitz: *οὐχ ἕδος ἐστί* es ist keine Zeit
zum Sitzen, ich setze mich nicht. —
αἰδοῖος, 3. (*αἰδώς, ἡ*) act. scham- 649
haft; pass. achtungswerth, ehrwürdig.
— *νεμεσητός*, 3. ep. mit *σσ*,
tadelnswerth; dessen Unwillen man
fürchtet, achtunggebietend. — *πυν-
θάνομαι*, fut. *πεύσομαι*, aor.
ἐπυθόμην, durch Nachfragen erkun-
den: ehrwürdig und Scheu gebietend
ist, der mich hergesandt zu erkunden.

ὅν τινα τοῦτον ἀγ. βεβλ. 650
s. V. 612. — *ἐρέων*, *ἐρέω* fut. 652
zu ungebr. praes. (*εἴρω*), fut. ich
werde, will sagen. — *οἷος ἐκεῖ-* 653
νος δεινὸς ἀνήρ wie furchtbar
jener Mann ist. — *ἀναίτιος*, 654
2. (*αἰτία*) ohne Schuld, schuldlos,
unschuldig. — *αἰτιάομαι*, be-
schuldigen, anklagen: *τάχα κεν καὶ
ἀναίτ. αἰτιόῳτο* (ep. zerdehnt aus
αἰτιῷτο) er möchte wohl leicht
einen Schuldlosen beschuldigen.

τίπτε st. *τίποτε*, warum doch? 656
— *ὀλοφύρομαι*, dep. med., aor.
ep. *ὀλοφυράμην*, klagen, wehkla-
gen; trans. beklagen, bejammern, be-
dauern: warum bemitleidet Achilleus
doch so die Söhne der Achäer (da er
sich um das Ganze nicht kümmert
und ihnen doch keinen Beistand lei-
sten will)? — *δή* wie *ἤδη*, bereits. 657
— *βεβλήαται* st. *βέβληνται*. —
πένθος, τό, das Leid, V. 249; 658
Jammer. — *ὄρωρε*, *ὄρωρα* intr.
perf. 2. von *ὄρνυμι*, V. 2, 204,
313, 572: *πένθεος ὅσον ὄρωρε
κατὰ στρ.* wie viel Jammer im
Heere entstanden ist. — *κέαται* 659
ep. st. *κεῖνται*, *κεῖμαι*, liegen, da-
liegen. — *οὐτάω* und *οὐτάζω*, V.
260, 421: *βεβλημένοι οὐτασμένοι
τε* verwundet durch Speerwurf und
durch Hieb.

νέον adv. jüngst, so eben. — 663
νευρή, ἡ, ep. gen. *νευρῆφι*, V. 664
476, die Sehne am Bogen.

ἐσθλὸς ἐών ist concessiv: so 665
gewaltig er sonst ist. — *κήδω*,
poët. fut. *κηδήσω*, fut. med *κεκα-
δήσομαι*, betrüben, kränken, V. 458;
med. besorgt sein, sich zu Herzen
nehmen, sich betrüben. — *ἐλεαίρω*

ep. verläng. Nebenf. v. ἐλεέω, Mit-
666 leid fühlen, sich erbarmen. — ἦ Fragew.
ἦ μένει wartet er etwa? — εἰς ὅ
κε, V. 193, so lange bis daß. —
δή, bereits. — ἄγχι (ἄγχω) eigtl.
eng, eng dabei, nahe, c. gen. ört-
lich; auch von der Zeit, bald. —
667 ἀέκητι adv. (ἀέκων) wider Willen,
gew. c. gen., Ἀργείων ἀέκητι, den
Argeiern zum Trotz, zum Aerger, zum
Leidwesen. — δήϊος, 3. V. 190.
— θέρω, wärmen; bei Hom. nur
als med. oder pass. θέρομαι, fut.
θέρσομαι, aor. 2. pass. ἐθέρην,
warm werden, verbrannt wer-
668 den. — ἐπισχερώ ep. adv.
(σχερός) eigentl. im Zusammen-
hang, in einer Reihe, der Reihe
nach. — ἴς, ἰνός, ἡ, (vis) Sehne,
Muskel: Muskelkraft, Stärke. —
669 γναμπτός, 3. V. 410; biegsam,
geschmeidig, gelenkig. — μέλος,
τό, Glied.
670 εἴθε adv., Ausdruck des Wun-
sches, o daß doch, wenn doch. —
ἡβάω in der Blüthe des Alters,
der vollen Manneskraft sein. — ἔμ-
πεδος, 2. (ἐν, πέδον, der Fuß-
boden) unverrückt stehend, fest; un-
671 geschwächt, rüstig. — Ἠλεῖος, 3.
Elisch; als Subst. der Eleer. — νεῖ-
κος, τό, der Streit; Kampf. —
τεύχω, V. 621; pass. besond. aor.
672 entstehen, werden. — ἀμφί c.
dat. v. Raume: an, neben; zur Be-
zeichnung der Ursache, wegen, um
eine Sache. — βοηλασίη, ἡ,
(βοῦς, ἐλαύνω) das Wegtreiben der
Rinder, Rinderraub, Plünderung (nur
673 hier). — ναιετάω, ep. nur praes.
u. impf. iterat. ναιετάασκον, woh-
674 nen, sich aufhalten. — ῥύσιον,
τό, (ῥύω, ἐρύω) das, was man
wegschleppt, Beute; τὰ ῥύσια, was
man zur Genugthuung wegschleppt,
das Pfand, Entschädigung; ῥύσι'
ἐλαυνόμενος (med.) Entschädigung
sich nehmend. — ἀμύνων ἧσι
βόεσσι sein Vieh schützend.
676 περιτρέω, poet. (τρέω), aor.
περίτρεσσα, sehr zittern; sich aus
Angst zerstreuen. — ἀγροιώτης,
ου, ὁ, poet. st. ἀγρότης, der Land-
bewohner, Landmann, V. 549. —
677 ληΐς, ΐδος, ἡ, ion. u. ep. st. λεία,
Beute, hier, Beute an Vieh. —
ἤλιθα, ep. (ἅλις) hinlänglich, ἤλιθα
πολλήν sehr viel. — ἀγέλη, ἡ, 678
(ἄγω) die Heerde. — πῶϋ, εος,
τό, ep. die Heerde: τόσα πώεα
οἰῶν eben so viele Heerden der
Schafe. — συβόσιον, τό, (βόσις) 679
die Schweineheerde, auch mit συῶν.
— αἰπόλιον, τό, (αἰπόλος, ὁ,
der Ziegenhirt) Ziegenheerde. —
πλατύς, εῖα, ύ, platt, breit, weit,
αἰπόλια πλ. weitschweifende Ziegen-
heerden.
πῶλος, ὁ, Fohlen, Füllen: πῶ- 681
λοι ὑπῆσαν es waren saugende Fül-
len. — ἐλαύνω, act. V. 109 u. oft; 682
med. für sich wegtreiben. — Πύ-
λος, ἡ, Name dreier Städte, deren
zwei in Elis, und eine von Neleus
gegründet in Messenien an der Küste,
der Insel Sphakteria gegenüber.
Hier kann das südlich von Alpheus
in Elis, in Triphylien, liegende ge-
meint sein, wie Strabo und Andere
dafür sprechen. — ἐννύχιος, 2, 683
(νύξ) nächtlich, zur Nachtzeit. — γη-
θέω (γαίω), fut. γηθήσω, pf. γέ-
γηθα, mit Präsensbdtg. sich freuen.
— τυγχάνω, aor. 2. ἔτυχον, ep. 684
τύχον, V. 116, treffen, c. gen.; von
Dingen: zufallen, zu Theil werden,
c. dat. der P.: οὕνεκά μοι τύχε
πολλὰ etc. deswegen weil mir so
Vieles zu Theil ward, geglückt hatte,
obschon ich noch jung in den Krieg zog.
λιγαίνω (λιγύς laut) hell schreien, 685
durchdringend rufen. — ἅμ' ἠοῖ
φαινομένηφιν gleich beim
Anbruch des Tages, also nach-
dem die Beute eingebracht war. —
τοὺς ἴμεν (ἰέναι) daß sie gehen, 686
daß sie herbeikämen. — χρεῖος,
τό, ep. st. χρέος, bei Hom. nur nom.
u. acc. sing. Bedürfniß; Schuld. —
ὀφείλω und ep. ὀφέλλω, aor. 2.
ὤφελον, schuldig sein, V. 340. χρεῖος
ὀφείλεταί μοι eine Schuld wird
mir geschuldet, ich habe zu fordern:
denen eine Schuld (Forde-
rung) im heiligen Elis ge-
bührte. — συναγείρω (ἀγείρω), 687
aor. 1. ep. ξυνάγειρα, aor. 2. med.
ep. syncop. partic. συναγρόμενος,
zusammenbringen, versammeln; med.
für sich sammeln, aber aor. 2. med.
sich versammeln. — δαιτρεύω 688
(δαιτρός, ὁ, Zerleger) zerlegen; aus-
theilen, vertheilen, austheilen. —
πολέσιν, πολέσσι, πολέεσσι ep.

st. πολλοῖς. — Ἐπειοί, οἱ, die
Epeer, älteste Bewohner von Norde-
lis, deren Stammvater Epeios, Sohn
689 des Endymion, war. — παῦρος,
2. klein; wenig; gew. plur. hier im
Gegensatz zum vorhergeh. πολέες. —
κακόω (κακός), aor. ἐκάκωσα, pf.
pass. κεκάκωμαι, Uebles zufügen,
übel behandeln: ὡς ἡμεῖς etc. da
wir gering an Zahl in Pylos viel
erduldet hatten.

690 βίη Ἡρακλείη eine poet.
Umschreibung für: der gewaltige
691 Herakles. — τῶν προτέρων
ἐτέων, der früheren Jahre, d. h.
in früheren Jahren (eine seltene
Ausdrucksweise, unmittelbar von βίη
Ἡρ. abhäng.) — κατά in tmesi.
— ἔκταθεν ep. Verkürzung st.
693 ἐκτάθησαν, V. 141. — λείπω,
aor. 2. ἔλιπον, med. ἐλιπόμην mit
pass. Bdtg.: act. verlassen; pass. zu-
rückgelassen, übrig bleiben, am Leben
bleiben. — ὄλλυμι, fut. ὀλέσω,
Att. ὀλῶ, aor. ὤλεσα, med. ὄλλυ-
μαι, aor. 2. ὠλόμην, zu Grunde
694 gehen, im Kampfe fallen. — ὑπερ-
ηφανέω (ὑπερήφανος v. ὑπέρ u.
φαίνω) nur im partic. eigentl. sich
über Andere sehen lassen, d. h. über-
müthig, stolz sein.

695 ὑβρίζω, übermüthig sein; trans.
c. acc. übermüthig behandeln, an
Jem. freveln, Jemdn. verhöhnen. —
ἀτάσθαλος, 2. unbesonnen, fre-
velhaft, ἀτάσθαλα, τά, Frevel, Fre-
velthaten. — μηχανάομαι dep.
med. (v. act. μηχανάω) nur praes.
u. impf. verfertigen; erfinnen; ver-
696 üben, ausüben. — ἐκ gehört zu
εἵλετο; ἐξαιρέω, V. 627; med. weg-
nehmen, erbeuten. — πῶυ, V. 678.
697 — κρίνω, aor. ἔκρινα, sondern,
absondern; auslesen; med. für sich
auslesen, auswählen. — τριηκό-
σια, nämlich μῆλα (V. 222), das
dem vorhergeh. πῶυ οἰῶν zu ent-
nehmen ist. — νομεύς, ὁ, (νέμω)
699 der Hirt. — ἀθλοφόρος, ἀεθλο-
φόρος, 2. ep. u. ion. (ἄεθλος ep.
st. ἆθλος, φέρω) den Kampfpreis
davontragend, sieggekrönt. — τέσ-
σαρες ἵπποι eigtl. der Schaden-
ersatz dafür, daß sie ihm geraubt
worden. — ὄχεσφι ep. dat. von
τά ὄχεα der Wagen (ἔχω): αὐ-
τοῖσιν ὄχεσφι sammt dem Wa-
gen selbst.

μετά c. acc. öfter zur Angabe 700
des Zweckes: ἐλθόντες μετ' ἄεθλα
gekommen zum Wettkampf. — θέω, 701
fut. θεύσομαι, laufen; wettlaufen,
περὶ τρίποδος um den Preis eines
Dreifußes. — Αὐγείας, ου, ὁ,
poet. st. Αὐγέας, König im nörd-
lichen Elis, bekannt durch den Besitz
einer Heerde von 3000 Rindern, deren
Stall Herkules von dem in dreißig
Jahren aufgehäuften Mist reinigte.
— κάσχεθε ep. verkürzt st. κατέ- 702
σχεθε, κατέσχεθον aor. 2. pass.
st. κατέσχον. v. κατέχω, fut. κα-
θέξω, niederhalten, anhalten; zu-
rückhalten, für sich behalten. — ἐλα-
τήρ, ῆρος, ὁ, (ἐλαύνω), der Trei-
ber; Wagenlenker (er war der Wa-
gengenosse des Neleus). — ἀκα-
χίζω, ep. u. ion. (ἄχω), aor. 2.
ἤκαχον, fut. ἀκαχήσω; med. ἀκα-
χίζομαι, pf. ἀκάχημαι; act. betrü-
ben; med. sich betrüben; pf. betrübt,
traurig sein, ἵππων wegen der zu-
rückbehaltenen Rosse. — τῶν bezieht 703
sich auf das Vorherg. V. 695 97,
und wird durch ἐπέων καὶ ἔργων
als Apposit. näher angedeutet, in-
dem der Raub noch unter Schmäh-
worten geschah. — χολόω, fut.
χολώσω, zornig machen, erbittern;
pass. und med. zornig werden, in
Zorn gerathen, τινός um einer Sache
willen. — ἄσπετος, 2. V. 245, 704
unsäglich, ἄσπετα πολλά sehr viele.
δατρεύω, V. 688. — ἀτέμβω 705
ep. nur im praes. in Schaden bringen;
pass. Schaden erleiden, einer Sache
verlustig gehen, ἴσης des gleichen
Antheils verlustig werden. — διέπω 706
(ἕπω), impf. διεῖπον, etwas besor-
gen, τὰ ἕκαστα, wir besorgten da
Alles. — ἄστυ, nämlich Pylos. —
ἔρδω (ἐργω), fut. ἔρξω, aor. 707
ἔρξα, pf. ἔοργα, thun, machen:
Opfer bereiten, gew. mit ἱερά. —
ὁμῶς adv. zugleich. — αὐτοί 708
τε πολέες selber sowohl in gro-
ßer Menge. — μώνυξ, χος, V.
513, stampfend. — πανσυδίῃ 709
(σεύω) adv. mit aller Hast, mit
allem Eifer, hastig. — μετὰ δέ
σφι und unter ihnen, mit ihnen
zugleich. — Μολίων, ονος, ὁ,
Sohn der Molione und Aktor; im

dual. die Molionen, Kteatos und
Eurytos, Zwillingssöhne des Aktor
und der Molione, also auch Ἀκτορί-
ωνε Μολίονε genannt. Sie wur-
den von Herakles bei Kleonä getödtet.
— θωρήσσω, aor. ἐθώρηξα,
bepanzern; pass. sich rüsten, sich waff-
nen, V. 49.
710 οἶδα, partic. εἰδώς, wissen, sich
auf eine Sache verstehen; kundig sein
einer Sache; auch oft c. gen. —
θούριδος ἀλκῆς, V. 506. —
711 αἰπύς, V. 174. — κολώνη, ἡ,
712 poët. Hügel. — τηλοῦ, adv. fern.
— νέατος, 3. V. 341. πόλις
νεάτη Πύλου die äußerste Stadt
von Pylos (in Triphylia), also Grenz-
stadt des Landgebietes Pylos. —
ἠμαθόεις (ἄμαθος), ion. statt
713 ἀμαθ., sandig. — ἀμφιστρα-
τάομαι dep. med. (στρατός) mit
Heere umlagern. — διαρραίω,
poët. (ῥαίω, zerschlagen), aor. inf.
διαρραῖσαι, gänzlich verwüsten, zer-
stören. — (μάω), μέμαα, V. 615.
714 — μεταπαιάθω ep. (παιάθω) nur
im impf. nachziehen, V. 52, durchstrei-
fen, durchschwärmen.
715 ἄγγελος ἦλθε θωρήσσεσθαι,
kam mit der Botschaft, mit der Auf-
710 forderung, uns zu waffnen. — οὐδ'
ἀέκοντα Πύλον κάτα λαὸν
ἄγ. und das Volk in Pylus, das
sie versammelte, war willig, d. h.
und nicht ungern versammelte sich
auf ihren Ruf das Volk in Pylos.
717 — σεύω, pf. pass. ἔσσυμαι, V.
147, 293, 415, 519; hier c. inf. πο-
λεμίζειν, begierig zu kämpfen. —
719 ἴδμεν, ἴδμεναι ep. inf. st. εἰδέ-
ναι, V. 710, kundig sein, verstehen:
πολεμήϊα ἔργα erfahren, geübt in
Thaten des Kampfes.
720 μεταπρέπω (πρέπω), hervor-
ragen, sich auszeichnen, c. dat. der
Pers. im plur., oft auch zugleich c.
dat. der Sache, auf die Fr. wo-
721 durch? — πεζός περ ἐών con-
cessiv, wie πέρ mit einem partic.
722 immer concess. Bdtg. hat. — Μι-
νυήϊος, ion. st. Μινύειος, Fluß
in Elis, vermuthl. der Pennios. —
723 Ἀρήνη, ἡ, eine Stadt in Elis,
vermuthl. das spätere Samikon. —
ὅθι μείναμεν ἠῶ δῖαν wo
wir die göttliche Eos erwarteten, wo
wir bis zum Anbruch des Tages
blieben. — ἱππῆες Πυλ. wir Pylier 724
zu Pferde. — ἐπιρρέω (ῥέω),
darüber hinfließen; von Menschen-
massen, heranströmen, heran-
ziehen. — ἔθνος, τό, das Volk,
die Schaar.

πανσυδίῃ, V. 709. — σὺν 725
τεύχεσι „gleichsam σὺν τεύχ. ὄν-
τες“ Faesi. — ἔνδιος, 2. (von 726
Δίς, ungebr. St. v. Διός, der hei-
tere, helle Himmel, d. i. Mittag, im
Gegensatz des nebeligen Morgen und
Abend) am Mittag. — ἱερὸν ῥόον
zu dem heil. Strome. — ῥέζω, 727
fut. ῥέξω, gew. mit ἱερά, Opfer
darbringen, καλά herrliche, vorzüg-
liche Opfer. — ὑπερμενής, ές,
(μένος) übermächtig, allgewaltig. —
ἀγελαῖος, 3. (ἀγέλη) von der 729
Heerde.

δόρπον, τό, die Abendmahl- 730
zeit, überh. die Mahlzeit. — τέλος,
τό, Ende, Vollendung, Erfüllung;
2. eine Schaar Krieger: κατὰ στρα-
τὸν ἐν τελέεσσιν, im Heere nach
Schaaren gesondert. — κατακοι- 731
μάω (κοιμάω), nur aor. pass. κα-
τεκοιμήθην, in Schlaf bringen;
pass. sich schlafen legen, ruhen, sich
lagern. — ἔντεα, τά, Waffen-
rüstung. — ῥοή, ἡ, das Fließen, 732
die Fluth. — διαπέρθω (πέρθω), 733
aor. 2. διέπραθον, gänzlich zerstö-
ren. — προπάροιθε(ν), poët. 734
(πάροιθε) adv. von vorn, vorn;
von d. Zt. zuvor, vorher.

εὖτε poët. u. ion. conjunct., zu 735
der Zeit als, als, da. — φαέθων,
ὁ, leuchtend, strahlend. — ὑπερ-
έσχεθον poët. verläng. aus ὑπερ-
έσχον, aor. 2. von ὑπερέχω, über
etw. halten; intr. hervorragen: em-
porsteigen, γαίης über die Erde. —
συμφέρω, zusammenbringen; pass. 736
zusammentreffen, handgemein werden,
den Kampf beginnen. — ἔπλετο 737
(sync. aus ἐπέλετο), πέλω, πέλο-
μαι, sein; werden. — ἕλον, töd- 738
tete, erlegte. — κομίζω (κομέω),
aor. ἐκόμισσα, ep. mit σσ, besorgen,
pflegen; etw. aufheben, wegtragen,
wegschaffen: κόμισσα μώνυχας ἵπ-
πους ich erwarb mir die stampfen-
den Rosse. — Μούλιον, Name 739
zum vorherg. ἄνδρα. — αἰχμη-
τής, οῦ, ὁ, der Lanzenkämpfer,

tapfere Kämpfer. — γαμβρός, ὁ, der Eidam.

741 ᾔδη, ep. st. ᾔδει, ᾔδειν plqpf. v. οἶδα: φάρμακα ᾔδη, kannte heilsame Kräuter, verstand sich darauf.
742 — χαλκήρης, ες, poët. (χαλκός, ἄρω, anfügen) mit Erz be-
743 schlagen, B. 260. — ἐρείπω, poët. aor. 2. ἤριπον, perf. pass. ἐρήριμμαι; trans. act. umwerfen, umstürzen; intr. im aor. 2. stürzen, niederstürzen, ἐν κονίῃσιν er stürzte in den Staub hin. — ὀρούω, D.
744 359. — στῆν, ἔστην μετὰ προμάχοισιν ich stand unter den vordersten Kämpfern, und trat, gelangte unter ꝛc.

745 τρέω, B. 546, 554, erschreckt fliehen. — ἄλλυδις ἄλλος, V. 480.
747 — ἐπορούω, D. 256, hinanspringen, hineinbringen. — λαῖλαψ, πος, ἡ, Sturmwind, D. 306. —
748 ἕλον δίφρους ich nahm, eroberte 50 Streitwagen. — δύο δ' ἀμφὶς ἕκαστον, zwei in jedem
749 (Wagen). — ὀδάξ, poët. adv. beißend. — οὖδας, τό, B. 418. ὀδὰξ οὖδας ἑλεῖν knirschend mit den Zähnen den Staub fassen. — δαμάω, fut. δαμάσω, aor. 2. pass. ἐδάμην, bändigen, erlegen.

750 ἀλαπάζω (ἀ euphon. und λαπάζω), B. 503, vernichten; Jemdn.
751 den Garaus machen. — ἐνοσίχθων, ονος, ὁ, (ἔνοσις, Erschütterung, χθών, ἡ, Erde) der Erderschütterer. Beiw. des Poseidon, dem man die Erdbeben zuschrieb, als Wirkung neptunischer Kräfte. — πατὴρ εὐρ. ἐνοσίχθων. Nach der Mythe war Poseidon der Vater der bei-
752 den Zwillinge. — σαόω zsgz. σῶ, daraus die Dehnung σώω und σόω als ep. Nebenf. v. σώζω, fut. σαώσω, aor. ἐσάωσα, am Leben erhalten, retten. — ἠήρ ion. st. ἀήρ; bei Hom. der nom. ungebr., dagegen in cas. obl. gew., die untere, dicke Luftschichte, Dunst, Nebel; Gewölk: καλύψας ἠέρι πολλῇ indem er sie mit dichtem Nebel umhüllte. —
753 ἐγγυαλίζω (ἐν, γύαλον), fut. ἐγγυαλίξω, B. 102, ertheilen, ver-
754 leihen. — σπιδής, ές, (σπίζω) ausgedehnt, weit, ἑπόμεσθα διὰ σπιδ. πεδ. wir verfolgten sie durch die weite Ebene, weit sich erstreckende Blachfeld hin.

ἀνά in tmesi. — ἀναλέγω, 755
ep. ἀλλέγω (λέγω), aor. ἀνέλεξα, auflesen, sammeln. — ὄφρα, bis 756
daß. — Βουπράσιον, τό, die Königsstadt der Epeer, an der Grenze von Achaia gelegen. — πολύπυρος, 2. poët. (πυρός, ὁ) weizenreich. — βαίνω, fut. βήσομαι, poët. trans. aor. ἔβησα, führen, ἵππους, die Rosse bringen, treiben, jagen. — Ὠλενίη πέτρη, ἡ, 757
der Olenische Felsen, ein Berg in Achaia an der Grenze von Elis. — Ἀλεισίου κολώνη, Hügel oder Denkmal des Aleisios (eine mythische Person). — καλέω, perf. κέκλη- 758
μαι, pass. genannt werden, heißen. — ἀποτρέπω (τρέπω), aor. 2. ἀπέτραπον, wegwenden, wegtreiben, λαόν das Volk, Kriegsvolk zur Flucht wenden. — ἔνθα, dort, näm- 759
lich in Buprasion. — πύματος, 3. poët. D. 65: dort erschlug ich den letzten Mann und ließ ihn liegen.

ἂ Πύλονδε ἔχον ἵππους 760
sie lenkten zurück die Rosse nach Pylos, sie wandten ꝛc. — εὐχετάο- 761
μαι ep. Nebenf. von εὔχομαι, sich rühmen; beten, flehen, c. dat.; danken, θεῶν Διΐ sie priesen dankbar unter den Göttern den Zeus. —
ἔον st. ἦν, ich war: ὥς ἔον, εἴ 762
ποτ' ἔον γε, μετ' ἀνδράσι, so war ich unter den Männern, ja wenn ich es irgend einmal war, d. h. ja jemals (aber leider nicht mehr).
— ἀπονίνημι (ὀνίνημι, ὀνίνα- 763
ναι, nützen), bei Homer nur med. ἀπονίναμαι, fut. ἀπονήσομαι, aor. 2. ἀπωνήμην, Nutzen, Freude von etw. haben: aber Achilleus wird nur allein sich seiner Kraft erfreuen. —
μετακλαίω (κλαίω, fut. κλαύ- 764
σομαι), nachher, hinterdrein klagen, weinen: wahrlich, er wird, meine ich, hinterdrein wohl weinen. — ἐπεί κ' ἀπὸ λαὸς ὄληται nachdem das Volk (der Achäer) gefallen, vernichtet sein wird.

πέπων, ονος, ὁ, ἡ, (πέσσω, 765
kochen) eigtl. von der Sonne gekocht; reif; angenehm, lieb; als Subst. Lieber, ὦ o Freund. Nunmehr spricht Nestor wieder zu Patroklos, den er

durch seine Erzählung von V. 769
an außer Acht gelassen. — ἐπι-
τέλλω, V. 47, ermahnen, auftra-
gen: ἦ μέν σοί γε Μεν. ὧδ᾽
ἐπέτ. so in der That ermahnte dich
767 Menoitios. — νῶι δέ τ᾽ ἔνδον
ἐόντες da wir beide drin (im Hause
des Peleus), zugegen waren. —
769 εὐναιετάων, ωσα, ον, (ναιε-
τάω) wohl bewohnt, gut zu bewoh-
nen, wohnlich.
770 Ἀχαιΐς, ιδος, ἡ, Achäisch, mit
und ohne γαῖα im Gegensatz von
Argos, das übrige Griechenland; das
Achäerland: κατ᾽ Ἀχαιΐδα καλλι-
γύναικα in Achaia, dem Lande schö-
772 ner Frauen. — παρ᾽, παρά adv.
παρ δ᾽ Ἀχ. dabei auch den Achil-
leus. — ἱππηλάτα, ep. st. ἱπ-
πηλάτης (ἐλαύνω) rossetummelnd,
773 rossezähmend. — πίων, ον, gen.
ονος, fett: πίονα μηρία fette Schen-
kelstücke; Schenkelstücke, die mit Fett
und anderen Fleischstücken belegt wur-
den. — τερπικέραυνος (κεραυ-
νός, ὁ, der Blitz; τέρπω, τέρπο-
μαι) des Blitzes froh; der Donne-
774 rer. — χόρτος, ὁ, (verw. χορός)
rundum eingeschlossener Platz, αὐ-
λῆς χόρτος eingeschlossener Hofplatz;
überh. im Hofplatz. — ἄλεισον,
τό, (λεῖος, glatt) großes Trinkge-
schirr von edlem Metall mit erhabe-
ner Arbeit, Pokal.
775 αἶθοψ, οπος, (αἰθός, ὤψ, ἡ,
Gestalt) funkelnd, blinkend. — αἰ-
θόμενος, V. 596. ἐπ᾽ αἰθ.
ἱεροῖσιν über dem brennenden Opfer,
über den Flammen des Opfers. —
776 σφῶι, ihr zwei, du und Achilleus.
— ἀμφιέπω und ἀμφέπω, um,
mit etw. beschäftigt sein, etw. besor-
gen, V. 482: ἀμφὶ βοὸς ἕπετον
κρέα ihr wart um das Fleisch des
Opferthieres beschäftigt, d. i. mit dem
Zerlegen des Opferfleisches beschäftigt.
777 — πρόθυρον, τό, (θύρα) gew.
plur. das Vorderthor, das aus dem
Hofe in's Freie führt, der Thorweg
am Hofe: στῆμεν ἐνὶ προθύροισιν
„wir traten in den Thorweg, an den
Eingang von der Straße nach dem
Hofe". Facsi. — (θαφω) ungebr.
praes., wovon aor. 2. ἔταφον, partic.
ταφών, und perf. 2. τέθηπα mit
Präsensbdtg., staunen, sich ver-
wundern, V. 545. — ἀνορούω,
V. 273. ταφὼν δ᾽ ἀνόρ. Ἀχιλ-
λεύς bestürzt kam eilig Achil-
leus. — κατά adv. nieder, gew. 778
nur praep. und, wenn ohne Kasus
ist, gew. in tmesi zu einem Verb.
gehört. — ἑδριάομαι, V. 646:
er hieß (uns beide) sich nieder zu
setzen. — ξείνιος, 3. ion. st. ξέ- 779
νιος, gastlich; 2. ξείνια, τά, (näml.
δῶρα) Geschenke für Gastfreunde,
Gastgeschenke: ξείν. παραθεῖναι
Gastgeschenke vorsetzen, überreichen. —
θέμις, θέμιστος, ἡ, (τίθημι),
Sitte, Recht, Gebühr.

τέρπω, V. 643, med. mit aor. 780
med. und pass. (aor. 2. ἐτάρπην)
sich sättigen, sich laben, c. gen. an
etw. — ἐδητύς, ύος, ἡ, (ἔδω)
Speise. — ποτής, ῆτος, ἡ, ep.
(ποτός) der Trank. — ὔμμι wie 781
oben σφῶι: κελεύων ἄμμ᾽ ἅμ᾽
ἕπεσθαι euch beide auffordernd uns
zu folgen. — σφὼ δὲ μάλ᾽ ἠθέ- 782
λετον und ihr beide wolltet es
gern. — τὼ δ᾽ ἄμφω πόλλ᾽
ἐπέτ. jene beiden, die Väter, spra-
chen euch dringend zu, ermahnten
euch. — ὑπείροχος, 2. ep. st. 784
ὑπέροχος, poët. (ἔχω) hervorra-
gend, ausgezeichnet, ἄλλων vor
Andern.

φάσθαι Inf. mit der Kraft des 788
imper.; med. wie act. εὖ οἱ φά-
σθαι πυκινὸν ἔπος sprich zu
ihm ein verständiges Wort,
rede ihm zu. — ὑποτίθεμαι,
an die Hand geben, rathen. — ση- 789
μαίνω, ein Zeichen geben; be-
fehlen; lenken. — εἰς ἀγαθόν
περ nämlich zum Guten.

λήθεαι, λήθομαι ep. st. λαν- 790
θάνομαι, V. 554. — εἴποις, 791
möchtest du es ihm sagen; sage ihm
doch. — αἴ κε in indir. Fragen,
ob vielleicht, ob etwa. —
ὀρίνω poët. Nebenf. v. (ὄρω), ὄρ- 792
νυμι, bewegen, rühren, V. 298. —
παρειπον, bereden. — παραί- 793
φασις, ep. st. παράφασις, ἡ, das
Zureden. — θεοπροπίη, ἡ, wie 794
θεοπρόπιον, die Weissagung; Göt-
tergebot. — ἀλεείνω, V. 542.
εἴ τινα φρεσ. ἧσι θεοπρ. ἀλεεί-
νει, wenn er etwa in seinem Herzen
eine Göttermahnung (Warnung) mei-
det, d. h. wenn ihm vielleicht in

seinem Herzen ein Götterausspruch
Furcht einflößt.
795 φράζω, mit ep. aor. 2. ἐπέφραδον, anzeigen, andeuten, sagen; med. bei sich erwägen, bedenken; erdenken: καί τινα ib. (i. θεοπροπίην) οἱ πὰρ Ζηνὸς ἐπέφρ. etc. und die ehrwürdige Mutter ihm irgend einen (Götterausspruch) vom Zeus mitgetheilt hat.
796 — προΐημι, entsenden, aussenden, B. 270: ἀλλὰ σέ περ προέτω, so sende er dich wenigstens hin.
797 — αἴ κεν, auch hier, wie in B. 791: ob etwa du den Danaern ein Licht (Glücksstern) werdest.
798 — δότω πολεμ. φέρεσθαι er gebe, um im Kriege zu tragen.
799 — ἴσκω, ep. (St. ἴκω, εἴκω), Nebenf. v. ἐΐσκω, nur im praes. u. imperf. gleich, ähnlich machen; in Gedanken für gleich halten: αἴ κέ σε τῷ (Ἀχιλῆι) etc. ob die Troer vielleicht dich für ihn ansehend vom Kampfe ablassen.
800 ἀναπνέω (πνέω, fut. πνεύσομαι, aor. ἔπνευσα), B. 327, 382. — ἀρήϊος, 2. B. 187.
801 τείρω, B. 283: ἀναπνεύσωσι τειρόμενοι sich von ihrer Bedrängniß erholen. — ὀλίγη δέ τ' ἀνάπνευσις πολέμοιο und wenigstens eine kleine Erholung vom Kampfe eintrete. Andere Fassi: der Begriff ἀνάπνευσις ist zweimal zu denken als Subject mit ὀλίγη und als Prädicat: „eine kurze Ruhe vom Kampf ist doch immer eine
802 Erholung“. — ῥεῖα st. ῥέα, ep. adv. zu ῥᾴδιος, leicht, ohne Mühe. — ἀκμής, ῆτος, ὁ, ἡ, (κάμνω) unermüdet, frisch. — κάμνω, pf. κέκμηκα, partic. κεκμηκώς und κεκμηώς, müde werden. — ἀϋτή, ἡ, (αὔω), B. 166, hier die Schlacht
803 selbst. — ὠθέω, fut. ὤσω, aor. ἔωσα u. ὦσα, aor. med. ὠσάμην, stoßen, treiben, B. 113; med. von sich wegtreiben, hier ἀπὸ νεῶν.
805 βῆ δὲ θέειν bezeichnet immer eine eilige Beweg.: er machte sich
807 auf und eilte. — ἵνα σφ' ἀγορή τε θέμις τε ἦεν wo sie ihre Versammlung und Gerichtsitzung hielten
808 (zu halten pflegten). — τῇ δὴ καὶ σφ' etc. dort waren denn auch Altäre der Götter von ihnen
809 erbaut. — ἀντιβολέω (ἀντιβάλλω) entgegen gehen; c. dat. Jem. zufällig begegnen, B. 365, gerade entgegen kommen.
σκάζω, hinken. — ἐκ πολέ- 811
μου mit ἀντεβόλ. zu verbinden, kam aus dem Kampfe gerade entgegen. — νότιος, 3. naß, feucht: κατὰ δὲ νότιος ἱδρὼς ῥέεν der Schweiß floß naß herab. — ἕλκος, 812
τό, die Wunde. — ἀργαλέος, B. 4, 278: von einer Wunde, schmerzend. — κελαρύζω, 813
poet. rauschen: rieseln, strömen. — νόος ἔμπεδος ἦεν sein Sinn war fest, d. h. er behielt seine Besinnung, Bewußtsein. — οἰκτείρω 814
(οἶκτος), aor. ᾤκτειρα, beklagen, bemitleiden: ἰδὼν ᾤκτειρε er sah ihn voll Mitleid an. — ἄλκιμος, 2. (ἀλκή, ἡ, Kraft) rüstig, wacker, tapfer, B. 183.
ὀλοφύρομαι, dep., ep. aor. 815
ὀλοφυράμην, beklagen, bejammern, B. 656, wehklagen. — ἆ, B. 441. 816
ἆ δειλοί hier als Ausruf des Mitleids: ihr Armen! ihr Unglücklichen!
ὣς ἄρ' ἐμέλλετε, „so also 817
solltet ihr“. Faesi. — τῆλε, adv.
fern von, c. gen. — ἄω, vom praes. 818
nur ep. inf. ἄμεναι st. ἀέμεναι, fut. inf. ἄσειν, aor. ἆσα, sättigen; med. sich sättigen, B. 574. — ἀργής, ῆτος, ὁ, ἡ, glänzend, gleißend, ἀργῆτι δημῷ (δημός, ὁ, Fett) mit euerem gleißenden Fett, mit euerem weißschimmernden Leibe.
πελώριος, 3. (πέλωρ, τό, Un- 820
gethüm) ungeheuer, riesig, gewaltig: ob die Achäer noch etwa aufhalten (ihm widerstehen) den furchtbar gewaltigen Hektor. — φθίνω ep. 821
Nebenf. v. φθίω, B. 331; trans. nur fut. u. aor. act. aufreiben; med. intr. aufgerieben werden, vernichtet werden. — πνέω, pf. med. πέπνυ- 822
μαι, beseelt sein, Verstand haben; häufig partic. πεπνυμένος als adj. verständig, klug. — ἄλκαρ, τό, 823
(ἀλκή) nur nom. u. acc. sing. Abwehr, Schutzwehr, Schutz. — πε- 824
σέονται nämlich Τρῶες, sie werden sich (nun bald) in die dunklen Schiffe stürzen. Dagegen Faesi, ἐν νηυσίν bei den Schiffen.
κέαται ep. st. κεῖνται. — οὐ- 826
τάζω, B. 260, 421. — τῶν δὲ 827
σθένος ὄρν. αἰεί aber jene

Kraft (Kampflust) regt sich (steigert
828 sich) beständig. — σαόω, A. 752:
ἐμὲ μὲν σάωσον ἄγων etc. doch
mich rette und führe zu dem dunklen
829 Schiffe. — μηροῦ ἔκταμ' ὀϊστόν
schneide mir aus dem Schenkel den
Pfeil heraus (ἐκτάμνω, aor. 2. ἐξέ-
ταμον, B. 515).
830 νίζω (das seine Tempora von
νίπτω bildet), fut. νίψω, benetzen;
waschen. — λιαρός, 3. ep. warm,
lau, A. 477. — ἐπί in tmesi. —
ἐπιπάσσω, darauf streuen; auf-
legen. — ἤπιος, 3. mild, sanft;
mildernd, B. 515. ἤπια φάρμακα
heilsame, schmerzstillende Kräuter. —
831 ἐσθλά (φάρμακα) heilsame. —
προτί (dor. und ep. st. πρός)
„muß hier mit Ἀχιλλῆος verbunden
werden = ὑπ' Ἀχ., da eine Vbdg.
mit dem Verbum unzulässig erscheint".
832 Faesi. — δίκαιος, gerecht; von
Chiron, der erfüllt, was Pflicht und
Recht gegen Menschen fordert; „men-
833 schenfreundlich" Faesi. — ἰητροὶ
μέν etc. denn (unsere) Aerzte
Podaleirios und Machaon etc., denn
von unseren Aerzten Pod. u. Mach.
ist der eine (τὸν μέν), meine ich, in
dem Zelte an einer Wunde krank etc.
835 χρηΐζω ion. und ep. st. χρήζω
(χράω) nöthig haben, bedürfen, c.
gen.: χρηΐζοντα καὶ αὐτόν bedarf
selber eines trefflichen (geschickten)
Arztes und (κεῖσθαι) liegt darnieder.
836 — μίμνω, A. 317, Gild; trans. c.
acc. erwarten, B. 723; im feindlichen
Sinne, bestehen, aushalten.
ὀξὺν Ἄρηα den heftigen Ares, die
838 Wuth des Ares. — πῶς κεν ἔοι
τάδε ἔργα, wie sollen die Dinge
wohl endigen? wie soll dieses wohl
geschehen? — τί ῥέξομεν, was
839 machen wir nun? — ἔρχομαι,
ich gehe, bin auf dem Wege. —
ὄφρα, damit, c. coni. ἐνίσπω.
— ἐνίπω, poet., aor. ἔνισπον
von der Nebenform ἐνίσπω, B.
186, 643.

ἐπιτέλλω, Vers 47; μῦθον 840
ἐπιτέλλ. τινί Jemdm. einen münd-
lichen Auftrag geben. — οὖρος, ὁ,
ep. der Wächter, οὖρ. Ἀχαιῶν der
Hort der Achäer. — μεθίημι, 841
fut. μεθήσω, c. acc. loslassen, fah-
ren lassen; verlassen; 2. intr. nach-
lassen, ermatten; ablassen, abstehen,
c. genit. σεῖο (σοῦ) τειρομένοιο
(A. 283) von dir, da du ent-
kräftet bist; ich werde dich in
deinem Elend nicht im Stich
lassen, dich deinem Elend
überlassen. — στέρνον, τό, 842
(στερεός, hart) die äußere Brust:
ὑπὸ στέρνοιο λαβεῖν Jemdn. unter
der Brust fassen, um den Leib
fassen. — ὑποχέω (χέω), aor. 843
ὑπέχευα, darunter schütten, streuen,
ausbreiten. — βόειος, 3. (βοῦς)
vom Rinde; als Subst. ἡ βοείη
(nämlich δορά) Rindsfell, Rindshaut.
— ἐκτανύω, poet. u. ion. (τανύω), 844
aor. ἐξετάνυσσα, ep. häufig mit σσ,
ausstrecken, ausgestreckt niederlegen.
— μαχαίρη, μάχαιρα, ἡ, ein
großes Messer, Opfermesser, das hier
Patroklos gebraucht zum Heraus-
schneiden der im Schenkel des Eury-
pylos steckenden Pfeilspitze.

περιπευκής, ές, (πεύκη, die 845
Spitze) sehr schmerzlich, sehr herb. —
ῥίζα, ἡ, Wurzel, hier als Heil- 846
mittel. — διατρίβω (τρίβω), 847
zerreiben. — ὀδυνήφατος, 2.
ep. (ὀδύνη, Schmerz; φάω) schmerz-
tödtend, lindernd. — ἔσχ' ὀδύνας, 848
die Schmerzen unterdrückte, stillte. —
τέρσομαι, aor. 2. ἐτέρσην, trocken
werden, von der Wunde, vertrocknen.

XII.

1 ὥς ὁ μὲν — ἰᾶτο bildet den
Anschluß an das in den letzten fünf
Versen des vorhergehenden Gesanges
Gesagte. — κλισίη, ἡ, (κλίνω,
anlehnen, pass. liegen) Lagerhütte,
besonders im Kriegslager, Baracke,
Zelt. — Μενοίτιος, ὁ, Sohn
des Aktor, Vater des Patroklos. —
ἄλκιμος, 2. (ἀλκή, ἡ, Körper-
kraft) rüstig, tapfer, muthig; von
2 Waffen, gewaltig. — ἰάομαι, dep.
med. fut. ἰάσομαι, ion. ἰήσομαι,
aor. ion. ἰησάμην, heilen. — Εὐρύ-
πυλος, ὁ, Herrscher von Orme-
nion in Thessalien, der mit 40 Schif-
fen nach Troja kam. Er wurde von
Alexandros (11, 583) verwundet und
von Patroklos geheilt. (S. Ende des
vorhergeh. Ges.) — βάλλω, fut.
βαλῶ, ion. βαλέω, aor. ἔβαλον,
perf. βέβληκα, werfen, schleudern;
treffen, verwunden; med. sich etwas
umhängen. — οἱ δέ. Homer schickt
oft dem später nachfolgenden Nomen
als Vorausbezeichnung desselben ein
Pronomen vorher. So hier οἱ δέ
— Ἀργεῖοι καὶ Τρῶες: Jene aber,
die Argeier und Troer; oder οἱ δέ
adverbialisch durch: dort, da, als
Gegensatz zu ὁ μὲν ἐν κλισίῃσι:
dort aber kämpften Ach. und Troer.
3 — ὁμιλαδόν, adv. (ὅμιλος, ὁ,
dichte Menschenmenge) schaarweise, in
Haufen, massenweise (im Gegensatz
zum Einzelnkampf hervorragender
Helden). — ἄρα, ep. auch ἄρ und
als encl. ῥά (ἄρω anfügen, an-
passen) dient zur Anreihung dessen,
was mit dem Vorhergehenden beson-
ders in kausativer, folgernder, tem-
poreller, aber oft auch in anderer
Beziehung steht. — μέλλω, fut.
μελλήσω, aor. ἐμέλλησα, bei Hom.
nur praes. und impf., im Begriffe
sein, vorhaben; sollen (als Nothwen-
digkeit, oder als Wille): οὐδ' ἄρ'
ἔμελλε τάφρος ἔτι σχήσειν, auch
der Graben sollte nicht mehr
(die Troer) aufhalten. —
Δαναοί, οἱ, Danaer (Danaos, 4
König von Argos), Bewohner des
Königreichs von Argos, sonst Ἀρ-
γεῖοι und überhaupt Hellenen: Δα-
ναῶν abhängig von τάφρος. —
ὕπερθε(ν), adv. poët. von oben
her; oben, oberhalb, darüber, wie
ὑπέρ als adv.

τό, relat. — ὑπέρ praep. c. 5
gen. über etw. hinweg; für (zum
Besten Jemds.) — ἀμφί adv. rund
herum, um die Mauer: ἀμφὶ δέ
und um welche (Mauer); so daß
τάφρον Object v. ἤλασαν ist. —
ἐλαύνω, poët. ἐλάω, fut. ἐλάσω, 6
Att. ἐλῶ, perf. act. ἐλήλακα, pass.
ἐλήλαμαι: treiben, wegtreiben, ja-
gen; schlagen, stoßen, hauen, ver-
wunden; τάφρον einen Graben zie-
hen. — κλειτός, 3. (κλείω poët.
st. κλέω) gerühmt, gepriesen; herr-
lich. — ὄφρα, Absichtspartikel da- 7
mit; ὄφρα — ῥύοιτο hängt von
δόσαν ἑκατόμβας ab. — νῆάς τε
καὶ ληΐδα Objekte v. ἐντὸς ἔχον,
nämlich, τεῖχος. — ληΐς, ίδος, ἡ,
ion. u. ep. st. λεία, Beute, Kriegs-
beute. — ἐντός, adv. (ἐν) drin- 8
nen; praep. c. gen. innerhalb. —
ῥύομαι, dep. med. (ἐρύω), aor. ἐρ-
ρυσάμην, aus der Gefahr ziehen,
retten; schützen, schirmen, beschirmen.
— ἀέκητι, adv. (ἀέκων) wider
Willen, θεῶν gegen den Willen der
Götter, nicht mit Willen, mit Zu-
stimmung der Götter. — τεύχω,
poët. fut. τεύξω, aor. ἔτευξα, pf.
τέτευχα, perf. pass. τέτυγμαι, aor. p.
ἐτύχθην: bereiten, verfertigen, er-

9 bauen. — ἔμπεδος, 2. (ἐν, πέ-
δον, τό, der Boden) eigtl. im Bo-
den, also, fest, unverrückt, unerschüt-
terlich; τὸ καὶ οὔ τι etc. ist als
Folge von θεῶν δ' ἀέκητι rer.
anzusehen.
10 ὄφρα ep. während, so lange
als, worauf im Nachsatze τόφρα.
— μηνίω, fortdauernd zürnen,
im Zorn verharren (μῆνις, ιος, ἡ,
11 anhaltender Zorn). — ἀπόρθη-
τος, 2. (πορθέω, zerstören, von
πέρθω) unzerstört. — πέλω,
gew. depon. πέλομαι, nur praes.
und imperf., letzteres sync. ἔπλετο,
in Bewegung sein, sich regen; gew.
13 sein; werden. — κατά in tmesi.
— καταθνήσκω, poët. (θνήσκω)
aor. 2. κατέθανον, sterben, hinster-
ben. — ὅσσοι ἄριστοι alle die
Tapfersten. — δάμεν dor. und ep.
st. ἐδάμησαν, ἐδάμην, aor. 2. pass.
v. δαμάω, fut. δαμάσω, ep. mit
σσ; pf. pass. δέδμημαι, aor. 1. p.
ἐδμήθην: bändigen, zähmen; über-
wältigen, tödten. — λείπω,
aor. ἔλιπον, pf. λέλοιπα, aor. 2.
med. ἐλιπόμην, in pass. Bdtg. las-
sen; verlassen, zurücklassen; pass. zu-
rückbleiben, übrig bleiben, am Le-
ben bleiben.
15 πέρθω, fut. πέρσω, aor. 1.
ἔπερσα, aor. 2. ἔπραθον, zerstö-
17 ren. — δή (verkürzt aus ἤδη), darum
mit temporeller Bdtg., schon, eben,
jetzt; δὴ τότε, dann erst, nun-
mehr; oft hat es determinative
Bdtg., nur, gerade, gar, aller-
dings, u. a. — μητιάω ep.
(μῆτις) Beschluß fassen; ersinnen;
med. bei sich beschließen. — Πο-
σειδάων. Derselbe beklagte sich
schon über den Aufbau der Mauer.
18 S. 7, 446 ꝛc. — ἀμαλδύνω, aor.
ἠμάλδυνα, ion. und ep. (ἀμαλός,
weich, zart) durchweichen; τεῖχος
eine Mauer zerstören, umstürzen. —
μένος, τό, eigtl. heftiger Drang,
Ungestüm; ungestüme Kraft, Gewalt:
ποταμῶν μένος εἰσαγαγόντες in-
dem sie die stürmische Gewalt der
19 Ströme dagegen leiteten. — Ἰδαῖος,
3. Idäisch, von Idaberg in Phry-
gien; Ἰδαῖα ὄρεα das Idäische Ge-
birge, d. h. die Höhen, Gipfel des
Idaberges. — προρέω, poët. st.
προρρέω (ῥέω, fut. ῥεύσομαι,
aor. ἔρρευσα, fließen) vorwärts
fließen, dahinströmen, ἅλαδε in's
Meer, dem Meere zuströmen.
Ῥῆσος, ὁ, Fluß in Troas, der 20
sich in den Granikos ergießt. —
Ἑπτάπορος, ὁ, Fl. in Mysien,
kommt vom Gebirge Temnos, macht
viele Krümmungen und ergießt sich
in den Adramyttenischen Meerbusen.
— Κάρησος, ὁ, Fl. in Mysien,
der in den Aesepos mündete. —
Ῥόδιος, ὁ, Fl. in Troas, nörd-
lich von der Landzunge Dardanis.
— Αἴσηπος, ὁ, Fl. in Mysien, 21
der in die Propontis bei Kyzikos
mündet. — Σκάμανδρος, ὁ,
Skamander, Fl. in Troas; er um-
floß von drei Seiten den Pergamos-
felsen und bildete so den schützenden
Burggraben, daher er auch Beschützer
der Stadt heißt; er heißt auch Xan-
thos, weil er gelblichen Sand mit
sich führt, er fällt nördlich von Sigeion
in den Hellespont. — Σιμόεις, 22
Simois, kleiner Fl. im Troas, kommt
vom Ida, fließt in nordwestlicher
Richtung von der Stadt Troja und
vereinigt sich mit dem Skamandros.
— ὅθι adv. gew. nur poët. wo,
(da, dahin) wo. — βοάγριον,
τό, Schild von Rindsleder, von
Stierhaut. — τρυφάλεια, ἡ,
(entweder st. τριφάλεια, ein Helm
mit drei φάλοι; φάλος ein metalle-
ner Bügel, der von vorn nach hin-
ten über dem Helme war, in wel-
chem der Helmbusch steckte; oder nach
anderer Meinung von τρύω, durch-
bohren, weil der Kegel des Helmes
durchbohrt war, der Helm. —
κάππεσον ep. verkürzt st. κατέπε- 23
σον, aor. 2. v. καταπίπτω (πίπτω,
fut. πεσοῦμαι) herabfallen, nieder-
fallen, ἐν κονίῃσι (κονίη, ἡ, die
zum Staub aufgewühlte Erde, gew.
plur.) in den Staub hin, zur Erde
fallen, gew. von einem in der Schlacht
Getödteten oder Verwundeten. —
ἡμίθεος, ὁ, (ἡμι-, halb, in Zu-
sammensetzung; θεός) Halbgott; als
adj. halbgöttlich (nur hier). —
τῶν πάντων von diesen allen. 24
— ὁμόσε adv. (ὁμός) nach einem
und demselben Orte hin. — στόμα,
τό, der Mund; von Flüssen, die
Mündung. — τρέπω, aor. 2.
ἔτραπον, wenden, eine andere

Richtung geben: τῶν πάντων ὁμόσε
etc. die Mündungen aller die-
ser wandte Phoib. Ap. zusam-
men dahin (nach der Mauer), ver-
einigte ihre Strömung nach
einer Richtung.
25 ἐννῆμαρ, ep. (ἐννέα, ἦμαρ,
τό) neun Tage lang. — ῥόος,
ὁ, (ῥέω) das Fließen, die Strö-
mung, Strom. — ὕω nur impf.
u. partic. praes. pass., regnen las-
sen, Regen senden: ἐννῆμαρ δ' ἐς
τεῖχος etc. neun Tage trieb er deren
Strom gegen die Mauer und Zeus
sendete unablässig den Regen. —
26 συνεχής, ές, (συνέχω) zusammen-
haltend; anhaltend: ebenso das neutr.
als adv. — ὄφρα, damit. — κέ
ep. encl. st. ἄν, in der homerischen
Sprache oft auch in Absichtssätzen.
— ἁλίπλοος, 2. (ἅλς, πλέω)
im Meere schiffend, schwimmend,
τείχεα ἁλίπλοα θεῖναι, machen,
daß die Mauern im Meere schwim-
men, d. h. die Mauern in's Meer
wegschwemmen, in's Meer treiben,
27 stürzen. — ἐννοσίγαιος, ὁ, ep.
(st. ἐνοσίγαιος v. ἔνοσις, ἡ, Er-
schütterung, γαῖα) der Erderschütte-
rer, Beiw. des Poseidon, dem man
die Erdbeben zuschrieb. — τρίαινα,
ἡ, (τρεῖς) der Dreizack, die drei-
zackige Harpune, das Symbol des
Poseidon und seiner Herrschaft über
28 die Bewohner des Meeres. — ἡγέ-
ομαι dep. med. (ἄγω), fut. ἡγή-
σομαι, vorangehen, anführen: ἡγεῖτο
er stürmte voran. — ἐκ in
tmesi. — θεμείλια, τά, (τίθημι)
nur plur. wie θέμεθλα, die Grund-
lage. — κύμασι = εἰς κύματα,
in's Meer. — ἐκπέμπω, weg-
29 senden, herauswerfen. — φιτρός,
ὁ, poet. Baumstamm, Block. —
λᾶας, (Att. λᾶς) ὁ, gen. λᾶος,
pl. gen. λάων, Stein: ἐκ δ' ἄρα
πάντα θεμείλια etc. und heraus-
warf alle Grundlage aus Blöcken
und Steinen, d. h. er trieb von
Grund aus alle Blöcke und Steine
heraus in's Meer. — τά relat. —
μογέω (μόγος, ὁ, Mühe), aor.
ἐμόγησα, poet. sich abmühen, sich
anstrengen, τὰ θέσαν μογέοντες
Ἀχ. welche mit Mühe die Achäer
gelegt.
30 λεῖα, λεῖος, 3. glatt: eben,
flach. — παρ' Ἑλλήσποντον d. i.
τὰ παρ' Ἑλλήσποντον die Gegend,
den Strand am Hellespont: λεῖα δ'
ἐποίησεν παρ' Ἑλλ. machte die
Gegend am Hellespont glatt,
eben. — ἀγάρροος, 2. poet.
(ἄγαν, ῥέω) stark fluthend, heftig
strömend. — αὖτις, adv. ion. u. 31
dor. st. αὖθις (verlängert aus αὖ)
wieder, wiederum; zurück. — ἠιών,
ονος, ἡ, ep. st. ᾐών, Ufer, Gestade,
Strand. — ψάμαθος, ἡ, poet.
(ψάω) = ἄμαθος, der Sand,
das sandige Meerufer, Dünen. —
καλύπτω, verhüllen, bedecken:
und hüllte das weite Meer-
ufer wieder in Sand ein. —
ἀμαλδύνω, V. 18. — νέομαι, 32
poet. dep. nur praes. u. impf. ge-
hen, kommen; zurückgehen, zurück-
kehren. — κὰρ ῥόον ep. st. κατὰ 33
ῥόον: ποταμοὺς δ' ἔτρεψε etc.
und ließ die Flüsse in ihr Bett zu-
rückkehren. — ἵεν sing. obschon das
vorherg. ποταμούς als Subject zu
denken ist: ᾗ περ πρόσθεν ἵεν
ὕδωρ wo (jeder) vorher sein Wasser
strömen ließ. — καλλίρροος,
2. schön, ruhig fließend, καλλίρρ.
ὕδωρ, sein schönes (klares) Wasser. —
μέλλω, V. 12, 3: ὣς ἄρ' ἔμελ- 34
λον ὄπισθε θησέμεναι so wollten
sie nachher thun.
ἀμφί in tmesi. — ἐνοπή, ἡ, 35
poet. u. ep. (ἐνέπω) Laut, Stimme;
Schlachtruf: μάχη ἐνοπή τε Kampf
und Schlachtruf. — ἀμφιδαίω,
perf. 2. ἀμφιδέδηα, intr. intr. und
in übertr. Bdtg., hier vom Kampfe,
ringsum entbrennen, τεῖχος
um die Stadt herum wüthete; da-
gegen δαίω praes. u. impf. act. an-
brennen, anstecken; pass. intr. bren-
nen; funkeln. — ἐΰδμητος, 2. 36
(δέμω), wohl, schön gebaut; τεῖχος
ἐΰδ. um die festgebaute Mauer. —
καναχίζω wie καναχέω, krachen,
ächzen, rasseln: κανάχιζε δὲ δού-
ρατα πύργ. βαλλόμενα getroffen
krachten die Balken der Thürme, es
krachten vom Wurf die Balken der
Thürme. — μάστιξ, γος, ἡ, 37
Peitsche, Geißel. — δαμάω, V. 14.
— γλαφυρός, 3. (γλάφω, aus- 38
höhlen) ausgehöhlt, hohl, gewölbt.
— εἴλω, Nebenf. εἰλέω, ep. st.
εἰλέω, aor. ἔλσα, perf. pass. ἔελ-

μαι, partic. ἐελμένος: drängen, in
die Enge treiben; zusammendrängen;
pass. sich zusammendrängen. — ἰσχα-
νάω ep. Nebenf. v. ἴσχω, nur in
ep. zerdehnten Formen; halten, zu-
rückhalten; pass. sich zurückhal-
ten: Ἀργ. δὲ Διὸς μάστ. δαμ.
νηυσὶν ἔπι γλαφ. etc. aber die Ar-
geier von des Zeus Geißel gezüchtigt
hielten sich an den gewölbten Schif-
fen zusammengedrängt (wagten sich
39 nicht vorzugehen). — δείδω, nur
1. sing. praes., fut. δείσομαι, aor.
ἔδεισα, perf. 2. δίδια, ep. δείδια
u. δίδοικα, intr. sich fürchten; trans.
fürchten, scheuen. — μήστωρ,
ωρος, ὁ, ep. (μήδομαι) Berather;
Urheber von etw., φόβοιο Zwinger
zur Flucht: κρατερὸν μηστ. φό-
βοιο, (umschrieben) der mit Gewalt
sie zur Flucht trieb.
40 μάρναμαι, poët. depon. med.
nur im praes. und impf., kämpfen,
fechten. — ἶσος, 3. Att. ἴσος,
gleich. — ἄελλα, ἡ, Wirbelwind,
41 Sturm, Sturmwind. — ὡς δ' ὅτ'
ἄν c. conj. (hier στρέφεται mit ver-
kürztem Modusvocal) wenn der Satz,
wie hier im Gleichniß ein allgemei-
ner ist. — ἔν τε κύνεσσι καὶ
ἀνδράσι θηρ. mitten unter Hun-
42 den und Jägern. — κάπριος, ὁ,
ep. st. κάπρος, der Eber; auch σῦς
κάπριος. — στρέφω, aor. 1.
pass. ἐστρέφθην, drehen, wenden;
pass. sich umdrehen, sich umwenden.
— σθένος, τό, die Kraft. —
βλεμεαίνω, ep. seine Stärke
fühlen, trotzen, σθένεϊ βλεμεαίνων
auf seine Kraft trotzend, mit trotzi-
43 ger Kraft. — πυργηδόν, ep. adv.
(πύργος) eigentl. thurmweise, hau-
fenweise, in dichter Schaar. —
ἀρτύνω, u. ἀρτύω, aor. ἤρτυνα,
zusammenfügen, σφέας αὐτούς sich
44 fest an einander schließen. — ἀν-
τίον ἵστανται, stellten sich ent-
gegen, d. h. suchen Stand zu halten.
— ἀκοντίζω (ἄκων, ὁ) den Wurf-
spieß schleudern, überh. schleudern. —
θαμειός, 3. (θαμά adv. häufig)
häufig, dicht; in großer Menge,
zahlreich.
45 αἰχμή, ἡ, eigtl. die Spitze der
Lanze; die Lanze selbst. — κυδά-
λιμος, 2. ep. (κῦδος, τό) ruhm-
voll; κυδάλ. κῆρ muthiges Herz. —
ταρβέω, poët. aor. ep. τάρβησα, 46
erschrecken, sich fürchten. — φοβέω,
aor. ἐφόβησα, scheuchen, in die Flucht
jagen; pass. gescheucht werden, flie-
hen aus Furcht; φοβεῖται „es wird
zur Flucht angetrieben". Faesi. —
ἀγηνορίη, ἡ, (ἀγήνωρ, v. ἄγαν
u. ἀνήρ) Mannhaftigkeit, Muth. —
κτείνω, fut. κτενῶ, aor. 1. ἔκ-
τεινα, aor. 2. ἔκτανον u. ep. sync.
ἔκταν, davon ebenso 3. pl., tödten.
— ταρφής, οἱ, ταρφέα, τά, 47
dicht, häufig; ταρφέα neutr. als adv.
dicht; oft. — (στίξ) im nom. ungebr.,
in Prosa στίχος, gen. στιχός, plur.
στίχες, die Reihe. — πειρητίζω
ep. Nebenform v. πειράω, nur im
praes. und impf., versuchen, pro-
biren. — ὅππῃ ep. st. ὅπῃ, wo; 48
auch zur Bezeichnung der Richtung,
wohin. — ἰθύω (ἰθύς), gerade
aus auf Jem. losgehen, auf Jem.
eindringen, sich hinstürzen. — τῇ
correl. zu ὅππῃ, da, dort. — εἴκω,
fut. εἴξω, aor. εἶξα, weichen, zu-
rückgehen, fliehen, τινί vor Jem. —
ὅμιλος, ὁ, (ὁμός u. ἴλη, Haufe) 49
dichte Menschenmenge; Kriegerschaar,
Gedränge, Gewühl, ἀν' ὅμιλ. im Ge-
dränge. — ἐλλίσσετο, λίσσο-
μαι, poët. dep. med., dazu das ep.
impf. ἐλλισσόμην und λισσόμην,
aor. ἐλισάμην, bitten, flehen, an-
flehen: so schritt Hektor durch
das Gewühl und bat die Ge-
fährten.
ἐποτρύνω (ὀτρύνω), antreiben, 50
auffordern: ἐλλίσσετο ἐποτρύνων
ἑταίρ. διαβ. bittend forderte er auf
den Graben zu überschreiten. —
τολμάω, wagen: οὐδέ οἱ (αὐτῷ) 51
ἵπποι τολμ. ὠκύποδες und doch
wagten es seine schnellfüßigen Rosse
nicht. — χρεμετίζω, wiehern. —
ἄκρος, 3. äußerst, ἐπ' ἄκρῳ χεί-
λει (χεῖλος, τό, Lippe; Rand)
ἐφεσταότες am äußersten Rande
stehend. — ἀπό in tmesi. — ἀπο-
δειδίσσομαι poët. (δειδίσσο-
μαι) trans. abschrecken, mit Furcht
erfüllen. — ὑπερθρῴσκω (θρῴ- 53
σκω) nur fut. ὑπερθορέομαι, ep.
st. ὑπερθοροῦμαι u. aor. 2. ὑπέρ-
θορον, überspringen, darüber hin-
wegspringen. — σχεδόν adv. nahe,
in der Nähe, (hier) d. i. vom
äußersten Rande des Grabens aus,

nämlich zu überspringen (als Folge
von εὐρεῖα). — περάω, fut.
περήσω, durchdringen, von einem
Raume, durchschreiten, τάφρον
den Graben durchschreiten,
weil er zu tief war, und doch ist
dies nicht gesagt, sondern dieser inf.
ist als Folge von dem folgenden
κρημνοί zu nehmen; aber beide Infin.
54 sind abhäng. von ῥηϊδίη. — ῥηΐ-
διος, 3. ion. und ep. st. ῥᾴδιος,
leicht. — κρημνός, ὁ, jäher
Abhang, der abschüssige Rand eines
Graben. — ἐπηρεφής, ep. (ἐρέφω
überdachen) von oben bedeckt, über-
hangend, κρημνοὶ ἐπηρ. überhan-
gende Abhänge. — περὶ πᾶσαν
(τάφρον) längs dem ganzen Graben,
überall.
55 ὕπερθεν adv. von oben her. —
σκόλοψ, οπος, ὁ, der Pfahl;
Palliſade, zur Verpfählung eines
56 Festungswerks. — ἀραρίσκω
(ἄρω), aor. ἦρσα, aor. 2. redupl.
ἤραρον, pf. ἄρηρα; trans. im aor.
1. und aor. 2. act. zusammenfügen,
verbinden; intr. perf. und plqpf. u.
zuweilen aor. 2. zusammengefügt, fest
geschlossen, befestigt sein; ἀρήρει dazu
als Subj. τάφρος zu denken: ὕπερ-
θεν δὲ σκολόπεσσιν ὀξέσιν ἀρήρει
und war oben mit zugespitzten
Pfählen befestigt, besetzt. — ἵστα-
σαν st. ἔστησαν, aor. 1. v. ἵστημι:
τοὺς ἵστασαν welche gestellt hatten.
57 — πυκνός, 3. ep. πυκινός, dicht.
— δήϊος, 3. ion. st. δάϊος (δαΐς,
ἡ, Brand; Krieg) vernichtend, feind-
lich. — ἀλεωρή, ἡ, (ἀλέομαι,
meiden) das Ausweichen; Schutz-
58 wehr, Brustwehr. — ῥέα und
ῥεῖα adv. leicht. — εὔτροχος, 2.
ep. ἐΰτροχος, (τροχός, ὁ, Rad)
mit guten Rädern versehen, vom
Wagen, leichtrollend. — ἅρμα,
τό, Wagen, Geſähr. — τιταίνω ep.
redupl. Nebenf. v. τείνω, aor. ἐτί-
τηνα, spannen, strecken; ziehen:
ἔνθ' οὔ κεν ῥέα ἵππος ἐΰτρ.
ἅρμα τιταίνων ἐσβαίη da drang
schwerlich ein Roß an den
leichtrollenden Wagen ge-
59 spannt hinüber. — πεζός, ὁ,
zu Fuß, Fußgänger. — μενοινέω
ion. wie μενοινάω poet. (μένος,
τό), aor. ἐμενοίνησα, im Sinne ha-
ben, wünschen, bedenken: μενοίνεον
εἰ τελέουσι, bedachten sich, ob
sie es vollführten.
δὴ τότε, nunmehr. — θρα- 60
σύς, εῖα, ύ, (θράσος) kühn, mu-
thig. — παραστάς daneben hin-
getreten, hinzugetreten. — ἀγός, ὁ, 61
ep. Führer. — ἐπίκουρος, 2.
(κοῦρος) helfend; als Subst. Helfer,
Bundesgenosse. Der plur. von den
Bundesgenossen der Troer. — ἀφρα- 62
δέως, ἀφραδής, ές, unbesonnen,
unüberlegend, thöricht. — ἐλαύνω,
V. 61: thöricht treiben wir die Rosse
durch den Graben: eine Thorheit ist
es, daß wir versuchen, die Rosse rc.
— ἀργαλέος, 3. (vermuthl. von 63
ἔργον) schwer, schwierig: τάφρος
μάλ' ἀργαλέη περάαν (περάω, V.
53) sehr schwierig ist es den
Graben zu überschreiten. —
ποτί dor. und ep. st. πρός: ποτὶ 64
δ' αὐτοὺς τεῖχος Ἀχ. „durch ein
Zeugma mit ἑστᾶσι verbunden, in
welchem auch δέδμηται dem Begriffe
nahe liegt". Faesi. hinter ihnen
steht die Mauer der Achäer.
ἔνθ' οὔ πως ἔστιν κατα- 65
βήμεναι da ist nicht möglich hin-
abzusteigen, da kann Niemand hin-
abfahren. — ἱππεύς, ὁ, der Rei-
sige; der Rosselenker; Wagenlenker
im Gegensatz zu πεζός Streiter zu
Wagen; ἱππεῦσι μάχεσθαι auf
Streitwagen kämpfen (nicht: gegen
die Streiter zu Wagen). — στεῖ- 66
νος, τό, ep. (στείνω) die Enge,
der enge Raum: στεῖνος γάρ
denn der Raum ist zu eng. —
τρώω Stammform zu τιτρώσκω,
aor. ἔτρωσα, fut. τρώσομαι in pass.
Bdtg., verwunden; ὄθι τρώσεσ-
θαι (nämlich ἱππεῖς) ὀΐω wo sie,
meine ich, verwundet werden, mit
Nachtheil kämpfen, Niederlage erlei-
den werden. — τούς im Gegen- 67
satze zu folg. Τρώεσσι, die Achäer.
— πάγχυ (πᾶς) adv. völlig, ganz,
ganz und gar. — φρονέω, nur
im praes. u. impf. denken; verstän-
dig sein; einsehen; gesinnt sein; κακά
τινι gegen Jem. Böses im Sinne
haben. — ἀλαπάζω, (λαπάζω
u. α euphon.), fut. ἀλαπάξω, aus-
leeren; vernichten, vertilgen: ἀλα-
πάζει vertilgen will, zu vertilgen
sucht: εἰ μὲν γάρ etc. denn wenn
Zeus Verderben sinnend jene vertilgen

68 will. — ἵημι, senden; med. seinen
Geist auf etw. richten; trachten, ver-
langen, wünschen. — ἀρήγω, poët.,
fut. ἀρήξω, helfen, beistehen. τινί.
69 — ἦ τ' ἂν ἔγωγ' ἐθέλοιμι,
wahrlich, ich möchte wünschen, so
möchte ich in der That wünschen.
70 νώνυμος, 2. poët. (νη-, ὄνομα)
und ep. der Position wegen, νώ-
νυμνος, namenlos, ruhmlos. —
ἀπόλλυμι (ὄλλυμι), fut. ἀπο-
λέσω, Att. ἀπολῶ, verderben; med.
u. perf. 2. (ἀπόλωλα) zu Grunde
gehen, aor. 2. ἀπωλόμην. — ἀπ'
71 Ἄργ. fern von Arg. — ἀπο-
στρέφω (στρέφω), trans. umkeh-
ren, zurückwenden; intr. sich umkeh-
ren, sich wenden. — παλίωξις,
ιος, ἡ, ep. (πάλιν, ἰωκή) das
Wiederzurückschlagen, Zurückdrängen,
von der Flucht zum Wiederangriff
sich stellen: παλίωξ. δὲ γένηται und
ein erneuerter Angriff geschehen sollte.
72 — ἐνιπλήσσω (πλήσσω) poët.
st. ἐμπλήσσω, aor. ἐνέπληξα, intr.
hineinfallen, τάφρῳ in den Graben
hineinstürzen; oder im Graben über-
fallen werden. — ὀρυκτός, 3.
74 (ὀρύσσω) gegraben. — ἄψορρος,
2. (ἀψ, ὄρω, ὄρνυμι) sich zurück-
bewegend, zurück, das neutr. als adv.
zurück, wieder zurück. — ἑλίσσω,
gew. poët. aor. med. ἑλιξάμην, aor.
pass. partic. ἑλιχθείς; winden; um-
drehen; pass. sich wieder umwenden,
ἑλιχθείς wieder (von der Flucht)
umgewandt, ἑλιχθέντων ὑπ'
Ἀχαιῶν in Folge des erneuer-
ten Angriffs der Ach.
75 ἀλλ' ἄγεθ' verstärkte Auffor-
derung, aber wohlan. — ὡς ἂν
ἐγὼ εἴπω, πειθώμεθα folgt mir,
wie ich euch sage, thut, was ich
76 sage. — θεράπων, οντος, ὁ,
der Diener; der Genosse, Waffen-
gefährte, bei Homer gew. der Ge-
fährte, der des Helden Streitwagen
lenkt. — ἐρύκω, gew. ep. u. poët.,
fut. ἐρύξω, aor. ἔρυξα, aor. 2.
redupl. ἠρύκακον, zurückhalten, auf-
77 halten, festhalten, anhalten. — πρυ-
λέες, οἱ, (nom. sing. πρυλής)
(nach Erkl. der Alten πεζοὶ ὁπλῖ-
ται, Schwerbewaffnete zu Fuß) Strei-
ter zu Fuß, im Gegens. zu Wagen-
kämpfer. — τεῦχος, τό, Geräth;
Rüstung, Waffen. — θωρήσσω
(θώρηξ, ηκος, ὁ, ion. statt θώ-
ραξ), aor. ἐθώρηξα, aor. p. ἐθω-
ρήχθην, bepanzern; rüsten, bewaff-
nen; pass. sich rüsten, sich waffnen:
σὺν τεύχ. θωρηχθέντες. Durch
die praep. σύν wird das Verblei-
ben unter den Waffen bezeichnet. —
ἀολλής, ές, (ἀ copul. u. εἴλλω, 78
zusammendrängen) zusammengedrängt,
dicht gedrängt, in geschlossenen Mas-
sen. — μίνω, fut. ion. μενέω, 79
bleiben; Stand halten. — ὄλεθρος,
ὁ, (ὄλλυμι) Verderben, Unheil, Un-
tergang. — πεῖραρ, ατος, τό,
der Strick; die Schlinge; bildlich:
ὀλέθρου πείρατα die Schlingen
des Verderbens, d. i. Untergang. —
ἐφάπτω (ἅπτω), fut. ἐφάψω; bei
Hom. gew. nur 3. sing. perf. pass.
ἐφῆπται u. plqpf. ἐφῆπτο; an etw.
heften; pass. daran haften; verhängt
sein: ὀλέθρου πείρ. ἐφῆπται αὐ-
τοῖς Untergang ist über sie ver-
hängt, ihnen bestimmt.
ἁνδάνω, ion. und poët., impf. 80
ἥνδανον u. ἑήνδανον, aor. 2. ἅδον
(st. ἕαδον), pf. 2. ἕαδε; gefallen, an-
genehm sein: ἅδε Ἕκτορι μῦθος,
es gefiel dem Hektor das Wort. —
ἀπήμων, ον, (πῆμα, τό) eigtl.
ohne Schaden; ungefährdet. — ὄχος, 81
τό, (ἔχω) stets plur. der Wagen. —
ἆλτο sync. aor. 2. von ἅλλομαι,
aor. ἡλάμην, gew. aor. 2. ἡλόμην,
wovon nur conj. ἄληται, und dazu
die sync. Form ἆλτο, springen, her-
abspringen. — χαμᾶζε, adv. (χα-
μαί) auf die Erde, zur Erde. —
ἠγερέθομαι, ep. verlängert aus 82
ἀγείρομαι, nur 3. pl. praes. und
impf. u. inf. versammeln: οὐδὲ μὲν
ἄλλοι Τρ. ἐφ' ἵππων ἠγερέθοντο
und nun versammelten sich
die anderen Troer nicht in
Streitwagen (zum Angriff),
schaarten sich nicht ꝛc., d. h.
machten sich nicht auf Streit-
wagen kampfbereit. — ἀπ- 83
ορούω (ὀρούω), aor. ἀπόρουσα,
herabspringen, öfter, vom Wagen her-
abspringen. — ἡνίοχος, ὁ, (ἡνία, 84
τά, die Zügel; ἔχω) Wagenlenker,
Rosselenker (war der Kampfgenosse,
θεράπων). — ἐπιτέλλω (τέλλω),
aor. ἐπέτειλα, auftragen, befehlen,
heißen.
κόσμος, ὁ, Ordnung, κατὰ 85

κόσμον in Ordnung, oft mit εὖ ver-
stärkt: in wohl geordneter
Reihe. — ἐρύκω, V. 76. —
αὖθι, poet. adv. zsgz. aus αὐ-
τόθι, dort. — οἱ δέ = αὐτοὶ
86 δέ. — διΐστημι (ἵστημι) nur
in intr. tempp., aor. 2. διέστην,
eigtl. auseinander treten, sich tren-
nen. — ἀρτύνω u. ἀρτύω, aor.
ἤρτυνα (ἄρω), zusammenfügen, V.
43, sich fest an einander anschließen,
87 sich zusammenschaaren. — πένταχα,
adv. fünffach, in fünf Schaaren (nur
hier). — κοσμέω (κόσμος), aor.
1. ep. κόσμησα, ordnen; von Krie-
gern, in Reih und Glied stellen;
πένταχα κοσμηθέντες, in fünf
88 Schaaren geordnet. — οἱ μέν im
Gegensatz von τῶν δ' ἑτέρων, V.
93: die Einen gingen unter Anfüh-
89 rung des Hektor. — οἳ πλεῖστοι
καὶ ἄρ. ἔσαν, die meisten und die
besten. — (μάω), perf. 2. μέμαα
mit Präs.-Bdtg.; hastig auf etwas
losgehen, losstürmen; heftig begeh-
ren, verlangen; partic. μεμαώς oft
in der Bdtg. eines adj., begierig;
eilig.
90 ῥήγνυμι, fut. ῥήξω, aor.
ἔρρηξα, reißen, zerreißen; durchbre-
chen; med. etw. für sich zerbrechen,
durchbrechen, τεῖχος ῥηξάμενοι,
nachdem sie sich die Mauer
(zum Durchgang) durchbrochen.
91 — πάρ, ep. st. παρά. — ὄχος,
τό, öfter im ep. dat. ὄχεσφι und
92 ὀχέεσσι, V. 81. — ἄλλον Κεβρι-
όναο χείρονα etc. einen Anderen,
der weniger tüchtig war als Kebr.,
ließ Hektor bei seinem Wagen zurück.
93 — τῶν δ' ἑτέρων anderer, eine
zweite Schaar befehligte Paris.
95 Ἄσιος, ὁ, Sohn des Hyrtakos
und der Arisbe, ein Bundesgenosse
96 der Troer. — Ἀρίσβη, ἡ, Stadt
in Troas, unfern Abydos; Ἀρίσβη-
97 θεν adv. von Arisbe her. — αἴ-
θων, ωνος, ὁ, (αἴθω, brennen),
feurig, glänzend; von Thieren: feu-
rig, hitzig, muthig. — Σελλήεις,
εντος, ὁ, Fluß in Troas bei der
98 St. Arisbe. — ἐΰς, ἐΰ, ep. ἠΰς,
gen. ἐῆος, schön, herrlich, trefflich,
edel. — παῖς st. πάϊς.
100 οἶδα, wissen; sich auf etw. ver-
stehen, einer Sache kundig sein; das
partic. εἰδώς bisweilen c. gen. μά-
χης εὖ εἰδότι πάσης, kundig jeder
Kampfart, erfahren in jeglicher
Kampfart. — ἡγέομαι dep. med. 101
(ἄγω), fut. ἡγήσομαι, vorangehen,
führen, V. 2ᵃ. — ἀγακλειτός,
3. (ἄγαν, κλειτός) sehr berühmt,
sehr gerühmt, rühmlich. — ἐπί-
κουρος, 2. (κοῦρος) V. 61.
— πρός, adv. dazu, überdies. — 102
αἱρέω, fut. αἱρήσω, aor. 2. εἷ-
λον, nehmen, fassen, erreichen; weg-
nehmen, rauben; verwunden, tödten;
med. für sich oder als das Seinige
nehmen; zu sich nehmen; sich zu-
gesellen. — Ἀρήϊος, 2. ion.
Ἄρειος, des Ares Freund, kriegerisch,
tapfer. — (εἴδω) sehen, wahrneh- 103
men; aor. εἶδον, sehen; ep. pass.
und med. εἴδομαι, aor. εἰσάμην,
erscheinen, scheinen. — δια-
κριδόν, adv. (διακρίνω) entschie-
den, bestimmt. — γέ encl. Partikel, 104
gibt dem vorhergehenden Worte ent-
weder bloß Nachdruck oder beschrän-
kenden Sinn, und läßt sich gew. durch
eben, gerade; wenigstens, oft
gar nicht oder nur durch Betonung
des vorhergehenden Wortes über-
setzen: μετά γ' αὐτόν nach ihm
nämlich. — πρέπω, glänzen;
hervorleuchten; hervorstechen, sich aus-
zeichnen, διὰ πάντων vor Allen.
ἀραρίσκω, poet. (ἄρω), aor. 105
ἦρσα, aor. 2. ἤραρον u. ep. ἄρα-
ρον, trans. aor. 1. u. aor. 2. act.,
zusammenfügen, verbinden; bauen;
intr. perf. 2. ἄρηρα (bisweilen auch
aor. 2. ἄραρον) fest aneinander
geschlossen, fest angepaßt sein, fest an-
liegen, V. 56; ἀλλήλους ἄραρον sie
fügten einander zusammen, d. h. sie
schaarten sich zusammen, drängten
sich zusammen. — τυκτός, 3.
(adj. verb. v. τεύχω) bereitet. —
βοῦς, βοός, ὁ, ἡ, das Rind; ἡ,
die Rindshaut: der mit Rindsleder
überzogene Schild, τυκτῇσι βόεσσι
mit Schilden aus Stierhaut (bereitet).
— βάν ep. verkürzt aus ἔβησαν. 106
— ἰθύς, als adv. gerade zu, ge-
rade darauf los, c. gen. Δα-
ναῶν auf die Danaer. — λελίη-
μαι ep. perf. mit Präsens-Bdtg.,
(verw. λιλαίομαι) streben, nur
das partic. λελιημένος, begierig,
ungestüm. — φημί, impf. ἔφην
und med. ἐφάμην, sagen; (bei sich

sagen) meinen, glauben, hoffen.
107 — σχήσεσθαι nämlich als Subj.
Δαναοὺς zu ergänzen. οὐδ' ἔτ'
ἔφαντο σχησ. Δαναούς sie hofften,
daß die Danaer nicht Stand halten,
nicht widerstehen würden. — πε-
σέεσθαι ion. fut. v. πίπτω, fut.
πεσοῦμαι, fallen, sich stürzen. —
108 τηλεκλειτός, 2. ep. (τῆλε,
κλείω) weit berühmt; fern herberu-
109 fen. — ἀμώμητος, 2. (μώμεο-
μαι) untadelig, tadellos. — πεί-
θομαι (med. v. πείθω), fut. πεί-
σομαι, aor. 2. ἐπιθόμην, ep. auch
ohne Augm., sich bereden lassen, ge-
horchen: βουλῇ πίθοντο folgten
dem Rathe.
110 ὄρχαμος, ὁ, poet. (verwdt.
ἄρχομαι) Führer, Herrscher, ge-
111 wöhnlich ὄρχαμος ἀνδρῶν. — ἡνί-
112 οχος, ὁ, (ἡνία) V. 84. — πε-
λάζω (πέλας, nahe), aor. ἐπέ-
λασα, gew. ep. πέλασα u. mit σσ,
ep. sync. aor. med. ἐπλήμην mit
intr. Bdtg.; act. nähern, hinzufüh-
ren; intr. sich nähern, c. dat.: ἀλλὰ
σὺν αὐτοῖσιν πέλασεν νήεσσι son-
dern er näherte sich mit ihnen, fuhr u.
113 — νήπιος, 3. (νη-, ἔπος) un-
mündig, infans: thöricht, unklug; als
Subst. der Thor. — ὑπό in tmesi.
— κήρ, ἡ, auch als mythische
Person. Κήρ, der gewaltsame Tod,
Todesloos (durch Mißgeschick), das die
Götter dem Menschen schon bei sei-
ner Geburt bestimmten. — ὑπαλύ-
σκω (ἀλύσκω), fut. ὑπαλύξω, aor.
ep. ὑπάλυξα, vermeiden, entgehen,
114 entkommen, c. acc. — ἀγάλλο-
μαι pass. nur praes. mit etwas
prunken, auf etwas stolz sein,
c. dat.
115 ἀπονοστέω (νοστέω), fut. ἀπο-
νοστήσω, zurückkommen, heimkehren.
— ἠνεμόεις, εσσα, εν, ion. und
poët. st. ἀνεμ. (ἄνεμος, ὁ) windig,
dem Winde ausgesetzt, von hochge-
116 legenen, luftigen Oertern. — πρό-
σθεν adv. vorn; v. d. Zeit, vor-
her, früher. — μοῖρα, ἡ, (μείρο-
μαι, sich zutheilen lassen) der Theil,
Antheil: das den Sterblichen von
den Göttern Zugetheilte, das Loos,
Schicksal; das Schickliche, Gebüh-
rende. — δυσώνυμος, 2. (δυς-,
ὄνομα) mit einem bösen Namen,
grauenvoll, feindlich. — ἀμφικα-
λύπτω (καλύπτω), umhüllen, ver-
bergen; umfangen. — ἀγαυός, 3. 117
(ἄγαμαι) bewundernswerth, herrlich,
edel. — εἴσατο, εἰσάμην, aor. 1. 118
med. zu εἶμι, fut. med. εἴσομαι,
wie act. gehen. — νηῶν ἐπ' ἀρι-
στερά „nach der Linken der Schiffe,
vom Schiffslager aus betrachtet.
Diese Linke aber war bei Rhöteum
auf der Landseite, wo bei den Schif-
fen des Ajas auch Idomeneus stand".
Faesi. — τῇ περ Ἀχαιοί „da
nämlich, wo die Achäer aus der
Ebene (nach jedesmaligem Kampfe)
zurückzukehren pflegten". Faesi. —
νίσσομαι, wie νέομαι, poet. fut. 119
νίσομαι, gehen; gew. zurückgehen,
weggehen; hier das impf. zur Be-
zeichnung einer öfter wiederholten
Handlung.
τῇ als adv. dort. — διελαύνω 120
(ἐλαύνω), aor. 1. διήλασα, trans.
hindurchtreiben, hindurchführen: ἵπ-
πους διήλασαν, versteht sich auf der
ἱππηλασία ὁδός (Fahrweg), den die
Griechen für sich gemacht; vgl. 7,
340 u. f. — εὑρίσκω, fut. εὑ- 121
ρήσω, aor. 2. εὗρον, finden. — ἐπι-
κλίνω (κλίνω), perf. pass. ἐπι-
κέκλιμαι, anlehnen. — σανίς,
ίδος, ἡ, das Brett, die Bohle; die
Thür, σανίδες die Thürflügel: εὗρ'
ἐπικεκλιμένας σανίδας er fand die
Thorflügel angelehnt, also nicht ver-
riegelt. — ὀχεύς, ῆος, ὁ, poet.
(ἔχω) eigtl. Halter, gew. der Riegel,
um das Thor zu schließen: und er
fand die Thorflügel nicht geschlossen,
auch nicht den großen Riegel (ohne
Riegel). — ἀναπετάννυμι (πε- 122
τάννυμι, fut. πετάσω), aor. ἀνε-
πέτασα, perf. pass. ἀναπέπταμαι;
ausbreiten, ἀναπεπταμένας σανί-
δας ἔχον, sie hielten die Thorflügel
geöffnet (indem sie sie bewachten,
wartend, ob sie etwa Einer der Ihri-
gen aus dem Kampfe zurückkehrenden
noch retten könnten). — μετά c. acc. 123
die Richtung nach etw. und des Zie-
les bezeichnend. — φρονέω, V. 124
67: ἰθὺς φρονεῖν, gerad aus sei-
nen Sinn richten, d. h. gerad aus
streben: τῇ ῥ' ἰθὺς φρον. ἵππους
ἔχε dorthin gerad aus ver-
langend lenkte er die Rosse.
— τοὶ δέ, d. h. seine Leute um
ihn, seine Krieger.

125 ὀξέα adv. hier, laut. — κλάζω, aor. 1. ἔκλαγξα, ep. perf. κέκληγα
mit Präsensbdtg., partic. κεκλήγοντες, aor. 2. ἔκλαγον; erklingen, schreien,
hier vom Kriegsgeschrei. — ἴφαντο οὐκέτ' Ἀχ. σχήσεσθαι wie
128 V. 106. — ὑπέρθυμος, 2. (θυμός) überaus männlich, sehr muthig.
— Λαπίθαι, οἱ, die Lapithen, Urbewohner der Gegend um den Olympos und Pelion in Thessalien, in der Mythe bekannt durch ihren Kampf mit den Kentauren auf der Hochzeit des Peirithoos. — αἰχμητής, οῦ, ὁ, (αἰχμή, ἡ) poet., Lanzenschwinger; als adj. speergewandt.
129 — Πειρίθοος, ὁ, Peirithoos, König der Lapithen, Gemahl der Hippodameia.
130 Λεοντεύς, ὁ, Sohn des Koronos, Freiers der Helena, der (2, 745) mit 40 Schiffen nach Troja zog. — βροτολοιγός, 2. ep. (βροτός, sterblich; λοιγός, ὁ, Verderben, Tod; verw. λυγρός) Menschen mordend,
131 vertilgend. — προπάροιθε(ν), poet. (πάροιθε) adv. vorn, davor;
132 als praep. c. gen. vor. — δρῦς, ὑός, ἡ, der Eichbaum. — οὖρος, τό, ion. st. ὄρος, der Berg. — ὑψικάρηνος, 2. poët. (ὕψος, τό, κάρηνον, τό, Gipfel) hochwipflig.
133 — μίμνω, poët. Nebenform von μένω, nur im praes. u. impf. bleiben; ausharren; trans. c. acc. erwarten; von Bäumen: ἄνεμον μίμνουσι halten den Wind, Sturm aus.
— ὑετός, ὁ, (ὕω) der Regen, Re-
134 genschauer. — ῥίζη, ἡ, ion. st. ῥίζα, die Wurzel. — διηνεκής, ές, (ἠνεκής, v. ἐνεκω, aor. 1. ἤνεγκα) fortlaufend, zusammenhangend, weitreichend, lang. — ἀραρίσκω, V. 56, pf. ἄρηρα, partic. ἀρηρώς, fem. ἀραρυῖα: ῥίζῃσι διηνεκέ. ἀραρυῖαι durch lange, weitgreifende Wurzeln feststehend; auf gewaltigen Wurzeln fest ruhend.
135 πείθω, perf. 2. πέποιθα, intr. vertrauen: χείρεσσι πεποιθότες ἠδὲ βίηφιν μίμνον ἐπερχ. sie erwarten auf ihre Arme und ihre Kraft (auf die Kraft ihrer Arme) vertrauend den Kom-
136 menden. — φέβομαι, nur praes.
137 u. impf. V. 121. — ἐΰδμητος, 2. V. 36. — βοῦς, ὁ, V. 105, Schild.
— αὖος, 3. (ἄω, αὔω, anzünden) trocken, dürr, von der Dürre,
hart. — ὑψόσε, adv. ep. (ὕψος, 138
τό) in die Höhe, hoch empor. — ἀνίσχω, aor. 2. ἀνέσχον, emporhalten; med. sich aufrecht halten; wie act. emporhalten, aber gew. etwas als das Seinige emporhalten. — κίω, poët. Nebenf. von εἶμι (ἰέω), impf. ἔκιον und ep. κίον. — ἀλαλητός, ὁ, (ἀλαλά, ἡ, Kriegsge-
schrei) Kampfgeschrei. — Ἄσιον 139
ἀμφὶ ἄνακτα: Asios erscheint also unter dem Fußvolk.
Ἀσιάδης, Sohn des Asios: 140
„dieser scheint mit dem vorhergehenden Asios in keinem verwandtschaftlichen Verhältniß gestanden zu ha-
ben; vgl. 5, 759". Faesi. — οἱ δ' 141
ἤτοι „d. i. die δύ' ἄνερες 127. Da diese vorher 131 vor den Thoren standen, so muß man annehmen, daß sie beim Herannahen der Troer wieder auf die innere Seite der Mauer traten, um die drin stehenden zu ermuntern". Faesi. — εἵως st. ἕως adv. st. τέως, indessen, unterdessen, gew. mit μέν. — ἐϋκνήμις, ιδος, ὁ, ἡ, nur ep. st. εὐκν. (κνημίς, ἡ) mit Beinschienen wohl
versehen, wohl umschient. — ὀρνύω 142
Nebenf. v. ὄρνυμι, wovon nur das impf. ὤρνυον, sonst die Tempora von ὄρνυμι, fut. ὄρσω, antreiben, anregen, anfeuern. — ἀμύνω, fut. ἀμυνῶ, aor. ἤμυνα, abwehren, abhalten; τινί für Jemdn. abwehren, d. i. helfen; med. von sich abwehren, sich wehren, kämpfen, τινός oder περί τινος für Jem. oder für etw.
kämpfen, es vertheidigen. — ἐπι- 143
σεύω, immer ep. ἐπισσεύω, aor. 1. ἐπέσσευα, perf. pass. ἐπέσσυμαι, mit Präsensbdtg., partic. ἐπεσσύμενος (beachte den unregelm. Accent); in Bewegung setzen, anhetzen; pass., häufig perf. herbeieilen, heranstürzen, ἐπεὶ δὴ τεῖχος ἐπεσσυμένους ἐνόησαν als sie sie gegen die Mauer herbeieilen sahen (also das pass. als Verb. der Be-
wegung c. acc.) — ἰαχή, ἡ, Ge- 144
schrei: αὐτὰρ Δαναῶν γένετο ἰαχή τε φόβος τε, und der Danaer Geschrei und Flucht (von daher, von der Mauer) entstand; als die Danaer mit Geschrei davonflohen.

145 ἐξαΐσσω (ἀΐσσω), aor. ἐξῇξα,
nur in tmesi, intr. hervorstürzen, her-
vorstürmen. — πρόσθε μαχέ-
σθην, sie kämpften vorn, d. h. sie
146 kämpften am Eingange. — ἀγρό-
τερος, 3. poet. Nebenform von
ἄγριος, wild, grimmig. — τώ τε
147 relat. — δέχαται ep. 3. plur.
perf. von 1. Pers. δέγμαι st. δέ-
δεγμαι, von δέχομαι, fut. δέξο-
μαι, aor. ἐδεξάμην, nehmen, em-
pfangen; aufnehmen, bewirthen; er-
warten; feindlich empfangen, Stand
halten, in welchem Sinne das perf.
δέδεγμαι, δέγμαι Präsensbdtg. hat.
— κολοσυρτός, ὁ, poet. lär-
mendes Getümmel, gew. von Men-
schen mit Jagdhunden, die Hetze:
die im Gebirge der Männer
und Hunde kommenden Ge-
tümmel Stand halten. —
148 δοχμός, 3. ep. schräg, von der
Seite her: δοχμώ τ᾽ ἀΐσσοντε seit-
wärts heranstürzend. — περί c. dat.
räumlich: um, herum, περὶ σφί-
σιν um sich herum. — ἄγνυμι,
fut. ἄξω, aor. ἔαξα, brechen, zer-
brechen: ἄγνυτον ὕλην zerbrachen
149 Gehölz. — πρυμνός, 3. äußerste,
unterste: ὕλην πρυμνὴν ἐκτάμνειν
das Holz an der Wurzel weghauen.
— ὑπαί ep. st. ὑπό, hier als adv.
darunter, unten. — κόμπος, ὁ,
(κόπτω) das Gerassel, Geklirr, ὀδόν-
των das Klappern mit den Zähnen:
ὑπαὶ δέ τε κόμπος ὀδόντ. γίγνε-
ται und man vernimmt das Fegen
ihrer Zähne.
150 εἰς ὅ κε ep. coniunct. so lange
bis, bis daß, gew. c. coni.; so
lange als. — ἐκ mit ἕληται zu ver-
binden. — ἐξαιρέω (αἱρέω), aor.
2. ἐξεῖλον, herausnehmen; ausle-
sen; med. für sich herausnehmen; er-
beuten, rauben: εἰς ὅ κε τίς τε
βαλὼν etc. bis daß Jemand
(einer der Männer) sie ge-
troffen des Lebens beraubt.
151 — τῶν ἐπὶ στήθεσσι um, an
deren Brust. — κομπέω, rasseln,
152 klirren, schallen. — ἄντην, adv.
(ἀντί) gegenüber, entgegen; vorn:
ἄντην βαλλομένων, indem sie vorn
(gegen die Brust) getroffen wurden.
153 — λαός, ὁ, Volk, Leute, Kriegs-
volk. — καθύπερθε(ν) (ὕπερθε)
von oben her: λαοῖσι καθ. πε-
ποιθότες ἠδὲ βίηφι auf ihre Leute,
auf der Höhe und ihre Kraft (ihre
eigene Tapferkeit) vertrauend (im
folgend. V. wird καθύπερθε er-
klärt). — χερμάδιον, τό, ep. 154
Stein, Feldstein, wie er zum Hand-
griff sich eignet. — ἐΰδμητος, 2.
V. 36. — πύργος, ὁ, Thurm.
ἀμύνομαι τινός, V. 142. σφῶν 155
αὐτῶν sich selbst vertheidigen. —
κλισίη, ἡ, (κλίνω) V. 1. —
ὠκύπορος, 2. poet. (πόρος) 156
schnellgehend, von Schiffen, schnell-
segelnd. — νιφάς, άδος, ἡ, (νίφω
schneien) Schneeflocke, gew. plur. als
Bild der Menge. — ὥς st. ὡς,
indem es seinem Subst. nachsteht. —
πίπτω, fallen; πίπτον dazu als
Subj. zu ergänzen χερμάδια. —
ἔραζε adv. ep. (ἔρα, terra) auf
die Erde, zur Erde. — ἅς, νιφά- 157
δας. — ζαής, ές, ep. (ἄημι,
wehen) heftig wehend, stürmisch. —
νέφος, το, Wolke, Gewölk. —
σκιόεις, εσσα, εν, (σκιά) schat-
tig, dunkel. — δονέω, aor. ἐδό-
νησα, hin und her bewegen, schüt-
teln; vom Winde, der die Wolken
treibt. — ταρφειαί, fem. pl., 158
das zu masc. ταρφέες, V. 47, dicht.
— καταχέω (χέω, fut. ep. χεύω,
Att. χέω), aor. ep. ἔχευα, Att. ἔχεα,
darauf hingießen, ausschütten, herab-
fallen lassen. — χθών, ονός, ἡ,
die Erde. — πουλυβότειρα, ep.
st. πολυβ. (βόσκω) viel ernährend,
fruchtbar. — βέλος, τό, (βάλλω) 159
Geschoß. — ἐκρέω (ep. impf.
ῥέον, fut. ῥεύσομαι) fließen, entströ-
men, entfliegen, nur in tmesi; doch
kann hier ἐκ auch zu χειρῶν ge-
zogen werden.
κόρυς, υθος, ἡ, acc. gew. κό- 160
ρυθα, der Helm. — αὖον als adv.
dumpf; αὖος, 3. V. 137. —
ἀμφαϋτέω (ἀϋτέω) hier in tmesi,
ringsum tönen; impf. ep. und dor.
αὖτεον. — μάλαξ, ακος, ὁ, eigtl. 161
der Mühlstein; großer, runder Stein.
— ἀσπίς, ίδος, ἡ, der Schild. —
ὀμφαλόεις, εσσα, εν, (ὀμφα-
λός, ὁ, Nabel) mit einem Nabel,
mit einem Knopf in der Mitte, ge-
nabelt. — δή ῥα τότε, V. 17, 60; 162
nunmehr, da. — οἰμώζω, fut. οἰ-
μώξω, aor. ᾤμωξα, wehklagen
(οἴμοι, weh mir!) jammern. —

πλήσσω, aor. 1. ἔπληξα, ep. aor.
2. redupl. πέπληγον, und med. ep.
aor. 2. πεπληγόμην, schlagen, stoßen.
— μηρός, ὁ, Schenkel: καὶ ὢ
πεπληγ. μηρὼ und schlug sich an
163 seine Hüften. — ἀλαστέω, ep.
(ἄλαστος) nicht vergessen, nicht ver-
schmerzen können, zürnen, unmuthig
sein, ἀλαστήσας ἔπος ηὔδα, sprach
164 voll Unmuth. — νυ encl. ep. und
in der Bdtg. abgeschwächt (aus νῦν),
nun. — φιλοψευδής, ές, (ψεῦ-
δος, τό) Freund der Lüge, der Täu-
schung. — τεύχω, perf. pass. τέ-
τυγμαι, plqpf. ἐτετύγμην, (B. H),
werden, entstehen, sein: ἦ ῥά νυ
καὶ σὺ φιλοψ. ἐτέτυξο wahrlich
auch du bist nun ein Freund der Lüge
geworden, scheinst zu sein.
165 πάγχυ μάλα ganz und gar,
B. 67. — ἐφάμην wie schon öfter:
ich meinte, glaubte, hoffte. —
166 ἄαπτος, 2. poet. (ἀ, ἅπτο-
μαι) unberührbar; unnahbar, un-
167 bezwinglich. — σφήξ, κός, ὁ, die
Wespe. — αἰόλος, 3. beweglich:
σφῆκες μέσον αἰόλοι die in der
Mitte sich leicht bewegenden Wespen;
mit beweglichem Leib in der Mitte,
weil der Unter- und Oberleib dünn
zusammenhängen, also: die mitten
geschmeidigen Wespen. — μέ-
λισσα, ἡ, (μέλι) die Biene. —
168 οἰκίον, τό, Behausung, Wohnung,
von Wespen, Bienen; Nest: οἰκία
ποιήσωνται sollte eigtl. als Neben-
satz ausgedrückt werden: Wespen und
Bienen, die ihre Behausung am fel-
sigen Wege bereiten; denn es gehört
nicht zu dem Bilde. — παιπα-
λόεις, εσσα, εν, ep. (wahrsch. von
πάλλειν mit redupl. παιπάλλειν,
„vielfach gewunden, in Zickzack ge-
hend“, von den zwischen gebrochenen
Felsen sich schlängelnden Fußpfaden;
ὁδός παιπαλ. felsiger, verschlungener
169 Weg, Pfad. — οὐδ' ἀπολείπουσι
κοῖλον δόμον verlassen ihren hohlen
Bau nicht.
170 ἀμύνεσθαι περί τινος, B.
142, 153; für Jemdn. kämpfen, Jem.
vertheidigen: μένοντες ἄνδρας θη-
ρητῆρας ἀμύνονται περὶ τέκνων
den Jägern Stand haltend
kämpfen sie für ihre Jungen,
oder ausharrend vertheidigen
sie gegen die Jäger ihre Jun-
gen. — καὶ δύ' ὄντε mit con- 171
cessivem Sinne. — χάζω, ep. fut. 172
κεκαδήσω, aor. 2. κέκαδον; gew.
med. χάζομαι, aor. ἐχασσάμην und
öfter mit σσ, weichen, zurückgehen,
c. gen. πυλάων. — πρίν γ' ἠέ
— ἠέ bevor entweder — oder. —
κατακτάμεν ep. inf. von ind.
aor. 2. ep. κατέκταν von κατα-
κτείνω. — ἁλίσκομαι, fut. ἁλώ-
σομαι, aor. 2. sync. ἥλων und ἑά-
λων, gefangen werden. — ὀρέγω 174
und ep. Nebenform ὀρέγνυμι, fut.
ὀρέξω, aor. ὤρεξα, recken, strecken,
die Hand, um zu geben, darreichen,
verleihen: Ἕκτορι γάρ οἱ θυμὸς
ἐβούλ. etc. denn sein Herz wünschte
dem Hektor Ruhm zu verleihen.
ἀργαλέος, 3. schwer, mühe- 176
voll, schwierig. B. 63: ἀργαλέον
δέ etc. aber schwer, zu schwer ist es,
daß ich wie ein Gott alles Dieses
erzähle. — πάντῃ adv. überall. — 177
ὄρνυμι, fut. ὄρσω, aor. ὦρσα,
erregen; perf. 2. ὄρωρα, intr. sich
regen; losspringen; sich erheben; ent-
stehen, perf. 2. als intr. ich bin ent-
standen. — θεσπιδαής, ές, ep.
(δαίω brennen) von Gott entzündet,
also, gewaltig brennend. — λάϊ- 178
νος, 2. (λᾶας) poët. = λάϊνεος,
3. steinern; hier auf τεῖχος zu be-
ziehen. — ἄχνυμαι, ep. dep. nur
praes. und imperf., traurig, beküm-
mert sein: ἀχνύμενοί περ concessiv
wie sehr auch bekümmert, obschon in
schwerer Bedrängniß. — νηῶν ἠμύ- 179
νοντο wie περὶ νηῶν, B. 142. —
ἀκαχείατο ep. st. ἀκάχηντο, 3.
pl. plqpf. vom perf. ἀκάχημαι zu
praes. ἀκαχίζω, (St. ἄχος) betrü-
ben; med. sich betrüben, trauern,
θυμόν, im Herzen, im Gemüth.
ἐπιτάρροθος, ὁ, ἡ, ep. 180
verlängert aus ἐπίρροθος, Helfer,
Δαναοῖσι μάχης den Danaern im
Kampfe. — συμβάλλω, trans. 181
zusammenwerfen; πόλεμον, den
Kampf beginnen. — δηϊοτής,
ῆτος, ἡ, ep. (δήϊος) Kriegsgetüm-
mel, Schlacht, Kampf. — κυνέη, ἡ, 183
(eigtl. fem. von κύνεος, nämlich
δορά, Hundsfell) eine Kopfbedeckung
aus Seehundsfell, Pickelhaube, Helm.
— χαλκοπάρῃος, 2. ep. statt
χαλκοπάρειος (παρειά, ἡ, die
Wange) mit ehernen Wangen,

Beim des Helmes, der auch Seiten-
schirme über die Wangen hat. —
184 ἴσχεθον ep. aor. 2. st. ἴσχον zu
ἴσχω, in der Bdtg. halten, **abhalten.**
— διαπρό adv. hindurch.
185 αἰχμή, ἡ, V. 45. — ῥήγνυμι,
V. 90. — ὀστέον, τό, der Kno-
chen, das Bein. — ἐγκέφαλος, ὁ,
(κεφαλή) eigtl. adi., als Subst. das
186 Gehirn. — παλάσσω, fut. πα-
λάξω, perf. pass. πεπάλαγμαι, ver-
unreinigen, beflecken, besudeln: ἐγκέφ.
πεπάλακτο nämlich αἵματι, das Ge-
hirn hatte sich mit Blut vermischt,
wurde von Blut besudelt. — δα-
μάω, fut. δαμάσω u. ep. mit σσ,
V. 14. — (μάω), μέμαα, partic.
μεμαώς, V. 89: δάμασσε δέ μιν
μεμαῶτα, er tödtete ihn, da er
187 heranstürmte. — ἐξεναρίζω (ἐνα-
ρίζω), fut. -ξω, aor. 1. ἐξενά-
ριξα, dem erlegten Feinde die Rüstung
188 abnehmen: tödten. — ὄζος, ὁ, der
Zweig: Sproß, Nachkomme, Ἄρηος
Sohn des Ares, d. i. ein tapfe-
189 rer Krieger. — τυγχάνω, V. 66,
dazu ep. aor. ἐτύχησα, intr. gew.
c. gen. treffen, hier mit praep. κατὰ
ζωστῆρα am Gürtel, ist nur eine
nähere Bestimmung zu βάλε δουρί:
Ἱππόμαχον βάλε δουρί, κατὰ
etc. er schleuderte den Speer auf den
Hipp. und traf ihn am Gürtel.
190 αὖτις, V. 61. — κολεόν, ὁ,
die Schwertscheide. — ἐρύω, ep.
auch εἰρύω, fut. ἐρύσω, aor. εἴρυσα
(ep. σσ), perf. εἴρυμαι und ἔρυμαι:
ziehen: reißen: schleppen; med. zu
sich ziehen oder etw. als das Sei-
nige ziehen, gew. vom Schwerte,
191 sein Schwert ziehen. — ἐπαΐσσω
(ἀΐσσω), auf etw. losstürmen, sich
stürzen, hinspringen. — ὅμιλος,
ὁ, (ὁμός, ἴλη) V. 49: δι' ὁμίλου
wie καθ' ὅμιλον: ἐπαΐξας δι' ὁμ.
in den Haufen hineingesprun-
192 **gen.** — πλήσσω, V. 102: aor.
ἔπληξα, gew. ep. πλῆξα, schlagen,
hauen. — αὐτοσχεδίη, ἡ, (eigtl.
fem. von αὐτοσχέδιος, „ganz nahe")
Kampf aus unmittelbarer Nähe, Nah-
kampf: nur im acc. oder dat. wie
ein adv. mit βάλλειν, πλήσσειν,
aus unmittelbarer Nähe hauen: **er**
hieb aus der Nähe. — ὕπτιος,
3. (ὑπό) rücklings, rückwärts. —
οὖδας, τό, poët., gen. οὔδεος, der
Boden, Erdboden. — ἐρείδω, aor.
ἔρεισα, pf. ἐρήρεισμαι, aor. pass.
ἠρείσθην: stemmen, fest anlehnen;
pass. sich auf etw. hinlehnen: ὕπτιος
οὔδει ἐρείσθη er ward rücklings
zu Boden gestreckt. — ἐπασσύ- 194
τερος, 3. ep. (ἆσσον adv. compar.
zu ἄγχι) dicht auf einander, haufen-
weise, ἐπασσυτέρους einen neben
dem anderen. — πελάζω (πέλας,
adv.), aor. ἐπέλασσα, nähern, nahe
bringen; intr. sich nähern, V. 112:
er streckte sie neben einander nieder.
— πουλυβότειρα, V. 158.
ὄφρα, so lange als, während. 195
— ἐπεναρίζω (ἐναρίζω von
ἔναρα, τά, die Rüstung, die dem
Erlegten abgenommen wird, Waffen-
beute, spolia), fut. ἐναρίξω, aor.
ἐνάριξα, mit dopp. acc. τινά τινα
Jem. der Waffenrüstung berauben.
— μαρμαίρω, poet. (μαίρω)
flimmern, glänzen, funkeln, häufig
vom Glanz der Waffen. — Πουλυ- 196
δάμαντι, V. 88. — κοῦρος, ὁ,
ion. u. poet. st. κόρος, der Jüng-
ling, junger Mann im kräftigsten
Alter; κοῦροι die jungen Krieger.
Dieser V. οἳ Πουλ. καὶ Ἕκτ. π.
ἕποντο ist nicht als Nachsatz zum
vorhergehenden ὄφρα etc., sondern
eine Umschreibung statt οἱ ἀμφὶ
Πουλυδάμαντα καὶ Ἕκτορα, die
Leute um den Pulyd. und Hektor.
Der Nachsatz tritt erst V. 199, οἳ
ῥ' ἔτι μερμήριζον etc. — μέμα- 197
σαν 3. pl. plqpf. v. μέμαα, V. 89.
οἳ μέμασαν μάλιστα, welche am
meisten darnach trachteten. — ἐνι- 198
πρήθω (πρήθω) ep. st. ἐμπρήθω,
fut. ἐμπρήσω, aor. ἐνέπρησα, an-
zünden, in Brand stecken, durch πυρί
verstärkt. — μερμηρίζω, ep. 199
(μείρω, μερίζω, μέρμερος, sorgen-
voll), aor. 1. ep. μερμήριξα, sorgen,
hin und her überlegen, **unschlüssig**
sein: μερμήριζον dazu das Sub-
ject im V. 190, οἳ — ἕποντο, das
Volk um den Pulyd. und Hektor:
οἳ ῥ' ἔτι μερμ. ἐφεσταότες etc.
jene (die Leute des Pulyd. ꝛc.) wa-
ren am Graben stehend noch un-
schlüssig, standen noch unschlüssig am
Graben.
ὄρνις, ιθος, ὁ, ἡ, (ὄρνυμι) 200
der Vogel, hier ein großer Raub-
vogel, Adler. — περησέμεναι

ep. inf. fut. von περάω (πέρας, τό, Grenze), fut. περήσω, durchbringen bis an's Ende; einen Raum durchschreiten, V. 63: denn ein Vogel nahte ihnen, da sie eben (den Graben) zu überschreiten gedachten.
201 — αἰετός, st. ἀετός, ὁ, (ἄημι) Adler. — ὑψιπέτης, ου, ὁ, poet. (πέτομαι, fut. πετήσομαι u. πτήσομαι) hochfliegend. — ἐέργω u. ἔργω, ion. u. ep. st. εἴργω, aor. 1. ἔρξα, absondern, trennen, ἐπ' ἀριστερὰ λαόν das Volk nach links hin trennend. „Man denke sich den Wahrsagevogel von Osten her kommend und in der Richtung des Grabens zwischen beiden Heeren hinfliegend, so daß die Achäer zu seiner (des Vogels) Rechten, die Troer (λαόν) zu seiner Linken, nach seiner Linken
202 hin abschneidet". Faesi. — φοινήεις, εσσα, εν, ep. (φοινός, 3. blutig) blutfarbig, blutroth, vom Blute geröthet. — ὄνυξ, χος, ὁ, Klaue, Kralle. — πέλωρος, 2. (πέλωρ) wie πελώριος, ungeheuer,
203 sehr groß. — ἀσπαίρω (st. euphon. und σπαίρω) zappeln, sich zappelnd sträuben. — λήθομαι, poet. Nebenform von λανθάνομαι, vergessen, c. gen. — χάρμη, ἡ, ep. (χαίρω, sich freuen) eigtl. die Freude, Lust; Streitlust, Kampflust; Kampf.
204 — κόπτω, aor. ἔκοψα, stoßen, schlagen; hier, beißen: κόψε γάρ αὐτόν. „Die Inclinat. von αὐτόν in dieser einzigen Stelle beruht auf Ueberlieferung der Grammatiker und soll andeuten, daß das pronom. auf den Drachen zu beziehen und von ἔχοντα (αἰετόν) abhängig sei". Faesi: κόψε γὰρ αὐτὸν ἔχοντα κατὰ στ. etc. er biß den Adler, der ihn festhielt, am Halse in die Brust. — δειρή, ἡ, Hals, Nacken.
205 ἰδνόω ion. u. ep. fut. ἰδνώσω, nur im aor. pass. ἰδνώθην, krümmen, biegen, pass. sich krümmen, sich winden. — ὀπίσω, rückwärts, zurück. Die Schlange ist vom Adler mitten um den Leib gefaßt zu denken, so daß sein Kopf und Oberleib frei ist und sich rückwärts biegend den Adler in die Brust beißen kann. — ἀπό mit ἧκε zu verbinden. — ἕθεν = οὗ. — ἀφίημι, aor. 1. ἀφῆκα, wegsenden; werfen, herabwerfen; fallen lassen; der Adler warf den Drachen von sich hinab zur Erde.
— ἀλγέω, Schmerz empfinden, 206
gequält werden. — ὀδύνη, ἡ, Schmerz, Qual. — κάββαλε ep. st. κατέβαλε, καταβάλλω, hinabwerfen, fallen lassen. — κλάζω, 207
V. 125. — πνοιή, ἡ, ep. u. ion. st. πνοή (πνέω) das Wehen, gew. mit ἀνέμοιο: πέτετο πνοιῇς ἀνέμ. er flog durch das Wehen des Windes, d. h. er flog vom Winde getragen davon. — ῥιγέω poet. 208
(ῥῖγος), fut. ῥιγήσω, aor. ἐῤῥίγησα, perf. 2. ἔῤῥιγα, schaudern, sich entsetzen, gew. ohne cas., bisw. auch c. acc. vor etwas sich fürchten. — ὅπως als coniunctio temp. wie, als, indem. — αἰόλος, V. 167; αἰόλος ὄφις die ringelnde Schlange.
— κείμενον ἐν μέσσοισι liegend 209
in der Mitte (zwischen ihnen, den zwei Parteien). — τέρας, τό, das Wunderzeichen, Wunder.
δὴ τότε, V. 60. — θρασύς, 210
εῖα, ύ, muthig. — Ἕκτορα εἶπε παραστάς, hinzugetreten redete
er den Hektor an. — ἐπιπλήσσω 211
(πλήσσω), darauf schlagen; übertr. Jemdn. anfahren, schelten, tadeln. — ἀγορῇσι in den Männerversammlungen. — ἐσθλός, 3. wie ἀγα- 212
θός, gut, brav, trefflich. — φράζω, andeuten, angeben, sagen; med. bei sich bedenken; aussinnen, erdenken; bemerken, wahrnehmen: ἐσθλὰ φραζομένῳ, wenn ich Gutes ersinne, d. h. wenn ich einen klugen Rath ertheile. — οὐδὲ μὲν οὐδέ, die doppelte Negation in einem Satze ist eine verstärkte Negation, ganz und gar nicht, durchaus nicht, in der That nicht, wirklich auch nicht: οὐδὲ μ. οὐδὲ ἔοικεν es ziemt sich
auch wahrlich nicht. — δῆμος, 213
ὁ, Volk als Gemeinde; δῆμον ἐόντα = δήμου ἄνδρα, ein Mann aus dem Volke. — παρέξ adv. daran hinaus; παρὲξ ἀγορευέμεν gegen das Geziemende reden, also, anmaßend reden, eine eigene Meinung haben wollen, widersprechen. —
ἀέξω, poët. (eigtl. mit Digamma 214
ἀϝέξω, woraus αὔξω entstanden, nur praes. u. imperf., mehren, κράτος ἀέξειν die Kraft (das Ansehen)

erhöhen. Zu dem inf. ist zu wieder-
holen ἔοικε, sondern es geziemt ꝛc.
215 ἐξερέω, fut. (v. St. εἴρω) zu
ἐξεῖπον: jetzt aber will ich es sa-
216 gen ꝛc. — ἴομεν ep. conj. mit
kurzem Vokal: μὴ ἴομεν Δαν. μα-
χησόμενοι laßt uns jetzt nicht vor-
gehen, um mit den Danaern um
217 ihre Schiffe zu kämpfen. — ἐκτε-
λέω, fut. ἐκτελῶ, ep. u. ion. ἐκ-
τελέω, vollenden, erfüllen; ἐκτε-
λέεσθαι ὀΐομαι ich glaube, meine,
daß es sich vollenden werde, mir
scheint es, daß ꝛc. — ἐτεός, 3.
poët. und ep. wahrhaftig, wirklich;
das neutr. als adv. in Wahrheit:
εἰ ἐτεόν γε Τρωσὶν ὅδ' ὄρνις
ἦλθε wenn wirklich für die
Troer dieser Vogel erschien.
— παρησέμεναι μεμαῶσιν,
V. 200.
221 ἄφαρ adv. (ἀπό, ἅρπω), sogleich,
sofort; plötzlich, flugs, schnell. —
οἰκίον, τό, V. 168. πάρος φίλα
οἰκί' ἱκέσθαι bevor er in sein lie-
222 bes Nest gelangte. — οὐδ' ἐτέλεσσε
φέρων (man mache φέρων zum verb.
finit.) er brachte sie nicht vollends
hin. — δόμεναι τεκέεσσιν als
Bezeichnung der Absicht, um sie sei-
223 nen Jungen zu geben. — εἴ περ
concessiv. wenn auch, sollten wir
224 auch. — ῥήγνυμι, V. 12, 90. —
σθένος, τό, Kraft, Gewalt. —
εἴκω, fut. εἴξω, V. 48, zurück-
weichen.
225 παρὰ ναῦφι (ep. gen.) von den
Schiffen. — κέλευθος, ἡ, poët.
plur. αἱ κέλευθοι und τὰ κέλευθα,
Weg, Pfad: αὐτὰ κέλευθα st. τὰ
αὐτὰ κελ.: nicht in Ordnung
(geordnet) werden wir von
den Schiffen auf demselben
Wege (auf dem wir hingehen) zu-
227 rückkehren. — δῃόω zsgz. aus
δηϊάω (δήϊος), fut. δῃώσω, aor.
ἐδῄωσα, vernichten, tödten. —
ἀμύνω, abwehren; med. verthei-
digen, auch περί c. gen. etw. ver-
theidigen, V. 170, auch blos gen. —
228 ὑποκρίνομαι med. (κρίνω), aor.
1. ὑπεκρινάμην, auf eine Anfrage
antworten, erwiedern. — θεοπρό-
πος, ὁ, der den Willen der Götter
deutet, der Wahrsager, Seher. —
σάφα, poët. adv. zu σαφής, deut-
lich, genau, σάφα εἰδέναι, etw. ge-
nau wissen, sich auf etw. wohl ver-
stehen. — εἰδείη, optat. weil er 229
auch im Hauptsatz steht; hier c. gen.
V. 100. — τεράων, ep. st. τεράτ-
των, v. τέρας, Zeichen von Zeus
gesandt, V. 209. — πειθοίατο,
ep. statt πείθοιντο, πείθομαι,
V. 109.
ὑπόδρα ep. adv. (v. ὑπό, ἔδρα- 230
κον, aor. 2. von δέρκομαι, sehen,
blicken) bei Hom. stets mit ἰδών, von
unten auf Jemdn. sehend, d. h. ihn
finster ansehend (Ausdruck eines zor-
nigen Blickes), finster blickend. —
κορυθαίολος, 2. (κόρυς, ἡ, αἰ-
όλος, 3. beweglich, flatternd) dar-
nach bezeichnet es die beständige Be-
wegung des Helmes des in der
Schlacht thätigen und sich hin und
her bewegenden Helden; helmflat-
ternd. — οὐκέτι nicht mehr (wie
sonst), nicht wie er im V. 80 ge-
sprochen. — νοέω (νόος), fut. νο- 232
ήσω, aor. ἐνόησα, wahrnehmen,
sehen, bemerken; einsehen; erwägen;
etw. ausdenken, ersinnen, ἄλλον
ἀμείν. μῦθον einen anderen, besse-
ren Rath. — ἐτεόν, V. 217. — 233
σπουδή, ἡ, (σπεύδω) Eifer;
Ernst, ἀπὸ σπουδῆς im Ernste: εἰ
δ' ἐτεὸν δὴ τοῦτον ἀπὸ σπ. ἀγορ.
wenn du denn wirklich im Ernst mir
dieses sagst. — ἐξ in tmesi. — 234
ἐξόλλυμι (ὄλλυμι), aor. 1. ἐξ-
ώλεσα, ganz vernichten, vertilgen,
φρένας τινί, Jemandem den
Verstand rauben.
κέλομαι poët. wie κελεύω, auf- 235
fordern, ermahnen, heißen, rathen. —
ἐρίγδουπος, 2. u. ἐρίδουπος,
2. (ἐρι- Verstärkungspartikel, sehr;
γδοῦπος, δουπέω) stark, laut don-
nernd. — λανθάνομαι, aor. 2.
ἐλαθόμην, vergessen, c. gen. —
βουλή, ἡ, Rathschluß, Wille: 236
Ζηνὸς — βουλέων ist auf λ, 186
u. f. zu beziehen. — ὑπισχνέο-
μαι, fut. ὑποσχήσομαι, aor. 2.
ὑπεσχόμην, versprechen. — κατα-
νεύω (νεύω), fut. κατανεύσομαι,
aor. 1. κατένευσα, zunicken, beistim-
men, bejahen. — τύνη ep. u. dor. 237
st. σύ. — οἰωνός, ὁ, (οἶος)
eigtl. ein einsam fliegender Vogel;
Raubvogel, Weissagevogel. — τανυ-
πτέρυξ, υγος, ὁ, ἡ, poët. (τα-
νύω, πτέρυξ) mit ausgespannten

238 Flügeln, ruhig schwebend. — μετα-
τρέπω (τρέπω) nur med., aor. 2.
μετετραπόμην, sich umkehren; übertr.
sich an etw. kehren, auf etwas Rück-
sicht nehmen, beachten. — ἀλεγίζω,
ep. (ἀλέγω) nur praes. u. impf. sich
um Jemdn. kümmern, mit gen. und
immer mit negat. sich um etw. nicht
kümmern.
240 εἴτε — εἴτε, ob — oder; sei
es daß — oder daß, hier mit conj.
— ἐπ' ἀριστερά, V. 219. —
ζόφος, ὁ, Finsterniß, Dunkel; der
Westen, Abend. — ἠερόεις, εσσα,
εν, ep. u. ion. st. ἀερόεις, nebelig,
243 dämmerig, dunkel. — εἷς οἰωνὸς
ἄριστος etc. das eine Zeichen
nur ist das beste, das Vaterland zu
vertheidigen. περὶ πάτρης wie V.
244 227 περὶ νηῶν. — τίπτε st. τί
ποτε. — δείδοικα st. δέδοικα,
praes. δείδω. — δηϊοτής, V.
181. Der Vers enthält bitteren Spott:
Leute wie du haben keine Ursache,
den Kampf zu fürchten.
245 περικτείνω (κτείνω), rings
herum tödten: εἴ περ γάρ τ' ἄλλοι
γε etc. denn wenn wir alle an-
dern auch rund herum bei den Schif-
246 fen der Arg. fallen. — δέος, τό,
Furcht, Angst; Ursache zur Furcht,
hier c. inf. σοὶ δ' οὐ δέος ἔστ'
ἀπολέσθαι du hast keinen Grund
zu fürchten, daß du zu Grunde gehst,
247 für dich ist keine Gefahr ꝛc. — κρα-
δίη, ἡ, poët. st. καρδίη, das Herz,
buchst.; übertr. das Herz, Muth.
— μενεδήϊος, 2. ep. (μένω,
δήϊος) den Feind erwartend, dem
Feinde standhaltend, standhaft. —
μαχήμων, 2. ep. (μαχέομαι)
248 kampflustig, kriegerisch. — ἀπέχω,
fut. ἀφέξω u. ἀποσχήσω, abhal-
ten; abwehren; med. sich abhalten,
249 ablassen, c. gen. — παρφάμε-
νος, poët. partic. med. von παρά-
φημι, poët. (φημί), wozu aor. παρ-
εῖπον, zureden; gew. med. c. acc.
Jemdn. bereden, beschwatzen. — ἀπο-
τρέπω, fut. ἀποτρέψω, aor. 2.
ἀπέτραπον, abwenden, abbringen,
abwendig machen, πολέμοιο vom
Kampfe, von der Theilnahme am
Kampfe abwendig zu machen suchen,
vom Kampfe abschrecken.
250 ὑπό c. dat. gew. vom Raume,
unter; übertr. von, durch. —
δόρυ, τό, gen. Att. δόρατος, ep.
δουρός, Speer. — τύπτω, aor. 2.
ἐτύπην: ὑπὸ δουρὶ τυπείς von
meinem Speere getroffen. — ἀπό
in tmesi und gehört zu ὀλέσσεις;
ὄλλυμι, fut. Att. ὀλῶ, sonst ὀλέσω,
und ep. mit σσ, vernichten; θυμόν
das Leben verlieren, deine Seele aus-
hauchen. — ἠχή, ἡ, Schall, Ge- 252
töse, Geräusch, Geschrei. — θεσπέ-
σιος, 3. (zunächst von θέσπις, von
Gott eingegeben, und dies von θεός
u. εἰπεῖν) act. göttlich redend; pass.
von Gott gesprochen; göttlich, oft so
viel als, erhaben, sehr groß, ge-
waltig. — ἐπί in tmesi. — τερ-
πικέραυνος, ὁ, (τέρπω, κε-
ραυνός) sich des Donnerkeils freu-
end, des Donners froh, der Donnerer.
— ἐπόρνυμι (ὄρνυμι), aor. ἐπ- 253
ῶρσα, anregen; zuwenden; zusenden.
— θύελλα, ἡ, (θύω, toben)
Sturmwind, Wirbelwind, oft mit
ἀνέμοιο: ἐπὶ δὲ Ζεὺς τερπικέρ.
ὦρσεν etc. aber Zeus sandte
von den Höhen des Idage-
birges heftigen Sturmwind.
— ἰθύς als adv. c. gen. V. 106, 254
νηῶν gerade auf die Schiffe hin. —
κονίη, ἡ, Staub, Staubwolke.
θέλγω, aor. ἔθελξα, aor. pass. 255
ἐθέλχθην, eigtl. streicheln; bezau-
bern, bethören, νόον den Sinn be-
thören, die Besonnenheit rauben, irre
machen („durch übernatürliche Ein-
wirkung" Faesi). — ὀπάζω poët.
(ἕπω) Jemdm. als Begleiter mit-
geben; überh. geben; verleihen, κῦ-
δος Siegesruhm. — τοῦ περ δὴ 256
τεράεσσι πεποιθότες auf
die Zeichen dieses (des Zeus) sie doch
vertrauend ꝛc. — βίηφι mit der
ep. Kasusendung: auf eigene
Stärke (vertrauend). — πειρη- 257
τίζω, ep. Nebenf. v. πειράω, ver-
suchen. — κρόσσαι, αἱ, τῶν πύρ- 258
γων, die Zinnen der Thürme.
Die Meinungen darüber sind ver-
schieden; κρόσσας πύργων „am
wahrscheinlichsten Stufen, Absätze,
die aus vorspringenden Kragsteinen
an den Mauern hinaufgeführt wa-
ren". Faesi. Solche Vorsprünge dien-
ten als (ἀναβαθμοί) Stiegen zum
Ersteigen der Mauer. — ἔρυω,
ziehen, V. 190. Das imperf. ἔρυον
wie auch das folg. ἔρειπον bezeich-

nen den Versuch, das Sichbefassen
mit etw., „versuchten herabzureißen.“
— ἐρείπω poët., aor. 2. ἤριπον,
perf. pass. ἐρήριμμαι; trans. um-
werfen, umstürzen; intr. aor. 2. stür-
zen, fallen. — ἔπαλξις, ιος, ἡ,
(ἀλέξω, fut. ἀλεξήσω, abwehren)
Schutzwehr, Brustwehr, Brüstung,
besond. die Zinnen auf einer Festungs-
259 mauer. — στήλη, ἡ, (ἵστημι) die
Säule; Pfeiler, Strebepfeiler zur
Stütze der Mauer. — προβλής,
ῆτος, ὁ, ἡ, (προβάλλω) eigtl. vor-
geworfen, hervorragend, vorsprin-
gend. — μοχλέω (μοχλός, ὁ,
der Hebel) weghebeln, mit Hebeln weg-
schaffen, umwerfen.
260 ἃς Ἀχαιοὶ πρώτας ἐν γαίῃ θέ-
σαν welche die Ach. zuerst in die
Erde gesenkt hatten (als Grundlage).
Die vorspringenden Strebepfeiler sind
wohl nur als das bis zur gewissen
Höhe breitere Fundament anzusehen,
auf welchem die zurücktretende Thurm-
mauer ruhte. — ἔμμεναι um zu
sein. — ἔχμα, τό, ep. (ἔχω) das,
was aufhält, Hinderniß; Schutzwehr,
261 Abwehr. — αὐερύω (αὖ, ἐρύω),
aor. αὐέρυσα, zurückziehen; wieder
herausziehen, zerstören. — ἔλπω
poët. Hoffnung machen; med. hoffen,
262 erwarten, gew. c. inf. fut. — οὐδέ
νύ πω aber noch nicht, aber immer
noch nicht. — χάζω, gew. med.
weichen, V. 172. — κέλευθος,
V. 225. χάζεσθαι κελεύθου von
seinem Gange, von seiner Stelle wei-
263 chen. — ῥινός, ἡ, poët. die Haut;
das Fell; die Rindshaut; der Schild
(von Rindshaut), auch mit dem Zu-
satz βοῶν. — φράσσω, aor. 1.
ep. φράξα, partic. φράξας, um-
zäunen, umhegen; ἐπάλξεις ῥι-
νοῖσι βοῶν φράξαντες die Mauer-
zinnen umhegend, schirmend; die
Brustwehr mit Schilden schützend. —
264 αὐτάων st. αὐτῶν: βάλλον ἀπ'
αὐτάων δηΐους trafen von densel-
ben aus (von dort aus) die Feinde.
— ὑπὸ τεῖχος ἰόντας, die unter,
an die Mauer herandrangen.
265 κελευτιάω, davon das ep.
partic. κελευτιόων (st. κελευτιῶν)
hier und da befehlen, befehligen, an-
266 treiben, Befehle antreiben. — πάν-
τοσε, adv. (πᾶς) überall hin, nach
allen Seiten. — φοιτάω (φοῖ-
τος, ὁ), aor. 1. ἐφοίτησα, gehen,
umhergehen, gew. rasch hin und her
gehen. — μένος, τό, Ungestüm;
Muth. — ὀτρύνω, antreiben, er-
muntern, anfeuern. — μειλίχιος, 267
3. wie μείλιχος, 2. (μειλίσσω, süß
machen) süß; mild, freundlich. —
στερεός, 3. (ἵστημι) starr, hart;
überttr. hart. — νεικέω u. νει- 268
κείω, fut. νεικέσω, streiten, zanken,
hadern; gew. schelten, tadeln. Zu
bemerken ist, daß νείκεον zu dem
ersten Gliede ἄλλον μειλιχίοις und
ein entsprechendes, wie ὤτρυνον hin-
zuzudenken ist. — πάγχυ, adv.
V. 67. — μεθίημι (ἵημι), trans.
loslassen, fahren lassen; verlassen;
nachlassen, ablassen, von etwas
τινός. — ἔξοχος, 2. poët. (ἐξέχω) 269
hervorragend, ausgezeichnet, vorzüg-
lich. — μεσήεις, εσσα, εν, poët.
(μέσος) mittelmäßig.
χειρότερος, 3. ep. st. χεί- 270
ρων, geringer, schlechter. — οὔ
πω keineswegs, gar nicht. — πέλω, 271
gew. depon. med. poet. V. 11.
ἔπλετο es wurde, und es ist:
νῦν ἔπλετο etc. jetzt ist Arbeit für
Alle. — καὶ αὐτοὶ τόδε που γι- 272
γνώσκετε auch ihr selber erkennt,
begreift, dies doch wohl. — τε- 273
τράφθω (τρέπω, pf. med. und
pass. τέτραμμαι) sei gewendet;
wenn nicht in Präsensbdtg., so muß
man annehmen, daß ein Theil schon,
um nach den Schiffen zu fliehen, sich
gewandt hatte. — ὁμοκλητήρ,
ῆρος, ὁ, ep. (ὁμοκλάω aus ὁμός u.
καλέω) Zurufer, Ermahner. —
πρόσσω adv. vorwärts. — ἵε- 274
μαι, med. streben, πρόσσω ἵεσθε
dränget vorwärts, nach vorn hin. —
κέλομαι, V. 235, zurufen, er-
muntern.
αἴ κε in indir. Fragen: ob viel- 275
leicht, gew. nach Verbis des Prü-
fens, Fragens, Versuchens, und in
Ermangelung eines solchen ist es gew.
im partic. zu denken. — δώησι
ep. zerdehnt st. δῷ. — ἀστερο-
πητής, οῦ, ὁ, (ἀστήρ, πέτομαι)
der Blitzschleuderer, Beinam. des Zeus.
— νεῖκος, τό, Zank, Streit; 276
Kampf; hier Object zu ἀπωσαμέ-
νους (nämlich ἡμᾶς als Subject zu
folgend. inf. δίεσθαι. — ἀπωθέω
(ὠθέω), fut. ἀπώσω, aor. ἀπέωσα,

wegstoßen, wegtreiben; med. von sich
wegdrängen, entfernen. — δίεμαι
ep. med. (nach Einig. von ungebr.
δίημι, noch vorhanden in ἐνδίημι)
nach Anderen von δίω der Grund-
form von δείδω; intr. sich scheuchen
lassen, fliehen; häufiger trans. scheu-
chen, vertreiben, wegjagen: ob etwa
Zeus der olympische Blitz-
schleuderer uns verleihe, daß
wir den Kampf von uns ent-
fernen und die Feinde zur
277 Stadt jagen. — προβοάω
(βοάω) nach vorn hin schreien, ru-
278 fen. — νιφάς, άδος, ἡ, V. 156.
— χιών, όνος, ἡ, der Schnee,
νιφάδες χιόνος die Schneeflocken.
— πίπτωσι coni. in Vergleichun-
gen, die Allgemeines, öfter Wieder-
kehrendes bezeichnen. — θαμειός,
3. (θαμά adv.) häufig, dicht, V. 44.
279 — χειμέριος, 3. winterlich, ἦμαρ
χειμ. Wintertag. — ὤρετο, ep.
3. s. v. ὠρόμην v. praes. ὄρνυμι:
intr. med. und perf. 2. ὄρωρα, V.
177. ὤρετο νιφέμεν er hob sich
um zu schneien, d. h. begann Schnee
zu senden.
280 πιφαύσκω und als dep. med.
πιφαύσκομαι (φάω, φαύσκω), Zei-
chen geben, andeuten, τινὶ τὰ κῆλα
Jemandem seine Geschosse zeigen,
offenbaren, senden. — κῆλον, τό,
(καίω) eigtl. dürres Stück Holz;
der Schaft des Pfeiles; der Pfeil
281 selbst, Geschoß. — κοιμάω, zur
Ruhe bringen, Ruhe gebieten. —
χέω, aor. Att. ἔχεα, ep. ἔχευα,
perf. κέχυκα, pass. κέχυμαι: gie-
ßen; χέει nämlich χιόνα, oder νιφά-
δας χιόνος. — ἔμπεδον, adv.
fest, feststehend; beständig. — κα-
λύπτω, verhüllen, einhüllen, be-
282 decken. — κορυφή, ἡ, Gipfel. —
πρώων, ep. zerdehnt aus πρών,
g. πρῶνος, ὁ, plur. ep. πρώο-
νες (πρό) jedes Hervorragende, Gi-
pfel, Anhöhe; Vorgebirge; πρώ-
ονας ἄκρους, die höchsten Berg-
283 spitzen. — πεδίον, τό, (πέδον)
die Ebene. — λωτόεις, εσσα, εν,
poët. (λωτός) mit Lotos bewachsen;
πεδία λωτοῦντα Felder mit Lotos-
klee, Gefilde mit Klee. — πίων,
ον, fett, wohlgenährt, vom Boden,
ergiebig, fruchtbar, πίονα ἔργα
(ἔργα, Feldarbeiten, und die Fel-
der selbst) fruchtbare Felder, Fluren.
— ἐφ', ἐπί gehört zu λιμέσιν τε 284
καὶ ἀκταῖς, und ἁλός ist von diesen
abhängig. — πολιός, 3. weißlich,
grau, Beiw. vom Meere wegen des
weißen Schaumes. — κέχυται ist
pass. dazu χιών zu denken. — λι-
μήν, ένος, ὁ, der Hafen, die Bucht.
— ἀκτή, ἡ, (ἄγνυμι) die Küste,
der Strand: auch über die Hä-
fen und den Strand des grau-
lichen Meeres ist er ausge-
schüttet.
κῦμα, nämlich ἁλὸς πολιῆς. — 285
μίν d. i. χιόνα. — προσπλάζω
(πλάζω) an etwas anschlagen. —
ἐρύκω, aufhalten, V. 75; med. sich
zurückhalten; c. acc. etwas zurück-
halten: κῦμα δέ μιν προσπλάζον
ἐρύκεται anschlagend hält ihn
die Woge von sich zurück (daß
er nur als Saum am Ufer sich hält,
nicht in's Meer hineinreicht). —
εἰλύαται ep. st. εἴλυνται, εἴλυ- 286
μαι, perf. pass. εἰλύω, fut. εἰλύσω,
umhüllen, bedecken. — καθύπερ-
θε(ν) adv. von oben her. — ἐπι-
βρίθω (βρίθω), aor. 1. ἐπέ-
βρισα, schwer auf etw. lasten, schwer
auf etw. fallen. ὅτ' ἐπιβρίσῃ (coni.
in einem allgemeinen Zeitsatz) Διὸς
ὄμβρος wenn ein Schauer des Zeus
schwer herniederstürzt. — ὄμβρος,
ὁ, Regenschauer; hier vom hef-
tigen Schneefall. — ἀμφοτέρωσε, 287
adv. nach beiden Seiten hin, von
hier und von dort. — ποτάο-
μαι, ep. Nebenform von πέτομαι,
fliegen. — βαλλομένων bezieht 289
sich auf τῶν ἀμφ. indem sie auch
zugleich selber getroffen wurden. —
τὸ τεῖχος ὕπερ über die Mauer
hin, s. v. a. rings um die Mauer.
— δοῦπος, ὁ, dumpfes Getöse.
— ὄρνυμι, V. 142, perf. 2. ὄρωρα
intr. V. 177; sich erheben, erregt
werden, entstehen.
οὐδ' ἄν πω τότε und doch 290
wohl damals noch nicht. — φαί-
διμος, 2. poët. (φαίνω) leuch-
tend; strahlend; herrlich; berühmt. —
ὀχεύς, ὁ, V. 121, Riegel zum 291
Schließen der Thore. — ἐπ' Ἀρ- 293
γείοισι gegen die Argeier. —
ὥς accent. weil es dem Subst. nach-
steht. — ἕλιξ, ικος, ὁ, ἡ, (ἑλίσσω)
gewunden, gekrümmt, gew. Beiw.

der Rinder wegen ihrer gekrümmten
294 Hörner. — πρόσθε(ν) poët. vorn,
πρόσθεν ἔχειν vorhalten. — ἔχο-
μαι med. sich halten; sich festhal-
ten; halten, tragen, ἀσπίδα πρό-
σθεν ἔχεσθαι, (aor. 2. σχέσθαι)
den Schild vor sich halten. — πάν-
τοσε adv. (πᾶς), überall, nach allen
Seiten.
295 ἐξήλατος, 2. (ἐξ, ἐλαύνω) ge-
triebe, gehämmert. — χαλκεύς, ὁ,
296 Schmied, Waffenschmied. — ἐλαύνω,
treiben, in Bewegung setzen; vom
Verarbeiten der Metalle: treiben,
schmieden, hämmern. — ῥάπτω,
aor. 1. ep. ῥάψα, nähen, zusammen-
nähen, zusammenfügen; βοείας (βο-
είη, nämlich δορά) Rindshäute zu-
297 sammenfügen. — ῥάβδος, ἡ,
(ῥαπίς) Ruthe, Stab, pl. Stäbchen,
womit die Rindshäute im Innern
des Schildes befestigt wurden: „sie
waren von Gold oder vergoldet, weil
der Schild des Sarpedon ein Pracht-
stück sein sollte“. Faesi. — διηνε-
κής, ές, (ἠνεκής von ἐνεγκεῖν,
ἤνεγκα aor. zu φέρω) zusammen-
hangend; weitreichend, lang, B. 134,
fortlaufend; περὶ κύκλον im Um-
298 kreise umziehend. — τανύω ep.
verlängert aus τείνω, aor. gew. mit
σσ, spannen; von Lanzen, strecken
(zum Stoß), einlegen; schwingen. —
299 ὀρεσίτροφος, 2. ep. (ὄρος, τρέ-
φω) im Gebirge aufgewachsen,
λέων ὀρ. ein Gebirgslöwe (d. i. ein
sehr grimmiger und starker Löwe). —
ἐπιδευής, ές, ep. und ion. st.
ἐπιδεής, ermangelnd; entbehrend.
300 δηρόν als adv. lange Zeit. —
κρειῶν ep. st. κρεῶν, zgz. aus
κρεάων, κρέας, τό, das Fleisch:
ὅς τ' ἐπιδ. etc. der lange das Fleisch
entbehrt (sehr hungrig war). — ἀγή-
νωρ, ep. (ἄγαν, ἀνήρ) sehr männ-
lich, θυμὸς ἀγ. muthiges Herz. —
301 μῆλον, τό, kleines Stück Vieh,
Schaf, Ziege. — πειράω (πεῖρα, ἡ)
fut. ep. πειρήσω, versuchen, pro-
biren, c. gen. μήλων einen Angriff
auf Heerden wagen. — πυκινός,
3. ep. st. πυκνός, B. 57: ἐς πυ-
κινὸν δόμον ἐλθεῖν abhängig von
πειρήσοντα, in eine dichte, dichtge-
schlossene, Hürde zu steigen, einzu-
302 dringen. — εἴ περ concessiv. —
εὑρίσκω, aor. 2. εὗρον, finden,
antreffen. — παρ' αὐτόφι wie
παρ' αὐτῷ, daselbst (ἐν τῷ δόμῳ).
— βώτωρ, ορος, ὁ, ep. (βόσκω)
der Hirt, auch mit ἀνήρ verbunden.
— ἀπείρητος, 3. ion. u. ep. st. 304
ἀπείρατος, act. der nicht versucht
hat, unerfahren; der keinen Versuch
gemacht, ohne einen Versuch ge-
macht zu haben; pass. unversucht.
— μέμονα, poët. u. ion. perf. 2
mit Präsensbdtg., streben, trachten,
im Sinne haben, wollen. — δίε-
σθαι, V. 276: οὔ ῥά τ' ἀπείρ.
etc. so ist er doch nicht geson-
nen, so meint er doch nicht
ohne einen Versuch gewagt
zu haben von der Hürde zu
weichen, sich verscheuchen zu
lassen.
ἁρπάζω, fut. ἁρπάξω, aor. 305
ἥρπαξα und ἥρπασα, wegraffen,
rauben; ἥρπαξε in Präsensbdtg., er
raubt, als allgemeiner Erfah-
rungssatz. — μεθάλλομαι (ἅλ-
λομαι), davon das ep. partic. aor.
sync. μετάλμενος, nach Jemanden
springen, losstürzen: er raubt im
Sprunge. — ἔβλητο, inf. βλῆ- 306
σθαι, aor. sync. med. mit pass.
Bdtg. von βάλλω. — ἐν πρώ-
τοισι unter den Ersten, Vorder-
sten: ἠὲ καὶ αὐτὸς ἔβλητ' ἐν etc.
oder er wird auch selber sogleich
unter den Vordersten durch den Wurf-
spieß von rüstiger Hand getroffen. —
ἀντίθεος, 3. (ἀντί in der Zu- 307
sammensetzung einen Vergleich be-
zeichnend; θεός) göttergleich: gött-
lich, ausgezeichnet. — ἀνίημι (ἵημι)
aor. 1. ἀνῆκα, hinauf-, emporsen-
den; loslassen, entfesseln; antreiben,
θυμὸς ἀνῆκεν das Herz, der Muth
trieb an. — ἐπαΐσσω (ἀΐσσω), 308
aor. 1. ἐπήϊξα, auf etw. losstürmen,
V. 191, τεῖχος gegen die Mauer
anstürmen. — διαρρήγνυμι,
durchbrechen, ἐπάλξεις (V. 258)
die Brustwehren.
τίη poët. verstärkt st. τί, warum? 310
warum doch? — τετιμήμεσθαι,
τιμάω. — ἕδρη, ἡ, ion. u. ep. st. 311
ἕδρα (ἕδος, τό, das Sitzen) der
Sitz; Ehrensitz. — πλεῖος, 3. ep.
st. πλέος, voll. — δέπας, αος,
τό, der Becher. — εἰσορόωσι, 312
nämlich ἡμᾶς, von εἰσοράω, auf
Jemdn. schauen, anschauen (mit dem

313 Nebenbegriff der Ehrfurcht). — *τέμε-*
νος, *τό*, (*τέμνω*) ein für den Herr-
scher vom Gemeindegut abgeschnitte-
nes Stück Land, Königsflur; überh.
ein Stück Land. — *νέμω*, aor. *ἔνει-*
μα, vertheilen: med. etw. Zuge-
theiltes inne haben; vom Ackerland,
bebauen. — *Ξάνθος*, hier ein
Fluß in Lycien, der vom Taurus her
in's Mittelmeer fließt. — *ὄχθη*, *ἡ*,
gew. nur poet. (*ἔχω*) eine Erder-
höhung; steiles Ufer, besonders von
Flüssen: *παρ' ὄχθας* längs den
314 Ufern. — *φυταλιή*, *ἡ*, ep. st.
φυταλιά (*φυτόν*) die Pflanzung von
Bäumen; Baum- oder Weingarten.
καλὸν φυταλιῆς καὶ ἀρούρης (sc.
ἕνεκα) schön, herrlich wegen seines
Baumgartens und Ackerlandes, oder
schön, sehr geeignet zum Baumgarten
und Ackerland. — *πυροφόρος*,
2. (*πυρός*, *ὁ*, Weizen; *φέρω*) poet.
weizentragend, gew. Beiw. vom fetten
Ackerfeld.
315 *τῷ* als adv. darum, deswegen. —
Λυκίοισι μέτα πρώτοισιν unter den
vordersten Lyciern, in den vordersten
316 Reihen der Lycier. — *ἑστάμεν*
ep. inf. st. *ἑστάναι*, *ἑστηκέναι*, ste-
hen; deswegen müssen wir jetzt (beide
zusammen) rc. — *καύστειρα*, *ἡ*,
adj. (*καίω*) brennend, hitzig. — *ἀντι-*
βολέω (*ἀντιβάλλω*), aor. *ἀντε-*
βόλησα, entgegen gehen, c. gen.,
μάχης in den Kampf gehen, am
317 Kampfe Theil nehmen. — *πύκα*
ep. adv. dicht, fest. — *θωρηκτής*,
οῦ, *ὁ*, (*θωρήσσω*) der Gepanzerte,
πύκα θωρηκτής, fest, wohlgepanzert.
318 — *μάν* dor. und ep. st. *μήν*, wahr-
lich, *οὐ μάν* wahrlich nicht. —
ἀκληής ep. st. *ἀκλεής*, pl. *ἀκλη-*
εῖς, ruhmlos, ohne Ruhm. — *κοι-*
319 *ρανέω*, herrschen. — *ἔδω* im
praes. gewöhnl. nur poet. st. *ἐσθίω*,
fut. *ἔδομαι*, essen, verzehren, *πίονα*
μῆλα von den fetten Heerden sich
nähren, davon leben.
320 *ἔξαιτος*, 2. ep. (*ἐξαιτέω*) aus-
erlesen, vorzüglich, der beste. — *ἴς*,
g. *ἰνός*, *ἡ*, Muskel; Kraft, Stärke.
ἴς ἐσθλή ihre Kraft ist ausgezeichnet.
322 — *πέπων*, *ονος*, *ὁ*, *ἡ*, (*πέσσω*,
kochen) eigtl. von der Sonne gekocht;
reif; bei Hom. gew. in dem Sinne:
traut, lieb; als Subst. Freund, lieber
Freund; seltener im üblen Sinne:
Feigling. — *πόλεμον περὶ τόνδε*
φυγόντε, über diesen Krieg hinaus
davongekommen, d. i. wenn wir die-
sen Krieg glücklich überstanden ha-
ben; dem Kampfe hier glücklich ent-
gangen. — *μέλλω*, V. 8. *εἰ* — 323
αἰεὶ δὴ μέλλοιμεν ἀγήρω τ' ἔσε-
σθαι etc. ja, wenn wir nach glück-
lich überstandenem Kampfe hier dann
ohne zu altern (in ewiger Jugend)
leben dürften rc.
στέλλω, fut. *στελῶ*, ion. *στε-* 325
λέω, stellen, ordnen; senden, schicken.
— *κυδιάνειρα*, *ἡ*, ep. (*κυδαίνω*
ehren; *ἀνήρ*) Männer ehrend. —
ἔμπης ep. und ion. st. *ἔμπας* (*ἐν* 326
πᾶσι) auf alle Fälle; bei dem Allen
= dennoch, gleichwohl, nichts desto
weniger. — *κήρ*, *ρός*, *ἡ*, der ge-
waltsame Tod, das Todesverhäng-
niß, V. 114, auch mit *θανάτοιο*. —
ἐφίστημι (*ἵστημι*) bei Hom. gew.
nur die intr. tempp. und med. sich
auf etw. stellen, stehen; daneben hin-
treten, stehen, V. 199; feindlich: nach-
stellen, auf Jem. eindringen,
Jemdn. bedrohen. — *οὐκ ἔστι* st. 327
οὐκ ἔξεστι, es ist nicht gestattet,
nicht möglich: auch mit acc. c. inf.
— *βροτός*, *ὁ*, *ἡ*, poet. sterblich;
Subst. der Sterbliche. — *ὑπαλύ-*
σκω (*ἀλύσκω*), fut. *ὑπαλύξω*, aor.
ep. *ὑπάλυξα*, entgehen, V. 113. —
ἴομεν ep. conj. mit verkürztem 328
Modusvocal. — *ἠέ* — *ἠέ* sei es daß
— oder. — *ὀρέγω* und poet. *ὀρέ-*
γνυμι, fut. *ὀρέξω*, aor. *ὤρεξα*,
recken, strecken; (die Hand) strecken,
um zu geben, darreichen: med. sich
ausstrecken: sei es, daß wir Jeman-
dem (einem Anderen) Ruhm bringen
werden rc. — *ἀποτρέπω*, ab- 329
wenden, abwendig machen, V. 249;
med. sich abwenden, umkehren. —
ἀπιθέω, nicht gehorchen; immer
mit negat. gern, willig folgen.
βήτην ep. st. *ἐβήτην*, *ἔβην*, 330
βαίνω; *ἰθὺς βήτην* beide gingen
gerad aus, vorwärts. — *ἔθνος*,
τό, (*ἔθω*, *ἔθος*, Gewohnheit) jede
aneinander gewöhnte Menge, Schaar;
Volk. — *ῥιγέω* (*ῥῖγος*, *τό*) V. 108. 331
— *Πετεῶο* ep. gen. v. *Πετεώς*,
ώ, Vater des Menestheus, der von
Theseus aus Attika vertrieben wurde.
— *τοῦ* auf Menestheus zu beziehen. 332
— *δή*, nunmehr, hebt *τοῦ* hervor.

πύργος, ὁ, Thurm; 2. eine geschlos-
sene Schaar Krieger, daher: τοῦ
γὰρ δὴ πρὸς πύργον ἴσαν denn
gegen den Thurm dieses nunmehr
stürmten sie, d. h. sie stürmten nun
gegen den Thurm, den dieser ver-
theidigte; oder: gegen dessen Krieger-
333 schaar ɪc. — παπταίνω poet.,
aor. 1. ep. πάπτηνα, sich schüchtern
umschauen, sich umschauen. — ἀνὰ
πύργον Ἀχαιῶν durch, über die
Schaar der Achäer hin. — ἰδέ-
σθαι med. wie act. ἰδεῖν: εἴ
τινα etc. ob er einen der Anführer
334 erblicken möchte. — ἀρή, ἡ, ion.
st. ἀρά, das Gebet, Flehen; die
Verwünschung; das Verderben,
Unheil. — ἀμύνω, aor. ἤμυνα,
V. 179 und oft: ὅς τις οἱ etc. der
ihm von den Gefährten das Unheil
abwehrte.

335 ἀκόρητος, 2. (ἀ, κορέννυμι,
fut. κορέσω, sättigen) unersättlich,
336 c. gen. — νέον adv. neu; neulich,
kürzlich erst; νέον — ἰόντα der am
Tage vorher vom Hektor verwundet
blieb eine Zeit lang ohne Theil-
nahme am Kampfe und trat eben
337 erst wieder aus dem Zelte. — ἐγ-
γύθεν adv. nahe, mit dem vorher-
gehenden ἑσταότας zu verbinden. —
οὔ πως οἱ ἔην es war ihm nicht
möglich. — βοάω (βοή, ἡ), aor. 1.
ἐβόησα, partic. βοήσας u. ep. zsgz.
βώσας, laut rufen. — γέγωνα
poet. perf. mit Präsensbdtg.; dazu
die Präsensform des inf. γεγωνεῖν,
vernehmlich rufen; durch Rufen ver-
nommen, gehört werden: es war
nicht möglich, wenn er auch
laut rief, daß seine Stimme
338 hindurchdrang. — κτύπος, ὁ,
(κτυπέω) Getöse, Gekrach, Lärm, der
Schlachtlärm. — ἀϋτή, ἡ, poet.
(ἀΰω) Geschrei: der Lärm stieg him-
339 melhoch auf. — σάκος, τό, der
Schild, und zwar von der größten
Gattung. — ἱππόκομος, 2. ep.
(ἵππος, κόμη) mit Roßhaaren be-
setzt, mit Roßschweif. — τρυφά-
λεια, ἡ, (entweder st. τριφάλεια
ein Helm mit drei φάλοι; oder nach
Anderer Meinung v. τρύω, durch-
bohren, weil der Kegel des Helm-
busches durchbohrt war) der Helm:
βαλλομένων σακέων etc. von den
getroffenen Schilden, mit Roßschweif
flatternden Helmen und den Thoren.

ἐπώχατο, vermuthlich 3. plur. 340
plqpf. p. v. ἐπέχω, pf. p. ἐπώχμαι.
Sicherlich desselben St. wie ὀχεύς,
der Riegel: πᾶσαι γὰρ ἐπῴχατο
denn sie waren alle verschlossen. —
τοὶ δὲ κατ' αὐτὰς ἱστάμενοι aber
die an denselben Stehenden. — ῥή- 341
γνυμι, V. 90. — αἶψα, adv. 342
schnell; sogleich. — προΐημι, ent-
senden, überh. senden. — ἔρχεο, 343
gehe. — θέω eilen: ἔρχεο θέων,
geschwind, eile, laufe. — καλέω,
fut. καλέσω und aor. 1. ἐκάλεσα,
ep. mit σσ. — ἀμφοτέρω μὲν 344
μᾶλλον, lieber beide zugleich.
— ὅ, dieses, daß sie beide kommen.
— ὄχα adv. (ἔχω) hervorragend,
gar sehr.

τῇδε als adv. wie τῇ, an dieser 345
Stelle, hier. — τεύχω, fut. τεύξω,
perf pass. τέτυγμαι, V. 8 u. 164,
fut. 3. τετεύξομαι, bereiten; pass.
bereitet werden; fut. 3. werden, ent-
stehen, sein. — αἰπύς, εῖα, ύ,
poet. jäh; entsetzlich: da sich hier
bald ein entsetzliches Verderben
(Morden) erheben wird, bald begin-
nen wird. — βρίθω, poet., fut. 346
βρίσω, aor. ἔβρισα, perf. 2. βέ-
βριθα (mit Präsensbdtg.); schwer be-
lastet sein; übertr. vom Kampfe: sich
mit aller Macht auf den Feind wer-
fen, mit Uebermacht stürmen. —
ἀγός, ὁ, ep. Führer. — πάρος,
adv. früher, τὸ πάρος περ beim
Präsens, sonst. — ζαχρηής, 347
ές, ep. (ζα Verstärkungssilbe, sehr;
χραύω, daher st. ζαχραής) sehr stür-
misch, ungestüm, von muthigen Käm-
pfern. — τελέθω (poet. veräng.
aus τέλλω) sein, in welcher Bdtg.
es bei Hom. nicht selten ist mit dem
Nebenbegriff einer erreichten Voll-
kommenheit. — ὑσμίνη, ἡ, Schlacht,
Feldschlacht. — κεῖθι adv. ion. u. 348
poet. st. ἐκεῖθι, dort. — νεῖκος,
τό, Streit, Kampf, V. 276. — ὄρ-
νυμι und ὀρνύω, ep. fut. ὄρσω,
V. 142; perf. 2. ὄρωρα intr. V.
177, 279, sich erheben, entstehen: wenn
ihnen aber auch dort ein Kampf ent-
standen ist, wenn aber auch dort der
Kampf entbrannt ist. — ἀλλά περ 349
nun so doch.

350 *εἰδώς* auch c. gen. B. 180. *τό-*
ξων εὖ εἰδώς, sehr kundig des
Bogens, bewährt im Geschoß. —
352 *παρὰ τεῖχος*, längs der Mauer
353 hin. — *στῆ δὲ — κιών* hinkom-
mend trat er an die beiden Ajax.
— *εἶθαρ*, ep. adv. (*εὐθύς*), so-
gleich, sofort.
355 *ἄνωγα*, altes ep. perf. 2. mit
Präsensbdtg., befehlen, heißen, auf-
fordern; plqpf. *ἠνώγεα*, 3. sing.
ἠνώγει, mit Imperfectbdtg., perf.
inf. *ἀνωγέμεν* st. *ἀνωγέναι*; *ἠνώ-*
356 *γει* dazu *ὑμᾶς* zu denken. — *κεῖσε*
adv. ion. und poet. st. *ἐκεῖσε*, dort-
hin, hier: zu ihm hin. — *ἴμεν*
ep. inf. st. *ἰέναι*: des edlen Te-
leos Sohn gab den Auftrag
an euch, hin zu ihm zu eilen.
— *μίνυνθα*, ep. adv. (*μινύς*) ein
wenig; *μίνυνθά περ* wenn auch nur
einen Augenblick. — *ἀντιάω*, ep.
ἀντιόω, fut. *ἀντιάσω*, aor. *ἠν-*
τίασα, entgegengehen, c. gen. *πό-*
νοιο an der Anstrengung, am Kampfe
Theil nehmen.
365 *προςαυδάω*, anreden; auch
ἔπεα und acc. der Pers. zu Jem.
reden, anreden. — *πτερόεις*,
(*πτερόν*, *τό*, Flügel) ep. geflügelt.
366 — *αὖθι*, poet. adv. synk. aus *αὐ-*
τόθι, B. 85, an der Stelle, dort;
367 hier. — *ὀτρύνω*, antreiben, B.
268. — *ἶφι*, ep. adv. (entw. ein
alter dat. von *ἴς*, *ἡ*, Kraft, oder
ein neutr. eines alten adj. *ἶφις*)
mit Gewalt, mit Macht, gewaltig. —
369 *ἐπήν* aus *ἐπεὶ ἄν*, poet. c. conj.,
nachdem; gew. in allgemeinen Zeit-
sätzen, die eine öfter wiederkehrende
Handlung ausdrückt, wenn, jedes-
mal wenn; bisweilen auch bei Be-
zeichnung von Handlungen, deren
Ausführung in der Zukunft liegt,
und als wahrscheinlich erscheint. —
ἐπαμύνω conj. aor. 1: *ἐπὴν εὖ*
etc. sobald ich jene geschützt haben,
ihnen geholfen haben werde.
371 *καὶ οἱ — ἅμ' ἤϊε* und mit zu-
gleich ging Teukros. — *ἤϊε* st. *ᾔει*.
— *κασίγνητος*, *ὁ*, (*κάσις*, Bru-
der, *γεννάω*) Bruder, leiblicher Bru-
der. — *ὄπατρος*, *ὁ*, ep. st. *ὁμό-*
πατρος, von demselben Vater, *κα-*
σίγνητος καὶ ὄπατρος, Bruder und
372 zwar von demselben Vater. — *καμ-*
πύλος, 3. (*κάμπτω*) gekrümmt,
gebogen, krumm. — *εὖτε* poet. und 373
ion. als, da. — *τείχεος ἐν-* 374
τὸς ἰόντες indem, als sie in das
Innere der Mauer (des Thurmes)
traten. — *ἐπείγω* nur praes. und
imperf. drücken, bedrängen; treiben,
drängen; med. sich drängen; beeilen;
pass. bedrängt werden. — *ἐπει-*
γομένοισι δ' ἵκοντο kamen zu
den Bedrängten, fanden sie im Ge-
dränge.
ἐπί c. acc. auf, mit *βαίνω*, 375
auf etw. steigen. — *ἔπαλξις*, *ἡ*,
die Brüstung, B. 258. — *ἐρεμ-*
νός, 3. poet. (verw. *ἔρεβος*) dun-
kel, schwarz; finster (mit dem Neben-
begriff des Furchtbaren). — *λαῖ-*
λαψ, *πος*, *ἡ*, Sturmwind, Orkan;
Sturmgewölk; Regensturm. — *ἴφθι-* 376
μος, 3. und 2. (von *ἶφι* adv. und
τιμή) also eigtl. sehr geehrt, edel,
tapfer; oder (von *ἶφι*, so daß *θιμος*
eine bloße Endung ist) stark, gewal-
tig, tapfer; oder (von *ἶφι* und *θυ-*
μός) also eigtl. starkmüthig, muthig,
tapfer. — *συμβάλλω*, zusammen- 377
werfen, zusammenbringen, B. 181;
med. zusammentreffen, zusammen-
stoßen, besonders im Kampfe, hand-
gemein werden, *σὺν δ' ἔβ. μάχε-*
σθαι sie stießen im Kampfe anein-
ander, begannen den Kampf. —
ὦρτο, synk. aus *ὤρετο*, u. *ὠρό-*
μην, aor. 2. med. v. *ὄρνυμι*: med.
intr. entstehen. — *ἀϋτή*, B. 338.
— *κατακτείνω* ep. aor. 2. sync. 378
κατέκταν, neben dem aor. 2. *κατέ-*
κτανον. — *Ἐπικλῆς*, *ῆος*, ein 379
Bundesgenosse der Troer aus Lykien.
μάρμαρος, *ὁ*, (*μαρμαίρω*, 380
flimmern) Feldstein, Stein, Fels-
block. — *ὀκριόεις*, *εσσα*, *εν*,
poet. (*ὀ* euph., *κρυόεις*, v. *κρύος*)
eigentl. kalt; schauerlich, entsetzlich,
gewaltig. — *τείχεος ἐντός* inner-
halb der Mauer, d. i. in oder auf
der Mauer. — *παρ' ἔπαλξιν* 381
ὑπέρτατος der oberste an der
Brustwehr. — *ῥέα* poet. adv. leicht:
nicht leicht wohl hielt ihn ein
Mann, auch mit beiden Hän-
den, möchte ihn erheben rc. —
ἡβάω, aor. *ἥβησα*, in der Blüthe 382
des Alters sein, in voller Mannes-
kraft sein. — *ἀείρω* ion. u. poet. 383
st. *αἴρω*, aor. *ἤειρα* st. *ἦρα*, auf-
heben, emporheben: *ὁ δ' ἄρ' ὑψόθεν*

ἔμβαλ' ἀείρας, doch der hob ihn
empor und schleuderte ihn von der
384 Höhe darauf. — θλάω, aor.
ἔθλασα, ep. gew. mit σσ, zerquet-
schen, zerschmettern, zerbrechen. —
τετράφαλος, 2. (φάλος, ὁ) ist
verschieden erklärt worden: 1. ein
Helm mit vier Buckeln, vier Kup-
peln; 2. ein Helm mit vierfachem
Kegel für den Helmbusch; 3. ein
Helm mit vier Schirmen, für Stirn
und Nacken und zwei Seitenschirmen.
— κυνέη, ἡ, B. 183. — σύν in
tmesi. — ὀστέον, τό, ep B. 185.
— συναράσσω (ἀράσσω), fut.
συναράξω, aor. ep. συνάραξα, zu-
sammenschlagen, zerschmettern, zer-
malmen.
385 ἄμυδις adv. aeol. (von ἅμα)
zusammen, πάντα (ὀστέα) ἄμυδις
κεφαλῆς alle Knochen des Kopfes
zusammen. — ἀρνευτήρ (= κυ-
βιστητήρ) v. ἀρήν, also eigtl. der
Bocksspringer, Luftspringer, einer
386 der kopfüber hinabspringt. — κάπ-
πεσε statt κατέπεσε, καταπίπτω
(πίπτω, fut. πεσοῦμαι, aor. ἔπε-
388 σον) hinabstürzen. — ἰῷ nämlich
βάλε, traf ihn mit dem Geschoß.
— ἐπισσεύω (σεύω) gew. nur
poet. und in der ep. Spr. mit σσ;
aor. 1. ἐπέσσευα, perf. pass. ἐπέσ-
συμαι mit Präsensbdtg.: τεῖχος
ἐπεσσύμενοι, B. 143; hier c. gen.
ἐπεσσύμενον τείχεος den die Mauer
389 hinauf stürmenden. — ᾗ, wo. —
γυμνόω, fut. γυμνώσω, aor. 1.
pass. ἐγυμνώθην: entblößen: ᾗ ῥ'
ἴδε γυμνωθέντα βραχίονα wo er
den Arm vom Schilde ent-
blößt, ungedeckt sah. — παύω,
fut. παύσω, aor. ἔπαυσα, aufhören
machen, abhalten, v. etw. abbringen,
etw. Jemdm. benehmen, c. gen. χάρ-
μης die Streitlust stillen.
390 ἅλλομαι, B. 81, dazu 3. sing.
des aor. 2. sync. ἆλτο, springen. —
λανθάνω, aor. 2. ἔλαθον: ἆλτο
λαθών, sprang unbemerkt, heimlich
391 herab. — βλήμενος partic. eines
sync. aor. med. mit pass. Bdtg.,
wovon gew. nur 3. sing. ἔβλητο
und inf. βλῆσθαι vorkommen, zu
βάλλω, B. 2, treffen, verwunden.
— ἀθρέω, aor. 1. ἤθρησα, be-
trachten, beschauen, ansehen; gewah-
ren, sehen. — εὐχετάομαι ep.
Nebenf. v. εὔχομαι; davon ep zer-
dehnter opt. εὐχετόῳτο; laut sich
rühmen; ἐπέεσσι in prahlenden Wor-
ten jauchzen, prahlend ausrufen —
ἄχος, τό, poet. (ἄχω) Schmerz; 392
Betrübniß, Trauer: Γλαύκου ἀπιόν-
τος, darüber daß Glaukos hinweg-
ging, über das Zurückweichen des
Glaukos. — αὐτίκ' ἐπεί τ' ἐνόησεν, 393
da er es sogleich bemerkt hatte. —
λήθομαι poet. st. λανθάνομαι.
— τυγχάνω, aor. 2. ἔτυχον, und 394
ep. aor. 1. ἐτύχησα; c. gen. treffen,
B. 189, öfter δουρί, mit dem Speere
erreichen, treffen, verwunden.
νύσσω, ep. aor. νύξα, stechen, 395
verwunden. — ἐκσπάω (σπάω),
aor. ἐξέσπασα, herausziehen; med.,
ἔγχος seine Lanze herausziehen. —
ἑσπόμενος mit δουρί zu ver-
binden, dem Speere folgend. —
πρηνής, ές, ion. statt πρανής, 396
vorwärts geneigt, häuptlings: er sank
vorwärts hin. — (βράχω) ungebr.
praes., wozu aor. 2. ἔβραχον, kra-
chen: ἀμφὶ δέ οἱ βράχε etc. und
um ihn krachte die vom Erz blinkende
Rüstung. — ἔπαλξις, ιος, ἡ, 397
(ἀλέξω) Schutzwehr, Brustwehr, B.
258. — στιβαρός, 3. (στείβω,
treten) eigtl. festgetreten, gedrungen,
derb, stark, nervigt: ἔπαλξιν ἑλὼν
etc. er faßte mit nervigten Händen
die Brustwehr und zog. — διαμ- 398
περές, adv. durch und durch,
ganz durch: ἡ δ' ἕσπετο πᾶσα
διαμπερές sie folgte, gab nach ganz
und gar. — ὕπερθεν, adv. von
oben her, oben. — ποίησεν δὲ 399
θῆκε κέλευθον und bewirkte der
Menge den Durchgang. — κέλευ-
θος, B. 225.
ὁμαρτέω, poet. (ὁμός, ἀρ- 400
τάω), aor. ὡμάρτησα, partic. ὁμαρ-
τήσας, zusammentreffen, zugleich das-
selbe thun; das partic. s. v. a. zu-
gleich: τὸν δ' Αἴας καὶ Τεῦκρος
ὁμαρτ. βεβλήκει diesen hatten Ajas
und Teukros zugleich getroffen. —
ὁ μὲν ἰῷ der eine mit dem Pfeil.
— τελαμών, ῶνος, ὁ, (τλῆναι) 401
eigtl. der Halter, das Wehrgehenk,
der Riemen, an dem das Schwert
oder der Schild hing; hier der acc.
der näheren Bestimmung, am Ge-
hänge (ἀσπίδος) des Schildes; τε-
λαμῶνα wird durch περὶ στήθεσσι

(um, an der Brust) noch näher an-
402 gegeben. — *ἀμφιβροτος*, 3.
(*ἀμφί*, *βροτός*) den Mann um-
gebend, deckend, bedeckend. — *πήρ*, *ἡ*,
403 V. 114, auch plur. poet. — *πρύμνη*
(eigtl. fem. von *πρυμνός*, 3. der
äußerste) der Hintertheil des Schif-
fes; auch *πρύμνη νηῦς*. — *δα-
μάω*, V. 14; aor. 2. pass. *ἐδάμην*.
404 — *ἐφάλλομαι* (*ἅλλομαι*) depon.
med. nur 3. sing. aor. sync. *ἐπᾶλτο*,
partic. *ἐπάλμενος*, hinauf-, hinan-
springen, auf Jem. losstürzen. —
διαπρό, adv. durch und hervor,
ganz durch.
405 *στυφελίζω* poët. u. ion. (*στυ-
φελός*, dicht) fut. *στυφελίξω*, aor.
ἐστυφέλιξα, schlagen, stoßen, er-
schüttern: *στυφελ. δέ μιν μεμαῶτα*
(*μέμαα*, V. 89) erschütterte ihn nur
den anstürmenden, im stürmischen An-
406 lauf. — *χωρέω*, fut. *χωρήσω*,
weichen, sich zurückziehen. *ἐπάλξιος*
von der Brustwehr hinweg. — *τυτ-
θόν* als adv. wenig, ein wenig. —
πάμπαν adv. ganz und gar. —
407 *χάζω*, gew. med. zurückgehen, weg-
gehen, V. 172. — *ἔλπω*, V. 261,
gew. med., ep. *ἔελπομαι*, hoffen. —
ἀείρω, Att. *αἴρω*, V. 383; aor.
2. med. ep. *ἀρόμην*, inf. *ἀρέσθαι*,
κῦδος ἀρ. Ruhm davontragen, Ruhm,
408 Siegesruhm gewinnen. — *κέλομαι*,
fut. *κελήσομαι*, V. 235; aor. 2. ep.
mit Redupl. *ἐκεκλόμην* und *κεκλό-
μην*, ermahnen, antreiben; zurufen,
ermuntern. — *ἑλίσσω*, aor. med.
ἑλιξάμην; act. winden, umdrehen;
med. sich umdrehen, V. 49: er wandte
sich um und rief den edlen Lykiern
409 zu. — *μεθίημι* (*ἵημι*), loslassen,
fahren lassen; verlassen; intr. zögern;
ablassen, *ἀλκῆς* von der Stärke, von
der Anstrengung. — *θοῦρος*, fem.
θοῦρις, *ιδος*, *ἡ*, (*θορεῖν*) anstür-
mend, ungestüm, *θοῦρις ἀλκή* stür-
mische Kraft (zur Abwehr), die Ab-
wehr durch Sturm.
410 *ἀργαλέος*, 3. (vermuthl. von
ἀ cop. und *ἔργον*) schwer, mühe-
voll: mir ist es zu schwer. —
ἴφθιμος, V. 370: *καὶ ἰφθίμῳ
περ ἐόντι*, wie sehr ich auch kräftig
411 bin. — *ῥηξαμένῳ* st. *ῥήξασθαι
μοί*: mir allein ist es zu schwer
durchzubrechen und den Weg zu den
Schiffen herzustellen. — *παρὰ νη-
υσί*, genau: bei den Schiffen, d. h.
in der Gegend des Lagers, wo die
Schiffe liegen. — *ἐφομαρτέω* 412
gew. ep. (*ὁμαρτέω*, V. 400) nach-
gehen, nachfolgen: folget mir! —
πλεόνων δέ τοι (in der That)
ἔργον ἄμεινον, wenn Viele
das Werk anfassen, so geht es besser
von Statten. — *ὑποδείδω* (*δείδω*), 413
ep. aor. 1. *ὑπέδδεισα* (des Metrum
wegen) ein wenig fürchten, sich fürch-
ten. — *ὁμοκλή*, *ἡ*, poet. (*καλέω*)
der Zuruf, die Aufforderung: Dro-
hung. — *ἐπιβρίθω* (*βρίθω*, V. 414
350) mit der ganzen Last auf etw.
fallen, V. 286; übertr. mit Macht
sich auf etw. stürzen. — *βουλη-
φόρος*, 2. poet. rathpflegend, an-
ordnend.
ἑτέρωθεν adv. von der anderen 415
Seite. — *καρτύνω* ep. st. *κρα-
τύνω* (*κράτος*, *τό*) stark machen;
med. *κρατύνεσθαι φάλαγγας* sie
verstärkten ihre Reihen. — *τείχεος* 416
ἔντοσθεν innerhalb der Mauer,
d. h. hinter der Mauer (im Lager).
— *μέγα φαίνετο ἔργον*, es
erschien ein gewaltiger Kampf, es er-
hob sich rc. — *αἰχμητής*, *οῦ*, *ὁ*, 419
der Kämpfer.
ὠθέω, fut. *ὤσω*, aor. 1. *ἔωσα*, 420
ὦσα, stoßen, drängen, treiben; med.
sich fortstoßen; von sich wegtreiben:
τείχεος ἄψ ὤσασθαι von der Mauer
zurückzutreiben, wegzutreiben. — *ἐπεὶ
τὰ πρῶτα* nachdem einmal. —
πελάζω (*πέλας*), aor. *ἐπέλασα*,
ep. *πέλασσα*, ep. mit *σσ*, aor. pass.
ἐπελάσθην, ep. 3. pl. *πελάσθεν*
st. *ἐπελάσθησαν*; act. nähern, nahe
bringen; intr. V. 112; med. mit
aor. pass. sich nähern. — *οὖρος*, 421
ὁ, ion. statt *ὅρος*, die Grenze. —
δηριάομαι, dep. med. (*δῆρις*, *ἡ*,
Kampf, Wettstreit) streiten, kämpfen;
mit Worten hadern, sich zanken, *ἀμφί
τινι* um, wegen etwas. — *μέτρον*, 422
τό, das Maaß, Maaßstab. —
ἐπίξυνος, 2. poet. st. *ἐπίκοινος*
(*ξυνός*) gemeinsam, *ἄρουρα ἐπίξ.*
gemeinsames oder nachbarliches Feld,
Feld mit gemeinsamer Grenze: *ἐπι-
ξύνῳ ἐν ἀρούρῃ* „auf gemeinsamem
Felde, das sie bisher gemeinsam
besessen (oder mit einander erbten),
jetzt aber theilen wollen". Faesi.
— *ὥ τε* das Subj. zu *ἐρίζητον*. — 423

ὀλίγῳ ἐνὶ χώρῳ in kleinem
Raume, also nahe einander. —
ἐρίζω, hadern, streiten. — ἴσος,
3. Att. ἴσος, gleich: ἴση ohne Subst.
der gleiche Antheil: ἐρίζητον
(conj. im Vergleich) περὶ ἴσης strei-
424 ten um gleichen Antheil. — διείργω,
διείργω, nur ion. 3. pl. διέεργον,
trennen, scheiden: so nun schied diese
die Brustwehr. — οἱ δέ und sie,
beide Theile. — ὑπὲρ αὐτέων
über ihr, der Brustwehr.

425 δῃόω zsgz. aus δηϊόω, fut. δῃ-
ώσω, aor. ἐδῄωσα, verwüsten, V.
227; hauen, niederhauen. — βό-
ειος, 3. vom Rinde; βοείη (sc.
δορά) Rindsfell; der mit Rindshaut
überzogene Schild, auch βοείη ἀσπίς
der stierhäutige Schild; hierzu ἀμφὶ
στήθεσσι der Schild um die Brust,
426 der die Brust deckt. — λαισήϊον,
τό, die Tartsche, eine Art kleiner,
leichter Schild; λαισ. πτερόεν die
leichtgeschwungene Tartsche („feder-
leicht" oder, flügelähnlich): sie schlu-
gen einander gegen die Brust
auf die stierhäutigen gerun-
deten Schilde und die wie
Flügel geschwungenen Tart-
427 schen. — οὐτάζω, fut. οὐτάσω,
auch praes. οὐτάω, daher aor. 1.
οὔτησα, verwunden. — χρώς, g.
χρωτός, ὁ, gew. ep. gen. χροός,
die Oberfläche; Haut; Leib. — νη-
λεής, ές, sync. νηλής (νη-, und
ἔλεος, Mitleid) mitleidlos, unbarm-
428 herzig, grausam; poet. — ὅτεῳ
zweisilbig zu lesen, st. ὅτῳ, v. ὅστις.
ἠμὲν ὅτεῳ etc. steht im Gegensatze
zu πολλοὶ δέ etc., dazu οὐτάζοντο
zu denken. — μετάφρενον, τό,
(φρένες) das dem Zwerchfelle gegen-
über Liegende, d. h. der obere Theil
des Rückens, überh. der Rücken, auch
plur. gleich dem sing. — γυμνόω,
429 entblößen. — μάρναμαι, V.
40; μαρναμένων der Kämpfenden,
während sie kämpften, im Kampfe.
— διαμπερές, V. 398; ἠμὲν
ὅτεῳ στρεφθέντι μετάφρενον
γυμνωθείη etc. sei es einer,
dem, wenn er sich gewendet,
der Rücken entblößt ward
während des Kampfes; oder:
mancher, der, indem er sich umwandte,
den Rücken entblößte, (wurde ver-
wundet), viele aber sogar durch den
Schild hindurch.

πάντῃ, V. 177. — αἷμα, τό, 430
Blut. — φώς, τός, ὁ, der Mann.
— ῥαίνω, aor. ἔρρανα: dazu ep. 3. 431
pl. perf. pass. ἐρράδαται u. plqpf.
ἐρράδατο, besprengen, bespritzen.
— φόβον ποιῆσαι Ἀχαιῶν 432
die Flucht der Achäer bewirken, die
Achäer in die Flucht schlagen. —
τάλαντον, τό, die Wagschale, 433
pl. die Wagschalen, die Wage. —
χερνῆτις, ιδος, ἡ, poet. (χείρ)
von der Hände Arbeit lebend, γυνή
die Spinnerin. — ἀληθής, wahr,
aufrichtig; zu γυνὴ χερν. ἀλη-
θής zu ergänzen ἔχει, aus dem
vorhergehenden ἔχον, das sich auf
die beiden kämpfenden Parteien be-
zieht, zu entnehmen. — σταθμός, 434
ὁ, poet. (ἵστημι) Stand, Stall; der
Pfosten; das Gewicht (das die
Frau in die Wagschale legt). —
εἴριον, τό, ion. u. ep. εἴριον (dimin.
v. εἶρος) die Wolle. — ἀμφίς
„(ἑκατέρωθεν) ἀνέλκει auf beiden
Seiten, also auch beide Wagschalen
emporzieht, um das Gewicht von bei-
den ganz gleich zu machen". Faesi.
ἰσάζω (ἴσος), fut. ἰσάσω, gleich 435
machen: hier von der Frau, die die
Wolle mit dem Gewicht ausgleicht.
— ἀεικής, ές, (εἰκός), ion. und
poet.; Att. αἰκής, unziemlich, un-
würdig; geringfügig, μισθός, er-
bärmlicher Lohn. — ἄρηται,
ἄρωμαι conj. v. ἀρόμην, aor. 2.
med. v. praes. ἀείρω, V. 389; auf-
heben; ergreifen; med. für sich auf-
heben, bekommen, gewinnen: ἀλλ'
ἔχον ὥς τε τάλαντα γυνὴ χερνῆ-
τις ἀληθής etc. sondern sie
hielten fest (den Kampf),
gleichwie das Spinnweib red-
lich hält die Wage, die das
Gewicht und die Wolle auf
beiden Seiten (auf beiden
Wagschalen) emporzieht, das
Gewicht ausgleichend, da-
mit ꝛc. — τῶν, der beiden Par- 436
teien. — ἐπὶ ἶσα, ἐπ' ἶσα wie
κατ' ἶσα μάχην τείνειν (spannen)
die Schlacht im Gleichgewichte schwe-
ben lassen. — τείνω, fut. τενῶ,
aor. ἔτεινα, perf. τέτακα, perf. pass.
τέταμαι, spannen, ausstrecken, hier:
den Kampf im Gleichgewicht halten.

437 — πρίν γ' ὅτε δή eigtl. „vorher
als da" (vor ὅτε ist ἤ zu denken),
bis daß. — κῦδος ὑπέρτερον
438 höheren Ruhm. — ἐσήλατο, εἰσ-
άλλομαι, ep. ἐσάλλομαι, dep. med.
(ἅλλομαι), aor. ἐσήλατο, aor. 2.
sync. ἐσᾶλτο, hineinspringen, auch
c. acc. τεῖχος: ὅς πρῶτος etc.
der zuerst eindrang in die Mauer der
439 Achäer. — ἀΰω, aor. ἤϋσα, laut
schreien, rufen. — διαπρύσιος,
2, weithin dringend, laut. — γέ-
γωνα, poët. perf. mit Präsensbdtg.,
vernehmlich rufen, durch lautes Rufen
vernehmen lassen, B. 337, c. dat.
440 ὄρνυμι, B. 177, erregen; med.
sich rühren, sich erheben, losstürmen.
441 — ἐνίημι (ἵημι), fut. ἐνήσω, hin-
einsenden, hineinwerfen, νηυσὶ πῦρ,
Feuer in die Schiffe schleudern. —
θεσπιδαής, ές, ep. (θεός, δαίω)
eigtl. von Gott entzündet, gottent-
flammt, furchtbar, gewaltig. —
442 ἐποτρύνω, antreiben, anfeuern.
— οὖς, τό, gen. ὠτός und ep.
und ion. οὖας, ατος, das Ohr. —
443 ἰθύω (ἰθύς), aor. ἴθυσα, gerad
darauf losgehen, auf etwas rennen,
stürmen. — ἀολλής, ές, (εἴλω)
zusammengedrängt, dicht gedrängt, in
444 Haufen, in Massen. — κρόσσαι,
αἱ, B. 258; κροσσάων ἐπέβαινον,
sie stiegen, klimmten hinan zu den
Zinnen. Nach Andern sind κρόσ-
σαι hervorspringende Steine in der
Mauer, auf denen man die Mauer
ersteigen konnte. — ἀκαχμένος,
3. ep. (St. ἀκω, acuo) gespitzt, ge-
schärft; spitzig.
445 ἁρπάζω, fut. ἁρπάξω, weg-
reißen; schnell ergreifen. —
λᾶας, ὁ, (Att. λᾶς) gen. λᾶος,
der Stein. — πυλάων ἑστήκει πρό-
σθε, vorn an den Thoren stand. —
446 πρυμνός, 3. poët. der äußerste;
πρυμνὸς παχύς von unten dick;
447 B. 149. — ὕπερθεν ὀξύς spitzig
nach oben. — δύ' ἀνέρε δή-
μου ἀρίστω zwei der kräftigsten
448 Männer im Volke. — ἄμαξα, ἡ,
ion. st. ἅμαξα (ἅμα u. ἄγω) vier-
rädriger Wagen, Lastwagen. — οὖ-
δας, τό, gen. οὔδεος, B. 192,
Erdboden. — ὀχλίζω, ep. (ὀχλεύς)
wie ὀχλέω, davon nur der opt. aor.
ὀχλίσσειαν, eigtl. weghebeln; ἀπ'
οὔδεος ἐπ' ἄμαξ. etwas mit An-
strengung von der Erde auf den
Wagen heben. — πάλλω, aor. 449
ἔπηλα, schwingen, schleudern.
τόν wie τόν B. 447. — ἐλα- 450
φρός, 3. (verw. ἔλαφος, ὁ) leicht
beweglich; schnell; leicht an Ge-
wicht. — ἀγκυλομήτης, εω, ὁ,
ἡ, poët. (ἀγκύλος, 3. gekrümmt;
μῆτις) Jemand, der krumme, heim-
liche Pläne entwirft; unergründ-
lich, unerforschlich; der die
Pläne der Menschen durchkreuzt, ver-
eitelt. — πόκος (πέκω), ὁ, die 451
abgeschorene Schafwolle, das Vließ.
ἄρσην, εν, gen. ενος, männ-
lich. — ὄϊς, ὁ, ἡ, ion. st. οἶς, gen.
ὄϊος u. οἰός, das Schaf, ἄρσην οἶς
der Widder. — ἄχθος, τό, gew. 452
poët. (ἄχω) Last, Ladung. — ἐπι-
είγω, B. 371, drücken. — σανίς, 453
ίδος, ἡ, Brett; Thürflügel, Thor,
B. 121; ἰθὺς σανίδων gerad gegen
die Bretter. — ἐρύω, ion. u. ep. 454
auch εἰρύω, fut. ἐρύσω, aor. εἴρυσα,
perf. pass. und med. εἴρυμαι, plqpf.
3. εἰρύατο u. εἴρυντο. Außerdem
ist ein sync. praes. εἴρυμαι. Act.
ziehen, herausziehen; entreißen; med.
an sich ziehen; retten; bewahren,
schützen, σανίδες πύλας εἴρυν-
ται πύκα, die Bretter schützen die
Thore dicht, d. h. verschließen die
Thore. — στιβαρῶς, adv. fest,
stark. — ἀραρίσκω, aor. ἦρσα,
zusammenfügen; perf. 2 ἄρηρα intr.
partic. ἀρηρώς, fem. ἀραρυῖα, zu-
sammengefügt, fest anpassen, D. 56.
πύλαι στιβαρῶς ἀραρυῖαι fest ein-
gefügte, geschlossene Thore: αἵ ῥα
πύλας etc. welche die fest einge-
fügten, fest gemachten Thore dicht ver-
schlossen. Nach Andern: die festge-
schlossenen Thore schützten.
δικλίς, ίδος, ἡ, doppelt geflü- 455
gelt, zweiflügelig. — ὀχεύς, ῆος, ὁ,
Riegel; Querbalken an den Thor-
flügeln. — ἐπημοιβός, 2. ep. 456
(ἀμείβω) wechselseitig, δοιοὶ ὀχῆες
ἐπημοιβοί zwei sich begegnende Rie-
gel. — ἐπαραρίσκω, poët.
(ἀραρίσκω), perf. ἐπάρηρα, ion.
st. ἐπάραρα; trans. aor. ἐπῆρσα,
dran fügen; intr. perf. 2. dran an-
gefügt sein, dran sitzen. — κληΐς,
Att. κλείς, Schlüssel, Bolzen als
Riegel vorzuschieben. — στῆ δὲ 457
μάλ' ἐγγὺς ἰών er trat sehr

nahe, dicht heran. — ἐρείδω, aor. ἔρεισα, perf. ἐρήρεισμαι; act. stemmen, fest anlehnen, V. 192; med. sich auf etw. stützen; sich anstemmen, sich anstrengen; beim Werfen sich durch Schwung anstrengen: ἐρεισάμενος βάλε μέσσας (πύλας) schleuderte ihn im Schwung gegen die Mitte
458 des Thores. — διαβαίνω auseinanderschreiten, εὖ διαβάς wohl, stark auseinanderschreitend, d. h. im weiten Schritte stehend (wodurch er sich stemmte). — ἀφαυρός, 3. schwach, kraftlos. — βέλος, τό, Geschoß; der Wurf. —
459 ῥῆξε δ' ἀπό in tmesi. — ἀποῤῥήγνυμι, aor. ἀπέῤῥηξα, abreißen, abbrechen; θαιρούς die Angeln, d. h. die Zapfen oben und unten am Thorflügel, die sich in der Vertiefung der Schwellen drehen. — πέσε εἴσω stürzte hinein.
460 βριθοσύνη, ἡ, ep. (βριθύς, schwer) die Schwere, Last: βριθοσύνῃ mit seiner schweren Last, in seiner Wucht. — μέγα adv. sehr. — μυκάομαι, dep., aor. 2. ἔμυκον, brüllen; dröhnen, knarren, kra-
461 chen. — ἔσχεθον ep. verlängert aus ἔσχον, aor. 2. zu ἔχω: οὐδ' ἄρ' ὀχῆες ἔσχ. und die Riegel hielten es nicht aus. — διέτμαγεν ep. statt διετμάγησαν, διατμήγω (τμήγω) ep. st. διατέμνω, aor. διέτμηξα, aor. 2. διετμάγην: durchschneiden, auseinander reißen; pass. zerschmettert werden, bersten. — ἄλλυδις ep. adv. anders wohin; ἄλλυδις ἄλλῃ hierhin und dorthin.
462 — ῥιπή, ἡ, poet. (ῥίπτω, werfen), Wurf, Schwung. λᾶος (statt λάαος) ὑπὸ ῥιπῆς von dem gewaltigen Wurf des Steines. — ἐσθρώσκω (θρώσκω), aor. 2. ἔσθορον ep. st. εἰσέθορον, hineinsprin-
463 gen. — νὺξ θοή, die schnelle Nacht, wird verschieden erklärt: weil sie den Ruhenden schnell, unmerklich vergeht; die jähe Nacht, s. v. a. unheilvolle Nacht. Hierzu s. Präp. 10, 394. — ἀτάλαντος, 2. (ἀ copul. u. τάλαντον) eigtl. gleich an Gewicht, gleich, vergleichbar. — ὑπώπιον, τό, (ὑπό, ὤψ) der Theil des Gesichts unter den Augen; überh. Gesicht, νυκτὶ ἀτάλ. ὑπώπια der Nacht gleich, finster im Angesicht. —
σμερδαλέος, 3. poët. furchtbar, 464
fürchterlich, grauenvoll. — ἕεστο, ἕστο, von ἕσμαι, perf. p. st. εἷμαι, v. praes. ἕννυμι, fut. ἕσω, kleiden, ankleiden; med. und pass. sich anziehen, von Kleidern und Waffen, hier: τόν (χαλκόν), relat. — περὶ χροΐ um den Leib.

ἐρύκω gew. poët. u. ep., aor. 465
2. redupl. ἠρύκακον u. ἐρύκακον, aufhalten, zurückhalten. — ἀντιβολέω (ἀντιβάλλω), aor. ἀντεβόλησα, V. 310, entgegen treten. —
νόσφι θεῶν außer den Göttern. 466
— δαίω, perf. 2. δέδηα; anzünden; perf. 2. u. pass. intr. brennen,
flammen, leuchten. — ἑλίσσω, 467
gew. nur poët., V. 49, 74; aor. 1. med. ἑλιξάμην; wälzen, winden; med. sich winden, sich hin und her drehen, hin und her laufen; sich um-
wenden. — ὑπέρβασαν ep. st. 469
ὑπερέβησαν, ὑπερβαίνω, übersteigen.

ποιητός, 3. gemacht, gezimmert. 470
— εἰσχέω (χέω) nur aor. sync. med. ἐσέχυντο, κατὰ πύλας sie strömten durch die Thore hinein. — ἐφόβηθεν, ep. statt ἐφοβήθησαν, wurden gescheucht, flohen. —
ὅμαδος, ὁ, poët. (ὁμός) Lärm, 471
Geräusch; Getümmel. — ἀλίαστος, 2. (λιάζομαι) unbiegsam; unwandelbar, unaufhörlich, unendlich; gewaltig. — τεύχω, bereiten; pass. bereitet werden, entstehen, werden.

www.ingramcontent.com/pod-product-compliance
Lightning Source LLC
Chambersburg PA
CBHW022130160426
43197CB00009B/1225